“浙江大学文科精品力作出版资助计划”资助
“中央高校基本科研业务费专项资金”资助

出版经济学：学理分析与现实观照

Publishing Economics: Theoretical Analysis and Realistic Reflection

吴 赟 著

上海交通大学出版社
SHANGHAI JIAO TONG UNIVERSITY PRESS

内容提要

本书旨在探寻出版传媒业这一典型文化场域的内在经济机理及其对出版文化的作用规律。本书基于现代主流经济学理论和研究范式分析、考察出版业，聚焦出版业的特殊规定性和内在规律，充分关注国际出版业的新动态、新变化和我国出版体制改革中出现的新现象、新事物，在此基础上总结出一般性的出版经济规律与出版经济原理，对于传播学、出版学、经济学理论体系的完善和发展具有理论学术价值，对于出版传媒业的健康、稳定运行也具有现实参考价值。

图书在版编目(CIP)数据

出版经济学：学理分析与现实观照/吴赟著．—上海：上海交通大学出版社，2022.7
ISBN 978-7-313-27046-7

Ⅰ．①出…　Ⅱ．①吴…　Ⅲ．①出版业—经济学　Ⅳ．①G23

中国版本图书馆CIP数据核字(2022)第117174号

出版经济学：学理分析与现实观照
CHUBAN JINGJIXUE XUELI FENXI YU XIANSHI GUANZHAO

著　　者：吴　赟
出版发行：上海交通大学出版社　　地　　址：上海市番禺路951号
邮政编码：200030　　电　　话：021-64071208
印　　制：苏州市古得堡数码印刷有限公司　　经　　销：全国新华书店
开　　本：710 mm×1000 mm　1/16　　印　　张：19.25
字　　数：332千字
版　　次：2022年7月第1版　　印　　次：2022年7月第1次印刷
书　　号：ISBN 978-7-313-27046-7
定　　价：68.00元

前　言

人类的出版活动具有悠久的历史，但作为一个独立领域的现代出版研究却是一个新兴的学术领域。目前，包括出版经济理论在内的出版学研究仍滞后于其他学科和出版行业的发展，因此应该加大出版学的研究力度。借鉴经济学的有关原理、方法来建立出版经济理论，是完全必要和可行的。出版经济理论研究需要具备“较高的理论起点”和“稳固的实践根基”，并注意理论与实践的紧密结合。所谓“较高的理论起点”，是指出版经济理论研究应在充分考虑出版产品、出版活动、出版行业的特殊性的前提下，以经济学理论等作为理论依托。所谓“稳固的实践根基”，是指出版经济理论研究应当立足于出版产业、传媒产业，应从出版产业实践出发，对出版产业实践发挥指导、咨询作用。现有的出版经济研究就产业层面的问题探讨较多。例如，较多地运用产业经济学的SCP(市场结构—市场行为—市场绩效)分析框架，对出版产业发展问题进行探讨，而微观层面的出版经济研究中还有不少重要理论问题尚待突破。本书主要侧重于传媒经济学基础理论层面的学理研究，研究内容集中于微观经济学范畴，同时注意紧密结合出版产业实践，以期推动传播学、出版学、传媒经济学理论的发展，并在一定程度上对出版实践发挥参考作用。本书坚持创新性研究原则，对传媒经济学的理论基础进行了梳理，对出版产品与出版机构的经济属性、出版产品供求行为、出版产业的市场垄断与竞争、出版传媒的政府规制进行了理论研究和实证分析。

出版经济是社会经济的重要组成部分，出版产业在社会经济发展中扮演着不可或缺的角色。与出版产业发展相对应的是，出版科学研究正在顺势前行。出版经济是出版学研究的重要内容，对出版经济活动和现象进行分析，总结出版经济发展规律，具有重要的现实和理论意义。本书分析了出版经济研究的背景和重要意义，对国内外出版经济研究状况进行了述评，并在此基础上阐述了本书的研究内容、创新之处及主要研究方法。

出版经济理论研究应将出版业作为文化业、信息业、传媒业的一个重要节点或组成部分加以观照。本书对学术史、思想史上与文化经济、信息经济有关的理论进行扫描、梳理，目的在于为出版经济研究提供较为坚实的理论依托，将出版经济研究置于宏阔的理论背景之中，其中涉及的出版经济研究的理论基础，以经济学说史上的有关精神文化经济、信息经济的理论学说为主。

出版产品的经济特征是出版经济学需要研究的首要问题，因此，本书选择出版产品作为出版经济学研究的逻辑起点和基点。出版产品的经济特征应包括出版物的经济特征和版权（著作权）的经济特征两方面，出版产品的经济特征直接决定出版机构的经济属性。本书具体分析了出版产品的经济性质、版权的经济特征和出版机构的经济特征。

出版活动归根结底源于人类社会对知识、信息的需求和消费行为，出版产品的需求和消费问题理所当然地是出版经济理论研究的核心内容。本书分析了影响出版产品需求的主要因素、出版产品需求曲线和需求弹性、出版产品消费者决策的原理、出版产品消费者行为模式。

无论对于行业运作实践还是对于出版经济理论研究来说，分析微观出版组织的供给特征和生产规律是很有必要的。本书分析了影响出版产品供给的主要因素、出版产品的供给曲线与供给规律、出版产品的供给弹性、出版生产函数与供给决策的原则、出版生产的成本结构与成本曲线、出版产品价格与价值的关系、出版行业的定价方法以及中外出版机构生产行为的特点。

在一个特定产业内部，可能会有垄断竞争市场、寡头垄断市场和完全垄断市场并存的情况。就中外出版传媒业的总体情况来看，出版市场主要分属于垄断竞争市场和寡头垄断市场两种市场形态。本书分析了出版市场的类型与特征、出版市场不完全竞争的根源和有效竞争的前提，分类考察了完全竞争、完全垄断、垄断竞争和寡头垄断条件下的出版市场的特征。

出版经济的运行不能单纯地依靠市场机制，市场机制在出版经济活动中出现的失灵现象要求政府对出版传媒市场进行干预，以克服市场缺陷并影响和改变市场条件。本书探讨了政府对出版市场规制的经济学缘由和理论范围，并对中外出版规制立法状况、出版市场进入规制、出版机构行为规制、出版产品内容规制和出版产品价格规制进行了分析。

出版业的市场机制和价格问题是影响出版经济、出版产业运行的关键问题，也是出版经济学的核心内容，出版业的方方面面无不与此相关，从出版业市场机制和价格问题出发，可以“见微知著”。本书以图书出版业、数字出版业、出版市场的价格战为分析重点，考察了当代中国出版价格体系的历史演变和中国出版物市场价格现状，具体包括中国出版物价格变动的总体情况及特征、中国数字出版物市场价格的现状及特征、中国出版市场的“价格战”及其负面影响；继而对当代中国出版价格体系进行评价，对中国现阶段出版价格体系的不足和弊端进行分析。在此基础上，从政治经济学视角对中国出版物价格体系与定价机制改革的总体背景——当代中国出版业转型变迁进行考察，对影响中国出版物价格体系与定价机制改革的深层次关键因素进行分析。最后，对中国出版物价格体系和定价机制改革的路径与策略进行了分析，并提出了一些建议。

出版业在历史上和现今的文化生产中扮演着重要角色，当前出版文化生产机制的市场化、产业化转型正深刻影响着社会文化的形貌和走向。出版业蕴含“文化性”与“经济性”的双重属性绝不只是一个空洞的说辞，“文化理想”与“商业理性”这对矛盾统一体的博弈在出版活动中清晰易见，且直接波及文化的生产、传播和消费。《出版经济学：学理分析与现实观照》一书意在探寻出版业这一文化与经济博弈的典型场域的内在经济机理及其对出版文化的作用规律。从学术理论发展的角度来看，出版学、传播学研究领域需要经济学理论和研究方法，但是要将经济学理论与传媒业、出版业成功结合实属不易，因为传媒业、出版业确有其特殊规定性。由于作者时间和学识有限，而且出版经济研究所需数据资料的搜集存在一定困难，因此，本书难免存在一些缺憾与不足，还请各位专家、学者多加指正。《出版经济学：学理分析与现实观照》一书的出版，是作者进行出版经济学、传媒经济学理论研究的阶段性总结，作者今后将继续对出版等传媒业的经济问题进行深入研究，为中国传媒产业的发展和传媒经济理论体系的建构与完善贡献自己的一份力量。

本书得到了“浙江大学文科精品力作出版资助计划”“中央高校基本科研业务费专项资金”和浙江大学传媒与国际文化学院出版经费的资助，衷心感谢浙江大学社会科学研究院、浙江大学传媒与国际文化学院的领导、同仁和校内外同行专家的大力支持！在本书的出版过程中，上海交通大学出版社邓成君女士、倪华女士、张勇先生和上海财经大学出版社杨闯先生提供了热心的帮助，他们对书稿的质量改进与完善提出了非常专业的意见和建议，对书稿进行了精心把关；书中第一章第一节的第三小节“出版经济学的学理价值、研究维度与拓展空间”的初稿由我和我指导的博士生闫薇合作撰写，该部分内容曾作为单篇论文在CSSCI来源期刊《新闻界》上发表，我指导的博士生叶芃在书稿完善过程中帮助我搜集了部分行业资料、绘制了书中第八章的部分图表，本书的完成离不开他们的辛勤付出，在此向他们一并表达衷心的感谢！

吴 赟

2022年3月16日

目 录

第一章　出版经济学：一个新兴学术领域的研究现状与拓展空间

经济学包括三个方面或者起着三种作用：极力要理解经济是如何运转的；提出改进的建议并证明衡量改革的标准是正当的；断定什么是可取的，这个标准必定涉及道德和政治判断。经济学绝不可能是一门完全“纯粹”的科学，而不掺杂人的价值标准。①

——琼·罗宾逊

世界上的事物千差万别，各有其特殊性质。图书、报纸、杂志等出版物当然也有它的特殊性质。只有弄清出版物的特殊性，才能确定它与其他事物的区别，弄清出版工作的运动发展的特殊原因和内在规律，才能运用正确的方法，处理和解决出版工作的矛盾，促进出版事业的发展。②

——巢峰

出版经济学：是研究出版经营经济规律的一门新学科。这是我国著名经济学家于光远同志1986年提出的。……要研究各个层次、各个方面的读者的需求；要研究出版物的消费市场，并努力去创造市场；要研究出版物的宣传、发行工作。③

——《社会科学学科大全》

---

① 琼·罗宾逊，约翰·伊特韦尔.现代经济学导论[M].陈彪如，译.北京：商务印书馆，2002：5.

② 巢峰.出版物的特殊性——出版经济学绪论[G]//中国出版工作者协会.出版研究年会文集(1983).太原：山西人民出版社，1984；转引自：巢峰.政治经济学论稿[M].上海：复旦大学出版社，上海辞书出版社，2007：172。该文是巢峰先生在1983年中国出版工作者协会第一届出版研究年会上提交的论文，曾发表于《出版工作》1984年第1期，这是中国目前所见到的最早阐述“出版经济学”的研究文献。

③ 高放，黄顺基，潘培新.社会科学学科大全[M].北京：北京理工大学出版社，1996：158.

新的世纪，中国出版业自身及其外部生态发生着巨大变革，中国入世、数字时代的来临、出版业产业属性的明确和市场化进程的深入，都对中国出版业的发展提出了更高的要求。而在全球范围内，出版业在理念、运作、管理、市场等层面正日益呈现国际化、集中化、多元化、数字化和信息化等特征。新环境下的出版业要取得持续进步，有必要对既往的发展历史、当下的行业实践和国内外的科学经验加以梳理、考察，从中总结出科学规律，用以指导实践前行。这一切，正是出版经济学发展的时空情境和现实缘由。

第一节　出版经济学研究的情境和意义

任何学科、理论的产生必须具备一定的现实土壤，其发展终归缘于一些客观动因。出版经济学亦是如此，其研究的现实动因来自实践和理论两个层面。

一、出版经济学研究的情境

文化和经济是出版业发展的两大主题，如何正确处理出版业经济属性与文化属性的关系，是世界各国出版界需要共同面对的课题。各国出版界对出版业文化与经济特质的认识不尽相同。在出版业的本质属性问题上，我国出版界较多强调出版的文化属性，具有较强的文化责任意识，如刘杲先生的观点具有代表性："在出版产业中，文化是目的、经济是手段"①；在一些西方国家，出版业的经济属性（商业性）较为突出，但就总体而言，这些国家的出版界也并未忽视出版的文化属性。尽管因社会制度环境、出版业发展历史与现状的不同，国际出版界存在着多元化的价值理性，但不容否认的是：出版经济是社会经济的重要组成部分，出版产业在社会经济发展中扮演着不可或缺的角色。

在人类社会进入知识经济和数字经济时代的背景下，出版产业对社会经济、文化的发展起到日益重要的作用。从世界范围来看，出版产业已经发展成为许多国家国民经济门类中的重要产业。我们可以将出版经济对社会经济的推动作用归纳为以下两个方面。

（一）出版产品的知识、信息价值在社会经济发展中的重要功用

出版活动具有选择、生产、传播、积累文化和信息的重要功能，出版产品也因此具有不容忽视的知识、信息价值。从生产和获取知识、信息的角度考虑，出版

① 刘杲.出版：文化是目的经济是手段——两位出版人的一次对话[N].中国图书商报，2003-11-14(7).

经济所体现的价值就在于能够源源不断地生产信息、传播信息和创造新知识，而这正好符合了社会整体发展趋势的要求。另一方面，出版经济可归属到注意力经济的范畴。所谓注意力经济，就是指当市场充分关注信息对称以及信息自身的价值时，公众对信息的注意力就会成为有价值的东西。因为注意力经济的存在，出版产品的信息价值不仅仅体现在其自身的内容上，而且还体现在公众对出版产品的关注程度以及由此对被关注对象产生的影响上。就这一意义而言，注意力本身就是一种重要的经济资源。从以上两方面来看，出版活动和出版产品对于社会经济发展具有重要的推动作用。

（二）出版产业链的拓展对社会经济发展的深远影响

从传统的图书、报纸、期刊、音像制品出版到现今的数字出版，出版产业链已经得到了极大的拓展。如果单纯地考察图书、报纸、期刊等传统印刷出版模式，则编辑、印刷、发行、物资供应、广告等行业是其产业链上的主要构成环节；如果出版业引入数字化平台，则网络、数字信号处理、传输技术等环节，不仅给传统出版业带来新的发展契机，而且使全新的出版模式成为社会经济新的增长点。

出版业的最新进展可以充分说明上述两方面的作用：在不少国家，以互联网、通讯网、电视网为基础的电子图书、电子报纸、电子期刊、网络文学、网络数据库、网络游戏、手机报、手机杂志等新型数字出版产品蓬勃发展，网络与数字化阅读已经成为人们重要的媒介消费和信息消费方式之一，数字出版产业链和数字出版产业规模正在迅速形成，并对整个文化传媒产业和社会文化、国民经济的发展产生重要的推进作用。

当今世界范围内出版业的发展正呈现全球化、集中化（集团化）、多元化、数字化等几大特点。这些发展趋势在中国出版业的发展中得到不同程度的体现。中国社会经济、文化、科技、教育的发展也对出版业提出了更高的要求，中国出版业正发生着重大变革。在中国文化“走出去”的过程中，出版产业担负着不可替代的重要使命，扮演着不可或缺的角色，与新闻业有所不同的是，书刊、电子、网络等出版业在这一进程中承担着深度传播中国文化的重要职能。对于中国出版产业而言，当前的核心任务应是加快转型升级、优化产业结构、增强产业实力，顺利实现出版经济与出版文化、出版供给与受众需求的和谐、均衡、良性发展。

与出版产业发展相对应的是，出版科学研究正在顺势前行。当今世界各国出版研究领域中存在着两种不同的研究路径：一种是从人文主义的视野对人类社会出版活动和出版现象进行系统研究，从科学主义的视角和构建学科理论体系的高度出发，审视出版活动和出版现象，这种研究路径在中国、日本、韩国等国的出版研究中占主流；另一种是在技术主义和经验主义视角下进行出版技术和出版经济、出版经营管理的研究，为加速出版业的国际化和市场化而构筑更精细的实用知识体系，这一路径在现今欧美国家出版研究中居上风[①]。就出版学研究的发展而言，研究界应积极进行跨学科借鉴，引进成熟学科的理论观念和方法，引进新的知识、技术内涵，加强对新兴研究点的研究。以出版经济学的研究为例，借鉴经济学的有关原理、方法来建立出版经济学，是完全必要和可行的。笔者在研究中发现，我国经济学家、出版家巢峰和经济学家于光远分别于1983年、1986年提出“出版经济学”的概念和研究任务[②]，在国外已有Publishing Economics（出版经济学）、Economics of Micro-publishing（微观出版经济学）及Economics of Book Publishing（图书出版经济学）的提法，但出版经济学在中国还未真正形成，出版经济问题需要进行深入研究。

二、出版经济学研究的意义

出版经济是传播学、出版学、传媒经济学研究的重要内容。传播学、出版学、传媒经济学理论体系的完善，出版产业的健康、良性发展，均需要我们对出版经济活动和现象进行理论思辨与实证分析，科学总结出版经济发展规律，尽快构建、完善出版经济学。

（一）出版经济学研究对于出版传媒业的发展具有不容忽视的现实意义

将出版产业、出版经济视作一个与国家信息化建设、国家文化安全战略密切相关的新兴研究领域，运用现代经济学的理论和方法对其进行分析、考察，具有逻辑必然性和现实合理性。然而，当前从经济学视角对出版产业进行的理论研究却比较贫乏，出版经济理论研究相对于出版产业的蓬勃发展显得滞后，远远不能满足实践发展的需要。出版经济学研究的水平直接影响着出版产业的发展水平，出版活动的开展应该有理性的研究和科学的结论进行指导，出版产业的发展离不开出版经济学研究的理论支持。

（二）出版经济学研究对于经济学、传播学、出版学学科理论体系的完善具有重要的理论意义

由于出版业、传媒业自身具有较为复杂的多重属性，目前关注出版等传媒领

---

① 吴赟.欧美出版研究的发展路径与特色[J].国外社会科学，2006(5)：53－57.

② 巢峰先生关于出版经济学的观点详见他在1983年中国出版工作者协会第一届出版研究年会上发表的《出版物的特殊性——出版经济学绪论》一文：巢峰.出版物的特殊性——出版经济学绪论[J].出版工作，1984(1)：31－43；于光远先生的有关论点详见：高放，黄顺基，潘培新.社会科学学科大全[M].北京：北京理工大学出版社，1996：158.

域经济问题的主流经济学家较少。迄今为止，除诺贝尔经济学奖得主罗纳德·科斯(Ronald H. Coase)等人外(科斯曾对广播电视波段分配的经济与政策问题给予较多关注，并得出相应的制度经济学结论)，较少有主流经济学领域的学者对传媒经济、出版经济问题展开专门、深入探讨。但这并不意味着出版经济问题就没有研究的价值和意义。相反，我们很有必要以一种继承和发展的态度去进行出版经济学研究，从出版经济的实践出发，合理地运用信息经济学等经济学理论和方法，深入研究各种出版经济活动和经济现象，使经济学理论获得丰富和发展。

出版学既是传播学领域的重要组成部分，也是传播学研究中的薄弱环节。在当前我国的传播学和出版学研究中，经济学分析又是一个薄弱环节。与教育经济学、电信经济学、旅游经济学等部门经济学学科相比，包括出版经济在内的传媒经济研究已经落后。而在传媒经济研究领域内部，出版经济研究又滞后于广播电视经济研究等研究板块。就出版学学科发展与理论建设而言，较为成熟的出版经济理论体系远未形成，相关的理论研究多停留在学科体系设想和基本范畴研讨阶段。在研究方法层面，目前我国的出版经济研究以定性研究、思辨研究为主，很多论著停留在经验总结、描述层面，经济学研究方法在出版经济研究中亟待加强。

出版产品供求及与之相关的出版经济问题不仅是出版业界广为关注的问题，而且也是出版学理论研究的一个核心问题。我国部分出版学研究者即认为，出版学的研究对象应界定为出版物商品供求矛盾①。我们认为，出版产品的供求矛盾不仅具有经济学意义，而且也具有社会学、文化学、传播学层面的含义，出版产品供求及与之相关的出版经济问题应该受到学界和业界的充分关注和深入研究。正是基于上述背景和意义，本书拟从出版产品经济性质和出版产品供求问题切入，运用经济学的理论和方法，对出版经济理论问题进行系统、深入的探讨。

三、出版经济学的学理价值、研究维度与拓展空间

出版与经济的结合源于出版产品在社会流通中与生俱来的商品属性。在出版活动中，出版产品的经济价值和出版活动的经济规律构成了出版经济学研究的核心内容。在传媒经济学理论体系中，出版经济学是研究起步较早的一

① 罗紫初，吴赟，王秋林.出版学基础[M].太原：山西人民出版社，2005：11.

个专门领域。如前所述，中国经济学家、出版家巢峰先生和经济学家于光远先生分别于1983年、1986年提出“出版经济学”的概念和研究构想，在国外也早已有Publishing Economics、Economics of Micro-publishing等概念。出版经济学作为一个新兴的学术领域，尚未形成完善的理论体系，但从学术史的维度来看，角川商法和长尾理论作为出版经济问题探索的成功先例，对出版活动和社会经济领域产生了重要影响。作为一种中层理论，出版经济学的重要学理价值在于：为审视经济与文化的价值关系提供独特视角，为出版产业转型升级提供理论咨询和导引，拓宽学科交叉研究的跨度。出版经济学在知识产权相关问题研究、新兴出版经济模式研究、心理学视角下的出版产业研究、实证方法导向的探究与验证等研究维度上存在较大的拓展空间。

(一)“角川商法”“长尾理论”——出版经济问题探索的成功先例

出版经济学研究的主旨在于运用经济学原理和方法研究人类社会的出版活动。因此，出版经济学的理论基础建立在对出版产品流通过程的分析上，包括出版产品价格和市场、出版活动中的经济规律和竞争策略等。作为出版经济问题探索的成功先例，角川商法和长尾理论均是针对出版业发展中的经济问题进行分析、提炼而形成的重要理论、理念或经济模式。在长期的出版实践中，以此为代表的出版经济问题探索不论对出版产业还是对其他社会经济领域均作出了一定的理论贡献。这两个理论与经济模式可说明出版业和出版经济现象是值得研究且能够贡献学术资源的理论沃土，能很好地回应出版经济学研究的必要性和可行性问题。

1.“角川商法”——出版界贡献的产业整合和多元化经营的先驱理念

角川书店(Kadokawa Shoten)是当代日本最具进取精神的跨媒体集团之一，其业务覆盖出版、影视、音乐、网络媒体等多个领域。角川商法是指20世纪下半叶角川书店在运营中形成的一套产业整合和跨界经营的经济模式与商业运作体系。

角川书店于1945年在东京成立，创始人角川源义的初衷是将其打造成一家学术出版社。1950年，角川书店出版“角川文库”，其宗旨是“基于有良心的编辑，把古今东西的不朽书籍，以能摆上书架的精美版本，廉价地提供给众多的人。”[①]而第二任社长角川春树让这家出版机构的经营模式发生了翻天覆地的变化。角川春树深刻认识到出版在文化性之外的商业性，并不断挖掘其中的最大

① 李长声.角川其人及其商法[J].读书，1994(3)：127-133.

价值。20 世纪 70 年代，日本出版业正经历高速增长，先后出现了“文库热”“新书热”“全集热”“历史读物热”等热点，出版市场竞争白热化，出版业在宣传、发行等层面形成前所未有的产业化格局[①]。在此环境下，角川春树于 1976 年推动角川书店涉足电影业，实施他的“字、音、像”三位一体战略。他选择了一些通俗文学作品，在将这些作品实现“文库化”（系列化）出版的同时，将其改编成电影，实施图书和电影的产业整合战略。在此期间，他策划“先看书后看电影，先看电影后看书”的广告，进行密集的媒体宣传，先后打造出“横沟正史热”“森村诚一热”“赤川次郎热”等一系列市场热点。角川春树总共摄制了 60 多部电影，电影剧本全部出自自家出版社，开创了出版业与影视业跨界经营、书籍读者和影视观众联动的全新产业格局，不仅使角川书店步入巅峰时期，更对出版业产生了强大的冲击。

角川春树的一系列促进产业整合、产品销售和跨界多元化经营的经济模式和商业理念，经过商界、学界的思考和总结，被提炼为角川商法，其核心是以图书、影视等媒体形式联动开发为代表的多元化经济模式。角川春树本人也被称为“出版界的风云人物”和“电影界的革命家”。尽管角川商法因为过度追求经济效益、忽略社会效益而受到一些同行的批判，但其创立的跨媒体经济模式为今天出版业的发展提供了诸多启示，也为出版经济研究创造了重要的思想资源。

2. “长尾理论”——网络时代出版传媒业贡献的新经济理论

如果说角川商法是指在市场策略上追求“热门效应”，通过多元化经营打造市场中的热销产品，那么长尾理论（The Long Tail Theory）则代表着互联网时代网络经济实体在满足消费者个性化、多样化需求的前提下，对“冷门产品”市场价值的重新认识与挖掘。2003 年，埃里克・布林约尔松（Erik Brynjolfsson）等美国学者就曾对数字经济中消费者剩余问题进行研究，评估在线出版商通过增加产品种类而创造的经济价值，量化研究的结果表明除了竞争加剧带来的效率提升和价格下降，数字市场中产品种类的增加能够成为消费者剩余收益的更大来源[②]。而长尾理论进一步明确了“冷门产品”在种类繁多的产品中的经济价值，它最早是由美国《连线》（*Wired*）杂志主编克里斯・安德森（Chris Anderson）发现、创立的。克里斯・安德森在 2004 年 10 月发表于《连线》杂志的《长尾》一

---

① 岩崎胜海.出版和社会的世纪经验[J].张觉民，译.出版与印刷，1999(Z1)：33 - 39.

② ERIK B, YU (JEFFREY) H, MICHAEL D S. Consumer Surplus in the Digital Economy: Estimating the Value of Increased Product Variety at Online Booksellers [J]. *Management Science*, 2003, 49(11): 1580 - 1596.

文中，对 Amazon、Netflix 等在线商业平台中出版传媒产品的销售量进行数据分析，他发现除了热门商品能带来收益(即长尾模式中所谓的"短头")之外，那些原本在传统经济环境中不受重视、销量极少的冷门产品，在互联网经济环境中由于成本的下降和总量的巨大，其累积起来的总收益("长尾")甚至可与热门产品相抗衡，甚至反超。

"长尾"实际上是经济学中的帕累托分布(Pareto Distribution)和统计学中的幂律(Power Laws)在互联网经济环境下的形象呈现。长尾理论的提出是对传统的"二八定律"的突破与完善。在传统工业社会的实体经济模式中，80%的经济效益是由 20%的产品提供，企业通常将注意力放在畅销商品上。而在信息社会中，互联网经济模式使商品展示和销售渠道得以扩展，越来越多的新产品和服务诞生，消费市场更为细分，具有长尾特性的商品可为企业创造巨大的盈利空间。但长尾理论的应用需要具备一定条件，它建立在丰饶经济(The Economics of Abundance)的基础上，其本质是互联网环境下经济模式的转变使得边际成本递减规律和边际效用递增规律发挥了很好的作用。可以说，长尾理论是来自出版传媒业、由出版传媒人贡献的经济理论之一。长尾理论将特定环境下的出版特性与经济规律结合在一起，为解决实际经济问题提供了方向，为出版业提供了通过增加产品种类来提升经济效益的竞争策略，也极大地开拓了出版经济研究的视野。

(二) 作为中层理论的出版经济学——出版经济学的学理价值

人类出版活动的开展在很大程度上借助于经济活动形式，而经济规律在整个出版业的生产和流通中发挥着重要的制约作用。出版经济学研究的不足并不代表其没有研究价值，相反，角川商法和长尾理论等出版经济相关问题的探索，通过观照出版领域的经济问题，对整个文化产业和社会发展均起到了助推作用。出版经济学可定位于社会学家罗伯特·K.默顿(Robert King Merton)提出的中层理论，在研究中可借鉴中层理论范式。出版经济学应该也能够具备中层理论的几个特点：实践经验性(强调理论的可验证、可观察性)，范围有限性和开放性(理论对象只涉及有限范围内的事物和有限的假定，不要求能解释所有现象，同时又能作为一个整体和其他理论相衔接，甚至成为更宏大理论的一部分)，联系性(中层理论强调能够建立起宏观理论和微观理论之间的对话桥梁)。[①] 笔者认为，出版经济学研究应采取中层理论策略，在以下几方面充分发挥其学理价值。

---

① 罗伯特·K.默顿.社会理论和社会结构[M].唐少杰，齐心，冯寿东，等，译.南京：译林出版社，2008：84-85.

1. 富有新生命活力的古老场域——为审视经济与文化的价值关系提供独特视角

经济与文化是人类社会生活的两个重要层面。出版活动自诞生起，便与经济形成密不可分的关联。出版物的定价和流通在根本上决定了出版文化中的经济特质，而出版经济的动力则是满足包括个体、社会、国家在内的多重主体的文化需求，这又在一定程度上决定了出版经济中的文化性。出版经济研究从系统论的角度对经济和文化的价值关系进行审视。

（1）出版经济学聚焦出版产品的文化价值。从广义上看，出版是通过一定的载体并借助一定的技术手段将信息向大众传播的过程，在信息生产中，出版既包含着物质生产，又包含了精神生产，但是这两种生产的地位是不同的。相对而言，精神生产是上位层次，决定着出版的性质，起主导作用；物质生产是下位层次，是为精神生产服务的①。作为商品的出版物，其中凝结着人类思想成果与实践经验，人类所需要的不仅仅是出版物作为物质意义的使用价值，物质承载之上的精神产品的使用价值，才是真正意义上出版物价值的承担者。在出版经济研究中，出版作为传播文化的重要手段，其经济性是为文化性服务的。

（2）出版经济学关注出版文化中的经济价值。在“生产—传播—接受”的框架之下，信息生产的选择会对出版活动的有效性产生影响，因而使得出版具有一定的目的性。出版作为社会系统运行中的一部分，其目的性中便包含着广义的经济性。这种经济性是一种社会经济功能，出版产业在社会经济发展中扮演着重要的角色，要推进产业发展，就要注重产业的投入产出比，就要追求一定的经济效果，通过有效的经济手段和策略来调整信息生产。

就上述意义而言，出版经济学的价值建立在人类对于知识和信息的需求之上，建立在社会发展中经济和文化的博弈和平衡之中。出版经济学研究充分体现出劳动价值与精神价值的结合，勾连起了社会生活中的经济方面与文化方面，实现了经济性与文化性的有机统一。

2. 出版业智库生发的土壤——为产业转型升级提供理论咨询和导引

刘杲先生曾指出：“出版经济学是专业经济学、应用经济学，在理论经济学与出版经济活动之间起着桥梁作用。”②这一观点与中层理论的内涵不谋而合，这也说明作为部门经济学的出版经济学产生于出版实践，同时也要回应出版实践

---

① 罗嗣泽.出版经济学引论[J].出版与发行，1985(2)：21－26.

② 刘杲.盼望出版经济学更快成长[J].出版经济，2000(5)：4－5.

和理论构建。角川商法通过整合图书、影视等行业建构互动产业链，加强对内容价值的挖掘，从而形成新的经济模式和产业理念；长尾理论则通过对出版市场经济效益的研究，形成互联网经济时代新的经济理论和企业竞争策略。这都有力佐证了出版经济问题研究在为出版产业发展提供理论咨询和导引方面是能够发挥积极作用的。

作为应用性的社会科学研究领域，出版经济学的核心研究对象在于出版业，而经济学为其提供了分析手段和工具。研究一方面包括出版中的实证问题，关注、阐释、预测出版中的经济问题、现象和本质；另一方面在于出版中的规范问题，包括经济制度、政策以及在社会环境下针对出版行为选择的最佳经济策略等。作为中国出版经济学研究的先行者，陈昕先生率先运用经济学方法对中国图书业进行分析和预测，他曾呼吁的焦点常常是中国图书出版业下一步发展的重点，而且往往是在大家看不清方向的时候指出并被后来实践证明为正确的路径①。由此看来，出版经济学研究能够扎根实践，利用宏观经济学、微观经济学、政治经济学研究等方法，总结出版经济的规律、观察出版市场中的供需矛盾、探寻出版产业结构调整战略，见证并推动着出版产业的历史变革。随着出版数字化、媒介融合等产业转型进程的不断深化，知识付费模式以及人们阅读和消费习惯的转变，使得出版经济问题变得更加复杂，而出版经济研究能够通过理论结合实践的方式，在不断变化的社会环境中为出版产业的发展提供前瞻性的预测或者深刻的反思，为出版产业转型升级提供理论导引。

3. 新的学科生长点——拓宽学科交叉研究的跨度

长久以来，出版经济学作为出版学与经济学的交叉学科而存在。一方面，从经济学的角度看，它研究的是出版这个部门的经济问题，与教育经济学、电信经济学、旅游经济学等平行；另一方面，从出版学的角度看，它关注出版中的经济问题，是出版学研究的分支。“进行交叉性质的研究，无论是对同一对象持不同角度的各学科之间，还是参与解决重大社会现实问题的各学科之间，还是两两联姻的学科之间，都有一个跨度问题。”②而在研究中形成的交叉跨度，形成了一个学科的学术宽度。就出版经济学而言，除了成为出版学、经济学、传播学组成的核心理论层的重要生长点，出版经济学研究还可拓展出更富有层次性的跨学科交叉研究格局（见图 1-1）。

---

① 毛志辉.看陈昕如何谈出版经济学的研究价值[N].中国出版传媒商报，2015-04-03(11).

② 屠忠俊.传播研究中的学科交叉跨度[J].华中科技大学学报(社会科学版)，2008(1)：35-40，50.

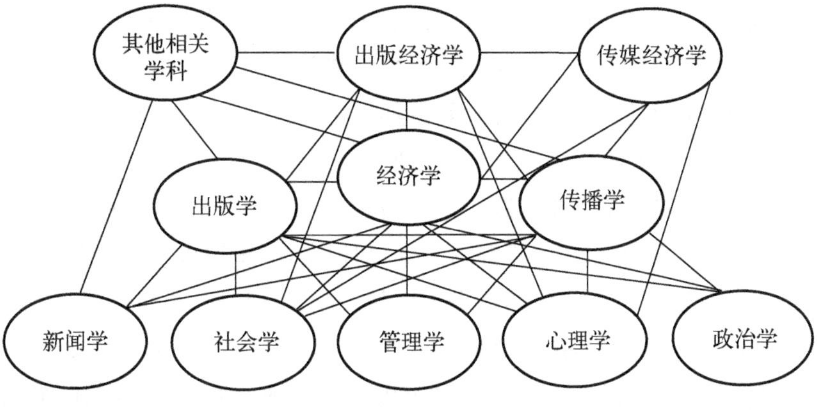

图 1－1　出版经济学所处的跨学科交叉研究网状格局

出版经济学在理论背景和研究体系上与传播学、传媒经济学一脉相承。出版经济学关注的研究问题可以作为一种传播现象来考量，其中运用传播学的理论视角进行构建和完善，强调经济要素在传播过程中所发挥的作用，出版经济的双重职能如何在传播中得以实现。而社会学与政治学则能够基于出版经济的实践环境进行关照，为出版场域中资源配置的权力关系、社会结构的影响以及政府规制、公共利益平衡等做出判断。而在核心研究问题上，出版经济学又与营销学、管理学产生密不可分的联系，关注出版经济市场运作与竞争力提升、出版经济模式与效益、产业管理机制与经济结构等等。例如，长尾理论自问世以来，除了出版经济学之外，还带动了传播学、图书情报学、文献学、管理学、语言学等学科的研究。

因此，出版经济学可在研究中拓宽学科交叉研究的跨度，并在多维度、多层次上对相关学科做出回应，打破范式的单一性与结构的封闭性，促进不同学科之间多角度、多层次、多元化的交流互动。

（三）新经济环境下出版经济学的研究维度与拓展空间

如前所述，出版经济学的学理价值和现实意义是推动出版经济学向前发展的内在动力，但当前相关研究并未完全发挥出这一领域所应有的价值，而是暴露出了很多问题，比如思维视角过于单一、理论研究缺乏创新、研究方法较为局限、实证挖掘深度不够等。而这些不足也说明了出版经济学研究还存在较大的拓展空间。当前研究者应该加强对以下几个方面的关注，致力于从深度和广度上拓展出版经济学研究。

1. 出版领域的知识产权相关问题研究

媒介融合推动着出版产业的多元化转向与价值构成的转移，在价值实现形式上，出版已经由介质与内容的统一体向知识的分享和获取平台转变。出版业的转型升级越来越依托于知识产权，即当下热议的 IP（Intellectual Property）。此处的知识产权，不仅有其法学内涵，更具有经济学内涵。出版产业中经济效益的获取在很大程度上围绕着知识产权价值而实现。

出版经济研究关注产业实践中的经济运作，因此对于出版领域知识产权的研究，在一方面可以关注知识资源的开发、知识变现、知识付费等问题。近年来，“网红出版热”“影视出版热”“游戏出版热”成为出版产业乃至文化产业关注的焦点，其中，“网红出版热”是指依靠网络红人尤其是知识红人带动出版。如《奇葩说》辩手合著的《好好说话》，单日销量突破 13 000 册，加印 7 次，而此前的同名音频产品获得 16 万付费用户，营收超过 3 000 万元[①]。“影视出版热”是对角川商法精髓的延续性应用，《琅琊榜》《花千骨》等 IP 使得图书、影视领域形成双向互动，阅文集团的上市更使得网络文学的商业价值得以放大，进一步拉动版权产业链的形成。而“游戏出版热”则不仅基于人们将游戏改编为图书或电影等形式，相反图书也成为游戏开发的来源。由此看来，出版产业链中不同媒介形式之间的内容输出通过产业链进行互动，其实质在于知识产权下内容付费形式的可持续性衍生。对于知识产权的研究能够进一步明晰出版产业发展的趋势和出版价值链的核心联结点，为出版产业提供理论指导。

另一方面，出版经济学研究也应关注知识产权运营所引发的问题，比如资本运作下出版价值的消费向度、同质化 IP 竞争对于文化创新的消弭等。以“IP 为王”的出版的实质是跨媒介叙事在文化内容生产上的表现，其中内容生产与传播的颠覆引发了版权归属的争议，相关版权制度与版权经营问题应受到重视。当下环境为出版产业打破介质区隔、推动产业链条延伸提供了条件，针对出版领域知识产权的研究不仅能够回应在实践中实现出版经济价值最大化、应对版权挑战等问题，更能够将出版经济研究上升到一定的理论高度。

2. *新兴出版经济模式研究*

数字传播技术和大数据的应用不断孕育出新兴的出版经济模式。在大众出版、专业出版和教育出版这三种类型的出版中，专业出版走在数字化潮流的前列，互联网信息生产的免费化并未使得专业出版盈利消失，反而为出版商提供了依托技术而形成的大数据解决方案和新型经济模式。比如 OA（Open Access，

---

① 搜狐.《好好说话》3 000 万营收背后[EB/OL].(2017－04－06)[2022－03－05]https://www.sohu.com/a/132260761_403354.

开放存取)出版模式在实践探索中不断向前发展，OA 出版的经济模式和商业机制是全世界出版行业共同关注的理论主题。而在教育出版领域，个性化服务和智能平台成为创造盈利的关键：一方面，传统的教育出版集团积极搭建智能学习平台，如国外的培生教育出版集团、圣智出版公司和中国的高等教育出版社等，另一方面，慕课(MOOC)等在线教育平台也成为教育出版中的重要环节。

对于大众出版来说，面临的问题则更加复杂。在传统的图书出版时代，传统书报刊采用订阅付费模式，而数字出版时代重新依据用户关系和信息服务而形成的营销化的"订阅式经济模式"是否具有可推广性有待验证。如今出版机构追求规模经济与范围经济，主要通过组建出版集团的形式在横向和纵向上扩大出版规模，以提升出版经济效益。但传统出版流程的式微使得纸质图书出版在电商的介入下走向了"特价书经济模式"，在数字阅读的圈地阶段，通过廉价甚至免费的内容资源赢取价格战的胜利，无法形成合理的成本架构和盈利模式。与此同时，大数据的应用又带来了"定制经济模式"与"共享经济模式"，基于大数据的分析或对消费者的用户调查，达到按需出版或者资源共享的目的，增强消费者黏性和忠诚度。除此以外，当出版不再依托于介质，"社群经济模式"开始崛起，将其中的价值连接从"商品—人"转向"人—商品"，诸如"薄荷阅读"一类的商业模式将内容付费与社群服务连接在一起。但不论以上何种经济模式，均还未实现真正的数据化，而通过对新兴出版经济模式的研究，我们能够更好地基于产业实践分析产业态势、总结经济规律，预测出版业发展的未来路径。

3. 心理学视角下的出版产业研究

出版产业作为一种内容产业、信息产业，满足大众对知识和信息的需求是出版产业发展的原初动力。因此，出版商与读者作为出版产业链的两端，出版行为的有效性要通过读者来进行检验，而对于读者需求的满足只有充分考虑到其心理特征与心理诉求才能更好地实现。普列汉诺夫(Georgii Valentlnovich Plekhanov)曾说："社会心理异常重要，甚至在法律和政治制度的历史中都必须估计到它，而在文学、艺术、哲学等学科的历史中，如果没有它，就一步也动不得。"[①]美国未来学家阿尔文·托夫勒(Alvin Toffler)也曾指出，"我们正从满足物质需求的制度迅速过渡到创造一种与满足心理需求相联系的经济。这种'心理化'过程，是超工业革命的中心课题之一，但一直为经济学家们所忽视。"[②]由

① 普列汉诺夫.普列汉诺夫哲学著作选集(第二卷)[M].晏成书，唯真，王太庆，等，译.北京：生活·读书·新知三联书店，1961：243.

② 阿尔文·托夫勒.未来的冲击[M].孟广均，吴宜豪，黄炎林，等，译.北京：新华出版社，1996：186.

此看来，心理学不论对于出版学还是经济学研究都具有重要的意义，而对于出版经济学来说，心理学视角的引入能够更好地探究读者在有限信息下，作为消费主体所进行的信息获取行为的偏好，搭建读者与出版者之间的沟通渠道，帮助出版产业实现健康长久发展。

心理学视角下的出版经济学研究关注读者心理需求对出版产业带来的影响。一方面研究可以从宏观上的社会心理入手。社会心理是社会大众所具有的朴素的、普遍性的、在潜移默化中发挥作用的心理意识，能反映出作为大众的读者在一定时期内的阅读兴趣与审美趣味，能体现社会对读者心理的塑造作用。通过研究，出版者既能够根据社会心理调整出版行为，提高经济效益，又能够对读者的社会心理认识水平和知识能力素质的提升提供建设性意见；另一方面可以关注微观上的消费心理，探究不同层次、类型的读者购买行为与消费心理之间的关系，通过心理学的视角解释出版市场中消费者的非理性行为。

因此，引入心理学的理论和方法，基于心理学视角对出版产业开展研究，能够探究在特定时代和社会背景下的社会意识、国民的阅读需求和审美心理等，可进一步揭示社会文化心理、消费心理等对出版产业发展的制约和推进作用。

4. 实证方法导向的探究与验证

科学的研究方法是实现学科水平提升和理论发展的关键性因素，而在当前的出版经济学研究中，定性与思辨的研究方法占据主导地位，这使得研究的客观性与科学性大打折扣。因此，必须推进出版经济研究方法走向多元与成熟，其中实证研究方法在很多学科的发展中发挥了重要作用，是能够实现国际化学术交流的通用方法范式。同时，作为社会科学研究的基本方法之一，实证研究方法能够更具科学性地解释和验证出版经济问题。

实证研究方法可以探究或者验证出版流程中各个要素之间的关系，帮助出版企业进行经济策略的选择。当前已有研究者进行尝试，如庄伯超等人在问卷调查基础上对出版企业的核心能力与出版物的绩效关系做了实证研究①；姚德权、邓阳依据 2008—2013 年出版行业上市公司数据，运用倒 U 模型，对多元化经营与公司绩效之间的曲线关系进行了实证分析②。在具体的研究过程中，可通过借鉴较为成熟的经济学研究方法在思路和方法上打破已有的桎梏，按照回

① 庄伯超，张红，应中伟.出版企业核心能力与出版物绩效关系的实证研究[J].企业经济，2007(2)：100-102.

② 姚德权，邓阳.出版类上市公司多元经营绩效的实证分析[J].现代传播（中国传媒大学学报），2016(1)：114-119.

顾文献—提出问题(假设)—搜集数据—分析数据(统计方法)—证实或证伪—得出结论的路径①，确保研究的严谨性与科学性。除此之外，在研究问题上，可以率先针对已有理论在新的传播环境下进行验证，以此对旧理论进行新的补充与完善，比如可关注以下问题：利用出版企业数据验证长尾理论在新的传播环境下是否适用？其中哪些因素发生了变化？如何继续推行相关理论研究？等等。通过这样的形式，能够在出版学科内部形成一种螺旋式的上升空间，在加强理论的再生活力的同时，使得出版经济学更好地实现理论与实践的双向互动。

综上所述，出版经济学有其自身的学理价值和研究维度，在当下环境中出版经济学研究还有较大的开拓空间，研究界应该立足现实问题，拓展研究思路，为出版经济学形成更加科学化、体系化的理论架构而不断努力。

第二节 中西出版经济学研究述评

一、中国的出版经济学研究

在计划经济时代，中国出版界较少将"出版"和"经济""商品""市场""产业""资本"等词语联系在一起，因而也较少有真正意义上的出版经济问题研究。1978 年以后，随着中国经济体制的逐步转型，中国的出版经济研究开始起步。

在 1983 年中国出版工作者协会第一届出版研究年会上，巢峰提交了一篇《出版物的特殊性——出版经济学绪论》，该文将"出版"与"经济"联系起来，提出了"出版经济学"的概念。1985 年，李明在全国首届出版科学学术讨论会上提交的论文《论出版经济学》，阐述了建立出版经济学的必要性及出版经济学的性质、地位和研究范围。以上两篇论文的作者较早提出了建立出版经济学的构想。1989 年，苏联学者库兹涅佐夫著的《图书发行经济学》经焦玉英等学者翻译，由武汉大学出版社出版，这是我国翻译出版的第一本外国出版经济学著作。1990 年，陈昕、杨龙、罗靖合著的《中国图书业经济分析》由学林出版社出版，该书用经济学的理论与方法对中国图书出版业进行了分析、预测。1991 年，梁宝柱的《出版经济学导论》在中国书籍出版社出版，该书是我国首部冠以"出版经济学"之名的著作。1994 年，吴江江、石峰、邬书林等著的《中国出版业发展与经济政策研究》由湖北人民出版社出版，该书是我国较早出版的一部以较大篇幅论述出版经

① 石姝莉.略论出版学实证研究方法——以经济学实证方法为借鉴[J].编辑之友，2014(3)：49-53.

济政策问题的专著。从20世纪70年代末期到90年代中期的这段时间内，我国研究者对出版经营、价格、市场、经济政策等出版经济问题进行了较多的探讨，并取得了一些成果。但就总体而言，这一时期我国出版经济研究在研究的方法、结论等方面存在一定的局限性。当然，任何理论研究都离不开一定的时代和社会背景，出版经济研究亦是如此。

1992年，我国提出了建立社会主义市场经济体制的宏伟目标，此后，我国出版体制改革也进入一个新阶段，出版业市场化、产业化进程进一步加快，“市场”和“产业”成为中国出版业的两个关键词。建立出版市场体系是我国出版业改革的核心和难点，出版市场的建设与完善对于出版产业全局的影响，可谓“牵一发而动全身”。值得一提的是，1996年，新闻出版署发出《关于培育和规范图书市场若干意见》，倡导图书出版市场“三建一转”（即建立图书批销中心、建立代理制、建立发行企业集团，转换企业经营机制），以此为标志，我国出版物发行体制改革进入了以“统一、开放、竞争、有序”为基本目标的新的发展阶段。自20世纪90年代中期以来，在国家和行业的宏观发展态势影响下，我国的出版经济研究得到了更多的关注和参与，在研究成果和研究阵地方面皆有进步。近十年来，为数可观的涉及出版经济问题的论文发表在各类报刊上；数部出版经济研究著作得以出版，如吴赟著的《文化与经济的博弈：出版经济学理论研究》（中国社会科学出版社2009年版）和《出版经济学的核心》（同济大学出版社2014年版）、张其友著的《出版经济管理与实务》（北京师范大学出版社2012年版）、王秋林编著的《出版经济学教程》（上海辞书出版社2014年版）、陈昕著的《出版经济学文稿》（中华书局2014年版）和《出版经济学研究》（格致出版社、上海人民出版社2017年版）等；一些出版专业报刊常设了“出版经济研究”或“出版产业研究”专栏，专门探讨出版经济问题的专业刊物《出版经济》于1999年创刊，《出版经济》等出版专业报刊为我国出版经济研究的发展作出了重要贡献。本书将从出版经济学基础学理研究、出版产品的经济研究、出版市场供求的经济研究、出版产业的经济研究四个方面对近年来我国出版经济研究状况进行描述和评价，以期推动我国出版经济研究的深入开展。

（一）出版经济学基础学理问题的研究

近十年来，我国一些研究者不仅阐发了建立出版经济学的构想，而且从多个方面提出了自己对出版经济学基础学理问题的看法。

1. 出版经济学研究的对象与内容

出版经济学研究的顺利开展，离不开一个重要前提：明晰出版经济学的研究对象和研究内容。

关于出版经济学的研究对象，基本上有三种观点。第一种观点认为出版经济学的研究对象是“出版经济规律”，如罗紫初认为，“出版经济学只是运用经济学的原理与方法来研究出版规律的一门学科”①；彭松建认为，“出版经济学是研究市场经济条件下，出版物商品生产过程的经济规律的科学，是研究出版物商品的生产、流通和消费规律的科学”②。第二种观点认为出版经济学的研究对象就是“出版经济本身”，王秋林认为，“出版经济学的研究对象就是出版经济本身”③。第三种观点认为出版经济学的研究对象是“社会出版活动”，高淑霞、盛晓东认为，“出版经济学是一门运用经济学的理论和方法对社会出版活动进行分析和研究的科学”，所谓“社会出版活动”是指“文化产品的生产和传播过程，是宏观的社会出版活动”④。

关于出版经济学的研究内容，彭松建认为，出版经济学研究的主要内容应包括：“一、研究出版物商品生产和流通过程，分析出版物商品和出版产业运行的矛盾特殊性，向人们揭示出版物商品运行的经济规律”；“二、由于出版物商品所具有的经济和文化双重特殊属性，出版经济学应从这双重特殊属性出发，考察出版物商品在生产和流通过程中以及进入人们消费过程中所产生的社会影响或社会效果，即人们常讲的出版物商品的社会效益”；“三、对出版物商品和出版产业的考察和观察，和对其他产业部门的考察和观察一样，可从微观和宏观两个方面进行”⑤。刘杲认为出版经济学的研究内容应包括“出版经济的基本概念（如，出版物，出版物的精神生产，出版物的物质生产，出版物的流通，出版物的价值、价格和利润，出版物的资金运作和产品运作，出版物市场），出版经济发生、发展的条件和过程，出版经济的内部关系（如，出版、印刷、发行的关系，社会效益和经济效益的关系），出版经济的外部关系（如，与国民经济和社会发展的关系，与国家经济政策的关系），出版经济活动的宏观管理和微观管理，出版经济活动的特殊经济规律，等等”⑥。

2. 出版经济学研究的特殊性

由于出版产品和出版产业具有自身的特性，所以出版经济学研究存在一定

① 罗紫初.出版学原理[M].武汉：武汉大学出版社，1999：58.
② 彭松建.出版经济学之我见[J].出版经济，1999(2)：8－9.
③ 王秋林.出版经济学学科构建探讨[J].出版发行研究，2002(7)：5－9.
④ 高淑霞，盛晓东.出版经济学刍议[J].科技与出版，2002(6)：12－13.
⑤ 彭松建.出版经济学之我见[J].出版经济，1999(2)：8－9.
⑥ 刘杲.盼望出版经济学更快成长[J].出版经济，2000(5)：4－5.

的特殊性。刘杲指出，“在出版经济学的研究中，如何紧密结合出版经济活动的实际？核心是把握出版物既是商品又是精神产品这个特殊性”①。张美娟认为，出版经济学“既有遵循经济学一般规律的共性，更具有自身的特殊性。这种特殊性主要表现在其研究的出版经营对象的特殊性、出版经济研究方法的特殊性、出版经营主体的特殊性和出版经营环境的特殊性”②。

巢峰在《要研究出版经济的特殊矛盾》一文中认为，出版经济研究中要重视出版经济的特殊矛盾，出版经济的特殊矛盾包括：精神产品与物质产品的矛盾、使用价值与社会效果的矛盾、社会效益与经济效益的矛盾、价格与价值矛盾③。与此相对应的是，徐志京认为《要研究出版经济的特殊矛盾》一文“只研究了作为出版活动产品的出版物与工农业产品相比的特殊性以及它们之间的区别，这种研究尽管是必要的，但对人们把握出版规律的作用不会很大，……真正市场经济条件下，这两类产品的差距并不是很大”；他提出，研究出版活动的特殊矛盾（规律）应着眼于对宏观、中观、微观三个层次出版规律的研究④。

3. 出版经济学的学科性质与相关学科

关于出版经济学的学科性质，罗紫初认为：“出版经济学不应属于那种‘在原有学科领域之间的交接点上产生的’边缘学科，而应属于以探讨出版物的商品供求矛盾为其研究对象的出版学的分支学科。”⑤刘杲认为，出版经济学是专业经济学、应用经济学，在理论经济学和出版经济活动之间起着桥梁作用⑥。高淑霞、盛晓东认为，出版经济学是一门交叉学科，出版经济学“所研究的是出版学与经济学的交叉或集合”，“出版学和经济学的交集是建立出版经济学的基础”⑦。

在出版经济学的相关学科问题上，王秋林认为，出版经济学的相关学科有出版学、经济学、出版管理学和出版营销学；经济学为出版经济学提供分析手段和工具，是出版经济学的基础学科之一；出版经济学和出版管理学、出版营销学同属出版学的分支学科⑧。

---

① 刘杲.盼望出版经济学更快成长[J].出版经济，2000(5)：4－5.

② 张美娟.我国出版经济研究的特殊性[G]//罗紫初，方卿.出版探索——纪念武汉大学编辑出版学专业创建廿周年校友论文集.武汉：武汉大学出版社，2003：19.

③ 巢峰.要研究出版经济的特殊矛盾[J].编辑之友，2000(1)：8－10.

④ 徐志京.也谈“出版经济”的特殊矛盾——与巢峰先生商榷[J].编辑之友，2000(6)：12－13.

⑤ 罗紫初.出版学原理[M].武汉：武汉大学出版社，1999：58.

⑥ 刘杲.盼望出版经济学更快成长[J].出版经济，2000(5)：4－5.

⑦ 高淑霞，盛晓东.出版经济学刍议[J].科技与出版，2002(6)：12－13.

⑧ 王秋林.出版经济学学科构建探讨[J].出版发行研究，2002(7)：5－9.

（二）出版产品经济特征的研究

出版产品的属性是出版学研究的重要问题，也是出版经济研究的起点。笔者认为，出版产品经济特征的研究应包括出版物经济特征的研究和版权（著作权）经济特征的研究两方面。

1. 出版物经济特征的研究

从20世纪70年代末开始，我国研究者对出版物的属性问题进行了多角度、多层次的探析。起初，出版界和学术界争论的焦点在于"出版物是不是商品"这一论题上。进入20世纪90年代后，尤其是1992年我国提出建立社会主义市场经济体制的目标之后，出版物的商品属性逐渐得以明确，论题的中心也转变为"出版物商品是不是特殊商品"和"出版物商品是否具有特殊性"。最近三十年以来，学术界和出版界对于出版物商品的经济属性问题曾有不同的看法：多数人主张出版物商品具有特殊性，少数人否认有特殊性；有人认为出版物是特殊商品，有人则不赞成出版物是特殊商品。部分研究者对出版物的经济属性和出版物商品的特殊性进行了深入分析，提出了自己的看法。

袁亮认为，出版物的商品属性与其精神产品属性相比较，是非本质属性；同时，出版物的商品属性与其他物质产品的商品属性相比较，又有其特殊性；"要肯定出版物有特殊性，否定这一点是不对的；作为习惯用语，说出版物是特殊商品未尝不可，但作为科学用语，宜于不使用出版物是特殊商品这一提法，而使用出版物商品属性有特殊性这一概念"[①]。袁亮指出，出版物商品的特殊性主要表现在以下三个方面：① 使用价值不同（包括使用价值的内涵、使用价值的优劣标准、使用时间的长短、使用效果的评判都存在区别），② 交换价值不同（包括交换价值计算的难易不同、价格体现交换价值的程度不同、价值规律发挥作用的效果不同），③ 使用价值与交换价值辩证关系不同（物质产品和精神产品在使用价值与交换价值的一致性与矛盾性上都存在差异）[②]。袁亮关于出版物经济属性的观点在他主编的《出版学概论》（辽宁教育出版社1997年版，该书为教育部、新闻出版署"八五"规划教材）一书中也得到了体现。

1999年，王益、汪轶千主编的《图书商品学》由人民出版社出版。该书堪称20世纪我国图书商品研究成果的结晶，其作者提出"图书商品学"的概念，并对图书商品的特性进行分析，对图书商品进行了分门别类的研究。

---

① 袁亮.出版物的性质[J].出版发行研究，1996(5)：3-12.
② 袁亮.出版物的性质[J].出版发行研究，1996(5)：3-12.

罗紫初、吴赟、王秋林著的《出版学基础》(山西人民出版社 2005 年版，该书为国家“十五”规划教材)一书从政治经济学理论视角分析了处于生产与流通过程中的出版物的经济特征，认为出版物具有商品的基本特征：“与其他任何商品一样，出版物是劳动产品”，“出版物是用来交换的劳动产品”，“出版物是使用价值与价值的统一体”①；指出出版物商品既具有一般商品的共性，又具有自己的特性，这些特性表现在出版物商品再生产过程中的生产、流通、消费等不同阶段。

有研究者认为：“部分出版产品具有准公共品性质，即具有不完全的非竞争性和非排他性，这主要体现在这部分产品具有正的外部效应。”②

2. 版权(著作权)经济特征的研究

出版业等内容产业就其本质而言，皆可归入版权产业的范畴。包括出版产业在内的版权产业是知识经济的重要驱动力。目前，版权产业已成为一些发达国家经济增长的主要动因，我国的版权产业也已渐成规模。出版业等版权产业在各国社会经济中的地位日趋重要，因此近年来版权(在我国，这一概念等同于“著作权”概念)的经济特质和经济规律受到法学、经济学、出版学、新闻学、传播学、信息管理学等学科领域研究者愈来愈多的关注。

目前学术界对于版权属性的认识大致可归纳为两种理论：“人格权论”和“无形财产说”。版权的“人格权论”强调版权的人身权及其保护，这突出表现在大陆法系国家的版权立法中；而版权的“无形财产说”则认为版权是无形财产权，这种理论强调版权的经济利益，这一理论成为英美普通法系版权立法的哲学基础。从我国的立法框架来看，我国现行著作权法(版权法)兼容了大陆法系的“人格权论”和英美法系的“财产权说”。随着时代的进步和社会科学技术、文化教育的发展，版权的经济属性日益突出。

李明德指出：“透过版权和版权法的经济特征，透过国际贸易规范体系对于版权的保护，我们可以看到一个版权产业或版权经济的存在。确实，从作品的创作到作品的利用和传播，都体现了突出的经济特征。”③

王连峰分析了著作权的经济属性及其在国民经济中的地位、著作权经济属性重要性的成因、著作权经济属性的现实意义④。王利民认为，著作权的性质是由它的客体特征或者调整对象决定的，著作权关系是财产关系，著作权的客体是

① 罗紫初，吴赟，王秋林.出版学基础[M].太原：山西人民出版社，2005：55－61.
② 王联合.转制下的规制逻辑(上)：基于出版物属性的考察[J].出版发行研究，2005(3)：15－20.
③ 李明德.版权产业与知识经济[J].知识产权，2000(1)：17－20.
④ 王连峰.论著作权的经济属性[J].郑州大学学报(哲学社会科学版)，1997(1)：47－49.

统一的无形财产——作品。基于著作权客体的财产性和统一性，以作品这一“财产”而非以“人身”为客体的著作权，其内涵或性质只能是财产权，所谓的“著作人身权”在性质上根本就不是人身权，而是财产权或财产权的一项权能，都统一于著作权并归于财产权的范畴[①]。胡知武认为，版权是一种财产，一种资源，一种广泛存在于各种民事法律关系主体之间的无形财产资源[②]。

明确和重视版权的经济属性对出版企业和出版产业、传媒产业的发展具有重要意义，出版学、传媒经济学研究界应加大对版权经济特征的研究力度。

（三）出版市场供求的经济学研究

对供给和需求的分析是经济学分析经济对象、解决经济问题的基本工具。出版供求规律是出版市场规律的核心内容，也是出版经济学研究的重要对象。

1. 出版市场供给规律的研究

经济学中的供给规律表明的是某物品的价格与其供给量之间的正向变动关系。目前我国的出版经济研究成果中，有一些研究成果涉及出版机构的供给行为和出版产业的产品供给结构，但运用供给规律对出版供给与价格之间的变动关系进行实证分析的成果较少，这方面的研究还有待加强。

张其友利用经济学的原理和方法进行了出版物供给量（销售量）、成本、利润关系的边际分析，并阐释了出版物量、本、利关系的决策模型[③]。出版企业的供给行为受到企业使用生产要素的成本、企业技术以及政府政策的影响，周蔚华对这些影响因素进行了分析[④]。有研究者对我国新兴的电子出版物市场供给状况进行了分析。黄长征指出，与市场需求不振相对应的是，我国电子出版产业内厂家数量过多，低水平重复和资源浪费现象严重[⑤]。

2. 出版市场需求规律的研究

与出版供给规律的研究现状相比，我国研究者运用经济学中的需求定理和弹性理论，对出版市场需求进行了较多的研究。

张其友、李星等人运用经济学上的弹性理论，探讨了出版物的需求弹性规律[⑥]。周蔚华分析了图书价格、替代品的价格和数量等影响图书市场需求的因

① 王利民.论著作权的性质[J].财经问题研究，1999(7)：79－81.

② 胡知武.版权经济实务[M].北京：中国经济出版社，2002：43.

③ 张其友.出版物量、本、利关系的边际分析[J].出版经济，2002(5)：8－9.

④ 周蔚华.中国图书出版产业的供求分析[J].出版经济，2002(9)：4－8.

⑤ 黄长征.我国电子图书市场的问题、成因与对策[J].情报科学，2003(2)：167－169.

⑥ 张其友.出版物需求价格弹性的分析与应用[J].出版经济，2003(4)：14－16；张其友.影响出版市场需求非价格因素[J].出版经济，2004(11)：20－22；张其友.出版物需求弹性的微观调控策略[J].编辑之友，2005(5)：24－25；李星.探讨图书的市场需求弹性规律[J].图书发行研究，1996(4)：18－20.

素及图书需求的发展趋势[①]。李治堂、张志成利用多元统计分析方法，定量分析了城镇人均可支配收入、农村人均纯收入和图书平均价格对图书市场需求量的影响，揭示了变量之间存在的复杂因果关系[②]。姚建中根据现代控制理论的基本原理和出版物需求预测的基本参数，分析了出版物需求预测中各个基本参数的含义及可靠性[③]。

电子、网络出版的市场前景引人关注，黄长征对我国电子图书市场需求分析后认为，我国电子图书市场容量狭小，电子图书市场的总体购买力并不高[④]；黄凯卿、李艳从网络用户的角度分析了我国网络出版的需求状况[⑤]。

另有一些研究者运用比较研究的方法，对中外出版物市场需求状况进行了比较分析[⑥]。

3. 出版市场供求矛盾的研究

出版市场供求矛盾是长期以来我国出版研究领域中备受关注的问题。近年来，我国研究者集中探讨了出版市场供求矛盾的内涵、表现形式、成因及发展趋势等问题。

周蔚华运用经济学中的供求分析工具，从供求脱节问题、库存问题、退货问题、销售网点问题、信息传递问题的角度分析了我国图书供求矛盾[⑦]。于波分析了图书市场供求矛盾的主要成因[⑧]。

"买方市场"和"卖方市场"是用来形容供求双方的市场关系和市场地位的一对概念。就整体而言，我国出版物市场已呈现买方市场的格局。贺剑锋、刘炼将我国图书买方市场的主要特征归纳为：市场的高度垄断与自由竞争相统一，价格上涨与打折销售并存，选题低水平重复与原创性作品缺乏并存，体内循环与体外循环并存，合法市场和非法市场并存，买方市场的初级阶段和相对性[⑨]。邱勤认为，现阶段我国出版物买方市场仍处于初级阶段，是相对的、不完全的买方市

① 周蔚华.中国图书出版产业的供求分析[J].出版经济，2002(9)：4-8.

② 李治堂，张志成.我国图书市场需求的实证分析[J].现代情报，2004(1)：27-32.

③ 姚建中.出版物需求预测的风险分析[J].出版发行研究，2001(8)：37-39.

④ 黄长征.我国电子图书市场的问题、成因与对策[J].情报科学，2003(2)：167-169.

⑤ 黄凯卿，李艳.从统计数据看我国网络出版的市场状况[J].出版发行研究，2003(5)：47-51.

⑥ 李凌芳.中外图书市场消费状况比较研究[J].图书情报知识，2004(2)：91-93；吴赟.中外期刊消费市场比较分析[G]//中国期刊协会.中国期刊年鉴 2003/2004.北京：中国大百科全书出版社，2004：159-167.

⑦ 周蔚华.中国图书出版产业的供求分析[J].出版经济，2002(9)：4-8.

⑧ 于波.图书商品与市场经济[J].社会科学战线，1999(4)：230-233.

⑨ 贺剑锋，刘炼.我国图书买方市场的特征及对策研究[J].出版科学，2001(4)：47-49.

场①。吴乐平分析指出，中国期刊业已经初步实现了由“卖方市场”向“买方市场”的巨大转变②。

有研究者为描述中国图书市场的供求关系，进行了构建图书市场经济模型的尝试。李智慧和刘薇根据收集到的中国图书市场1994—2004年相关数据，提出了一个中国图书市场宏观经济模型：“$Y=c(9)+c(1)\times X_1+c(2)\times X_2+c(3)\times X_3+c(4)\times X_4+c(5)\times X_5+c(6)\times X_6+c(7)\times X_7+c(8)\times X_8$，其中，人均购书量$Y$表示图书市场的需求，$X_1$表示平均印张价格，$X_2$表示品种，$X_3$表示进口数，$X_4$人均购书额表示支付能力，$X_5$人均收视时间和$X_6$人均上网时间表示替代品，$X_7$成人识字率表示教育程度，$X_8$人均GDP表示经济增长，$c(9)$表示其他变量。”③笔者认为，由于这一模型只是基于1994—2004年这十年的相关数据得出，所以尚需更多的数据进行验证。

（四）出版产业的经济学研究

近十年来，出版产业研究在我国出版经济研究中的地位日益突出，这方面的成果在出版经济研究成果中占有相当大的比重。我国出版产业研究的成果主要分布在产业结构、产业组织、产业竞争力、产业发展趋势、产业政策与政府监管等方面，研究涉及书刊出版业、电子与网络出版业。另外，中国“入世”对中国出版产业的影响及对策曾是一个研究热点；国家提出“西部大开发”“中部崛起”的战略目标和宏观理念后，中西部出版产业的发展战略也受到较多关注。这一时期，我国出版产业研究的成绩体现在：数量可观的研究论文在各类报刊、文集上发表；一些具有不同视角、不同侧重点的出版产业研究专著或探索性文集得以出版，如于友先著的《现代出版产业发展论》（苏州大学出版社2003年版）和《现代出版产业论集》（中国书籍出版社2004年版）、贺剑锋著的《中国出版企业竞争力研究》（湖北人民出版社2004年版）、曾庆宾著的《中国出版产业论》（中南大学出版社2004年版）、周蔚华著的《出版产业研究》（中国人民大学出版社2005年版）、黄健著的《出版产业论》（广西人民出版社2005年版）、廖建军著的《中国出版产业竞争力评价问题研究》（湖南师范大学出版社2006年版）、陈昕著的《中国出版产业论稿》（复旦大学出版社2006年版）和《中国图书出版产业增长方式转变研究》（广西师范大学出版社2008年版）、乔东亮等著的《“十五”首都出版产业发展状况研究》（中国人民大学出版社2007年版）、蒋雪湘著的《中国图书出版产

① 邱勤.买方市场条件下的出版经营观[J].天津商学院学报，2004(6)：67-71.

② 吴乐平.近观中国期刊市场走势[N].中国图书商报，2001-12-04(15).

③ 李智慧，刘薇.中国图书市场的宏观经济模型[J].出版参考，2005(36)：17.

业组织研究》(湖南大学出版社 2010 年版)、黄孝章等著的《数字出版产业发展研究》(华夏出版社 2010 年版)、张新华著的《数字出版产业理论与实践》(知识产权出版社 2014 年版)、李金慧与王丹丹著的《出版产业经营与管理研究》(知识产权出版社 2015 年版)、侯欣洁著的《中国数字出版产业政策研究》(中国传媒大学出版社 2016 年版)、何国军著的《出版产业供应链协同管理研究》(武汉大学出版社 2018 年版)、曾元祥著的《数字出版产业链研究》(武汉大学出版社 2018 年版)、宋琪与占绍文主编的《出版产业管理概论》(西安交通大学出版社 2019 年版)；一批博士、硕士先后完成了以出版产业问题为选题的学位论文。本书将从产业结构、产业组织、产业竞争力、产业政策与政府规制几个方面对近十年来我国出版产业研究状况进行总结与评价。由于出版产业组织研究是近一时期我国出版经济研究的重要内容,我国研究者较多地运用了产业经济学中经典的 SCP(市场结构—市场行为—市场绩效)分析框架,分析了出版市场结构、出版企业的市场行为、出版企业的市场绩效问题,因此,下文对出版产业组织研究状况的评述予以细化。

1. 出版产业结构的研究

产业结构从广义来讲,是指产业间的技术、经济联系与联系方式;从狭义来讲,是指国民经济各个产业之间以及产业内部的比例关系和结合状况。产业结构和市场结构并非两个可以等同的概念,在产业经济学中市场结构是指企业市场关系的特征和形式。我国研究者对出版产业结构的探讨主要集中在出版产业结构现状、产业结构调整趋势、出版产业链、产业关联分析等方面。

我国出版产业在产品结构、地域结构等方面存在突出的问题。周蔚华认为,我国图书出版的产品结构呈现供求不平衡以及产品不均衡发展的态势,应采取均衡发展战略调整我国图书产品结构;我国出版产业在地区结构上存在均衡性和“同构性”,应采取非均衡发展战略调整我国图书出版的地区结构[①]。

促进出版产业结构优化和升级,事关出版业的繁荣和发展,意义重大。姚德鑫认为,出版产业整合要借鉴其他产业整合的成功经验,更要从实际出发;从出版业目前的结构现状和调整的目标来看,出版业应进行关联性重组[②]。张霞从出版产业结构调整的历史出发,结合产业属性和行业特点,指出跨媒体经营是我国出版产业结构调整的重要趋势[③]。

① 周蔚华.中国图书出版产业结构分析[J].出版经济,2003(3):6-9.
② 姚德鑫.论出版产业整合[J].出版发行研究,2001(4):5-7.
③ 张霞.跨媒体经营——出版产业结构调整新走向[J].图书情报知识,2005(1):61-63.

在出版产业链研究方面，一些研究者从不同的角度阐述了自己的观点。方卿认为出版产业链具有价值增值、物流供应、信息传播三方面的基本属性①。陈昕从内容生产的角度探讨了数字化条件下出版产业链的建设②。翁昌寿认为，可以从三个方向去打造出版产业链：系列化产业链（走向是“图书—报纸期刊—广播电视—数字多媒体”）；一体化产业链（走向是“出版上游—出版—出版下游”）；多元化产业链（走向是“出版—其他行业”）③。朱胜龙认为，出版产业链的延伸，可以使出版业由主业市场向边缘市场拓展，形成更多的产业支撑点；出版业在自身发展的同时，可以有效地拉动相关产业和地方经济的发展④。王睿新、丁永健分析了图书出版发行业产业链中各环节关系及利润分配情况，指出我国图书出版发行业在政策、历史等多种因素作用下形成的独特产业结构使得图书出版市场效率欠佳⑤。

产业关联是指经济活动中各产业间以投入和产出为联系纽带的技术、经济联系。周蔚华从产业链的投入产出和单制品的投入产出两个角度分析了出版业与其他相关产业的关系⑥。

2. 出版市场结构的研究

从本质上讲，市场结构是一个反映市场竞争和垄断关系的概念。市场集中度、产品差别化程度和市场进退障碍是决定市场结构的三个主要因素。近年来，我国研究者对出版市场结构的探讨主要集中在出版市场的特征、出版市场集中度、出版市场进退壁垒等问题上。

根据竞争和垄断程度的不同，市场可分为完全竞争市场、垄断竞争市场、寡头竞争市场和完全垄断市场四种类型。从博弈论的视角看，“出版市场的发展和变化实质上是利益主体各方竞争与合作的结果，竞争各方在遵循一定的游戏规则的基础上，运用策略以达到己方利益的最大化，从而在客观上促进了市场的成熟和演进”⑦。陆祖康认为，我国图书市场是在国家计划指导下的特殊商品市场，从市场类型来看，属于垄断竞争市场⑧。尹章池指出，市场的行政化是我国

① 方卿.论出版产业链的基本属性[J].出版科学，2006(4)：21－23.
② 陈昕.加快出版产业链和价值链的建设[J].编辑学刊，2004(3)：40－41.
③ 翁昌寿.中国出版产业链理论构想与现实操作[J].编辑之友，2003(3)：4－8.
④ 朱胜龙.出版产业链：拉动地方经济发展的强力引擎[J].当代财经，2004(5)：92－95.
⑤ 王睿新，丁永健.图书出版发行业产业链的利润分配和效率分析[J].重庆社会科学，2005(12)：19－22.
⑥ 周蔚华.中国图书出版的产业关联分析[J].大学出版，2004(3)：31－36.
⑦ 白琳.我国现有出版市场的博弈分析[J].科技与出版，2005(6)：23－26.
⑧ 陆祖康.我国图书市场供需特征分析[J].暨南学报(哲学社会科学版)，1996(2)：137－141.

出版市场的显著特征[①]。封延阳从市场集中度、产品差别化和进入退出壁垒三方面分析了我国图书出版产业市场结构，认为管理体制方面的问题是造成我国图书出版产业市场结构缺陷的重要原因[②]。袁国雄也分析了我国图书市场结构问题及其成因，并提出了改善方法[③]。张志成、李治堂认为，我国图书发行业垄断与过度竞争并存[④]。张晓玲认为我国出版物发行市场存在垄断市场下的分散性竞争[⑤]。蒋雪湘、胡振华通过对我国图书出版产业市场结构与市场绩效关系的实证分析，证明我国图书出版产业存在"相对市场力量"假说和"X效率"假说[⑥]。

有研究者对期刊、电子出版市场的特征进行了分析。彭建斌从同类期刊社之间的竞争、其他替代媒体经营者的竞争、潜在进入者的竞争、订户的竞争、作者的竞争、印刷厂商的竞争六个方面对期刊市场竞争状况进行了分析[⑦]。陈浩义、冷晓彦通过对中文电子图书市场的分析，认为我国中文电子图书市场已经形成寡头竞争市场，并用博弈论对该寡头市场的竞争进行了分析[⑧]。

在出版产业市场集中度的研究方面，周蔚华、吴明华、吴赟分别运用比较研究的方法，对中外图书、期刊出版业的产业集中度进行了分析，研究的结论是：产业集中度低是我国出版业与发达国家出版业的一个重大区别；出版机构的性质、定位和市场的行政垄断，是造成我国出版业产业集中度低的重要原因；优化产业组织结构、提高市场集中度已成为提高出版产业竞争力的当务之急[⑨]。封延阳认为，规模经济性不明显、专业分工体制和产业布局政策、政府行为是影响我国出版产业市场集中度的主要因素[⑩]。

出版市场的准入与退出机制是出版市场规则的重要内容，是形成出版市场体系的关键。周蔚华指出，我国出版业的进入壁垒主要是由法律和制度造成的壁垒[⑪]。

---

① 尹章池.影响我国出版市场的制度因素、制度缺陷与化解设计[J].编辑之友，2004(4)：4-6.

② 封延阳.我国图书市场结构研究[J].出版发行研究，2002(9)：5-9.

③ 袁国雄.图书发行市场结构与市场行为分析[J].出版科学，2003(1)：36-38.

④ 张志成，李治堂.我国图书发行业市场结构、行为与绩效分析[J].出版发行研究，2003(12)：51-53.

⑤ 张晓玲.关于我国图书发行市场的若干思考[J].经济师，2005(1)：43-45.

⑥ 蒋雪湘，胡振华.我国图书出版产业市场结构与市场绩效的实证分析——基于2004—2006年的数据[J].湖南师范大学社会科学学报，2009(6)：84-87.

⑦ 彭建斌.期刊市场中的竞争势力[J].中国出版，1997(4)：28-29.

⑧ 陈浩义，冷晓彦.我国中文电子图书市场竞争分析[J].情报科学，2005(2)：190-193.

⑨ 周蔚华.我国图书出版产业的集中度和规模经济分析[J].中国出版，2002(10)：14-17；吴明华.中外出版产业集中度比较分析[J].出版发行研究，2002(9)：9-15；吴赟.中西期刊业的产业集中度分析[J].出版参考，2005(25)：41-42.

⑩ 封延阳.影响我国图书出版产业市场集中度的主要因素[J].中国出版，2002(9)：25-26.

⑪ 周蔚华.中国图书出版产业的垄断分析[J].大学出版，2002(4)：13-15.

姚德权探析了我国出版市场准入规制的内涵与动因①。贺剑锋、韩梅、胡博对我国出版业市场进退壁垒进行了分析②。

3. 出版企业市场行为研究

企业的市场行为一般可分为：以控制和影响价格为基本特征和目的的价格行为，以促进产品销售、开发为主要内容的非价格行为，及以产权关系变动为主要特征的企业组织调整行为。我国出版研究者从多个角度对出版企业的价格、促销、产品创新、集团化等市场行为进行了探讨，但这方面现有的研究成果主要集中在出版营销研究等领域，其研究大多是从管理学、市场营销学等学科理论层面来展开的。严格来说，真正从经济学的视角出发，利用经济学的方法来研究出版企业市场行为的成果并不多见。

从经济学的角度来看，价格是价值的表现形式，是调节市场供求和资源配置的杠杆。如果没有科学、合理的价格机制，规范的经济活动就不能进行。近年来，一些研究者开始运用经济学的理论与方法来分析出版企业的价格行为。

20 世纪 90 年代，我国出版物价格的大幅度上涨，引发了关于出版物定价是否合理的争议。不少研究者认为目前我国的出版物定价过高、不合理，相关部门应采取有效措施调控出版物价格，但也有与此不尽相同的观点。如卿家康认为，我国书价的上涨是基本合理的；“改革开放以来，我国经济处于持续高速增长之中。与此同时，也出现了持续的通货膨胀……一旦书价松动，书价的持久攀升就是必然的……具体地看，则是成本推动的结果”③。陈资灿认为，书价的上涨既有不合理的一面，又有合理的一面，并从政府行为、企业成本控制、著作权保护、市场建设等方面提出了深化图书价格改革的思路④。赵晶认为，“目前我国图书的定价方式实际上是一种转售价格维持（Resale Price Maintenance，简称 RPM），它有利于图书市场上的出版、批发、零售等环节达成默契合谋，共同抬高书价，谋取垄断利润”，并提出了应对书价虚高问题的措施⑤。曹明和吴文华运用经济学基本原理，分析了我国出版物市场价格的形成机制，并对完善我国出版价格形成机制提出建议⑥。

① 姚德权.我国新闻出版市场准入规制内涵与动因分析[J].出版发行研究，2004(11)：15 - 18，53.

② 贺剑锋.对我国出版业市场进入与退出关系的思考[J].中国出版，2003(3)：16 - 18；韩梅，胡博.出版体制改革带来的新冲动——破产退出机制的建立[J].大学出版，2004(2)：18 - 21.

③ 卿家康.我国图书定价改革与当前书价[J].出版发行研究，1996(4)：22 - 25.

④ 陈资灿.图书价格及其定价改革[J].价格月刊，1998(9)：13 - 14.

⑤ 赵晶.我国书价虚高问题的 RPM 分析[J].华北水利水电学院学报(社科版)，2005(4)：30 - 32.

⑥ 曹明，吴文华.图书价格形成的经济学分析[J].价格理论与实践，2004(3)：25 - 26.

我国出版发行业的市场集中度较低，市场过度竞争导致企业之间的价格战现象比较普遍。出版物的定价与成本核算是出版企业重要的市场行为。袁亚春从经济学的视角分析了不同市场条件下的出版企业定价策略①。张其友分析了出版企业的定价目标与经营目标的关系，以及适合出版社的定价策略和方法②。开儒认为，在影响出版企业利润的因素中，“发行折扣影响最终利润的弹性余地最大，适当做一些微小的发行价格调控，就可以产生意想不到的利益收获”“合理调整图书发行折扣在今天显得尤为重要”③。

电子出版物和网络出版物正成为出版业新的经济增长点，电子、网络出版的定价模式应该受到出版界和学术界更多的关注。徐丽芳、刘峥等研究者对电子出版物、网络出版物的定价问题进行了探讨。徐丽芳分析了成本因素、读者心理因素、供应链内部的利益分配等制约网络出版定价的因素；指出网络出版企业可以尝试订阅费模式、站点授权模式、每单位收费模式（per-unit fee）三种定价模式④。刘峥从信息商品的价格影响因素出发，分析了出版商和数据库商的电子出版物销售政策（主要有免费上网服务、收费上网服务、集团购买方式等）和电子出版物价格影响因素（包括内容因素、使用情况、技术因素、存档方式、销售策略等），指出了现行电子出版物价格模式中存在的问题，并探讨了电子出版物的价格发展趋势⑤。

当前，我国对于出版企业的广告、产品创新等非价格行为进行经济学分析的成果较少。李宇彤用经济学理论分析了出版机构营销渠道的经营管理及我国出版机构在出版物营销体系的建立和控制上存在的问题，认为出版机构“应该从针对性、控制性和经济性三方面着手，遵循一般的经济学原理，优化和整合现有的渠道体系，建立一个适合自己的健全稳定的营销体系”⑥。

就目前的情况而言，我国出版行业内部以产权关系变动为主要特征的企业组织调整行为，主要包括出版企业集团、发行企业集团的建设和出版企业产权制度的改革等内容。这方面的研究已取得一些成果，已有一些论文发表在各类专业报刊上，一些报刊甚至开辟了这方面的专栏，但在一部分论文中经济学理论和方法的运用不足。相形之下，数篇以这方面内容为选题的博士学位论文在理论

① 袁亚春.图书定价的社会与经济意义及其分析[J].浙江社会科学，1997(3)：122－125.
② 张其友.加强出版物定价管理的思考[J].出版经济，2001(12)：15－18.
③ 开儒.控制发行价格，提升出版利润[J].出版经济，2004(2)：22－25.
④ 徐丽芳.网络出版的定价模式研究[J].出版发行研究，2004(3)：58－61.
⑤ 刘峥.电子出版物的价格影响因素及模式分析[J].情报科学，2003(9)：1002－1005.
⑥ 李宇彤.出版社图书营销体系优化的经济学分析及建议[J].出版发行研究，2001(7)：51－55.

和方法上具有明显的优势。

4. 出版企业市场绩效研究

市场绩效是企业市场行为结果的综合反映。市场绩效是企业在一定的市场结构下，通过一定的市场行为所产生的价格、产量、成本、利润、产品质量和品种，以及在技术进步、社会福利等方面的最终成果。对出版企业而言，其市场绩效包括我们通常所说的经济效益和社会效益两方面。总的来说，目前我国对出版企业市场绩效的研究多停留在定性描述的层面，这方面的研究有必要得到深化。

2005 年，巢峰发表了《中国图书出版业的滞胀现象——兼论出版改革的症结所在》一文，在我国出版界、研究界引起很大反响（该文曾被《新华文摘》《中国人民大学复印报刊资料》等重要文摘类期刊全文转载）。该文分析了自 20 世纪 90 年代下半叶起我国图书出版业出现的滞胀（“膨胀性衰退”）现象，其研究结果充分说明我国出版企业的整体市场绩效较低①。

张志成和李治堂经过分析认为，我国出版发行业垄断的存在降低了对企业的激励强度，企业缺乏积极开拓市场的动力；市场集中度较低，导致企业之间的价格战现象比较普遍；组建的发行集团与发行连锁企业，在销售收入成倍增加的同时，组织、协调与运营成本也在成倍增加；由于这些原因，我国出版发行业市场绩效与国外相比存在较大差距②。蒋雪湘、胡振华在实证分析的基础上对提高我国出版产业市场绩效提出了建议③。

一些研究者利用数理方法对出版企业的盈利水平进行科学测算，在出版经济的定量分析上进行了有益的探索，如张其友对出版物销售收入的预测方法进行了分析④，傅英宝撰文探讨了出版物的经济效果评价方法⑤。

出版企业的社会效益与经济效益的关系，是我国出版研究者探讨的重要议题。于友先认为：“现代出版产业的活力不仅体现在高经济效益上，而且体现在高社会效益上，两者是互生互动的……社会效益和经济效益的联动加快了出版产业的发展步伐……出版产业的高效益首先要体现在社会效益上，社会效益第一的原则是出版业遵循的首要原则。”⑥巢峰认为：“社会效益与经济效益的矛盾

---

① 巢峰.中国图书出版业的滞胀现象——兼论出版改革的症结所在[J].编辑学刊，2005(1)：4 - 14.

② 张志成，李治堂.我国图书发行业市场结构、行为与绩效分析[J].出版发行研究，2003(12)：51 - 53.

③ 蒋雪湘，胡振华.我国图书出版产业市场结构与市场绩效的实证分析——基于 2004—2006 年的数据[J].湖南师范大学社会科学学报，2009(6)：84 - 87.

④ 张其友.出版物销售收入预测方法的探讨[J].大学出版，2002(4)：39 - 41.

⑤ 傅英宝.图书的经济性评价[J].大学出版，1999(4)：60 - 61.

⑥ 于友先.论现代出版产业的双效益活力[J].出版发行研究，2003(8)：10 - 15.

是出版物效益运动中的主要矛盾。社会效益是两个效益矛盾的主要方面。两个效益矛盾运动形成了社会效益第一，经济效益第二，经济效益服从社会效益，社会效益兼顾经济效益的规律。”①田建平对出版产业中的“两个效益”问题进行了辨析，认为出版物“两个效益”的最佳结合应该体现在质量上②。

5. 出版产业竞争力的研究

出版产业竞争力研究是近年来出版经济研究的一大热点，一些研究者对出版产业的竞争力问题进行了积极探索，取得了一些成果。我国研究者对出版产业竞争力的研究涉及国家、产业和企业竞争力三个层面。此外，由于产业竞争力评价可以揭示产业结构的演进趋势和产业的动态比较优势，有研究者从产业竞争力评价的角度对出版产业竞争力进行了探讨。

程三国在其发表于2001年9月12日《中国图书商报》的《中外出版业发展战略研究与竞争力分析》一文中对世界出版业的格局与趋势，出版业全球化的特征与规律，跨国集团的竞争优势、国际战略和中国战略，中国出版业的优势和机会等问题进行了分析，但该文的理论依据和分析框架主要是战略分析中的SWOT分析模式及比较优势分析，对竞争优势及竞争力较少涉及。

2003年，贺剑锋和姚永春分别完成的博士学位论文均以《中国出版企业核心竞争力研究》为题；2006年，廖建军完成了题为《中国出版产业竞争力评价问题研究》的博士学位论文；2011年，安欣完成了题为《我国出版企业核心竞争力评价及提升策略研究》的博士学位论文；2013年，刘畅完成了题为《我国出版集团竞争力评价体系研究》的博士学位论文；2014年，田常清完成了题为《出版产业国际竞争力评价理论与实证研究》的博士学位论文。这些研究者从不同的角度和层面对出版产业竞争力问题进行了探索性研究。

刘蔚绥认为，影响出版产业核心竞争力的主要因素有人力资源、科学技术、企业文化创新与应变能力③。陶明远认为，“目前我国出版产业核心竞争力以其构成的基本要素可以表述为：人才＋机制品牌（特色）＋企业文化＝核心竞争力”；并对西部出版社核心竞争力的培育途径进行了探讨④。

浙江出版集团《中国图书出版资源基础数据库》课题组发布了《“九五”期间全国出版社竞争力评估报告》。该报告对我国出版社市场竞争状况进行了初步

① 巢峰.论出版物效益中的矛盾[J].中国编辑，2004(4)：4-8.
② 田建平.我国出版产业中“两个效益”问题之辨析[J].出版发行研究，2005(5)：22-25.
③ 刘蔚绥.浅议出版产业的核心竞争力[J].出版科学，2005(3)：36-38.
④ 陶明远.出版产业的核心竞争力及西部出版社核心竞争力的培育[J].中国图书评论，2004(1)：16-19.

分析，对我国出版业在"入世"前的资源配置状况进行了总结性研究。由于这份报告所采用的评价指标是描述性的静态指标，所以这份报告对我国出版社竞争力发展态势的分析不够[①]。

孙寿山的《中国出版业现实竞争力研究分析》运用产业竞争力的测度和分析方法，对出版产业的盈利能力、市场占有状况、中国出版业的技术状况进行了定量和定性的分析及评价。该文属于现实竞争力的实证分析，对于竞争力现状的形成原因及变化趋势没有深入分析，在理论依据和分析框架上也有所欠缺[②]。

在出版产业国际竞争力研究方面，方卿探讨了提升我国科技出版国际竞争力的重要意义和现实途径[③]；蔡继辉构建了出版业国际竞争力综合评价的指标体系框架，对我国出版产业的国际竞争力进行了分析与评价[④]。

就整体而言，我国的出版产业竞争力研究需要在以下方面予以改善：出版产业竞争力的概念、内涵需要进一步明晰；对出版产业竞争力的实证研究和应用分析较为匮乏，尚待加强；研究的方法不够严谨，需要引入科学的研究方法；研究模式的适用性需要加以明确。

6. 出版产业政策与政府规制的研究

市场经济的逐利性特征导致它具有波动性、盲目性、投机性、不确定性等内在缺陷，因此，政府对产业的规制是必要的，对于出版产业而言更是如此。制度经济学理论认为，规制是政府在转型经济中的一种政策工具。从本质上来说，政府的出版规制就是出版政策工具的组合和选择。在我国出版业产业化、市场化的发展进程中，一些新问题、新情况的出现，使得出版产业政策与政府规制的研究尤显重要。

一些研究者对出版产业政府规制的特点、必要性、要求、功能、历史和现状进行了分析。于友先指出，出版业具有的文化性和商业性二重属性给出版管理带来了文化上和商业上的双重要求[⑤]。王联合在考察出版物属性和出版产业属性的基础上，探讨了出版业的政府规制问题[⑥]。吴士余认为，出版业的体制性改革必须强化局部性的政府规制来应对市场的失度与失衡，这对体制转型中的中国

---

① 《中国图书出版资源基础数据库》课题组."九五"期间全国出版社竞争力评估报告(上)[J].出版广角，2001(10)：6－12；《中国图书出版资源基础数据库》课题组."九五"期间全国出版社竞争力评估报告(下)[J].出版广角，2001(11)：6－9.

② 孙寿山.中国出版业现实竞争力研究分析[J].出版发行研究，2004(12)：25－33.

③ 方卿.提升我国科技出版的国际竞争力[J].出版发行研究，2003(1)：17－19.

④ 蔡继辉.中国图书出版产业国际竞争力分析[J].出版经济，2004(9)：42－50.

⑤ 于友先.论出版产业的两重属性与宏观管理[J].编辑之友，2003(4)：4－6.

⑥ 王联合.转制下的规制逻辑(上)：基于出版物属性的考察[J].出版发行研究，2005(3)：15－20.

出版业显得尤为必要；“没有规制的产业是不成熟的产业，而缺乏多重规制组合及其政策架构的产业也不会有持续发展的动力和保障”①。王建辉持有如下观点：“出版产业的企事业单位(包括集团)和出版政府管理部门是共存共荣的……中国出版目前还不具备全面市场化的条件，因此，政府部门在省域出版经济发展中的作用是不可替代的。这是文化体制改革后面临的新课题。”②廖建军在分析出版产业的经济外部性的基础上，论证了政府对出版业管理的必然性与要求，他认为注重出版经济的外部性管理是现代出版宏观管理的一大特点③。非法出版活动是市场机制内在缺陷的充分体现，刘本仁认为应该从理顺监管机构、完善法规建设、强化经济手段、追击非法出版源头、延伸监管触角等方面建立健全高效的监管机制④。毕伟将出版产业政策的调控功能总结为：资源配置结构的政策导向功能，产业运行态势的政策协调功能，产业运行机制的政策组合功能⑤。刁其武从历史的视角考察了我国图书出版政府监管的演变轨迹，指出随着我国社会主义市场经济的发展，深化图书出版监管的改革势在必行⑥。

有研究者对外国出版业管理的经验与教训进行了总结、分析。魏玉山分析了国外新闻出版国家监管的发展阶段、模式、机构及主要内容⑦。罗紫初撰写了多篇论文，对中外出版业宏观调控的状况进行了比较分析⑧。李莉和于睿从比较研究的视角分析了我国图书出版业贸易监管体制现存的问题和国外图书出版业监管中的成功措施，对我国图书出版业贸易监管提出了政策性建议⑨。这方面的专著中，周源编著的《发达国家出版管理制度》(时事出版社 2001 年版)和余敏主编的《国外出版业宏观管理体系研究》(中国书籍出版社 2004 年版)具有较强的现实参考价值。

出版单位转制是我国文化体制改革的重要内容。阎晓宏在界定出版产业、出版事业的基础上，论述了出版业的分类管理问题⑩。姜明提出，应重新审视文化领域里出版社和政府管理机构的社会定位、功能及相互关系，建立起国家依法

---

① 吴士余.出版泡沫与政府规制——读《出版大崩溃》[N].中国新闻出版报，2004-06-03(3).

② 王建辉.省域出版经济再思考[N].中国新闻出版报，2005-08-02(3).

③ 廖建军.论出版产业的外部性与政府管理[J].图书情报知识，2005(2)：53-55.

④ 刘本仁.目前非法出版活动的特点及其监管[J].出版发行研究，2003(6)：49-52.

⑤ 毕伟.出版产业的市场作用机制及产业调控政策[J].中国出版，1998(6)：16-17.

⑥ 刁其武.新中国图书出版的政府监管[J].当代中国史研究，2003(6)：109-116，128.

⑦ 魏玉山.国外新闻出版国家监管体制[J].出版发行研究，2005(1)：72-76.

⑧ 罗紫初.中外出版业宏观调控体制比较——中外出版业比较研究之一[J].编辑学刊，1998(4)：70-72；罗紫初.中外出版业宏观调控手段比较——中外出版业比较研究之二[J].编辑学刊，1998(5)：66-68.

⑨ 李莉，于睿.图书出版业贸易监管体制的中外比较分析[J].生产力研究，2005(11)：201-203.

⑩ 阎晓宏.关于出版产业、出版事业的界定以及分类指导问题[J].出版发行研究，2003(2)：5-7.

管理和调控、行业严格自律、出版社自主经营的新体制①。

在出版物市场监管研究方面，黄先蓉的《出版物市场管理概论》（武汉大学出版社 2005 年版）是专论出版物市场管理的一部力作。杨红卫分析了我国出版物市场监管的特性、边界、创新途径，认为“我国出版物市场的繁荣还有待政府的推动和竞争机制的引入，出版物市场的监管也要引入公共服务与大市场的观念，其重点放在改变出版发行企业经济决策的环境参数，而不是干预、限制和替代企业的决策和行为”②。针对一段时期内我国辞书出版市场的混乱现象，张稷撰文分析了市场经济条件下辞书出版的宏观监管与市场规范问题③。

对网络出版实施有效管理是出版管理部门面临的严峻挑战。林江根据网络出版的一般规律和在我国的发展现状与趋势，对网络出版管理提出了自己的建议④。

刘杲、罗紫初、曾庆宾、刘明勋等研究者从不同的视角探讨了出版业的经济政策问题⑤。

总的来说，我国的出版产业政策与政府规制研究已取得了一些成果，今后这方面的研究应朝着细化、深入的方向发展，为政府部门的决策和调控提供更加科学的建议。

（五）我国出版经济学研究的不足与努力方向

如前所述，出版经济学研究对于出版产业的发展和经济学、传播学、出版学学科理论体系的完善均具有重要的意义。但目前我国的出版学研究中，经济学分析是一个薄弱环节，与其他部门经济学学科相比，出版经济学的研究已经落后。我们在看到我国出版经济研究已有成绩的同时，还必须认识到，当前我国出版经济研究中还有一些不足之处需要加以改善。

1. 经济学理论和方法的欠缺

我国现有的涉及出版经济问题的研究成果中，有相当数量的论著只是“出版经济问题的研究”，而不是严格意义上的“出版问题的经济学研究”。从整体上来说，这一状况与我国出版研究界对经济学理论知识的储备不足有很大关系。

---

① 姜明.浅谈出版社转制后的定位与政府职能转型[J].中国出版，2005(8)：28－29.

② 杨红卫.加强和完善出版物市场监管体系[N].中国新闻出版报，2003－10－14(3).

③ 张稷.市场经济条件下辞书出版的宏观监管与市场规范（上）[J].中国出版，2001(11)：42－45；张稷.市场经济条件下辞书出版的宏观监管与市场规范（下）[J].中国出版，2001(12)：33－35.

④ 林江.宽带时代的网络出版及其监管[J].中国出版，2001(8)：13－16.

⑤ 刘杲.延续和完善出版经济政策[J].出版经济，1999(2)：4－5；罗紫初.中外出版业经济政策比较[J].大学出版，2004(1)：29－32；曾庆宾，刘明勋.我国出版产业税收政策的思考[J].中国出版，2004(4)：12－14.

2. 现有成果以定性分析和思辨研究为主，定量分析和实证研究不足

在我国已有的出版经济研究成果中，通过定性研究方法取得的成果占有绝大部分比例。不可否认，定性分析、思辨研究作为一类重要的研究方法和模式，在出版研究中的地位是不可替代的。但出版经济研究科学化、精确化的要求，使得定量分析和实证研究模式的引入深有必要。实证研究和量化分析的加强，能增加出版经济研究成果的说服力，对出版实践起到更大的指导作用，另一方面，出版经济研究科学性的增强也无疑能促进出版学学科地位的提高。

3. 宏观层面的经济研究成果多，微观层面的经济学分析偏少

我国的出版经济研究成果中，宏观层面的出版产业研究成果要多于微观层面出版问题的经济学研究成果。目前出版经济研究中的实证、定量研究成果主要集中在出版产业研究方面，而针对出版产品和出版企业的实证、定量分析较少。这种情况的出现，主要源自出版经济数据积累的不均衡现状，即出版产业的宏观数据、资料的获取要易于具体出版企业和出版产品的数据、资料的获取。

4. 重复性研究较多，创新性研究有待加强

目前国内真正从经济学视角来分析出版活动和出版现象的相关论著还较少，而且出版经济研究论著的主题多集中在出版产业结构、出版产业竞争力、出版企业的集团化行为等方面。出版经济研究中存在一定的重复性研究现象，一些研究成果重复着相似的观点，而缺乏新观点。我国出版经济研究中还有不少重要研究领域尚待突破，而要使出版经济研究深入发展，必须加强创新性研究。

5. 出版产业的某些现实特点对出版经济学研究的进展也有影响

目前，我国出版业的管理体制、产权机制和机构运作模式与社会主义市场经济体制的要求还存在一定的距离，出版产业是一个发展欠成熟、开放度不够、市场规则有待完善的产业。就宏观层面而言，出版产业存在增长方式不尽合理、产业结构趋同、产业集中度低、市场秩序有待进一步规范等问题；就微观层面而言，一些出版机构则存在经营模式落后、法人治理结构陈旧、产权结构单一等问题。出版产业自身的这些现实特点也是影响出版经济学研究迅速发展的重要因素。

出版经济研究中的不足，也从一个方面说明了我国出版经济研究还有很大的发展空间。笔者认为，我国出版研究界应着力做好以下工作，以加快出版经济学研究的发展步伐。

首先，经济学研究讲求研究的前提和假设，出版经济研究中也需要进一步明

晰有关研究对象的基本概念和内涵。

其次，在引入经济学等学科理论时，应认真分析、充分考虑出版业的特殊性，明确所运用的理论和研究模式的适用性。

再次，引入科学的研究方法，加强出版经济实证分析和应用研究，处理好实证分析与规范分析的关系。

最后，研究界和出版界应通力合作，做好出版产业、出版企业、出版产品的数据与资料的收集、整理和储备工作。

二、西方的出版经济学研究

出版研究的历史并不短，但作为一个独立领域的现代出版研究却是一个新兴的学术领域。在亚洲，日本和韩国学者在 20 世纪 60 年代开始了出版研究学术化、体系化的努力和探索。欧美出版业发达国家的现代出版理论研究起步较晚，但此前以各种视角对出版现象和出版问题进行的研究却并不少见，在不少学科领域，如经济学、传播学、历史学、社会学、图书馆学、文献学、文化研究等，早已包含了出版研究的成分和有关出版的知识内容。

（一）西方国家出版经济研究的成果

尽管西方国家出版研究的历史并不短，但从产业经济和市场的角度对出版业进行系统的研究始自 20 世纪 30 年代。1931 年，O.H.切尼（O. H. Cheney）受美国书商协会的委托，发布了著名的《图书产业经济状况调查》（*Economic Survey of the Book Industry*），该报告又称《切尼报告》（*The Cheney Report*）。此后，在出版业发达国家，系统的出版经济研究以专题研讨会、市场调查等多种形式得以广泛进行[①]。自 1931 年至今，随着社会的快速发展，西方发达国家出版研究的热点、重点问题也在不断变迁，从研究广播、电影、电视等媒介与出版业的竞争，图书馆体系对出版业的影响，大众阅读和图书购买习惯等问题，过渡到研究电子出版、网络出版等问题。目前，出版经济、出版国际化、版权和出版法治等问题是西方出版研究界关注的重要内容。

在西方国家，与出版经济研究的关联最为紧密的研究领域是传媒经济研究。从严格的研究意义上讲，西方传媒经济研究起步于 20 世纪 50—60 年代。从 20 世纪 70 年代开始，除传播学、新闻学学科的研究者外，越来越多的经济学、管理

① ADAMS P W. Faces in the Mirror: Five Decades of Research and Comment on the Book Trade 1931 - 2001 [J]. *Publishing Research Quarterly*, 2001, 17(1): 43 - 50.

学研究者也开始探究传媒经济问题。西方国家的传媒经济理论生态和其传媒业生态一样，非常繁荣，西方传媒经济研究论著蔚为可观。仅 2000 年以来出版的相关论著就为数不少。例如，美国经济学者布赖恩·卡欣（Brian Kahin）和哈尔·瓦里安（Hal R. Varian）于 2000 年出版了《传媒经济学：数字信息经济学与知识产权》（*Internet Publishing and Beyond: The Economics of Digital Information and Intellectual Property*）一书①，该书对网络电子期刊的竞争、定价和版权保护的经济学问题进行了深入分析。2000 年，媒介经济学者本杰明·M.康佩恩（Benjamin M. Compaine）和道格拉斯·戈梅里（Douglas Gomery）联袂推出传媒产业经济研究名著《谁拥有媒体?：大众传媒业的竞争与集中》（*Who Owns the Media?: Competition and Concentration in the Mass Media Industry*）的第三版（第一版、第二版分别于 1979 年、1982 年出版）②，该书涉及报纸、图书、期刊、电视、广播、音乐、电影、网络等诸多行业，并对"垄断"一词提出了新的理解与判断，是介绍西方传媒产业经济较为详尽、系统、全面的权威论著。2002 年，国际著名媒介经济学专家罗伯特·G.皮卡德（Robert G. Picard）出版了《媒介公司财经》（*The Economics and Financing of Media Companies*，2006 年中文版书名译为《传媒管理学导论》），2012 年该书第二版出版③，该书是继《媒介经济学：概念与问题》（*Media Economics: Concepts and Issues*）之后皮卡德的又一力作，是第一本广泛运用商业理念和分析方法阐述传媒公司运营及其影响因素的著作，其中不少内容涉及出版业的经济问题。2002 年，英国学者吉莉安·道尔（Gillian Doyle）出版了《理解传媒经济学》（*Understanding Media Economics*）一书，该书第二版于 2013 年出版④。传媒经济的核心是内容经济与受众经济，受众是传媒经济理论和实践的起点，美国学者菲利普·M.纳波利（Philip M. Napoli）在 2003 年出版了《受众经济学：传媒机构与受众市场》（*Audience Economics: Media Institutions and the Audience Marketplace*）⑤，该书分析了受众市场上多种核心角色之间相互作用的方式及受众市场最新的发

---

① BRIAN K，HAL R V. *Internet Publishing and Beyond: The Economics of Digital Information and Intellectual Property* [M]. Cambridge，MA：The MIT Press，2000.

② BENJAMIN M C，DOUGLAS G. *Who Owns the Media?: Competition and Concentration in the Mass Media Industry* [M]. 3rd ed. London：Routledge，2000.

③ ROBERT G P. *The Economics and Financing of Media Companies* [M]. 2nd ed. New York：Fordham University Press，2011.

④ GILLIAN D. *Understanding Media Economics* [M]. 2nd ed. London：Sage Publications，2013.

⑤ PHILIP M N. *Audience Economics: Media Institutions and the Audience Marketplace* [M]. New York：Columbia University Press，2003.

展变化。2004 年，艾利森·亚历山大(Alison Alexander)等学者编写的《媒介经济学：理论与实践》(*Media Economics: Theory and Practice*)第三版出版[①]，该书有一章"图书和杂志的经济学"以美国出版业为背景，论述了出版经济问题。2004 年，柯林·霍斯金斯(Colin Hoskins)、斯图亚特·麦克法蒂耶(Stuart McFadyen)、亚当·费恩(Adam Finn)出版了《媒介经济学：经济学在新媒介与传统媒介中的应用》(*Media Economics: Applying Economics to New and Traditional Media*)[②]，该书结合媒介行业的最新进展，将微观经济学工具贯穿于对媒介产业及相关政策的实证分析之中，因而受到一些国际媒介经济学名家的推崇。

以从事内容、文本的产业化生产与传播为主旨的出版传媒业是文化产业、创意产业的核心板块之一，因此文化艺术经济学、文化产业与创意产业研究也是与出版经济学研究相关度极高的一个领域，这一领域的不少研究也涉及了出版传媒经济问题。2001 年，两位经济学教授詹姆斯·海尔布伦(James Heilbrun)、查尔斯·M.格雷(Charles M. Gray)合编的《艺术文化经济学》(*The Economics of Art and Culture*)第二版由剑桥大学出版社出版[③]。2001 年，鲁思·托斯(Ruth Towse)出版了《创意、激励和回报：信息时代版权与文化的经济分析》(*Creativity, Incentive and Reward: An Economic Analysis of Copyright and Culture in the Information Age*)[④]，该书探讨了版权、创意产业、文化艺术的经济学问题；2003 年，鲁思·托斯编写出版了《文化经济学手册》(*Handbook of Cultural Economics*)，该书第三版于 2020 年出版[⑤]。2002 年，大卫·赫斯蒙德夫(David Hesmondhalgh)出版了《文化产业》(*The Cultural Industries*)一书，2007 年该书中文版由中国人民大学出版社出版，2019 年该书英文版第四版出版[⑥]。在大卫·赫斯蒙德夫所描述的文化产业世界中，"一个囊括了电视、广播、电影、音乐、广告、报刊、图书等，以文本为核心、以创意为灵魂、以政策为框架、以

① ALISON A, etc. (eds.) *Media Economics: Theory and Practice* [M]. 3rd ed. London: Routledge, 2003.

② COLIN H, STUART M, ADAM F. *Media Economics: Applying Economics to New and Traditional Media* [M]. London: Sage Publications, 2004.

③ JAMES H, CHARLES M G. *The Economics of Art and Culture* [M]. 2nd ed. Cambridge: Cambridge University Press, 2001.

④ RUTH T. *Creativity, Incentive and Reward: An Economic Analysis of Copyright and Culture in the Information Age* [M]. Camberley: Edward Elgar Publishing, 2000.

⑤ RUTH T, TRILCE N H. *Handbook of Cultural Economics* [M]. 3rd ed. Camberley: Edward Elgar Publishing, 2000.

⑥ DAVID H. *The Cultural Industries* [M]. 4th ed. London: Sage Publications, 2019.

技术为动力的文化奇观，展现在我们面前。"[①]与以往学者对文化产业的研究角度和方式不同，赫斯蒙德夫从历史的角度，解释、衡量并评价了文化产业的变迁与延续。2003 年，由海因茨·斯泰奈特(Heinz Steinert)撰著、英文版由萨利-安·斯宾塞(Sally-Ann Spencer)翻译的《文化产业》(*Culture Industry*)一书在英国出版[②]，该书也有不少篇幅与出版业的经济问题直接相关。2020 年，哈罗德·L.沃格尔(Harold L. Vogel)出版了《娱乐产业经济学：财务分析指南》(*Entertainment Industry Economics: A Guide for Financial Analysis*)一书的第十版[③]，其内容涉及电影电视、出版、音乐、广播、网络、玩具和游戏、体育、表演艺术文化、娱乐主题公园等多种文化娱乐产业的经济学分析。该书从 1986 年到 2020 年，以三到四年为周期连续修订再版，可见其影响力和受欢迎程度。

除了部分传媒经济、文化经济、文化创意产业研究论著涉及出版经济研究外，西方国家出版了一些专论出版经济问题的著作以及包含了出版经济研究内容成分的出版传媒研究专著。1966 年，美国的达塔斯·史密斯(Datas C. Smith)出版的《图书出版指南》(*A Guide to Book Publishing*)一书以专门的篇章论述了 Economics of Book Publishing(图书出版经济学)，该书出版后得到国际出版界较为广泛的关注，并于 1989 年修订再版[④]。美国的小赫伯特·史密斯·贝利(Herbert Smith Jr. Bailey)于 1970 年出版的《图书出版的艺术和科学》(*The Art and Science of Book Publishing*)在世界上影响也较大[⑤]，于 1990 年再版，书中论述了出版中的理性和非理性，图书出版的内部和外部环境，出版流通的程序和决策，微观出版经济学，以及出版的计划和出版新技术等内容，"Economics of Micro-publishing"(微观出版经济学)是该书中单列的一章。1978 年，本杰明·M.康佩恩(Benjamin M. Compaine)出版了其出版产业经济研究专著——《转型中的图书出版业：图书发行与营销的经济学研究》(*The BookIndustry in Transition: An Economic Study of Book Distribution and Marketing*)[⑥]。1985 年，伊丽莎白·吉瑟(Elizabeth A. Geiser)、阿诺德·杜林

---

① 大卫·赫斯蒙德夫.文化产业[M].张菲娜，译.北京：中国人民大学出版社，2007：373.

② HEINZ S. *Culture Industry* [M]. London: Polity, 2003.

③ HAROLD L V. *Entertainment Industry Economics: A Guide for Financial Analysis* [M]. 10th ed. Cambridge: Cambridge University Press, 2020.

④ DATAS C S. *A Guide to Book Publishing* [M]. *revised edition*. Seattle: The University of Washington Press, 1989.

⑤ HERBERT S J B. *The Art and Science of Book Publishing* [M]. New York: Harper & Row: 1970.

⑥ BENJAMIN M C. *The Book Industry in Transition: An Economic Study of Book Distribution and Marketing* [M]. New York: Knowledge Industry Publications, 1978.

(Arnold Dolin)和格拉蒂丝·S.托普吉斯(Gladys S. Topkis)合作编辑出版《图书出版经营：出版从业者的论文集》(*The Business of Book Publishing: Papers by Practitioners*)[①],是一部图书出版产业、出版贸易研究著作。1997年,罗伯特·G.皮卡德(Robert G. Picard)和杰弗里·H.布罗迪(Jeffrey H. Brody)出版了《美国报纸出版产业》(*The Newspaper Publishing Industry*)一书[②],介绍了美国报业公司的具体运作模式,分析了社会、技术以及经济发展变化对整个美国报纸产业的影响;同年,帕特里克·福塞斯(Patrick Forsyth)、罗宾·伯恩(Robin Birn)出版了《出版营销》(*Marketing in Publishing*)一书[③]。1998年,美国资深出版人托马斯·沃尔(Thomas Woll)撰写的《为赢利而出版：图书出版商底线管理成功指南》(*Publishing for Profit: Successful Bottom-line Management for Book Publishers*)一书出版(该书第五版于2014年出版)[④],被誉为"出版产业的圣经",该书围绕"赢利"这一出版的终极目标之一,分析了"为什么而出版"和"怎样成功出版"等问题。1999年,美国新闻学教授萨梅尔·约翰逊(Sammye Johnson)和帕特里夏·普里杰特尔(Patricia Prijatel)合著的《杂志产业》(*The Magazine from Cover to Cover: Inside a Dynamic Industry*)一书出版[⑤],这本杂志产业经济学研究著作以独特而全面的视野,向读者展现了在多元融合的文化工业中不断变迁和持续演进的杂志产业的发展动态,该书在美国和加拿大的媒介和传播项目研究中被广泛应用。2000年,约书亚·S.甘斯(Joshua S. Gans)主编的《出版经济学：经济学领域的学术期刊市场分析》(*Publishing Economics: Analyses of the Academic Journal Market in Economics*)出版[⑥]。2001年,杰尔斯·克拉克(Giles Clark)出版了以英国出版业为分析背景的专著《图书出版业考察》(*Inside Book Publishing*),2019年,杰尔斯·克拉克与牛津布鲁克斯大学下设的牛津国际出版研究中心主任安格斯·

---

① ELIZABETH A G, ARNOLD D, GLADYS S T. *The Business of Book Publishing: Papers by Practitioners* [M]. Boulder: Westview Press, 1985.

② ROBERT G P, JEFFREY H B. *The Newspaper Publishing Industry* [M]. Boston: Allyn & Bacon, 1997.

③ PATRICK F, ROBIN B. *Marketing in Publishing* [M]. London: Routledge, 1997.

④ THOMAS W. *Publishing for Profit: Successful Bottom-line Management for Book Publishers* [M]. 5th ed. Chicago: Chicago Review Press, 2014.

⑤ SAMMYE J, PATRICIA P. *The Magazine from Cover to Cover: Inside a Dynamic Industry* [M]. New York: McGraw-Hill, 1999.

⑥ JOSHUA S G. *Publishing Economics: Analyses of the Academic Journal Market in Economics* [M]. Camberley: Edward Elgar Publishing, 2000.

菲利普斯(Angus Phillips)合作，出版了该书第六版[①]。2004 年，美国的阿尔伯特·N.格雷科(Albert N. Greco)出版了《图书出版产业》(*The Book Publishing Industry*)，该书第三版于 2013 年出版[②]。英国剑桥大学社会学系教授约翰·B.汤普森(John B. Thompson)的《文化商人：21 世纪的出版业》(*Merchants of Culture: The Publishing Business in the Twenty-First Century*)[③]和《图书战争：出版的数字革命》(*Book Wars: The Digital Revolution in Publishing*)[④]对出版业的经济运行规则和市场机制进行了考察分析。

除了专著之外，西方国家有一些专业期刊作为出版经济研究的研究阵地，如《出版研究季刊》(*Publishing Research Quarterly*)、《学术出版杂志》(*Journal of Scholarly Publishing*)、《学术出版》(*Learned Publishing*)、《媒介经济学学刊》(*Journal of Media Economics*)、《媒介经营研究学刊》(*Journal of Media Business Studies*)、《对开：杂志管理》(*Folio: The Magazine for Magazine Management*)、《电子出版学刊》(*Journal of Electronic Publishing*)、《出版商周刊》(*Publishers Weekly*)等刊物。以上这些刊物基本能够展示当今世界范围内包括出版经济研究在内的传媒经济研究的发展动态，这些刊物所涵盖的研究议题、研究方法和发展趋势为该领域的研究提供了重要参考。其中，传媒经济学家罗伯特·G.皮卡德(Robert G. Picard)等人于 1987 年创办的《媒介经济学学刊》是目前世界上唯一被 SSCI 收录的传媒经济学杂志，是传媒经济学领域最为核心的刊物。1995 年在美国创刊的《电子出版学刊》也是出版研究者们探讨出版经济问题的一个重要园地，该刊既讨论电子与网络出版的价格机制等基本经济学问题，也讨论网络报纸、网络杂志、网络广播、网络音乐、网络视频、数字图书馆以及网络教育技术等应用问题。

2022 年 4 月 16 日，作者利用 Web of Science 数据库对 SSCI 系统中有关出版经济的研究文献进行了检索。在对其中相关度低的冗余文献(如书评、编辑评论等)进行剔除后，得出以下检索结果：以主题(topic)中含有“publishing”且标题(title)中含有“economics”为检索条件，检索结果为 613 篇；以主题中含有“publishing”且标题中含有“economy”为检索条件，检索结果为 1 079 篇；以主题

---

① GILES C, ANGUS P. *Inside Book Publishing* [M]. 6th ed. London: Routledge, 2019.

② ALBERT N G, JIM M, ROBERT M W. *The Book Publishing Industry* [M]. 3rd ed. London: Routledge, 2013.

③ JOHN B T. *Merchants of Culture: The Publishing Business in the Twenty-First Century* [M]. 2nd ed. London: Plume, 2012.

④ JOHN B T. *Book Wars: The Digital Revolution in Publishing* [M]. London: Polity, 2021.

中含有“political economy”且标题中含有“publish＊”为检索条件，检索结果为21篇；以主题中含有“copyright”且标题中含有“econom＊”为检索条件，检索结果为1 063篇；以标题中含有“publishing economics”为检索条件，得到检索结果为50篇。这些研究文献主要集中在书报刊出版经济研究、网络出版的经济分析、版权经济研究、出版的政治经济学研究等研究内容上。必须说明的是，这些检索结果是在检索条件被限定为极少数几个关键词的情况下得出的(不少相关研究文献的标题并未出现上述关键词)，作者没有对国外出版经济研究文献作非常具体的分类检索，相关文献的实际数量应远不止上述数目。

总体而言，西方国家的出版经济研究人士较为注重从经济学与传播学、信息科学等学科领域交叉融合的层面揭示出版经济运行规律，其研究具有较强的系统性、深刻性。在研究内容方面，当今的西方出版研究者较为重视市场研究。在研究方法方面，西方出版研究者注重定量分析、实证研究，更多地考虑研究的技术性、实用性，比较依赖数据、图表等资料。

(二) 西方国家出版经济研究的组织力量

出版研究组织是出版研究的重要主体。出版研究的发展不仅有赖于许多研究者个体的努力，而且离不开一批专门的出版研究组织的推动。出版研究组织的发展状况是一国出版研究发展水平的重要标志。在1931年O.H.切尼发布《切尼报告》之后的很长时间内，西方国家出版研究的实用主义和技术主义色彩一直比较浓厚。自20世纪60年代开始，西方国家出现了一批专业出版研究组织，这些研究组织对出版产业发展、经营管理问题进行了较多关注。此类出版研究组织的典型代表有书业研究集团、尼尔森图书调查公司、德国图书市场研究所、牛津国际出版研究中心、加拿大出版研究中心和日本的“全国出版协会出版科学研究所”等。

1976年，书业研究集团(Book Industry Study Group，BISG)在美国成立，这家跨国出版研究机构吸收了欧美顶尖的出版研究人员，它的成立标志着欧美出版研究进入一个新的阶段。时至今日，它已发展成为一个国际性的出版研究和信息服务机构。在过去的40多年中，书业研究集团的研究成果是出版领域专业人士的重要参考资源。书业研究集团在为出版商、书商、图书馆设计行业标准，开展关键性的产业研究等方面居于领先地位。它的专业范围包括：系统收集、精确分析关于书业市场、出版商、发行商的信息，分析、预测产业的未来发展趋势；引导和推动网络信息交流标准化工作；设计并调整图书数字化信息标准，以使图书供应环节和销售环节之间的信息交流、业务处理和产品流通更加高效、快捷；为出版行业的新进入者和中小出版商出谋划策；为所有的出版人士提供一个探讨业内热点问题的平台①。目前，书业研究集团正与美国书商协会、美国出版商协会和美国大学出版社协会等行业组织紧密合作，开展市场调查分析，充分利用这些行业组织的资料，对出版业的发展现状和趋势进行研究。

成立于英国的尼尔森图书调查公司(Nielsen BookScan)是一家具有很大国际影响的出版市场信息研究、服务机构。尼尔森调查公司在出版界最知名的成就莫过于其 BookTrack 系统。尼尔森图书调查公司于 1992 年启动了 BookTrack 系统，以期建立一套以实际销售数字为基础的图书销售数据监测系统，在广泛的调查统计和研究分析的基础之上，较为精确、全面地掌握图书销售的实际情况，帮助业界进行理性决策。作为尼尔森图书调查公司的知名品牌，BookTrack 目前已走在国际书业数据调查行业的前列。尼尔森图书调查公司拥有的庞大的书业数据库系统，可以准确监控销售收入，其资料被广泛用于设定出版量和出版时间、预测市场趋势、分析竞争态势。出版商利用这一系统，可以消减盲目性，降低业务成本，如时代华纳公司将此系统应用于从购买到出品的各个部门，节省了供应链的操作成本。尼尔森图书调查公司的图书销售数据监测系统已成为影响英国书业乃至世界书业的重要资料，这一系统堪称书业的风向标和度量表②。

美国的纽约大学出版研究中心、佩斯大学出版系、丹佛大学出版学院、维吉利亚大学出版和传播学系，英国的牛津国际出版研究中心、瓦特弗德出版学院，加拿大出版研究中心(设立在加拿大西蒙·弗雷泽大学)等机构都是从事出版专业研究、高等教育、在职培训、产业分析与咨询的专业机构，这些机构的一个重要特点就是直接服务于出版业界，与业界、市场联系紧密。牛津国际出版研究中心是此类出版研究组织的代表。1994 年，牛津出版研究中心在牛津布鲁克斯学院成立，1999 年，牛津国际出版研究中心正式成立。该中心与出版界建立了密切的联系，其研究与教学都得到了出版界的指导和支持。牛津国际出版研究中心属下的研究生和本科生也积极参加出版科研活动。该中心还承担国内外的出版咨询顾问工作，并与世界范围内的许多大学和出版行业协会合作，以推进出版教育和培训工作。

除上述出版研究组织之外，西方国家的出版商协会、书商协会、大学出版社协会等行业组织也参与出版经济研究、市场调查分析等活动，而且这些组织经常

① 资料来源：https://bisg.org/page/About，浏览日期：2022 - 02 - 26.

② DAVID D K. Researcher tries to end guessing on book sales. *New York Times*, Late Edition(East Coast), Media Column, Apr. 15, 2002.

给予专门的出版研究机构以重要的帮助和支持。

第三节 本书的研究范式与研究方法

一、关于研究范式的说明

本书的研究范式、分析框架是一种微观经济学理论范式和分析框架。微观经济学以单个经济单位的经济行为为研究对象，萨缪尔森指出：“微观经济学研究的是构成整个经济的单个市场的行为。”[①]本书的研究对象侧重于出版活动中单个经济主体的经济行为。

本书的研究以出版产品作为研究的逻辑起点和研究基点，以出版传媒产品—出版传播机构—出版市场(供给与需求)—出版产业(垄断与竞争)为研究主线。需要明确界定的是，在本书中，作为微观出版经济活动客体的出版产品，包括图书、期刊、音像出版物、电子出版物、网络出版物。在本书各部分的实证分析中，以具体的某一种出版产品(如图书、期刊、电子与网络出版物)为例。另一方面，为了更好地揭示复杂的出版经济现象的内在本质，作者将在整个研究过程中努力根据出版产品的共性特点来论述，因为只有对具体的出版经济现象进行抽象，才能总结出版传播活动的一般经济规律。

本书采用现代主流经济学理论和研究范式分析、考察出版产业，同时充分关注出版业的特殊规定性和内在规律；最大限度地反映国际出版业的新动态、新变化和我国出版体制改革中出现的新现象、新事物，并努力在此基础上总结出一般性的出版经济规律与出版经济原理。这对于经济学、传播学、出版学理论体系的完善和发展具有一定的理论价值。同时，本书突破单个出版行业(如书刊出版业、电子与网络出版业)的局限，立足于整个出版产业的高度审视、解析出版经济问题，以“大出版”的视野考察出版经济现象，以期对出版产业的高质、平稳运行发挥一定的参考作用。

二、本书的研究内容

本书的研究内容集中于微观经济学的研究范畴(即产品、供给、需求、消费者行为、生产者行为、市场垄断与竞争、政府管制等内容)。

---

① 保罗·萨缪尔森，威廉·诺德豪斯.经济学(第16版)[M].萧琛，主译.北京：华夏出版社，1999：48.

应该予以说明的是，微观经济学与宏观经济学之间的界限是模糊的，这两者之间存在着以下密切的联系：微观经济学是宏观经济学的基础，两者的研究内容是互为补充的，两者所运用的分析方法也是相同的。但微观经济学与宏观经济学又的确存在明显的区别，这主要表现在两者研究的主要内容上。微观经济学的主要研究内容包括：消费者行为理论、生产者行为理论、成本理论、均衡价格理论、市场理论、市场失灵与政府干预等。宏观经济学则以整个国民经济为研究对象，通过研究经济总量的决定及其变化，来说明资源如何才能得到充分利用。宏观经济学的主要内容是：国民收入决定理论、失业与通货膨胀理论、经济周期与经济增长理论、宏观经济政策、开放经济理论等，其核心理论是国民收入决定理论。

有必要提及的是，产业经济学与微观经济学也存在着十分密切的联系。从理论渊源上说，产业经济学是微观经济学的应用，产业经济学所涉及的是关于企业及其所处产业的经济学理论与经验研究。自哈佛大学经济学教授爱德华·张伯伦和剑桥大学经济学教授琼·罗宾逊于20世纪30年代分别出版了《垄断竞争理论》和《不完全竞争经济学》两部专著之后，产业经济理论研究不断深化。迄今为止，产业经济学已经成为一门非常完整的、对产业政策影响极大的经济学分支学科。当前的出版经济研究中，大多数研究者是从产业层面对出版业进行考察，但微观层面的出版经济理论方面的研究亟须加强。

本书运用经济学的研究范式，对出版产品、出版机构、出版需求与消费者行为、出版供给与出版机构供给行为、出版市场的垄断与竞争、政府对出版市场的干预等出版经济问题进行了系统的研究，具体而言，包括以下内容。

(1) 出版产品与出版机构的经济性质及相关内容。具体包括出版产品的内容产品与文化商品属性、出版产品的公共产品与私人产品性质、版权的经济特征、出版机构的经济性质等内容。

(2) 出版产品需求与消费者行为。这部分具体包括出版产品需求的基本特点、出版产品消费者决策的原理、出版产品消费者行为模式、中外出版产品的需求与消费状况等内容。

(3) 出版产品供给与出版机构生产行为。具体包括影响出版产品供给的多维因素，出版产品的供给曲线、供给弹性，出版生产函数与供给决策，出版生产成本，出版产品价格，中外出版机构生产行为的特点，出版经济活动中的诚信博弈等内容。

(4) 出版传媒产业的市场垄断与竞争。具体包括出版业市场类型与特征，出版市场不完全竞争的根源和有效竞争的前提，完全竞争假设条件下以及完全垄断、垄断竞争和寡头垄断条件下的出版市场的特征。

(5) 政府对出版传媒市场的规制。这部分从垄断、外部性、信息失灵三个方面的市场失灵现象分析了政府对出版市场实施规制的经济学缘由与理论范围，并从国际比较的视角对出版市场的政府规制进行了分析。

三、本书的创新之处

本书不仅注重基础理论层面的学理研究，而且注意紧密结合出版产业实践进行实证分析，以期推动出版学、传媒经济学理论的发展，并在一定程度上对出版实践发挥参考、指导作用。现有的出版经济研究就产业层面的探讨较多。例如，较多地运用产业经济学的 SCP(市场结构—市场行为—市场绩效)分析框架，对出版产业发展问题进行探讨。而微观层面的出版经济研究中还有不少重要理论问题尚待突破。本书坚持创新性研究原则，在出版经济学理论研究中作出以下努力。

(1) 对与出版经济学、传媒经济学研究密切相关的精神文化经济、信息经济理论学说进行系统的梳理、归纳。

(2) 将布迪厄的"文化资本"概念、加尔布雷思的"知识资本"学说及卡尔·波普尔的"三个世界"理论引入出版经济学研究，深入分析出版产品的文化商品与内容产品属性(文化资本与经济资本结合的产物、精神产品与物质产品的统一形式)。

(3) 从公共产品和私人产品的角度对出版产品的经济特质进行清晰界定，指明并分析出版产品经济属性与出版传播机构经济性质、出版供给模式之间的内在逻辑联系。

(4) 从经济学的视角对出版产品供给行为、消费者行为和出版传媒市场的特征进行系统、深入的研究。

(5) 分析出版传播活动中市场机制的失效现象，探讨政府对出版传媒市场规制的经济学缘由和理论范围，在国际比较的视野中对出版市场的政府规制进行分析。

四、本书的研究方法

本书的研究方法以微观经济学的研究方法为主，即主要运用规范研究和实证分析方法。规范研究是指经济研究者做出一定的价值判断，以此判断作为分析、处理经济现象的标准，并研究如何才能符合这些标准；实证分析则是通过对经济现象的研究总结出经济活动的内在规律，并根据这些规律分析和预测经济主体的行为及其效果。

本书的研究方法并不局限于微观经济学的分析方法。因为微观经济学的分析方法和理论框架未必能够对出版业的某些特殊规定性做出非常充分的解释，而政治经济学、经济社会学等学科理论与研究方法对于出版经济研究也有着重要的参考价值。因此，本书采用多样化的研究方法，在研究过程中坚持规范研究与实证分析互补、定性研究与定量研究互补的原则，力图使研究得以深化，并得出科学的结论。

第二章　传媒经济学的理论源泉在哪里？

——经济学说史上的相关理论寻踪与延伸思考

思想、观念、意识的生产最初是直接与人们的物质活动，与人们的物质交往，与现实生活的语言交织在一起的。人们的想象、思维、精神交往在这里还是人们物质行动的直接产物。①

——卡尔·马克思

我们正从满足物质需求的制度迅速过渡到创造一种与满足心理需求相联系的经济。这种“心理化”过程，是超工业革命的中心课题之一，但一直为经济学家们所忽视。然而，这一过程将会产生一种新奇的、事事出人意外的经济，它不同于以往任何的经济。②

——阿尔文·托夫勒

“信息是每一个经济的生命线”“知识是发展的关键”“知识就是发展”。③

——世界银行

世界范围内的传媒经济学研究始于 20 世纪 50 年代，“传媒经济学主要研究经济和金融力量如何影响传媒体系、传媒行业和传媒机构。在过去的三十多年中，传媒经济学的研究在世界各地广泛开展并迅速发展”④。目前，这一领域具有国际性的研究组织和定期的学术研讨活动(如世界传媒经济学大会，该会议第七届于 2007 年在北京召开)，拥有一批专业研究期刊(如 *Journal of Media Economics*)。包括出版经济研究在内的传媒经济研究是当前我国新闻传播学研

---

① 马克思，恩格斯.马克思恩格斯选集(第 1 卷)[M].中共中央编译局，编译.北京：人民出版社，1995：72.

② 阿尔文·托夫勒.未来的冲击[M].孟广均，吴宜豪，黄炎林，等，译.北京：新华出版社，1996：186.

③ 世界银行.知识与发展[M].北京：中国财政经济出版社，1999：72，130.

④ 鲁曙明，洪浚浩.传播学[M].北京：中国人民大学出版社，2007：133.

究的一个热门领域，也是在理论层面亟待深入探究的一个领域。出版经济学、传媒经济学研究不能仅仅局限于出版产业、传媒产业本身，而应将出版等传媒行业作为更为宏观的文化业、信息业的一个重要节点或组成部分来加以观照。本书以一定的篇幅对学术史、思想史上与传媒经济有关的理论进行扫描、梳理，目的在于为传媒经济学和出版经济学研究提供较为坚实的理论依托，将传媒经济学、出版经济学研究置于宏阔的理论背景之中。需要给予明确界定的是，可资传媒经济学研究借鉴的理论资源很多，不仅有一般性的经济学理论，而且有许多专门或分支经济学理论，但本书涉及的传媒经济学研究的相关理论基础，以经济学说史上有关精神文化经济、信息经济的理论学说为主，这些理论学说对于传媒经济学、出版经济学理论体系的建构具有重要的基础学理价值。

第一节　从亚当·斯密等人说起——古典经济学与传媒经济学

古典经济学(classical economics)又称古典政治经济学，是指大约1750—1875年这一段政治经济学创立时期内的除马克思主义政治经济学之外的所有的政治经济学[①]。古典经济学是凯恩斯理论出现之前的主流经济学理论，其起源以大卫·休谟的有关著作出版(1752年)为标志，以亚当·斯密的《国民财富的性质和原因的研究》(1776年)为奠基之作。一般说来，古典经济学派相信经济规律决定价格和要素报酬，并且认为价格体系是最好的资源配置办法，其理论核心是经济增长产生于资本积累和劳动分工相互作用的思想。自16世纪开始，资本主义生产方式在欧洲得到快速发展。出于推动资本主义发展的目的，古典经济学家将财富增长和社会劳动的关系作为重要内容加以研究。在古典经济学理论的发展过程中，经济学家逐渐开始关注和重视在人类社会发展史上占有重要地位的精神文化生产领域。

一、古典经济学中可资传媒经济研究取用的理论学说

(一) 亚当·斯密的有关观点

以亚当·斯密为代表的古典经济学家研究精神生产的主要动因在于探讨国民财富积累和增长的原因。资产阶级最早的经济学说——重商主义理论认为，

① 张卓元.政治经济学大辞典[M].北京：经济科学出版社，1998：638.

货币是财富的唯一形态;利润是商品贱买贵卖的结果;流通是利润直接的来源,社会财富产生于商业活动和货币流通中。这种观点只重视流通,片面强调商业活动,尤其是一国对外贸易在国民经济财富增长中的地位和作用,而忽视了物质生产在财富增长中的地位和作用。重商主义学说遭到另一古典经济学派——重农学派的激烈反对。重农主义者以自然秩序为最高信条,视农业为财富的唯一来源和社会一切收入的基础。重商学派和重农学派不仅对于财富来源的认识存在较大的片面性,而且都忽视了精神文化生产在国民财富积累与增长中的重要地位和作用。古典经济学的集大成者亚当·斯密的重要理论贡献在于,针对重商主义和重农主义的局限性,“亚当·斯密大大地前进了一步,他抛开创造财富的活动的一切规定性——干脆就是劳动,既不是工业劳动、又不是商业劳动,也不是农业劳动,而既是这种劳动,又是那种劳动……这一步跨得多么艰难,多么巨大”[①]。因此,恩格斯将亚当·斯密称为“国民经济学的路德”[②]。

亚当·斯密在前人的基础上,进一步提出了区分生产劳动与非生产劳动的标准。他从两个角度对生产劳动与非生产劳动进行了定义。一方面,斯密从劳动是价值的源泉出发,认为生产劳动是生产剩余价值的劳动或同资本交换的劳动。对此,斯密认为:“有一种劳动,加在物上,能增加物的价值;另一种劳动,却不能够。前者因可生产价值,可称为生产性劳动,后者可称为非生产劳动。”[③]另一方面,斯密由于受重农学派的影响,给生产劳动下了第二个定义,即生产劳动是物化在商品中的劳动[④]。根据这一定义,生产劳动是固定或物化在可以出卖或交换的商品中的劳动,而非生产劳动则相反。马克思曾对斯密的第二个定义进行如下总结:“生产劳动就是生产商品的劳动,非生产劳动就是生产个人服务的劳动。前一种劳动表现为某种可以出卖的物品;后一种劳动在它进行的时候就要被消费掉。前一种劳动(创造劳动能力本身的劳动除外)包括一切以物的形式存在的物质财富和精神财富,既包括肉,也包括书籍;后一种劳动包括一切满

---

① 马克思.《政治经济学批判》导言[G]//马克思,恩格斯.马克思恩格斯选集(第2卷).中共中央编译局,编译.北京:人民出版社,1995:21-22.

② 恩格斯.国民经济学批判大纲[G]//马克思,恩格斯.马克思恩格斯全集(第1卷).中共中央编译局,编译.北京:人民出版社,1972:601;马克思.1844年经济学哲学手稿[M].中共中央编译局,编译.北京:人民出版社,2000:73.

③ 亚当·斯密.国民财富的性质和原因的研究(上卷)[M].郭大力,王亚南,译.北京:商务印书馆,1972:303.

④ 亚当·斯密.国民财富的性质和原因的研究(上卷)[M].郭大力,王亚南,译.北京:商务印书馆,1972:303-305.

足个人某种想象的或实际的需要的劳动”[①]。按照斯密提出的区分生产劳动与非生产劳动的标准，在传媒领域中，提供有形媒介产品的一类传播活动属于生产劳动，而提供无形服务的一类传播活动属于非生产劳动。

在亚当·斯密所处的时代，包括文化行业在内的许多行业的分工趋于细化，精神文化产品的直接生产者和组织者（投资者）已经开始分离，这为精神文化生产专业化、文化产品商品化提供了非常重要的条件。这一点可从亚当·斯密的一段论述中看出：“在印刷术发明以前，一个文人想要使他的才能得到任何报酬的唯一职业就是当公共或私人的教师，即是把自己得到的精微的有用的知识传授给他人，这比起为出版商写作这种由印刷术所产生的职业来，仍然肯定是更光荣、更有用甚至更有利可图的职业。”[②]我们姑且不论教师职业与“为出版商写作这种由印刷术所产生的职业”孰高孰低，这句话至少说明了以下几点：在欧洲近代印刷术出现之后，欧洲国家出现了以雇佣劳动为基础的出版活动；出现了专门的文化产品生产商（出版商）；出版领域已经出现了商品生产方式的萌芽；资本进入出版领域也已经不是个别和偶然现象。

在近现代的欧洲，自古登堡于 15 世纪发明合金活字印刷术之后，欧洲传媒业获得了长足的发展。马克思在论及印刷术这一重要传播技术的历史作用时，曾说过一句名言：“火药、指南针、印刷术——这是预告资产阶级社会到来的三大发明。火药把骑士阶层炸得粉碎，指南针打开了世界市场并建立了殖民地，而印刷术则变成新教的工具，总的来说变成科学复兴的手段，变成对精神发展创造必要前提的最强大的杠杆。”[③]在人类传播史上，古登堡的印刷术标志着印刷时代的新纪元和大众传播时代的来临。印刷术结束了人类手抄传播的历史，使得知识产品空前广泛地影响社会的各个层面。同时，这一传播技术的应用，使得相同内容的出版物副本数量增加，而出版物数量的增长和品种的多样化，又使得社会对出版物的需求随之增长。这样，媒介工业生产力的发展与社会对知识、信息产品的需求之间，形成一种良性的互动关系。生产力决定生产关系，而生产力与生产关系的统一，又构成一定的生产方式。因此，在亚当·斯密所处的时期，曾经主要应用于物质产品生产领域的商品生产方式已经进入图书、报纸等文化生产

① 马克思，恩格斯.马克思恩格斯全集（第 26 卷，第 1 册）[M].中共中央编译局，编译.北京：人民出版社，1972：165.

② 亚当·斯密.国民财富的性质和原因的研究（上卷）[M].郭大力，王亚南，译.北京：商务印书馆，1972：165.

③ 马克思，恩格斯.马克思恩格斯全集（第 47 卷）[M].中共中央编译局，编译.北京：人民出版社，1979：427.

领域；在需求的推动下，专业化的传媒从业人员和传媒机构的产生就成为必然；在资本的作用下，早期的采用近代传播技术和商业运作模式的传媒机构也相继出现。

（二）李斯特等经济学家的有关观点

在古典经济学家中，德国经济学家弗里德里希·李斯特和俄国经济学家昂利·施托尔希在精神文化生产研究领域中有着重要的贡献。18世纪中期至19世纪的工业革命(第一次科技革命)，引发了资本主义生产从工场手工业向机器大工业的巨大飞跃。这一过程中出现的近代科学知识，对人类社会的各个方面产生了深远影响，对人类社会的现代化进程起到不可替代的推动作用。正是在此背景下，弗里德里希·李斯特、昂利·施托尔希等经济学家关注、探究了人类社会的精神文化生产问题，他们提出的相关理论观点对于今天我们理解传媒产品、传播活动和传媒制度仍具有重要的理论价值。李斯特等经济学家关于精神文化生产的主要理论观点体现在以下几个方面。

首先，李斯特等人对精神文化生产的概念进行了明确的界定。

李斯特和施托尔希分别将精神生产界定为"财富的原因""内在财富的生产"。具体而言，施托尔希将物质生产称为"财富"的生产，而将精神生产称作"内在财富即文明要素"的生产。施托尔希认为："人在没有内在财富之前，即在尚未发展其体力、智力和道德力之前，是决不会生产财富的，而要发展这些能力，必须先有手段，如各种社会设施等等。因此，一国人民愈文明，该国国民财富就愈能增加。"[①]李斯特经济理论体系的核心是对生产力的研究。在他看来，生产力的概念不仅包括"物质资本"形成的生产力，而且包括"精神资本"所创造的生产力，即人类知识生产、传播、交换、积累所创造的生产力。李斯特认为："财富的原因与财富本身完全不同。一个人可以据有财富，那就是交换价值；但是他如果没有那份生产力，可以产生大于他所消耗的价值，他将越来越穷。一个人也许很穷，但是他如果据有那份生产力，可以产生大于他所消耗的有价值产品，他就会富裕起来。""财富的生产力比之财富本身，不晓得要重要到多少倍。"[②]

其次，李斯特等人根据自身所处社会的发展状况，强调了精神文化生产在人类社会的发展进程中的重要地位和作用。

李斯特在提及精神文化生产的重要历史地位和作用时指出："现代国家在财

① 马克思，恩格斯.马克思恩格斯全集(第26卷，第1册)[M].中共中央编译局，编译.北京：人民出版社，1972：295.

② 弗里德里希·李斯特.政治经济学的国民体系[M].陈万煦，译.北京：商务印书馆，1961：118.

力、权力、人口以及其他各方面的进展比之古代国家不知要胜过多少倍，如果仅仅把体力劳动作为财富的起因，那么对于这一现象将怎样解释呢？古代国家所使用的人手，与全人口对比，不知比现在要增加多少倍，工作比现在艰苦，各个人所拥有的土地面积比现在的大，然而一般群众吃的、穿的却比不上现在。要对这些现象做出解释，我们势必要提到一千年以来在科学与艺术、国家与社会制度、智力培养、生产效能这些方面的进步。”①

再次，他们对精神文化产品的特征进行了较为科学的阐释。

在精神文化产品有何主要特征这一问题上，施托尔希指出，与物质产品相比，精神产品最主要的特征在于其无形性、不可磨损性。“原始的内在财富绝不会因为它们被使用而消灭，它们会由于不断运用而增加并扩大起来，所以，它们的消费本身会增加它们的价值。”②

施托尔希对精神产品特征的这一认识，与当代经济学家对于精神产品、信息产品、文化产品的外部性所持有的观点（如梅特卡夫法则）是不谋而合的，即这一类产品被使用的次数越多，使用的频率越高，其价值越能得到最大限度地实现。

此外，他们还阐述了精神文化生产与物质生产的关系。

施托尔希认为：“内在财富的生产绝不会因为它所需要的物质产品的消费而使国民财富减少，相反，它是促进国民财富增加的有力手段。”③李斯特认为，精神生产与物质生产之间是相互依存、相互促进的；精神生产力与物质生产力之间要保持平衡和协调。李斯特指出：“一国之中最重要的工作划分是精神工作与物质工作之间的划分。两方是相互依存的。精神生产者的任务在于促进道德、宗教、文化和知识，在于扩大自由权，提高政治制度的完善程度，在于对内巩固人身和财产安全，对外巩固国家的独立主权；他们在这方面的成就愈大，则物质财富的产量愈大。反过来也是一样的，物质生产者生产的物资愈多，精神生产就愈加能够获得推进。”④在精神生产与物质生产二者的发展需保持均衡这一问题上，李斯特认为，如果忽视精神生产力的发展，物质生产力的发展就会受到限制；如果脱离物质生产力发展的阶段和水平，盲目发展精神生产力，就会出现精神产品“过剩”的局面，形成“一大堆无用的书本、难以究诘的理论体系和学说的空泛争

① 弗里德里希·李斯特.政治经济学的国民体系[M].陈万煦，译.北京：商务印书馆，1961：123－124.

② 马克思，恩格斯.马克思恩格斯全集（第26卷，第1册）[M].中共中央编译局，编译.北京：人民出版社，1972：297.

③ 马克思，恩格斯.马克思恩格斯全集（第26卷，第1册）[M].中共中央编译局，编译.北京：人民出版社，1972：297－298.

④ 弗里德里希·李斯特.政治经济学的国民体系[M].陈万煦，译.北京：商务印书馆，1961：140.

论，结果使整个国家在理智上越来越糊涂而不是越来越开朗，对于实用工作则置之不顾，生产力的发展受到了阻滞”[①]。同时，李斯特还认为，精神生产各部门的发展应保持协调，否则也会形成失衡局面，对整个社会不利。

二、古典经济学派文化生产理论对于传媒经济研究的价值

在经济思想史上，古典经济学家是最早明确提出并试图从经济学的视角系统地探讨精神文化生产理论的学术派别。德国经济学家弗里德里希·李斯特是首次明确提出并阐释“精神生产”范畴的经济学家，他的《政治经济学的国民体系》一书中有许多关于精神文化生产的论述。古典经济学家从“物”的角度来研究精神文化生产，将精神文化生产视为国民经济财富增长的重要原因和手段，提出了一系列在今天看来仍有一定理论价值和现实意义的观点。但是，由于受到社会生产力发展状况和学科理论发展水平的制约，古典经济学家有关精神文化生产的观点、学说存在着某些局限性。具体来说，其局限性主要表现为以下两个方面。

其一，古典经济学家主要是从“物”的角度来研究精神文化生产，他们就精神文化生产中“人”自身的各种因素（如经济学意义上的时间和收入）、精神文化生产对于人的作用和意义等内容所做的阐述却相对不足，对上述问题的关注不够。

古典经济学家从国民经济财富的来源和增长原因的视角来分析精神文化生产，将精神文化生产视为财富增长的重要原因和手段。他们虽然承认精神文化生产也是创造财富的源泉，将精神文化生产理解为“内在财富的生产”“财富的原因”或“财富的生产力”，但他们只看到精神文化生产能带来财富的一方面，却相对忽视了精神文化生产与人类自身诸多行为因素的关联和相互作用。因此，古典经济学家有关精神文化生产的理论观点具有一定的片面性。

其二，古典经济学家正确论证了精神文化生产在人类社会发展和物质财富增长中的重要作用，但他们在分析精神文化生产和物质生产之间的关系时，忽视了精神文化生产和物质生产的社会性、历史性，因此，他们对精神文化生产的分析停留在抽象、静态的层面。

精神文化生产具有社会性和历史性的特点。在人类社会发展的不同时期和阶段，精神文化生产的方式、性质、内容是存在差异的。一般而言，经济越不发达，精神文化生产越依赖于物质生产。同时，由于精神文化生产具有相对独立

---

① 弗里德里希·李斯特.政治经济学的国民体系[M].陈万煦，译.北京：商务印书馆，1961：141.

性，精神文化生产和物质生产的发展还具有不平衡性甚至对抗性。所以，探究精神文化生产和物质生产之间的关系，应该把握二者的社会性和历史性。李斯特等古典经济学家忽视了精神文化生产的不同社会形式及其在人类社会发展的不同阶段与物质生产之间的不同关系，而仅仅从理论的、抽象的、逻辑的角度去理解，因此，他们对于精神文化生产与物质生产二者关系的分析具有抽象化、静态化、简单化的特点。

马克思曾经这样评价古典经济学："古典政治经济学是属于阶级斗争不发展的时期的。它的最后的伟大的代表李嘉图，终于有意识地把阶级利益的对立、工资和利润的对立、利润和地租的对立当作他的研究的出发点，因为他天真地把这种对立看作社会的自然规律。这样，资产阶级的经济科学也就达到了它的不可逾越的界限。"[①]尽管如此，古典经济学派作为最早从经济学视角对精神文化生产问题进行理论探讨的经济学流派，在经济学说史上仍有其重要的地位。他们关于精神文化生产的理论观点对于我们开展传媒经济研究，总结媒介生产、传播、消费活动中的经济规律，具有重要的启迪意义。当然，这些理论观点需要我们去辩证地认识。

第二节　政治经济学的研究进路——马克思主义经济学与传媒经济学

马克思主义经济学是马克思主义理论的重要组成部分之一，而精神文化生产是马克思主义经济学理论体系的重要范畴。马克思在批判地继承古典经济学家有关精神文化生产理论的基础上，根据资本主义社会化大生产的特点和发展趋势，对精神文化生产问题进行了较为系统、深入的论述，形成了马克思主义精神文化生产理论。

一、马克思主义经济学中的文化生产理论

马克思有关文化经济、精神经济的理论成果主要集中于《1844 年经济学哲学手稿》《资本论》《德意志意识形态》等著作中。在不同时期和不同的著述中，马克思发表的精神文化生产理论范畴的观点有：① 精神文化生产是社会

① 马克思.资本论(政治经济学批判)(第 1 卷：资本的生产过程)[M].中共中央编译局，编译.北京：人民出版社，1975：16.

生产的一部分,它是人类社会实践的基本形式之一;② 精神文化生产是相对独立的生产领域或生产部门;③ 精神文化生产是国民财富增长的重要原因和手段;④ 精神文化生产是消除人的需求的无限性和资源有限性的矛盾,实现人类社会可持续发展的关键。具体而言,马克思精神文化生产理论包括以下几方面的内容。

(一) 精神文化生产的定义与性质

马克思在《1844 年经济学哲学手稿》中将精神文化生产定义为"不受肉体需要的支配也进行的生产""特殊的生产",是"人的本质力量的对象化"[①]。在《德意志意识形态》一书中,马克思又将精神文化生产理解为"关于意识的生产"[②]。

与古典经济学家相比,马克思更准确地分析了精神文化生产作为生产劳动和非生产劳动的不同表现形式和区分标准。马克思认为,判断一种劳动是否为生产劳动,应以这种劳动借诸实现的一定社会形式即生产关系为主要衡量标准,生产劳动"同劳动的一定内容,同劳动的特殊效用或劳动所借以表现的特殊使用价值绝对没有任何直接关系"[③]。在资本主义生产环境下,"只有创造剩余价值的劳动,并且不是为自己而是为生产条件所有者创造剩余价值的劳动,才是生产的"[④],"生产劳动和非生产劳动始终是从货币所有者、资本家的角度来区分的,不是从劳动者的角度来区分的"[⑤]。马克思明确指出,"同一种劳动可以是生产劳动,也可以是非生产劳动。例如,密尔顿创作《失乐园》得到 5 镑,他是非生产劳动者。相反,为书商提供工厂式劳动的作家,则是生产劳动者。密尔顿出于同春蚕吐丝一样的必要而创作《失乐园》。那是他的天性的能动表现。后来,他把作品卖了 5 镑。但是,在书商指示下编写书籍(如政治经济学大纲)的莱比锡的一位无产者作家却是生产劳动者,因为他的产品从一开始就从属于资本,只是为了增加资本的价值才完成的。"[⑥]"作家所以是生产劳动者,并不是因为他生产出观念,而是因为他使出版他的著作的书商发财,也就是说,只有在他作为某一资

---

① 马克思.1844 年经济学哲学手稿[M].中共中央编译局,编译.北京:人民出版社,2000:50-58.

② 马克思,恩格斯.马克思恩格斯选集(第 1 卷)[M].中共中央编译局,编译.北京:人民出版社,1995:72.

③ 马克思,恩格斯.马克思恩格斯全集(第 26 卷,第 1 册)[M].中共中央编译局,编译.北京:人民出版社,1972:432.

④ 马克思,恩格斯.马克思恩格斯全集(第 26 卷,第 1 册)[M].中共中央编译局,编译.北京:人民出版社,1972:144.

⑤ 马克思,恩格斯.马克思恩格斯全集(第 26 卷,第 1 册)[M].中共中央编译局,编译.北京:人民出版社,1972:148.

⑥ 马克思,恩格斯.马克思恩格斯全集(第 26 卷,第 1 册)[M].中共中央编译局,编译.北京:人民出版社,1972:432.

本家的雇佣劳动者的时候，他才是生产的。”①

（二）精神文化生产的不同形式及其在资本主义生产中的地位

马克思根据精神文化生产的主体与产品之间的关系将精神文化生产分为两种：“在非物质生产中，甚至当这种生产纯粹为交换而进行，因而纯粹生产商品的时候，也可能有两种情况：〈1〉生产的结果是商品，是使用价值，它们具有离开生产者和消费者而独立的形式，因而能在生产和消费之间的一段时间内存在，并能在这段时间内作为可以出卖的商品而流通，如书、画以及一切脱离艺术家的艺术活动而单独存在的艺术作品……〈2〉产品同生产行为不能分离，如一切表演艺术家、演说家、演员、教员、医生、牧师等等的情况。”②

与上述精神文化生产的不同形式相对应的是，包括媒介产品在内的文化产品也具有两种形式。一种文化产品是可以以物质产品形式出现的文化产品，即物化的文化产品，这类文化产品具有一定的物质载体，能够作为商品而独立存在。“一切艺术和科学的产品，书籍、绘画、雕塑等等，只要它们表现为物，就都包括在这些物质产品中”③。另一种文化产品是“一经提供随即消失”④的文化产品（如信息服务），没有独立存在的形式，离不开精神文化生产者，或者一旦离开精神生产者就转瞬即逝。由于服务具有一定的使用价值（想象的或现实的）和一定的交换价值，因此对于文化生产者而言，其服务本身就是商品。

马克思还明确论述了不同形式的精神文化生产在资本主义社会生产中的地位。关于第一种精神文化生产形式，马克思指出，“在这里，资本主义生产只是在很有限的规模上被应用……这里的大多数情况，都还只局限于向资本主义生产过渡的形式，就是说，从事各种科学或艺术的生产的人，工匠或行家，为书商的总的商业资本而劳动”⑤。就第二种精神文化生产形式而言，“资本主义生产方式也只是在很小的范围内能够应用，并且就事物的本性来说，只能在某些领域中应用……资本主义生产在这个领域中的所有这些表现，同整个生产比起来是微不

---

① 马克思，恩格斯．马克思恩格斯全集（第26卷，第1册）[M]．中共中央编译局，编译．北京：人民出版社，1972：149.

② 马克思，恩格斯．马克思恩格斯全集（第26卷，第1册）[M]．中共中央编译局，编译．北京：人民出版社，1972：442－443.

③ 马克思，恩格斯．马克思恩格斯全集（第26卷，第1册）[M]．中共中央编译局，编译．北京：人民出版社，1972：165.

④ 马克思，恩格斯．马克思恩格斯全集（第26卷，第1册）[M]．中共中央编译局，编译．北京：人民出版社，1972：165.

⑤ 马克思，恩格斯．马克思恩格斯全集（第26卷，第1册）[M]．中共中央编译局，编译．北京：人民出版社，1972：442－443.

足道的”①。

(三) 精神文化生产与物质生产之间的辩证关系

马克思曾经详尽地论述了精神文化生产与物质生产之间复杂的、辩证的关系，马克思关于精神文化生产与物质生产之间关系的观点是其精神文化生产理论的重要内容。

首先，马克思认为，物质生产对精神文化生产具有决定作用。马克思在《德意志意识形态》中指出：“思想、观念、意识的生产最初是直接与人们的物质活动，与人们的物质交往，与现实生活的语言交织在一起的。人们的想象、思维、精神交往在这里还是人们物质行动的直接产物。”②以马克思的出版自由思想为例，马克思曾具体分析了近代出版自由思想的起源，认为自由观念的原始起点是简单商品交换，出版自由在法律上的确立，是在商品经济占统治地位之后对社会主导意识形态的反映。马克思认为，出版自由具有普遍的形式，而不仅仅是资产阶级的专利或徒有虚名，出版自由思想对人类经济、政治、文化活动具有重要影响。

其次，马克思分析了精神文化生产和物质生产之间关系的历史性、具体性。在人类社会发展的不同时期或阶段，精神生产发挥其作用的方式、程度、范围是不一样的，精神生产和物质生产之间的关系也具有历史性、具体性。对此，马克思指出：“要研究精神生产和物质生产之间的联系，首先必须把这种物质生产本身不是当作一般范畴来考察，而是从一定的历史的形式来考察。例如，与资本主义生产方式相适应的精神生产，就和与中世纪生产方式相适应的精神生产不同。如果物质生产本身不从它的特殊的历史的形式来看，那就不可能理解与它相适应的精神生产的特征以及这两种生产的相互作用。”“其次，从物质生产的一定形式产生：第一，一定的社会结构；第二，人对自然的一定关系。人们的国家制度和人们的精神生产方式由这两者决定，因而人们的精神生产的性质也由这两者决定。”③

再次，马克思认为，由于精神文化生产具有相对独立性，精神文化生产对物质生产的发展和社会的进步必然产生巨大的反作用。马克思认为，精神文化生产对物质生产的重要推动作用体现在以下方面：① 生产出一定的精神文化产

---

① 马克思，恩格斯.马克思恩格斯全集(第26卷，第1册)[M].中共中央编译局，编译.北京：人民出版社，1972：443.

② 马克思，恩格斯.马克思恩格斯选集(第1卷)[M].中共中央编译局，编译.北京：人民出版社，1995：72.

③ 马克思，恩格斯.马克思恩格斯全集(第26卷，第1册)[M].中共中央编译局，编译.北京：人民出版社，1972：296.

品，如科学知识、理论观点、创新理念、文学艺术等，满足劳动者的精神需要，提高劳动者的文化素质，为物质生产和社会发展提供智力支持；② 生产（设计、实验）新的生产工具，拓展劳动范围和对象，提高社会生产效率，为物质生产和社会发展提供技术动力；③ 产生一定的意识形态，如政治理论、法律制度、道德规范、价值观念等，为物质生产和社会进步提供思想、制度保障。

二、马克思主义经济学与传媒经济研究的政治经济学取向

马克思主义理论是一个博大而精深的思想理论体系，它为许多理论提供了思想资源和学术资源，对于传媒经济研究也不例外。马克思、恩格斯等人曾对人类精神文化生产与精神交往、书报刊等现代传播媒介的社会地位和作用、出版自由等问题进行过精辟的阐述，并形成了马克思主义对于传播问题的一系列理论观点①。马克思的精神文化生产理论不仅是马克思主义唯物史观的理论基础和核心内容，而且也是马克思主义经济学理论体系的重要内容。

作为一名经济学家，马克思不仅系统地研究了物质财富生产的经济理论，而且从政治经济学的视角研究了精神文化生产的经济理论，有关精神文化生产的认识和理论也较前人更为深刻。马克思主义经济学产生于对古典经济学的批判，由于存在这种理论上的批判、扬弃关系，古典经济学也就成为马克思主义经济学的重要来源。马克思在《资本论》等著作中对古典经济学家精神文化生产理论的局限性进行了具体的分析和批判。在批判古典经济学家精神文化生产理论的抽象化、静态化、简单化特点的过程中，马克思从社会历史发展的角度强调了物质生产对精神文化生产具有决定作用的同时，重点论述了精神文化生产与物质生产之间关系的复杂性、辩证性。

由于受时代和环境的局限，马克思在提出其精神文化生产理论后，并没有像对待其物质财富生产的经济理论那样进行更系统、更详细的阐述。在马克思辞世后的一段时期内，由于受到经济发展水平的限制（科技、文化对经济增长的贡献率偏低）以及传统发展理念（即认为现代化就是工业化、经济发展等于社会发展的观点）的制约，马克思的精神文化生产理论曾经一度被忽视。

随着新一轮科技革命浪潮在全球范围内的兴起，世界各国正在或将要步入一个不同于以往工业经济社会的新的社会经济形态。不同的学者和组织对此有不同的称谓：社会学家丹尼尔·贝尔称之为“后工业社会”，未来学家约翰·奈

① 吴赟.欧美出版研究的发展路径与特色[J].国外社会科学，2006(5)：53-57.

斯比特称之为“信息社会”,未来学家阿尔文·托夫勒称之为“第三次浪潮”,科学家福来斯特称之为“高技术社会”,社会学家和思想家曼纽尔·卡斯特称之为“网络社会”,世界经济合作与发展组织(OECD)称之为“知识经济社会”。虽然说法不一,但其实质是相同的。目前理论界习惯于将这一新的社会经济形态称作“知识经济社会”。在知识经济飞速发展的今天,马克思精神文化生产理论对于我们正确理解知识经济的实质,把握知识经济给传媒业等知识产业(信息产业)带来的机遇和挑战,具有不容忽视的现实意义。

马克思精神文化生产理论也为传媒经济理论研究提供了重要的学术资源和思想资源。事实上,西方的文化工业理论和传播政治经济学的产生与发展,就受到了马克思精神文化生产理论的深刻影响①。“文化工业”(Culture Industry)的概念,最早由法兰克福学派的代表人物之一阿多诺在他与霍克海默合著的《启蒙的辩证法》一书中首次使用,它是法兰克福学派对资本主义社会大众媒介文化的总称。法兰克福学派属于西方马克思主义学术流派,深受马克思主义理论影响,这一学派的一个研究重点是从哲学、社会学视角考察现代传媒和大众文化。法兰克福学派建议以“文化工业”的概念取代“大众文化”的概念,并用批判性的社会理论对大量制作并传播文化产品的文化工业进行了系统分析和批判。如阿多诺(Theodor Adorno)、马尔库塞(Herbert Marcuse)将文化工业的主要特征和内涵概括为:商品化、技术化、齐一化和强迫化,而法兰克福学派的另一代表人物、文学批评家本雅明(Watter Benjamin)对待大众文化的态度与阿多诺、马尔库塞有所不同,他提出了“技术复制文化”的观点,认为技术复制是对文化的革命和解放②。除法兰克福学派外,其他的学术派别,如文化研究学派等,也对资本主义文化工业进行了较多理论探讨,形成了西方的文化工业理论。

传播政治经济学是国际学术界中的一个采用政治经济学理论和方法来考察传播活动的学术领域,这一领域在欧洲和北美得到较多的关注和研究,马克思主义理论对这一学术领域的研究取向也产生了很大影响。例如,加拿大的传播政治经济学专家文森特·莫斯可在其1996年出版的《传播政治经济学》一书中提出了传播政治经济学的三个起点,即商品化、空间化和结构化,并“呼吁在马克思主义辩证法的两个方面之间,在物质劳动决定意识内容和历史来源于时空特有

① 正如本章开篇所言,本章是为出版经济学理论研究梳理出具有基础学理价值的文化经济、信息经济理论资源,而且,西方文化工业理论主要是从社会学、哲学层面展开的文化批判研究,因此,笔者没有设专节对西方文化工业理论和传播政治经济学展开论述。

② 吴赟.欧美出版研究的发展路径与特色[J].国外社会科学,2006(5):53-57.

力量及动因的多样性两种观点之间，建立起一种创造性的对峙”①。我们再回视传播研究领域，马克思精神文化生产理论对于中国的传媒经济理论研究同样具有重要的理论价值，这一理论资源应该得到应有重视和深入发掘。

第三节　理论的滋养与反哺——现代西方经济学与传媒经济学

经济学对文化经济、信息经济问题的认识和研究是随着经济学家所处的历史、社会条件而发展变化的。目前，全球正在经历一场宏大、快速的结构性转型，这种结构性转型建立在知识、信息的基础之上，一切生产机制和竞争能力都有赖于知识、技术、信息，新的经济形态是以知识、信息为核心的经济形态，与之相应的社会形态便是知识经济社会或信息社会。知识经济社会中，包括传媒业在内的信息产业和包含媒介产品在内的信息产品具有重要的地位和功能。例如，管理学大师彼得·德鲁克认为知识生产已成为生产力、竞争力和经济成就的关键因素②；信息社会研究专家、“新城市社会学”的创始人曼纽尔·卡斯特认为，传媒在信息时代的公共空间中日益处于核心地位③。随着人类社会全方位的结构转型，信息、知识的经济地位愈见突出，经济学界对与信息、知识相关的经济问题给予愈来愈多的关注和探讨，由此而形成了一系列理论观点。相关的经济学理论对于传媒经济理论研究具有重要的借鉴意义。

在现代西方经济学领域，与传媒经济关系密切的理论学说中，首屈一指的当属信息经济学。信息经济学是对经济活动中信息因素及其影响进行经济分析的经济学，也是对信息及其技术与产业所改变的经济进行研究的经济学④。在信息经济学的发展历程中，其研究视角、内容和重点具有多样化的特点，但也正是多种研究取向互为补充、互相促进，才形成了现有的信息经济学理论体系。我国学者乌家培于 1989 年提出了自己对于信息经济学理论体系的看法。他认为，信息经济学的理论体系应该整合信息的经济研究、信息经济的研究、信息与经济之间关系的研究三个部分的内容；信息经济学不能只限于因信息的不对称而引致

---

① 文森特·莫斯可.传播政治经济学[M].胡正荣，张磊，段鹏，等，译.北京：华夏出版社，2000：10－11.

② 崔保国.信息社会的理论与模式[M].北京：高等教育出版社，1999：4.

③ 我们究竟怎样理解全球化——美国著名社会学家曼纽尔·卡斯特教授在本报与上海学者的座谈[N].文汇报，2004－11－28(8).

④ 乌家培，谢康，王明明.信息经济学[M].北京：高等教育出版社，2002：1.

的经济激励问题的研究,不能把信息产业或知识产业的分析研究排斥在外。在乌家培教授提出的这一体系中,信息的经济研究包括以下内容:信息的费用与效用问题,信息资源的分配与管理问题,信息系统或信息网络的经济评价问题,最优信息系统的实现问题;信息经济的研究包括:信息产业的形成、发展及其规律性问题,信息市场及其相关问题,信息经济的含义、测量与发展规律等问题,信息基础设施的建设和经营中的经济问题,国民经济信息化的有关问题;信息(或信息学)与经济(或经济学)间关系的研究包括:信息的非对称性对经济主体行为的影响问题,信息在稀缺资源配置中的作用问题,信息技术的经济评价与对经济发展的作用问题,信息学与经济学的相互交叉和结合问题①。

本书作者认为,乌家培教授提出的信息经济学理论体系是能够反映迄今为止国内外已有信息经济学研究成果的。如果按照研究的性质、视角和内容来划分,乌家培教授提出的信息经济学体系基本上可以划分为两个板块,即理论信息经济学(目前在经济学领域被称为主流的信息经济学)和信息部门经济学。需要说明的是,理论信息经济学与信息部门经济学的区分是相对的,这两部分研究内容只是研究的角度和侧重点具有差异,但是这两个研究领域存在相互渗透、相互影响的关系。自"信息经济学"概念在 20 世纪 50 年代末 60 年代初被正式提出后,其理论研究得以长足的发展。无论是理论信息经济学研究,还是信息部门经济学研究,都取得了一系列的成果,信息经济学作为一门独立的经济学科已经获得国际学术界承认。

一、理论信息经济学研究与传媒经济学

现代西方主流经济学中的信息经济理论是指部分经济学家从不完全信息的前提出发,对新古典经济学理论的各个方面进行重新考察,形成的一系列新的经济学理论。传统的西方经济学理论是以完全信息为假设前提的,信息因素被排除在经济学研究的范围之外。主流的信息经济学理论修正了原有假设,从信息的不完全、不对称性出发,指出"信息搜寻"也需要成本,也能带来收益,从而对传统经济学理论进行了补充和发展。研究信息经济学的经济学家们提出了"信息搜寻""信息成本核算"和"不完全信息"等概念,其研究范围几乎涉及新古典经济学的所有基本问题。西方主流经济学中的理论信息经济学的研究内容,主要包括信息搜寻和信息成本,非对称信息和刺激机制的设计,私有信息与资源配置和

① 乌家培,谢康,王明明.信息经济学[M].北京:高等教育出版社,2002:7-11.

市场失灵，不对称信息条件下的经济行为，信息与经济组织理论等方面。

早在20世纪20年代，美国经济学家奈特（F. H. Knight），就已将信息与市场竞争、企业利润的不确定性、风险联系起来，指出企业为了获取完备的信息必须进行投入的重要性。奈特于1921年出版的《风险、不确定性和利润》一书中，发现了“信息是一种主要的商品”，并注意到各种组织都参与信息活动且有大量投资用于信息活动。

1959年，美国经济学家马尔萨克（J. Marschak）发表《信息经济学评论》一文，讨论了信息的获得使概率的后验条件分布与先验的分布有差别的问题。1961年，美国经济学家斯蒂格勒（G. J. Stigler）在《政治经济学杂志》上发表题为《信息经济学》的著名论文，研究了信息的成本和价值，以及信息对价格、工资和其他生产要素的影响。斯蒂格勒提出了信息搜寻理论，后来又指出，应当用不完全信息假设来替代有完全信息的假设，以修正传统的市场理论和一般均衡理论。

进入20世纪70年代，一些经济学家在考察信息的不完全性以及需要支付成本等因素的同时，进一步分析了信息的不对称性对市场运行的影响，提出了一系列理论。例如，1970年阿克洛夫（G. Akerlof）提出“柠檬”（二手产品）理论，1971年赫什雷佛（J. Hirshleifer）提出“信息市场”理论，1973年斯彭斯（M. Spence）提出“信号”理论，1976—1980年格罗斯曼（S. J. Grossman）和斯蒂格利茨（J. E. Stigliz）提出和补充了市场信息效率与市场效率的“悖论”。又如，阿罗（K. J. Arrow）将信息同经济行为、经济分析、风险转移联系起来，对信息的特性、成本以及信息在经济中的影响等问题进行了开拓性研究，并于1984年出版了《信息经济学》论文集。维克里（W. Vickrey）在所得税和投标、喊价的研究中解决了在信息分布不对称条件下使掌握较多信息者有效地运用其信息以获取利益并优化资源配置的问题。莫里斯（J. Mirrlees）则在维克里研究的基础上建立和完善了委托人和代理人之间关系的激励机制设计理论。

进入20世纪90年代以后，在全球范围内信息化浪潮和市场经济发展的推动下，信息经济学研究取得了新的进展：生产力要素理论、边际效益递减理论、规模经济理论、企业治理理论、经济周期性理论等传统经济学理论，不断接受信息经济学的重新审视，并得以修正和完善。数位经济学家因在信息经济学研究领域做出了重大贡献而成为诺贝尔经济学奖得主。例如，对信息经济理论具有突出贡献的阿罗早在1972年即获得诺贝尔经济学奖，被誉为信息经济学创始人之一的斯蒂格勒是1982年度诺贝尔经济学奖获得者，维克里和莫里斯同获1996年度诺贝尔经济学奖，斯蒂格利茨、阿克洛夫和斯彭斯三人同获2001年度诺贝尔经济学奖。

概而言之，理论信息经济学主要研究信息对经济主体的行为与相互关系的影响，旨在借助信息以减少或消除不确定性因素所带来的影响。理论信息经济学主要考察以经济活动中的信息因素为核心的一系列普遍存在的经济问题，因此，理论信息经济学的研究结果具有较为普遍的适用性。该领域的许多理论对于传媒行业是适用的，也无疑能够成为传媒经济学研究的重要理论源泉。

二、知识产业、信息产业经济学研究与传媒经济学

人类进入信息社会之后，知识资源、信息资源成为社会财富的重要来源，知识产业、信息产业的发展程度成为衡量国家经济发展水平和综合国力的重要标志之一。随着信息技术革命在全球兴起和扩散，经济学界对有关信息产业、知识产业的经济问题的研究(即信息部门经济学研究)急剧增长，与此紧密相关的知识经济、数字经济、网络经济、虚拟经济、电子商务等问题也得到越来越多的研究。与理论信息经济学不同的是，信息部门经济学研究的侧重点主要是信息产品(包括服务)、信息资源的开发和利用、信息系统和信息网络、信息基础设施建设、信息产业、信息市场以及信息化等方面的经济问题。相关的研究成果经过合理取舍，也能成为传媒经济学研究的理论基础。

1962年，美国经济学家F.马克卢普(F. Machlup)出版了其专著《美国的知识生产和分配》。该书在国际上具有很大影响，以致有学者认为知识产业的发展将会改变传统的经济及其经济学。马克卢普在《美国的知识生产和分配》一书中将知识生产的理论研究与其统计调查结合起来，分析了知识产业与知识职业问题。他提出了知识产业的概念，并认为知识产业由教育、研究开发、通信媒介、信息机构、咨询机构五个方面组成。马克卢普还对1958年美国知识产业的生产进行了统计测定，根据他的测算，1958年美国知识产业的产值占国民生产总值的29%，在知识产业部门工作的就业人数约占全部就业人数的31%[①]。1980—1983年，马克卢普又扩展了上述专著，并对美国知识产业的统计测定进行更新，陆续推出了《知识：它的生产、分配和经济意义》多卷本著作，其中第一卷为《知识与知识生产》。

美国经济学家马克·波拉特(M. V. Porat)继承和扩展了F.马克卢普的研究成果，提出了以农业、工业、服务业和信息产业四大产业结构的新分法及其计

① 乌家培，谢康，王明明.信息经济学[M].北京：高等教育出版社，2002：3.

量方法[①]。波拉特在马克卢普对知识产业研究的基础上于1977年完成了以《信息经济：定义与测算》为题的九卷本大型研究报告，引起了人们的普遍关注和重视。波拉特把产业分成农业、工业、服务业、信息业，将信息产业视作一个独立的产业，并将信息产业分为第一信息部门（向市场提供信息产品和信息服务的企业所组成的部门）、第二信息部门（政府和企业的内部提供信息服务的活动所组成的部门）。波拉特运用投入产出技术，对1967年美国信息经济的规模和结构进行了详尽的统计测算和数量分析。据他测算，1967年美国信息产业的产值占国民生产总值的46%，在信息部门工作的就业人数约占就业人数的45%，而该部门劳动者的收入则占全国劳动者总收入的55%[②]。波拉特的理论和方法顺应了信息产业的发展要求，在国际上受到广泛重视。许多发达国家已纷纷采用波拉特的产业划分方法，在传统的产业划分法基础上，将以信息产业为核心的新兴产业群划分为第四次产业，并将信息产业列为国民经济的重要产业部门。1981年世界经济合作与发展组织（OECD）采纳了波拉特的产业划分和测算方法，用来测算其成员国的信息经济发达程度。

1983年，美国经济学家、企业家保罗·霍肯（P. Hawken）在其出版的《下一代经济》一书中，对企业生产的产品和提供的服务中所含的信息成分与物质成分的比重即"信息与物质比"进行了探索性研究，他认为企业的信息经济就是企业产品"信息与物质比"高的经济。

除美国学者外，其他国家的学者也对信息产业、信息经济问题给予了较多的关注、探讨，如日本等国学者较早开始了对信息产业经济问题的研究。日本学者增田米二认为，信息经济学就是研究信息产业及其发展规律的，它是超出传统经济学范围的新经济学[③]。增田米二在其专著《情报经济学》中论述了信息生产力、信息产业和信息时代的特征，分析了信息时代产业结构变迁的趋势，认为第四产业将出现并向系统产业方向发展。他将第四产业分为信息产业、知识产业、情绪产业和伦理产业。其中，信息产业包括信息处理、加工、服务等领域，除了原有的通信、新闻、出版、广告产业以外，还有数据通信软件、信息处理服务等产业；知识产业是以知识和技术服务为主体的产业，包括研究、开发、教育等领域；情绪

① 传统的三次产业划分法（将国民经济产业划分为农业、工业、服务业）是美国经济学家西蒙·库兹涅茨（Simon Kuzents）提出的产业划分方法，曾经一度在世界范围内得到普遍认同。

② 乌家培，谢康，王明明.信息经济学[M].北京：高等教育出版社，2002：4.

③ 乌家培，谢康，王明明.信息经济学[M].北京：高等教育出版社，2002：5.

产业包括电影、电视、文化、艺术等领域;伦理产业包括哲学、宗教等有关领域[①]。笔者认为,增田米二对信息产业的划分方法有泛化的倾向,但其指出的信息产业的特征和产业结构变革趋势却是具有理论启示意义的。

随着信息经济的深入发展,由信息经济衍生的、与信息经济紧密相关的经济概念和研究领域,如知识经济、数字经济、网络经济、虚拟经济、电子商务等方面的经济研究,也得到越来越多的关注。目前已经兴起的与信息经济学紧密相邻的经济学分支学科包括:知识经济学、通信经济学、网络经济学、数字经济学、情报经济学、教育经济学等(其中某些新兴学科只是说法不同,但研究内容比较相近)。上述经济学分支学科关注的研究内容涉及或偏重知识、信息的生产、传播、分配、消费的不同阶段和信息产业的不同环节。相对于信息经济学来说,这些经济学分支学科具有相对独立的研究领域,同时它们与信息经济学有着千丝万缕、不可割裂的联系,其中不少学科与信息经济学之间还存在着一定的隶属关系。尽管上述研究领域的关注内容、研究进展存在差异,但它们都在不断深化人们对信息经济规律的认识。处于起步、初创阶段的传媒经济学与信息经济学以及上述学科有着密切的联系,这些学科或多或少能为传媒经济学研究提供理论滋养和方法启示。

三、深化传媒经济学、出版经济学研究的两个关键点

人类传播活动具有悠久的历史,但从产业视角对传播活动进行的研究却起步较晚。目前,传媒经济学研究仍滞后于其他经济研究领域和传媒行业的发展。加快传媒经济学的发展,必须使传媒经济学研究具备“稳固的实践根基”和“较高的理论起点”,并注意理论与实践紧密结合。

传媒经济学和出版经济学属于专业经济学、应用经济学,在理论经济学和传媒经济活动之间起着桥梁作用。传媒经济学和出版经济学是实践性、应用性较强的社会科学研究领域,因此,其研究资源必须来自实践,研究结论必须服务实践。对于传媒经济学而言,所谓“稳固的实践根基”,是指传媒经济学的发展应立足于传媒业,从传媒产业实践出发,对传媒产业实践发挥指导、咨询作用。“稳固的实践根基”要求传媒经济学在设置研究假设、前提时,应充分考虑产业的现实环境与发展状况,通过相关的调查研究、资料统计和个案分析,对传媒经济活动产生指导作用。

---

① 崔保国.信息社会的理论与模式[M].北京:高等教育出版社,1999:40.

这里尤其需要强调的是，传媒经济学研究需要有“较高的理论起点”。在传媒经济学、出版经济学的建立与发展过程中，必须大量引进经济学和其他相关学科的理论、方法，结合实际，融会贯通，进行学科理论建设。所谓“较高的理论起点”，是指传媒经济学研究应在充分考虑传媒产品、传播活动、传媒行业的特殊性的前提下，以经济学等理论作为理论依托。“较高的理论起点”要求传媒经济学合理引入经济学的原理、方法和学术概念体系，从信息经济学等经济学理论中汲取营养，努力构建传媒经济学的理论体系。尽管传媒经济学有其相对独立的研究领域，但传媒经济学的理论与研究方法同信息经济学等经济学理论与方法是不能截然分割的。信息经济学及其相关学科理论对于传媒经济学研究具有重要的理论借鉴价值。例如，在对信息经济学及其相关学科领域的学习和借鉴中，我们可以通过对知识、信息产品经济特性的理解，深化对传媒产品经济属性的认识；通过对信息产业经济规律的认识，更好地认识和掌握传媒产业的发展规律，进而提升和优化传媒产业经济结构，以达到更好、更快地发展传媒产业的目的。

在对信息经济学及其相关学科学习和借鉴的过程中，应切忌照搬照抄、生吞活剥。传媒经济学研究绝不是简单地移植和套用一般性的经济学理论与相关的经济学分支学科理论，而是以经济学的理论视角和研究方法来透视传媒业这一专门的研究领域。传媒经济学界应从传媒产业实际出发，合理运用经济学理论和研究方法，深入研究传媒经济活动和经济现象，努力使经济学、传播学理论得到丰富和发展。

唯有同时具备“较高的理论起点”和“稳固的实践根基”，传媒经济学才能体现其应有的理论价值和现实意义，才能获得其长久的生命力。

第三章　出版产品与出版传媒机构的经济学分析

具有效用的商品，其交换价值是从两个源泉得来的——一个是它们的稀缺性，另一个是获取时所必需的劳动量。①

——大卫·李嘉图

（在出版业发展的早期历史进程中）作为奢侈品，印刷文本从一开始就屈从严格的利润法则和供求法则。

（出版物）曾是西方赖以强盛的手段之一。思想的生命力在于接触和交流。②

——费尔南·布罗代尔

作为企业的出版，是含有前近代性、近代性和超近代性的混合物。不仅在日本，就是在英、美、法等出版发达的国家，长期以来，出版业一直都是被当作前近代企业的典型。丹尼斯·狄德罗在200多年以前所指出的出版业的风险性，至今仍然存在。与此同时，许多出版业者身上表现出来的某些理想主义色彩，也使出版业多少带有超越甚至脱离近代性的意味。但是，出版业的这种独特性，正在急剧地发生变化。在许多国家，出版业正在完备其近代企业的体制。其他大众媒介产业中依然见不到的特点，在“出版”业中却存在着。③

——清水英夫

---

① 大卫·李嘉图.政治经济学及赋税原理[M].郭大力，王亚南，译.北京：商务印书馆，1962：7.

② 费尔南·布罗代尔.15至18世纪的物质文明、经济和资本主义（第一卷）[M].顾良，施康强，译.北京：生活·读书·新知三联书店，1992：473.括号内文字为本书作者所注。

③ 清水英夫.现代出版学[M].沈洵澧，乐惟清，译.北京：中国书籍出版社，1991：7,8；此处的“近代性”等同于“现代性”，相关内容见该书第12页。

在经济学中，大凡提供出来并给消费者带来效用的对象就是产品。出版产品是出版活动的生产对象和出版消费的主要对象，是出版经济活动的核心范畴。在本书中，笔者试图以出版产品作为出版经济研究的逻辑起点和基点。之所以做出如此选择，缘于两点：其一，以出版产品为起点，从微观层面对出版经济展开比较全面、深入的分析，这样能使本书研究的内容比较集中，这是本书的重要特点之一；其二，在经济学领域，商品及其相关问题是重要的研究范畴。马克思主义经济学的研究起点就是商品。马克思曾在《资本论》开篇说道："资本主义生产方式占统治地位的社会的财富，表现为'庞大的商品堆积'，单个的商品表现为这种财富的元素形式。因此，我们的研究就从分析商品开始。"[①]由抽象到具体是马克思主义经济学在经济分析方法论方面的重要特征，这种分析方法符合社会经济的发展规律，实现了逻辑与历史的统一。西方经济学与马克思主义经济学的研究起点和方法存在较大差异。但西方经济学的研究大致以人类社会面临的三个基本的相互关联的经济问题为着眼点，即生产什么物品和生产多少，如何生产物品，为谁生产物品。萨缪尔森在《经济学》一书中指出："人类社会——无论它是一个发达工业化国家，一个中央计划型经济，还是一个孤立的部落社会——都必须面对和解决三个基本的经济问题。每个社会都必须通过某种方式决定生产什么，如何生产以及为谁生产。"[②]基于经济物品在经济学研究中的重要性，笔者认为，出版产品的经济特征是出版经济学需要研究的首要问题，选择出版产品作为出版经济学研究的逻辑起点和基点是合理的。出版产品的经济特征应包括出版物的经济特征和版权（著作权）的经济特征两方面，出版产品的经济特征直接决定着出版机构的经济属性。

第一节　出版产品的内容产品与文化商品属性分析

出版产品是一种通过一定的物质载体使知识、信息得以记录、表现、储存、传播并以客观形式存在的文化产品。我国的《出版管理条例》（2020 年 11 月 29 日第五次修订）和《网络出版服务管理规定》（自 2016 年 3 月 10 日开始施行）等出版法规将现阶段的出版产品划分为图书、报纸、期刊、音像制品、电子出版物和网

① 马克思.资本论（政治经济学批判）（第 1 卷：资本的生产过程）[M].中共中央编译局，编译.北京：人民出版社，1975：47.

② 保罗·萨缪尔森，威廉·诺德豪斯.经济学（第 16 版）[M].萧琛，主译.北京：华夏出版社，1999：4.

络出版物六类。出版产品作为一种内容产品，是精神产品与物质产品的统一体，同时出版产品又是一种文化商品，它是文化资本与经济资本的产物。目前，每年与出版产品相关的统计数据、发展规划、报告、年鉴，可谓很多，但是，在有关出版产品的基础理论方面，目前还缺乏深入研究。例如，是知识、信息本身具有价值并能转换成经济价值，还是仅仅由于资源的稀缺性原则或者供求曲线造成了出版产品具有价值甚至是超常价值？出版产品的价值到底如何衡量？出版产品究竟是公共产品，还是私人产品，抑或兼具两种产品的属性？与此相关的一系列问题，目前都亟待深入研究。

一、出版产品是内容产品——精神产品与物质产品的统一形式

在人类精神进步史上，知识、信息曾发挥过不可替代的重要作用。人类社会步入知识经济社会后，知识、信息正日益成为社会发展的决定性力量。而在人类对知识、信息的传递、交流与利用过程中，内容产品占有极其重要的地位。我们在这里将“内容产品”界定为：按照一定的逻辑将知识、信息元素集合而成(信息通过积累、提炼和升华而成为知识)的具有应用价值的知识、信息产品。出版产品是一种重要的内容产品，出版产品的核心价值取决于以内容为底蕴的知识、信息价值。

当代西方哲学家卡尔·波普尔的“三个世界”理论，为我们考察出版产品的内容产品属性提供了一个绝佳的视角。1972年，卡尔·波普尔在其《客观世界》一书中系统地提出了“三个世界”理论。“三个世界”理论很快因其新颖性和波普尔的盛名而广受瞩目。波普尔“三个世界”理论的主要含义是：“世界1”为物理世界，包括物理的对象和状态；“世界2”为精神或心灵世界，包括意识状态、主观经验、心理素质等；“世界3”指客观知识的世界，是人类精神活动的产物，包括客观的知识产品和客观的艺术作品等。波普尔认为，三个世界之间直接或间接地存在着相互作用，科学知识的发展是一个主观知识客观化的过程，或客观知识自我发展的过程。在这一过程中，“世界3”是人类智力活动的产物，是人造的；同时，“世界3”并非虚构而确有其实在性。如果从卡尔·波普尔“三个世界”理论的视角来考察出版产品，作为一种承载知识、信息内容的客观形式，出版产品反映了“世界1”和“世界2”的状态和结果，应归入“世界3”。出版产品是人类文明成果的承载体，它不仅反映了人类物质实践的成果，而且也反映了人类精神生产的成果。另一方面，出版产品又确有其客观的物质表现形式，出版产品在物质层面的实在性使其具有一些物质产品属性。

在“传媒经济学的理论源泉在哪里？——经济学说史上的相关理论寻踪与延伸思考”一章中，作者已对亚当·斯密和马克思等经济学家关于精神文化生产、精神产品的经济学理论观点进行了梳理、分析。以古典经济学家和马克思的观点来看，出版产品的内核——知识、信息的生产应归属于精神生产范畴，属于精神产品。按照亚当·斯密提出的区分生产劳动与非生产劳动的标准，在出版领域中，提供有形出版产品的一类出版活动属于生产劳动，而提供无形出版服务的一类活动属于非生产劳动。马克思的劳动价值论揭示了商品的使用价值和价值，并在此基础上分析了劳动的二重性：具体劳动创造使用价值，抽象劳动创造价值。出版产品作为一种承载知识、信息元素的客观实体，其生产涉及人类社会生产的两大范畴——精神生产与物质生产，因此，出版产品兼具精神产品与物质产品的双重属性，是精神产品与物质产品的统一体。

出版产品作为精神产品与物质产品的统一体，其本质属性是精神产品属性。出版产品的价值能否实现取决于其使用价值。而出版产品使用价值的形成正是基于其精神产品功能。在此，笔者将出版产品的核心功能归纳为三个方面：① 传承知识（传承社会文化，发挥教育功能，增加社会凝聚力，减少社会无序性）；② 传播信息（帮助人们在社会中实现联系、选择、解释、批评行为的功能）；③ 创造娱乐（创造大众文化，增加大众的文化接触，帮助大众充实闲暇时间）。出版产品的传承知识、传播信息和创造娱乐三大功能直接决定了人们对出版活动和出版产品的区分标准。目前国际上一般将出版划分为教育出版、专业出版、大众出版三大领域，我国出版界在20世纪90年代也引入了这一国际出版理念。现代出版的教育出版、专业出版、大众出版三大领域正是基于出版产品的传承知识、传播信息和创造娱乐三大功能（上述出版领域的出版产品兼具不止一种功能的情况是存在的）。

二、出版产品是文化商品——文化资本与经济资本结合的产物

以传统政治经济学的观点来看，商品必须具备三个基本特征：其一，是劳动产品；其二，是用来交换的劳动产品；其三，具有使用价值。如果我们以这些标准来衡量市场条件下的出版产品，出版产品具有商品的一般的、基本的特征。出版产品具有商品属性目前已成定论，但研究界对于出版产品价值的来源还需要进一步明确。由于出版产品具有商品的基本特征，因此，出版产品价值的形成、传递和利用过程必然离不开资本要素。笔者认为，出版产品作为一种文化商品，是文化资本（知识资本）的承载体，是文化资本（知识资本）的一种重要的客观表现

形式，是文化资本（知识资本）与经济资本（有形资本）结合的产物。

传统的经济学理论认为，资本只有两种，一种是货币资本，另一种是土地等自然资源；劳动和劳动者的知识不是资本。萨缪尔森就曾认为："资本是三大生产要素之一。另外两种是土地和劳动，通常被称为基本生产要素。""非常有趣的是，最有价值的经济资源，即劳动，不能像私人财产那样成为可以买卖的商品。"[①]进入知识经济时代，知识产业、信息产业的发展使传统的资本理论受到挑战。正如在工业社会中货币是主要的资本一样，知识经济社会中知识、信息是最主要的资本。包括出版产业在内的文化产业、信息产业是知识经济的代表性产业形态。在这些产业领域，知识要素成了文化产业的核心生产力，知识劳动者、精神劳动者在产业运作中实现了自身的价值，而知识、信息则参与生产和分配，具有增值性，成为重要的资本要素。

如果从资源稀缺性原则的角度来看，构成出版产品内核的知识、信息成为资本在理论上也是合乎逻辑的。资源的稀缺性是经济学重要的逻辑出发点，"物以稀为贵"是经济学的基本价值规律。经济学中的稀缺性是指相对于人类无限的需求而言，资源总是有限的。在一定的社会历史条件下，知识资源、信息资源、文化资源也表现出一定的稀缺性，成为不同社会主体的竞争对象。拥有了这些资源，就意味着拥有了获得价值的源泉。在此状况下，知识资源、信息资源就具备了成为知识资本、文化资本的可能性和合理性。

在经济学领域，美国著名经济学家和新制度学派的代表人物加尔布雷思（J. K. Galbrainth）于 1969 年首次明确提出了知识资本（intellectual capital）的概念。在加尔布雷思看来，知识资本是一种知识性的活动，是一种动态的资本而不是固定的资本形式。加尔布雷思提出的知识资本概念是对传统资本概念的有效扩充。

在经济学以外的学科领域，法国社会学家皮埃尔・布迪厄（Pierre Bourdieu）则首先提出了文化资本（cultural capital）的概念。布迪厄在其著名的论文《资本的形式》中认为，文化资本有三种存在方式：文化能力（cultural competence）、文化产品（cultural product）和文化体制（cultural institution）。从某种程度来看，布迪厄所说的这三种形式的文化资本实际上可对应于人力资本、文化产业和文化制度。其中，文化产品是文化资本的客体化形式（如图书、绘画等产品）。文化资本只有在被占有并作为一种投资参与到文化生产之中，才能作

① 保罗・萨缪尔森，威廉・诺德豪斯.经济学（第 16 版）[M].萧琛，主译.北京：华夏出版社，1999：26－27.

为一种有效的资本而存在。文化产品作为客体状态的文化资本，有其自主的存在法则，“文化产品既可以表现出物质性的一面，也可以表现出符号性的一面。在物质性方面，文化产品预先假定了经济资本，而在符号性方面，文化产品则预先假定了文化资本。”[①]正是由于具有这种双重属性，文化产品具有和普通产品不一样的特征。例如，在消费上，文化产品与普通产品就存在差异，文化产品的消费除了需要货币和时间投入外，还要求消费者具备一定的文化能力。

文化资本理论借用了经济学的理论术语，布迪厄将这一理论称为总体性实践经济学，并认为总体性实践经济学是以那些被传统经济学所忽略的、非经济的实践形式（主要是文化实践）作为主要研究对象的。文化资本理论一经提出，不仅在社会学领域引起强烈反响，而且也引起经济学家的关注。一些经济学家意识到，“文化资本”与“知识资本”概念均是对传统“资本”概念的拓展，有必要将文化资本的因素引入经济分析中，以避免经济决定论的简单化倾向。事实上，文化资本理论为研究知识经济社会（信息社会）的社会资源分配体系提供了一个具有启迪性的理论分析框架。

在人类出版业发展的历史进程中，知识资本、文化资本的积累发挥了基础性的作用。知识资本、文化资本并不是隐藏的神秘物，它往往通过特定的物品、信息储存手段或行为得以表现。图书、期刊等出版产品正是知识资本、文化资本的重要物化形式与现实载体，是物质资本（有形资本）和文化资本的综合体现，是文化资本与经济资本结合的客观产物。出版产品、出版产业的文化性与经济性双重属性，也正是基于出版产品价值来源的两重性。

一个社会的出版物商品生产水平，不仅反映了该社会出版业的发展程度，而且也折射了社会文明的发展水平。人类出版历史源远流长，在出版史上，图书等出版产品以商品形式出现，正是一定的社会历史条件下文化资本与经济资本成功结合的产物。人类进入现代社会后，在出版领域中，劳动者的文化能力和知识产权（如版权、创意、发明等）转化为能产生价值增值的现实资本。拥有知识资本、文化资本的劳动者参与出版活动，知识资本和劳动者并不是对立的、不可调和的矛盾，二者统一于出版产品的生产过程之中。知识资本、文化资本因此成为给出版业带来持续收益的特定资源，成为决定出版经济增长的关键性生产要素，今天我们的出版业界强调出版机构要拥有自主知识产权，正是缘于这一点。

---

① PIERRE Bourdieu. The Forms of Capital [G]//HALSEY A H, LAUDER H, BROWN P & STUART-WELLS A (eds.). *Education: Culture, Economy and Society*. New York: Oxford University Press, 1989: 46-58.

第二节　出版产品的公共产品与私人产品性质之辨

许多出版经济理论问题与实际的出版经济活动、经济现象有着密切的联系，出版产品的经济物品属性问题就属于此类理论问题。出版产品究竟是公共产品，是准公共产品，还是私人产品？或者哪些出版产品属于公共产品？又有哪些出版产品属于准公共产品或私人产品？该问题直接决定着出版机构的性质和价值取向、出版市场的特征与运作模式，也直接决定着政府对出版业的管制政策。在出版产品的经济属性问题上，国外学者多认为出版产品是私人产品，如罗伯特·皮卡德(Robert G. Picard)和比尔·瑞恩(Bill Ryan)将书籍、杂志、音像制品归入私人产品[①]。笔者认为，出版产品的经济物品属性不能一概而论，需要做具体分析，而且，在新的经济、技术环境下，出版产品的经济物品属性更应该进行重新界定，这一问题需要进行深入研究。

在经济学领域，一般从消费的角度将产品分为纯公共产品(pure public goods)、私人产品(private goods)、准公共产品(quasi-public goods)以及混合产品(mixed goods)(见表 3－1)。公共产品(public goods)一般是和私人产品相对而言的。公共产品是市场机制发生失灵的一个重要领域，因此西方经济学家历来十分重视对公共产品理论的研究。尽管公共产品概念在经济学领域被广泛使

表 3－1　经济学中的产品分类

<table>
<tr><td colspan="2" rowspan="2">排他性</td><td colspan="2">竞争性</td></tr>
<tr><td>有</td><td>无</td></tr>
<tr><td rowspan="2"></td><td>有</td><td>私人产品</td><td>俱乐部产品
(准公共产品 1)</td></tr>
<tr><td>无</td><td>公共资源
(准公共产品 2)</td><td>纯公共产品</td></tr>
<tr><td colspan="4">混合产品</td></tr>
</table>

① 罗伯特·皮卡德.媒介经济学[M].冯建三,译.台北：远流出版事业股份有限公司,1994：33－34.

用，但要对公共产品下一个精确的定义却比较困难。因为，公共产品所包括的范围很广，不同的公共产品在供给和需求特征上具有很大的区别；不同的经济学家对公共产品也有不同的理解。现代经济学通常从分析公共产品所具有的两大特征来界定公共产品。这两大特征均是就消费层面而言的，分别是消费的非排他性和非竞争性。

所谓公共产品，就是在消费上同时具有非排他性和非竞争性的产品；私人产品则是指在消费上同时具有排他性和竞争性的产品。非排他性是指产品一旦被提供出来，就不可能排除任何人对它的不付代价的消费（至少从合理成本的角度来看是如此）。严格地说，非排他性包括三层含义：① 任何人都不可能不让别人消费它，即使有些人有心独占，也会因为在技术上无法排他，或者虽然在技术上可行但成本过高，而变得不值得；② 任何人自己都不得不消费它，即使有些人可能不情愿，但无法对它加以拒绝；③ 任何人都可以恰好消费相同的数量。非竞争性是指一旦产品被提供，增加一个人的消费不会减少其他任何消费者的受益；也不会增加社会成本，其新增消费者使用该产品的边际成本为零。非排他性和非竞争性之间存在某种相关关系，许多非竞争性的产品也是非排他性的。但这两个特征并不总是同时出现的，有些产品可能只具有以上两种特征中的一种。

所谓纯公共产品，是指严格满足非竞争性和非排他性两个条件的产品。国防和电视节目是这类产品的典型例子。准公共产品即不纯粹的公共产品，这类产品包括在消费上具有非竞争性但是却可以轻易排他的俱乐部产品（club goods），和在消费上具有竞争性但是却无法有效排他的公共资源（common resources）。俱乐部产品的例子有公共游泳池、可以收费的公路桥等，公共资源的例子则有公共渔场、公共牧场等。

这里需要特别提及的是混合产品。关于混合产品的概念众说纷纭，很多人甚至将混合产品等同于准公共产品。但实际上，混合产品和准公共产品并非两个完全等同的概念。一般而言，混合产品就是同时具有公共产品性质和私人产品性质的产品，或者是具有较大范围的正外部效应的私人产品[①]。混合产品和公共产品的区别在于：由于混合产品首先具有一部分私人产品的性质，所以在最初的时候，总是能够为非公共机构提供混合产品给予较为充分的激励；但是对公共产品而言，这种对非公共机构提供的激励是不存在的[②]。混合产品在性质

① 刘宇飞.当代西方财政学[M].北京：北京大学出版社，2000：100.
② 刘宇飞.当代西方财政学[M].北京：北京大学出版社，2000：100－101.

上介于私人产品与公共产品之间。它可以分为两类：一类是具有排他性和一定范围内的非竞争性的产品，如公园、图书馆、博物馆等；另一类是非竞争性和非排他性不完全的产品，如教育、卫生、科技等。前一类混合产品都有一个饱和界限，在产品还未达到饱和状态时，产品的消费具有非竞争性，但是当产品趋于饱和状态时，再增加消费者就会影响其他消费者对该产品的消费。因而，这类混合产品的非竞争性是局限在一定范围之内的。后一类混合产品在消费中往往存在较大的外部效应。

一、技术、市场因素对出版产品经济属性的影响

对出版产品经济属性的划分标准不是绝对的，要取决于多种因素。我们必须充分关注技术条件、市场因素对出版产品经济属性的影响。

当出版业在技术上处于“纸与笔”“铅与火”的历史阶段时，图书等出版产品的私人产品属性较为突出。中国历史上的“学在官府”、重视文献典藏而忽视流通的现象，以及欧洲历史上出版活动长期为贵族和教会把持的状况，均说明出版技术、出版物商品市场的不发达决定了一定社会条件下出版产品的私人产品性质。

在数字、网络技术出现之前，现代社会中的纸质出版产品在内容层面具有公共产品属性，但在技术层面具有私人产品属性。在现代社会环境中，由于知识、信息具有非竞争性，难以完全被据为己有，可以被多人共享，而且并不损害每个人拥有的知识数量和质量，因此，出版产品在内容层面具有公共产品属性。但是，由于知识、信息在社会中的分布是不均匀和不对称的，而劳动者在出版产品的生产过程中投入了文化资本（知识资本）和经济资本，在其中付出了具体劳动和抽象劳动。在这种情况下，不少出版产品的获得是要付出一定代价的（如通过市场交易的形式），出版产品在消费上存在竞争性。另一方面，纸质出版产品具有物化的实体形式，在技术上较易实现排他。因此，纸质出版产品在技术层面具有私人产品属性。从这一点来说，这一阶段的出版产品在生产和价值实现层面接近于准公共产品。

在出版业步入数字时代后，数字、网络技术使各种传统媒体的界限变得模糊，无论是纸质还是电子媒体都可以被数字化，都可以转换成多媒体版，都可以被置于网络之上。在这种技术条件下，相当一部分出版产品实际上可以被视作公共产品，如博客出版等。当然，这也要分具体情况进行具体分析。例如，某网站提供可供免费阅读、下载的电子书，但在用户超过一定数量时网络会发生拥

塞，这就会产生经济学上所谓的“拥挤”问题①，从而使消费（网络阅读）质量下降，不利于消费。在这种情况下，公共产品的非竞争性条件就没有被很好地满足。又如，一些需要注册、验证会员资格的网站（如专业学术网站）上的电子书、电子杂志，可归入俱乐部产品（准公共产品）范畴。

一般来说，在市场条件下，处于市场流通过程中的出版产品属于私人产品。而在离开市场流通环节或根本未进入市场进行交易的情况下，出版产品则可能具有公共产品、准公共产品或混合产品属性，如免费的中小学教科书和图书馆内的图书。

总体而言，技术的进步、市场条件的变化对出版产品的经济属性具有重大的影响。在新的技术环境下，出版产品经济属性的变化要求出版经营者和政府部门适时地转换观念、调整对策。

二、制度、政策因素对出版产品经济属性的影响

从历史和现实看，不同国家对于出版业的制度、政策导向对出版产品的经济属性也具有决定性的影响。

在美国、英国、法国、德国、加拿大、日本等许多西方国家，图书、期刊、报纸等出版行业基本上以商业化的出版机构为主体，出版产品的生产、流通以商业化模式运作为主，政府对于出版产业大多按照私人产品的属性实施管理。当然，从制度和政策的角度来看，西方国家也并非将出版产品一律视为私人产品。有些出版产品，如中小学教育出版物、宗教出版物、政府出版物等，具有公共产品或准公共产品属性。例如，美国实行 12 年国民义务教育制度，学生一入学就全免学费，教科书由学校免费提供，但这些免费教科书并不属于学生个人而属于学校，是学校的公共财产，由学生在毕业后还回学校图书馆，以便后来的学生继续使用，一般要使用多年，直到完全用旧为止②。

近年来，我国出版业正在经历一个行业转轨和机构转制的过程，出版产业正在深入发展，大部分出版机构正由以往的事业单位或“企业化管理的事业单位”转变为经营性的出版企业。这一进程对于我国出版产品的经济属性肯定是存在一定影响的。目前，在我国的不同出版领域和不同地区，在不同的出版运作模式下，具有私人产品属性、公共产品属性、准公共产品属性和混合产品属性的出版

---

① 消费的“拥挤”问题不等于负外部性。“拥挤”问题与负外部性的区别在于，带来拥挤问题的使用者本身也要承担其行为的成本，而带来负外部性的使用者本身却不承担其行为的成本。

② 李文云，徐励，唐惠颖.管理课本，一点不能含糊[N].环球时报，2006－01－13(19).

产品是共存的。例如，在教育出版领域，我国正逐步对义务教育阶段的教科书实行免费供应和循环利用制度。就出版行业整体而言，出版产品兼具多种经济物品属性和形态。

在网络技术环境下，不同的政策导向可以使网络出版产品成为私人产品，也可以成为公共产品或混合产品，而且，技术条件也足以做到这一点。

三、部分出版产品的混合产品或准公共物品属性

现实经济生活中的许多物品并不是纯公共产品或纯私人产品，而是介于纯公共产品和纯私人产品之间的中间状态，即混合产品或准公共产品。

在出版领域，就有一部分出版产品属于具有不完全的非竞争性和非排他性的混合产品或准公共产品。仍以义务教育阶段的教科书这一类出版产品为例，接受义务教育的学生通过使用教科书，获得了知识，从而增加了今后自身生存与发展的能力，提高了自身在未来社会活动中的竞争力。这首先是一种内部效应，其收益完全为受教育者所拥有。从这一角度来看，教科书这种出版产品具有竞争性和排他性。但是，由于知识具有外部效应，教科书除了给受教育者带来收益外，还有相当一部分利益通过受教育者外溢给了社会，整个社会的劳动生产率和文明程度因此而得以提高，国家的政治、经济、文化制度得以在一个较好的环境内运行。从这个意义上来说，教科书这种产品又具有一定的非竞争性和非排他性。因此，部分出版产品，如义务教育阶段的教科书，具有不完全的非竞争性和非排他性。这一部分出版产品应归属于混合产品或准公共产品。

四、社会需要公共产品与私人产品共存的出版业

对于一个健康、和谐的社会来说，实现社会公正原则与遵从客观经济规律同等重要。因此，我们对出版产品经济属性的考察不能仅仅从纯粹的经济理论角度出发，还应引入政治经济学的理论视角。加拿大学者文森特・莫斯可在前人的基础上，将政治经济学的核心特征概括为四点：研究社会变迁与历史转型、植根于社会整体、道德哲学和实践[①]。出版产业制度、政策的制定和实施，既要遵循市场经济规律，关注效率和效益，更要遵从社会公正原则，关注社会变迁与历史转型，实现人文道德关怀。出版业需要将社会效益放在首位，兼顾社会效益与经济效益，实现两个效益的最大化，事实上，对两个效益的追求在许多情况下是

① 文森特・莫斯可.传播政治经济学[M].胡正荣，张磊，段鹏，等，译.北京：华夏出版社，2000：27.

并行不悖的。

社会整体需要进步、和谐，必然要求拥有文化属性和内容本质的出版产品发挥一定的公益作用，出版产品必然被赋予一部分公共产品属性。出版产品的公共产品属性和公益性主要体现在三个方面：首先，出版产品在满足社会的普遍知识、信息需求方面有着自身特定的文化使命；其次，出版产品对社会秩序和社会公共生活有着较大的影响力；最后，出版者是某些公共的知识、信息资源的受托生产者，相应的出版产品应该以公共产品的形式向社会公众提供。

社会需要公共产品与私人产品共存的出版业，而建设公共产品与私人产品共存的出版产业也有利于出版业自身的可持续、良性发展。

第三节　版权的经济学分析

在人类社会的历史发展进程中，随着社会生产力不断发展，商品经济日益发达，对知识、信息及技术成果的持有权和支配权逐步成为商品交换的对象之一。“知识资产”成为一种独立的财产形态，与动产、不动产一起，并称为人类社会的三大类资产。经济学领域的“资产”，是指实物财产或具有经济价值的非实物性的权利。作为构成知识产权的三大板块之一，版权（本书中的“版权”等同于“著作权”）属于无形资产，是一种具有经济价值的非实物性的权利。当今时代，包括出版行业在内的传媒业、信息业强调自主知识产权的获取、拥有和使用。一个明显的例证就是，最近数十年来，国际传媒业、信息业的收购和兼并活动大多是围绕版权等知识产权以及品牌展开的。在中国，近二十多年来，各级政府、各行各业和广大公民的知识产权意识与观念不断增强。2008 年 6 月，中华人民共和国国务院发布了《国家知识产权战略纲要》，将知识产权提升至国家发展战略的高度。这一国家文件指明了我国知识产权战略的指导思想、战略目标、战略重点和战略措施，明确了版权、专利、商标、商业秘密、特定领域知识产权、国防知识产权等领域的专项任务，并提出了提升知识产权创造能力、鼓励知识产权转化运用、加快知识产权法治建设、提高知识产权执法水平、加强知识产权行政管理、发展知识产权中介服务、加强知识产权人才队伍建设、推进知识产权文化建设、扩大知识产权对外交流合作等九项战略措施。

出版业等版权产业在各国社会经济中的地位日趋重要，版权的经济特征也开始得到不同学科领域研究者的关注。明确和重视版权的经济特征对出版企业和出版产业的发展具有重要意义；另一方面，阐明版权的经济特征，也是研究出版经济学的一个先决条件和重要基础。因此，出版研究界应加大对版权经济特征的研究力度。本节拟对版权的经济特征、版权保护的经济学缘由和意义以及出版业版权经济活动的特点进行分析。

一、经济学视野中的版权概念

我们开展版权的经济学分析，首先需要从经济学的视角来明确界定版权概念。经济学视野中的版权概念和法学视野中的版权概念存在着共通之处，但也有不尽一致之处。

目前国内外法学界对于版权的认识形成两种理论：人格权论和无形财产说。人格权论强调版权的人身权及其保护，这突出表现在大陆法系国家的版权立法中；无形财产说则认为版权是无形财产权，强调版权的经济利益，这一理论成为英美普通法系版权立法的哲学基础。从我国的立法框架来看，我国现行著作权法（版权法）兼容了大陆法系的人格权论和英美法系的财产权说。尽管有些法学研究者认为，版权的人身权在本质上也属于财产权的范畴①，但就总体而言，法学意义上的版权概念包括版权的人身权和财产权两部分内容。我们可以这样认为：法学意义上的版权概念，是指政府批准的为智力成果的发明者或持有者所专有或在规定的年限内使用成果的一种排他性的权利，它包括版权所有者的人身权和财产权。一般而言，受版权法保护的是以各种形式存在的原创性智力成果以及对智力成果的价值通过各种途径加以实现的邻接权。

经济学意义上的版权概念和法学意义上的版权概念并不是完全一致的。经济学意义上的版权概念是一种财产权，是对知识、信息及技术成果进行排他性使用、支配的一种权利，其客体是财产权这一无形资产而不是知识、信息及技术成果本身。版权的经济学概念与法学概念的差异不仅表现在对构成版权的内容的认识上，而且还表现在对待版权排他性的立场上。

法学对待版权的立场是将版权视为一组独立而性质不同的排他性权利，从而在纯粹概念意义上对版权的排他性加以保护。而从经济学的角度来看，绝对的、无条件的排他财产权是不可能的，在现实中版权更是一种难以有效排他的权利，由于知识、信息的外溢效应（外部性），版权所有者很难对版权拥有完全的、绝对的排他权。事实上，如果赋予版权所有者对知识、信息及技术成果的完全、永久的排他权，将不会提高社会生产效率，而恰恰会降低效率。再以经济学中有关

① 王利民.论著作权的性质[J].财经问题研究，1999(7)：79－81.

资源配置效率的观点来看，只有通过在社会成员之间相互划分对特定资源使用的排他权，才会产生适当的激励；排他权的创设是资源有效率地使用的必要条件，但并非充分条件，因为这种权利还必须是可以转让的（即法学意义上的“让渡”），所有者可以将排他权转让给某些能更有效使用它的人。也就是说，在经济学视野中，版权的价值和意义在于它能激励社会有效率地配置和使用知识、信息资源。以经济学的观点来看，无论各种相互竞争的知识、信息资源配置与使用方式有怎样的效率，法律层面上对权利的规定并不能决定何种资源配置与使用方式最有效率。

二、版权的经济性质分析

作为一种无形资产，版权是通过人们对知识、信息产品所蕴含的知识、信息内容的利用而表现出来的。传统经济学理论，不论是西方经济学还是马克思主义经济学，针对有形产品提出的有关经济学观点，不完全适用于版权等知识产权现象。相对于其他形态的资产而言，版权的经济属性有其独特之处。

（一）版权在使用价值与价值上的特性

物质产品在时空上的相对固定性、内聚性，使得物质产品的稀缺性虽然可能被降至最小限度却无法消除，这一属性也使物质产品易于被占有、专用。由此决定了某一有形物品（如服装、食品等）在一定时空内只能由特定的人取得它的使用价值，而不能同时满足多人对其使用价值的需要，其所有者只能通过出让有形物品的使用价值，从特定的人那里获得价值补偿。

知识、信息产品则具有其特有属性：信息流动的方式不同于物质产品流动的方式，知识、信息产品易于不受控制地高速扩散。“如果说物质产品可以用火车、或者现在是用喷气飞机的速度来运动的话，信息产品则可以用光速来运动。”[①]因此，对知识、信息产品进行专有独占和用于经济交换，要比物质产品困难得多。这一点在使用价值和价值方面的表现就是，版权不必以牺牲所有者对其知识、信息及技术成果的使用价值为代价，可以同时向多人转让知识、信息及技术成果的使用价值，并可以从特定的多个人那里获得其价值补偿，甚至可以反复地获得价值补偿。由此不难看出，版权的价值并不是取决于生产它所耗费的社会必要劳动时间，而是取决于其社会需求程度和所能转化成的效益。

① 马克斯·H.博伊索特.知识资产：在信息经济中赢得竞争优势[M].张群群，陈北，译.上海：上海人民出版社，2005：中文版自序第3页.

知识、信息资产可以由多人共享，而其原来的拥有者仍可以将知识、信息保留下来，这是一种“拥有自己的蛋糕并吃下它”的情况。虽然分享知识、信息资产并不降低知识、信息产品对其原来占有者的效用（使用价值），也就是说，在知识、信息传播之后，原来的占有者仍然可以继续从中得到效用，但是，知识、信息的价值却是有所降低的。这是因为，知识、信息作为一种资源具有一定的稀缺性，而共享的知识则降低甚至丧失了这种稀缺性。

（二）版权的经济寿命特征

从理论上讲，知识、信息可以被永久地传承下去，借助一定的存储手段和方式，知识、信息可以无限期地延续自身的存在。但是，从经济学的角度来说，版权仍具有一定的经济寿命。经济寿命是指一项资产有效使用并创造收益的持续时间。版权的经济寿命，关系到版权的价值及其所有者的利益。版权作为一种无形资产，其经济寿命与有形资产的经济寿命相比，具有一些特殊性。

首先，版权的经济寿命与其法律寿命不尽相同。包括版权在内的许多无形资产具有确定的法律寿命。例如，版权具有一定的法律保护期限。之所以要规定版权的法律寿命，是为了协调社会公众利益和所有者利益之间的矛盾。一方面，对版权进行法律保护是为了维护其所有者的利益，以鼓励创新；另一方面，要对版权的法律保护期限加以明确规定，以兼顾社会整体利益，防止个人无限期地垄断知识、技术。版权的保护期限实质上是法律强制的经济寿命。版权的经济寿命与其法律寿命是不尽一致的，因为版权的经济寿命受到许多外部因素的影响。在现实中，有些版权的法律寿命比其经济寿命长，而有些版权的经济寿命则比其法律寿命长。

其次，版权的经济寿命由无形损耗决定。影响资产经济寿命的因素有两种：有形损耗和无形损耗。有形损耗是指有形资产在使用过程中逐渐磨损而产生的价值损耗。有形损耗既影响资产的使用价值，又影响资产的价值。无形损耗则是指某项资产在其有效使用期之内，由于知识更新、技术进步、信息分享等因素而产生的贬值。无形损耗只影响资产的价值，不影响资产的使用价值。由此看来，版权的经济寿命取决于由知识更新、技术进步、信息分享等因素产生的无形损耗。版权的经济寿命，是版权赖以维系的知识、信息内容发生变化的速度快慢的函数。例如，日报内容版权的经济寿命一般不超过 24 小时，因为过去的新闻就不再是新闻了，而期刊内容版权的经济寿命稍长，图书内容版权的经济寿命则更长。

再次，某些版权的经济寿命在不断缩短。现代科学技术日新月异，人类社会正在以加速度前进。虽然版权的所有者想方设法来延长版权的经济寿命，以获取更大的个人利益，但是，要实现这一想法愈来愈困难，因为版权的经济寿命在不断缩短。版权的经济寿命不断缩短，主要有以下两个原因：其一，科学技术发展速度加快，使得知识更新越来越快；其二，知识、信息传播的加速，促进了人类社会的知识更新、技术进步和社会产品的升级换代，从而导致版权的经济寿命不断缩短。

由于版权的范围非常广泛，我们不可能说明每一种版权的寿命情况，版权的经济寿命主要取决于其类型及它能被利用的方式。对于具体的出版产品的版权经济寿命，要做具体分析。对于文化的传承、积累性较强的一些书籍、音像制品、电子出版物而言，其版权的经济寿命较长（对于这一类出版物，又可以做更具体的分析，科技类出版物的版权经济寿命较短，而文化、社科类出版物的版权经济寿命则相对较长）；而对于传播信息的时效性较强的报纸、期刊、网络出版物来说，其内容的版权经济寿命较短。

影响版权经济寿命的因素较为复杂。我们在评估某一版权时，必须考虑：① 潜在的市场如何？② 未来的开发成本是多少？③ 谁是该产品的竞争者？④ 何种产品或服务将会在何时取代该产品？⑤ 怎样的财务状况才能支持这一版权项目的发展？总而言之，影响某项版权利用的所有重大因素必须全面加以考虑。通常，评估版权经济寿命的方法，是在既定的条件下，确定所有影响其经济寿命的因素，然后据此判断版权最可能的经济寿命。

版权的经济寿命难以用统计方法得出的经济曲线来测评，而主要取决于法律保护期限的制约和人们的主观判断。但有一点可以明确的是，版权具有给其所有者带来收益的能力，版权的价值与经济寿命同其收益能力相当。分析某一项版权的经济寿命，需要分析与之相联系的产品或服务，因为正是这些产品或服务在市场上实现自身价值，给所有者带来收益，该项版权的经济寿命与其市场价值直接相关。

产品的生命周期理论对于评估版权的经济寿命具有一定的借鉴意义。简言之，产品的生命周期理论是指，产品的市场生命要经历导入期、成长期、成熟期和衰退期四个阶段。测评版权的经济寿命时，分析与之相关的产品或服务的生命周期并分析其处于哪个阶段是至关重要的。就一般图书的版权而言，其市场收益在一至两年内达到最高点，然后逐渐下降。但是，图书等出版产品的版权被重复利用的概率较大，被利用的范围也较广泛。例如，一本图书可以被报纸、期刊连载，也可被改编成电视剧、电影等产品；一本小说中的人物与故事通常可被用于各种传播媒介、旅游服务或产品中；一幅漫画也可以被广泛使用在玩具、服装、贺卡等产品中。在这种情况下，出版产品版权的价值可能会东山再起。对于走市场路线的出版产品来说，出版经营者应充分重视其版权的经济寿命。

三、出版产品外部性与版权保护

由于出版产品与一般物质产品的最大区别在于其蕴含的知识、信息内涵，而知识、信息易于扩散，因此，出版产品具有外部性。出版产品中所蕴含的知识、信息的外部性（或溢出效应）是出版产品外部性的主要表现。

萨缪尔森将外部性（或溢出效应）界定为："企业或个人向市场之外的其他人所强加的成本或利益。"[①]假设 j、k 表示不同的经济单位（个人或企业），当经济单位 j 的目标函数 O_j（如企业的生产函数或成本函数以及消费者的效用函数）不仅取决于其自身可以控制的变量 $X_{ij}(i=1,2,\cdots,n)$，而且也取决于某些不受市场变化影响的、其自身无法控制的变量 X_{mk} 时，则对单位 j 而言，存在单位 k 带给它的外部性。即 $O_j=O_j(X_{1j},X_{2j},\cdots,X_{nj},X_{mk}),j\neq k,X_i(i=1,2,\cdots,n)$。公开出版是知识、信息溢出效应的具体形式之一。出版产品中所蕴含的知识、信息的外部性主要表现为三个方面：一是知识、信息本身的外部性；二是知识、信息创造的新市场的外部性；三是知识、信息创造的新利益的外部性。

出版产品的知识、信息内容的易扩散性、可共享性、非损耗性、可反复使用的特征，使得出版产品同时具有正、负外部性。出版产品的正外部性主要在于，承载科学知识、正面信息的出版产品被使用的次数越多，使用的频率越高，其价值越能得到最大限度地实现，其社会整体收益就越大。出版产品的负外部性则表现在，内容低劣、庸俗、错误的出版产品不仅对个人也对社会整体有着消极作用。

版权和出版产品的外部性，决定了出版等版权产业中存在一个重要的规律——版权的经济效益递增规律。我们可将版权经济效益递增规律表述如下：版权的经济收益，与版权产品的复制次数、使用人数成正比关系，与版税率成正比关系，而与生产该版权产品的成本成反比关系。这一规律可用以下公式概括：

版权经济收益＝（版权产品的复制次数＋使用人数）×版税率/生产成本

由出版产品的外部性所导致的另一个重要问题是，如何协调对知识创新实施激励（保障创新者的利益）和维护社会公众利益之间关系的问题。在产生知识

---

① 保罗·萨缪尔森，威廉·诺德豪斯.经济学（第16版）[M].萧琛，主译.北京：华夏出版社，1999：28.

溢出效应的情况下，对原创者进行模仿、复制的个人和企业事实上“搭乘”了原创者的“便车”，低成本的模仿、复制活动将使原创者丧失创新的动力。像任何其他形式的资本一样，只有当知识资本可以获得与其生产率相称的回报时，知识资本才能得到有效供给。假设不能对版权实施真正的保护，盗版行为得不到有效控制，其结果是知识资本供给的下降乃至走向枯竭，这将直接制约出版产品的供给。这正如美国经济学家道格拉斯·诺思所言：“思想的经济收益面临的基本困难就是对思想自身的考核，为此，规则的设计旨在约束行为。商标、版权、商业秘密和专利法都旨在为发明创造者提供某种程度的排他性权利……就像我们在现代世界所见，改进技术的持续努力只有通过提高创新者个人的收益率时才会出现。”[①]但是，如果对知识创新者的利益实施无条件的、绝对的保护，则不利于知识、信息及技术成果在社会中的合理传播、利用，不利于社会整体的创新、进步。

由于出版产品等知识、信息产品具有外部性，因此，为了鼓励知识、思想创新，促进科学、文化的进步与应用，保障文化生产、传播和消费的正常进行，有必要运用法律手段来规定知识、信息及技术成果的产权边界，确定知识、信息生产者和使用者的行为方式，在版权原创者和社会公众之间形成一种利益平衡机制，以保护原创者和社会公众的利益。

四、国外出版业版权经济活动的主要特征

版权产业是指以作品的版权或著作邻接权作为其产品生产经营的基础，并以国内外版权法律制度作为产业发展的保障和促进手段的新兴产业类型[②]。以知识、信息及技术成果的生产、传播和使用为核心内容的多种产业均属于版权产业范畴。出版产业是一种重要的版权产业，从某种意义上说，出版业的竞争就是版权的竞争。版权是构成出版企业核心竞争力的重要内容，版权作为一种无形资产，是出版机构从事生产、经营的根本性因素。

在许多发达国家，版权产业已成为重要的经济行业。发达国家出版界在版权经济领域形成了成熟的运作方法，积累了丰富的经验。发达国家出版业版权经济活动的特点可归纳为以下几方面。

（一）多样化的版权贸易形式

目前发达国家版权贸易的主要形式有以下几种：① 作品翻译权转让，出版

① 道格拉斯·诺思.经济史中的结构与变迁[M].陈郁，罗华平，黄永山，等，译.上海：上海三联书店，上海人民出版社，2003：226.

② 史梦熊，牛慧兰，张杰，等.出版产业与版权法[M].北京：科学出版社，2000：210.

商或作者允许他国出版商将作品翻译成其他文字出版，并收取版权转让费；② 平装书版权交易，出版商向市场推出某部畅销的精装图书，销售到一定时候（一般为一年左右），再将该书的平装书出版权转让给国内外其他出版机构；③ 影视与图书相互改编权的转让，是指将已经出版的图书中的内容改编成电影或电视剧，或者将热播的影视剧改编成图书予以出版；④ 作品中形象使用权转让，这是允许其他商品经营商在其产品中使用出版作品中的人物或动物形象以及某些特殊标记的交易活动，其产品主要有玩具、食品、文具、服装、卡通画片、小饰物、书签、旅游纪念品等；⑤ 合作出版权转让，这是指由甲国出版商与乙国出版商合作，由甲国出版商提供母本，乙国出版商将书中的甲国文字换成乙国文字，其他版式照搬，版权由甲国出版商控制，包括母本和外文本的复制都由甲国出版商掌握；⑥ 报刊连载权转让，这是出版商允许报刊连载出版产品中的知识内容而获取经济收入的版权贸易活动；⑦ 电子版制作权的转让，这是出版商允许他人将印刷版图书制作成电子版的版权交易活动。此外，缩写权、影印权、图书俱乐部版权、多媒体版权、数字化复制权等权利也是发达国家版权贸易的重要内容。

（二）专业化的运作程序和手段

发达国家出版机构在长期的版权贸易实践中形成了一套成熟而专业化的运作方法，这体现在版权贸易运作的全过程。

发达国家出版机构在进行版权输出时，首先会认真选择具有版权出售潜力的出版物，一般他们会考虑到读者的阅读兴趣，出版物的内容、风格以及厚薄等因素。

发达国家出版机构一般在正式进行版权贸易前要进行周密的市场调研，以明确版权交易的对象、范围和时机等。市场调研的内容包括影响市场需求的宏观政治、经济环境，目标读者的阅读需求与倾向，竞争者的优势、市场地位，以及潜在版权购买者的购买能力等。

发达国家的出版机构在宣传推销自己的出版物版权方面采取了多种多样的版权营销方法。以往发达国家的出版商多采用在行业媒体上做广告，将自己的出版物加入各种书目、主动向版权代理机构或外国出版社邮寄书目资料，以及参加各种国际性的书展等方式推销版权。发达国家出版机构的宣传促销费用一般要占其产值的5%～10%，有时甚至要占初版书价的80%，乃至相当于初版书价[①]。

---

① 王东.图书广告的妙用[N].中国图书商报，2002-04-09(14).

其中，版权促销推广的费用占了很大一部分。利用互联网在内的多种媒体展开版权营销攻势，也是国外一些出版机构常用的手段。国外一些在线版权贸易机构，如国际版权在线等，利用其先进的技术、丰富的版权数据库为版权贸易提供了快捷高效的平台。

在进行版权谈判的过程中，发达国家的出版机构和版权代理商通常能严格按照规则办事，签订的版权合同条款详尽而细致。在协议达成之后，他们大多能够严格执行合同，具有强烈的法律意识。

另外，发达国家出版机构内部对版权交易的管理也非常专业。通常情况下，版权贸易部门会将每次版权贸易记录存档，予以集中管理，以便日后可以快捷地查询到每个选题的版权销售情况。发达国家的出版机构还将客户关系管理技术应用于版权交易的管理中，以保证客户与企业之间的有效互动。时下在英美出版界，较为热门的话题当属数字版权管理（digital right management），而专业出版商尤为关注这个话题。数字版权管理是一种描述、识别和保护数字内容的技术。欧美专业出版商认为，目前在音乐和电影业所发生的数字版权管理革命必将波及出版领域①。

（三）专门化的版权贸易组织

国际版权专家莱内特·欧文（Lynette Owen）女士认为："版权贸易领域要求各种各样的技巧：对于许可方，是创造力和销售技巧；对于被许可方，是评估和选择适合自己市场的选题和项目经济生存能力。不论卖方还是买方，都要求有高水平的组织和高效的系统，它们对于记录大规模的版权贸易是至关重要的。"②高水平的组织和高效的系统为发达国家出版业开展版权贸易提供了有效的支持。一方面，在出版机构自身组织设计上，发达国家的出版机构只要具备一定的规模，一般都设有专门的版权部；另一方面，发达国家的版权代理业十分发达，版权代理行业作为版权产业链的重要一环，得到规模发展。在美国有600多家版权代理公司，在英国也有200多家。由于版权代理商熟悉版权交易市场行情，其操作程序和方法也比较成熟、规范。所以发达国家的版权贸易大多是通过版权代理商来进行的。

（四）高素质的版权贸易人员

发达国家版权贸易的繁荣发展，与拥有一批高素质的专业人才分不开。在

① 杨贵山.欧美专业出版商关注数字版权管理[N].中国图书商报，2003-07-25(17).

② 莱内特·欧文.中国版权经理人实务指南[M].袁方，译.北京：法律出版社，2004：121.

发达国家，从事版权贸易的专业人员通常具有较高的素质，他们不但具有良好的专业素养、丰富的知识储备，还具有广泛的社会联系以及较强的公共活动能力和技巧。国际版权专家莱内特·欧文女士提出，从事版权销售的人员应具备以下素质：能判断每个出版项目的销售潜力；增加并积累他们要销售的项目的具体信息；增进并保持对外国市场的了解；热情与技巧是版权销售的精髓；对语言的要求；出色的人际交流能力；熟悉整个出版流程；具备卓越的计算技能；能同时处理一系列不同的谈判；能够签订反映双方共识的、清晰而准确的许可合同；卓越的记忆力和统筹安排工作量的能力；投入、耐心和活力[①]。当然，这一系列素质要求有时很难在一个人身上同时具备，但莱内特·欧文女士的表述仍是对版权贸易人员理想的素质架构的极好注解。

五、我国出版业版权经济活动的努力方向

与发达国家相比，我国出版界的版权经济活动在观念与运作层面上都还有所欠缺。我国出版界应理性地学习、借鉴发达国家的版权经济运作经验，推动我国版权经济的良性发展。一方面，我国要营造有利于版权经济发展的产业环境，另一方面，出版界需要更多地引入现代化的成熟的市场理念。具体而言，我国政府、出版界在版权经济领域的努力方向应是：完善版权经济发展的产业环境，注重版权贸易形式多样化，推进版权贸易运作专业化，提高版权贸易队伍素质，加快我国版权代理业发展。

(一) 营造有利于版权经济发展的产业环境

版权经济和版权产业的发展离不开合适的土壤，因此，版权经济要获得健康发展，首先需要各级政府营造的良好的宏观产业环境和健全的政策法规体系。三十余年来，我国先后出台了《著作权法》《著作权法实施条例》《信息网络传播权保护条例》《著作权集体管理条例》《实施国际著作权条约的规定》《计算机软件保护条例》《计算机信息网络国际联网管理暂行规定》等法律和行政法规，《互联网著作权行政保护办法》等部门规章，及《中国互联网网络版权自律公约》等行业规定。这些法律法规、部门规章极大地发挥了为版权产业发展保驾护航的功效。但相对于我国经济、科技、文化快速发展、变革的状况而言，有关版权的法律法规体系需要加紧更新、完善。例如，我国有关网络出版、数字出版版权的法律法规在一定程度上依然滞后。近年发生的“七位知名作家状告书生”和“400 位学者

---

① 莱内特·欧文.中国版权经理人实务指南[M].袁方，译.北京：法律出版社，2004：121－123.

状告超星盗版”等事件一度成为业界关注的焦点，网络版权、数字版权问题也成为业界的热门话题。由于法律法规的滞后，网络、数字出版领域的版权纠纷有愈演愈烈之势。我国应尽快建立、健全相关的法律法规，规范作者、出版发行机构、用户的行为，保障相关各方的合法权益，以确保新兴的数字出版产业能和谐、稳步发展。

2008 年，中国政府颁布的《国家知识产权战略纲要》明确了国家在加快版权产业发展和加大版权保护力度方面的专项战略任务。这一国家级政策文件提出，国家将“扶持新闻出版、广播影视、文学艺术、文化娱乐、广告设计、工艺美术、计算机软件、信息网络等版权相关产业发展，支持具有鲜明民族特色、时代特点作品的创作，扶持难以参与市场竞争的优秀文化作品的创作”“完善制度，促进版权市场化。进一步完善版权质押、作品登记和转让合同备案等制度，拓展版权利用方式，降低版权交易成本和风险。充分发挥版权集体管理组织、行业协会、代理机构等中介组织在版权市场化中的作用”“依法处置盗版行为，加大盗版行为处罚力度。重点打击大规模制售、传播盗版产品的行为，遏制盗版现象”“有效应对互联网等新技术发展对版权保护的挑战。妥善处理保护版权与保障信息传播的关系，既要依法保护版权，又要促进信息传播”。[①]

（二）注重版权贸易方式多样化

我国出版界应尝试采用更丰富的版权贸易形式和方法。就对外版权贸易领域而言，目前我国出版机构开展版权贸易的方式主要有以下几种：① 由我方组织作者提供作品，对方负责出版、发行，版权属于我方，对方向我方付酬，这种形式早些年前我国输出版权时采用较多；② 利用国际学术会议的机会，由我方向世界各国有关专家约稿，会议期间出版论文集，在世界范围内发行，版权、发行权均属于我方，由我方向国内外作者支付稿酬；③ 对方提供作品的外文版，我方负责翻译成中文版，并负责出版发行，中文版权归译者所有，出版社享有专有出版权，我方向对方支付版税，目前这种形式最为普遍；④ 合作出版。除目前常用的作品翻译权转让（许可）、合作出版等版权贸易方式外，我国出版机构应注重其他版权贸易方式的运用，使出版产品价值得到延伸开发。

（三）推进版权贸易运作专业化

现今我国出版界亟须提高版权贸易专业化水平。首先，开展版权贸易的出

① 中国政府网.国务院关于印发国家知识产权战略纲要的通知[EB/OL].(2008-06-10)[2022-02-26]http://www.gov.cn/zwgk/2008-06/10/content_1012269.htm.

版机构要深入了解目标市场,组织周密的市场调研。其次,应进行高水准的版权贸易策划,我国出版社应树立国际视野,对每一选题的策划都应以世界市场为着眼点,站在世界舞台上经营版权,国外的很多出版社就是这种经营模式。再次,应多方面地提高我国图书的出版质量,多出精品,以精品取胜。另外,我国出版机构应强化版权营销意识,采用多种版权营销手段,尤其要注重现代信息技术在版权营销中的应用。网络作为一种新生力量,在版权贸易方面已经显示其独特的魅力。目前我国绝大多数的出版社对于利用网络开展版权业务的重视和投入都还不够,网络的主要作用暂时还停留在发布产品目录上。我国出版社应树立"网络版权营销"意识,现阶段可以在国际版权在线等网站上注册,通过网络开展更多的版权贸易业务。

(四) 提高版权贸易队伍素质

加速专门人才的培养,是发展我国版权贸易的当务之急。目前,在我国的版权经济活动中,之所以存在国外版权盲目引进、国内版权推销乏力的现象,一个重要原因就是缺少得力的版权贸易专门人才。从事版权贸易的人员,不仅要熟练掌握至少一门外语,还要掌握出版、法律、国际贸易等多种相关知识,熟练应用互联网,及时了解国际出版动态,热爱本职工作。可以采取以下措施加快对版权贸易专门人才的培养:举办版权贸易硕士研究生班,培养版权贸易的高级管理人才;在高校的编辑出版学专业中增设相关专业方向和课程,将相关国际课程引进国内;由政府或行业协会出面举办各种形式的研讨班、培训班。

(五) 加快我国版权代理业发展

版权代理对开展版权贸易起着至关重要的作用。可以通过制定相关的法规、政策及行业规范等,大力扶持版权经纪的发展。由于历史原因,过去的中国版权代理机构一直由官方主事。由于人才匮乏,体制、机制的不灵活,中国目前已有的从事版权代理的中介业务机构没有得到很好的发展。加入世贸组织后,中国承诺,在法律服务当中允许外商、外国律师事务所在华设立代表处,从事营利性活动。版权贸易、商标和专利的代理,已经纳入司法部律师的代理活动当中。在这样的背景下,许多具备条件的国外版权代理机构,将进入中国市场,对中国本土的版权代理机构造成冲击。我国现有的版权代理公司应加紧被改造、整合,建立以出版业为中心的多媒体的版权产业集团,从而更好地应对新形势的挑战。

第四节　出版传媒机构的经济性质和运营机制选择

经济学将能够独立作出生产决策的经济单位称为厂商(firm)。实际上，作为一种经济决策单位，除了消费者与政府以外，其余的经济组织都是厂商。厂商可以是生产产品的经济单位(如工厂、农场)，也可以是提供服务的经济单位(如银行、学校)，以此标准来衡量，出版企业和非营利组织出版机构都是厂商。在微观经济学中，通常假设厂商的目标是追求利润最大化。这一基本假设是西方经济学的理性经济人假设在生产和厂商理论中的具体化。实际上，经济学界对于这一基本假设也是存在争论的，因为在现实经济生活中，厂商有时并不一定选择实现最大利润的决策。以出版业为例，在特定环境下，担负着社会责任的出版机构不能以利润最大化作为其发展目标，而且在信息不完全的条件下，出版企业所面临的市场需求可能并不确定，出版企业对供给量变化所引起的生产成本的变化也缺乏准确了解，于是，很多出版企业长期生存发展的做法主要就是依靠经验来追求实现市场销售份额最大化，以此取代利润最大化的决策。因此，我们对出版机构进行经济学分析必须充分考虑出版行业自身的特性。

随着信息化时代的来临，社会经济、文化、技术的发展对出版业、出版机构、出版产品均提出新的要求。当前在全球范围内出版业的发展呈现国际化、集中化、多元化、数字化等特点，出版业自身及其外部生存环境正在发生重大变革。在中国，文化体制改革的深化，出版业产业属性的明确，出版业信息化进程的加速，不仅对出版业的发展提出了新的挑战，而且提供了新的机遇。出版机构是出版业的经济活动主体之一，是出版产品的供给机构，新的环境要求出版机构对自身的角色、功能、产品、运作模式进行重新认识和必要的调整。

一、出版机构经济性质与出版产品经济特征的内在逻辑联系

出版机构的经济性质与出版产品的经济特征具有内在的逻辑联系，这决定了出版产品的供给机构应该是多元化的。如前所述，在经济属性方面，出版产品的核心价值取决于以内容为底蕴的知识、信息价值；出版产品是内容产品和文化商品，是精神产品与物质产品的统一形式，是文化资本与经济资本结合的产物；技术、市场条件、制度、政策等因素对出版产品的经济属性具有重要影响。从中外出版业的现实来看，出版领域中具有私人产品属性、公共产品属性、准公共产

品属性和混合产品属性的出版产品是共存的。不同的出版产品在经济特征上存在一定差异，这决定了不同的出版产品应该采用不同的规则和模式进行公平、有效的提供。

在古典经济学和新古典经济学的理论框架中，政府与市场一直被认为是两种不同的经济调节方式，经济学界围绕政府与市场之间的关系问题形成了长达两百多年的争论。这一争论的逻辑主线是：在理性经济人、完全竞争、信息充分、交易费用为零等一系列严格的假设前提下，市场机制可以使资源配置达到高效率；但现实中很难实现这些假定，因此会出现市场失灵现象（市场失灵表现在外部性、公共产品的供给、规模收益递增导致垄断定价高于边际价格、风险和不确定性等许多方面）。公共产品的供给问题是市场失灵的主要表现之一，由于公共产品具有非排他性和非竞争性，市场机制无法抑制“搭便车”的行为，不能满足成本—收益对称的市场激励原则，因此市场失灵需要以一种非市场机制提供公共产品。既然市场机制在公共产品的供给方面会出现失灵现象，政府、非营利组织等公共经济主体介入公共产品供给就成为一种必然的结果。但是，并不是所有的公共产品都由政府或政府附属机构直接提供，现实经济生活中，相当大一部分公共产品是通过政府间接提供方式（如授予经营权、政府参股、经济资助等形式）或非政府方式提供的。

在出版领域，由于部分出版产品具有公共产品或准公共产品、混合产品的经济属性，完全通过市场机制由营利性出版机构来提供所有出版产品是不现实的，那样不仅会不利于社会公平、公正目标的实现，也会影响提供出版产品的经济效率。不同经济性质的出版机构的共存是合理的，也是必要的。例如，为了实现“政府信息公共获取”的目标，政府出版物应由政府出版机构或政府指定的出版机构来提供，而不以市场盈利为目标；对于盲文出版物等面向社会弱势群体的出版产品，也应由公益性出版机构来提供；对于诸如国家“知识资源数据库”出版工程等涉及面广、投入巨大、周期较长的国家级重大出版工程，应以政府为主导，由政府直接介入或间接组织、管理；再如免费供应的义务教育阶段的教材，这是一种准公共产品，应由政府通过与出版机构签订协议、授予出版发行权、提供经济资助等途径，与相关出版机构共同提供；对于大众化的娱乐性、知识普及性出版产品，可以通过市场机制由出版企业提供。

二、以出版产品经济属性为依据划分的出版机构类型分析

出版界对出版机构的分类有多种依据和方法，国际通行的做法是将出版机

构分为三类：大众出版机构、教育出版机构、专业出版（STM）机构，这一划分方法的依据是由出版机构的专业领域和产品内容决定的。我国在较长时间内将出版机构按照专业范围划分为教育出版机构、科技出版机构、文艺出版机构、少儿出版机构等类型，或按照所处地域和行政级别划分为中央出版机构和地方出版机构。近年来国际通行的出版划分方法对我国出版界的专业理念已有一定的影响，但原有的按照专业范围、所处地域和行政级别划分出版机构的方法在我国的新闻出版统计资料汇编和行业年鉴中依然占有主导地位。在我国出版发行体制改革进程中，国家已经明确提出对出版机构"区别对待、分类指导"的原则，出版机构被区分为公益性出版事业机构和经营性出版企业：少数承担政治性、公益性出版任务的出版单位继续实行事业体制，国家将采用项目支持、政府采购、加工订货等方式给予支持；而大多数出版机构将转企改制为经营性出版单位[①]。这一划分方法的出发点是市场经济环境中不同的出版机构具有不同的角色和功能，而归根结底，其理论依据正是在于不同的出版产品应由不同的出版机构提供，不同的出版机构具有不同的经济性质。

笔者认为，如果从经济学理论视角出发，以出版产品的多重经济物品属性及其相应的供给模式为依据，出版机构可以分为三类：政府出版机构、出版企业和非营利组织出版机构。

这三类出版机构中，政府出版机构是指附属于某些政府部门的具有政治性、公益性的出版机构，如美国政府印刷局、英国皇家出版局、法国文献局等。这类出版机构是政府与国际社会、国内公众之间的信息桥梁，主要负责提供政府出版物，如会议文件、司法资料、国家的方针政策、规章制度、有关国情的报告、国家权威机构发布的统计资料、外交文书等。政府出版机构提供的出版物中一部分供公开出版发行，一部分则由政府直接分发至某些部门或个人，在一定范围内使用，具有内部保密性质，但过若干时间之后予以解密或公开。

出版企业则是指在充分强调出版的社会责任、社会效益的前提下，采取市场运作方式，进行出版产品生产与经营，实行经济核算，自负盈亏、自我发展的一类出版机构。出版企业是西方发达国家出版机构的主流形态，也是当前我国出版机构转制过程中大多数出版机构选择的类型。在政府对某些出版产品（如中小

---

① 为推进文化体制改革，进一步转变政府职能，建立与社会主义市场经济和我国出版产业现状相适应的出版管理体制，引导出版单位完善内部运行机制，以进一步繁荣发展出版产业，国家新闻出版总署根据《出版管理条例》等有关规定，结合行业实际，于2008年6月颁布了《经营性出版单位等级评估办法》，对经营性出版企业施行分级管理。

学教材）实行招投标制度的情况下，出版企业通过与政府签订协议或合同，获得政府授予的生产经营权和政府提供的经济资助和法律保护，也可以提供具有公共产品属性或准公共产品属性的出版产品。

非营利组织出版机构是介于政府出版机构与出版企业之间的一种机构形态，这类出版机构主要提供具有公共产品属性或准公共产品属性的出版产品，如盲文出版物、少数民族文字出版物、学术出版物等。在美国，100多家大学出版社和600多家全国性学术团体出版机构属于非营利出版社，这些出版社享受免税待遇，它们的主要目的是为所属成员服务，以促进团体理想和目标的实现[①]。在英国，大学出版领域由牛津大学出版社和剑桥大学出版社两个国际化公司控制，而这一领域的其他一些小型或微型公司通常是非营利性的，每年销售收入不到250万英镑，它们受主管大学的资助[②]。非营利组织出版机构的存在有其合理性和必要性。这是因为，一方面，政府的公共支出有限，不可能所有公共产品都由政府出版机构来提供；另一方面，某些具有公关产品属性的出版产品是不能按成本、价格组织生产和提供服务的，而这些出版产品又是社会公众所必需的，出版企业不愿或不能有效提供这些公共产品。因此，非营利组织出版机构可以填补政府出版机构与出版企业之间形成的空白地带，弥补政府出版机构和出版企业在某些出版产品提供上的局限。

目前中央已经提出将出版机构区分为公益性出版机构和经营性出版机构，进行区别对待、分类指导，这无疑是我国出版发行体制改革进程中的重要里程碑，具有其科学性。但是，从出版业长远发展和国际出版业的现状与趋势来看，有必要对公益性出版机构和经营性出版机构进行更深层次的细分，而政府出版机构、出版企业和非营利组织出版机构在出版活动中也的确扮演着不同的角色，发挥着不同的职能。而且，笔者认为，公益性出版机构和非公益性出版机构的本质区别在于是否通过市场机制和产业模式运作，是否具有营利性，两者的区别不应该是经营性的有无。也就是说，与公益性相对应的概念应该是营利性，而不应是经营性，因为公益性出版机构不应拒斥经营性，在公益性出版机构的活动中也应讲究成本核算，也要实施经营管理。

基于以上分析，从出版业发展和出版理论研究的角度出发，将出版机构划分为政府出版机构、出版企业和非营利组织出版机构的“三分法”具有一定的合理性。

---

① 端木义万.美国传媒文化[M].北京：北京大学出版社，2001：5.

② 保罗·理查森.英国出版业[M].袁方，译.北京：世界图书出版公司北京公司，2006：28.

三、出版行业分类发展背景下决定出版机构运营机制的经济学要素

不同类别的出版产品具有不尽相同的经济属性，在不同的制度、政策导向下相同的出版产品的经济属性也可能会出现差异。因此，在现代市场经济体系中，出版产品的生产主体和供给方式具有多元化特点。在出版业分类发展的背景下，出版单位选择何种运营机制和产品供给模式，需要考虑多方面的因素。从经济学视角来看，在选择出版单位的发展模式、运营机制时，有以下要素可作为判断标准。

（一）出版物生产的技术特征

从某种程度上说，对出版物经济属性的判断是一个技术问题。出版技术是持续创新的，技术的革新会导致出版物经济属性的变化，从而导致出版供给模式的变化。出版物的经济物品属性与其技术特征有关，如果某种出版物在“投入—产出”过程中成本难以测评，则不适于通过市场方式供给。技术判断标准还与收费技术相关：如果一种出版物很难判断其消费者的消费量，从而无法向消费者收费，那么这种出版物也不适于通过市场机制提供。

（二）出版物的需求特点

社会公众对于出版物的需求是存在很大差异的，某类出版物是采用市场方式还是非市场方式提供，与社会公众对相应出版物的需求有关。具体来说，可从以下几方面来判断。其一，需求价格弹性。如果某种出版物的需求缺乏弹性，价格调节不会影响消费，则这种出版物不宜采用市场方式提供。其二，消费上的“拥挤”问题。准公共产品的特点在于当消费者达到一定数量后会产生“拥挤”问题，如果某种出版物具有准公共产品属性，其消费会产生“拥挤”现象，那么就应该将这种出版物部分或完全交给非公益性出版机构提供。其三，需求差异。公共经济学理论认为，公共产品的效率损失取决于偏好参数的方差[①]。如果消费者对某种出版物的消费偏好差异比较大，则这种出版物不宜由公益性出版机构提供。

（三）出版活动的交易费用

交易费用理论最早由科斯在解释企业组织与市场的边界时提出。交易费用泛指经济制度的运行成本，它是与分工、价格等范畴具有同等地位的经济学概念，是制度经济学分析的基础性概念。制度作为人们之间的交往规则，在不同的

---

① 黄恒学.公共经济学[M].北京：北京大学出版社，2002：24.

制度条件下实现相同的目标会产生不同的交易费用。出版产品的供给也同样遵循这一规律，不同的提供方式具有不同的交易费用。在决定出版机构的运营机制时，应该对其主营产品的交易费用进行理性判断：权衡不同经济性质的出版机构提供出版物的技术和能力；权衡不同供给模式的组织管理成本和交易成本。

（四）出版传播的伦理目标

经济和社会发展的目标并不是唯一的，在经济效率之外，社会公平、和谐也是社会追求的重要目标。是否为了解决公平问题成为界定公共产品和私人产品的重要伦理标准。将部分出版产品作为公共产品或准公共产品提供，可以视为实现社会公平、促进社会知识普及和信息共享的一种重要手段。具体来说，扮演公共产品或准公共产品角色的一部分出版产品具有以下两方面的经济功能：首先，这部分出版产品的非排他性和非竞争性，可以使社会弱势群体享受到福利，有利于实现社会分配的公平；其次，如果部分出版产品由公益性出版机构提供，那么这部分出版产品的资金来源是通过税收得到的，消费方式却是免费的、均等的，因此，这部分出版产品能发挥转移支付的经济功能。

（五）出版机构的无形资产

出版机构的无形资产也是出版机构在选择具体某种出版产品的供给方式时的重要衡量标准。出版机构的无形资产是出版机构的历史与现实行为的积淀，是出版供给机构的编辑力、营销力、诚信行为的重要体现。由信用度、美誉度等因素构成的出版供给机构声誉就是一种重要的无形资产。对于一个珍惜无形资产的出版机构来说，在决定具体某一种出版产品的供给方案时，有必要掂量这一方案对自身无形资产的影响，而不应片面、僵化地执行单一经济标准和市场目标。另一方面，对于受众和行业合作伙伴来说，在其他条件相同的情况下，拥有良好声誉等无形资产的出版机构将被优先选择。例如，在学术出版领域，商务印书馆、中国社会科学出版社、生活·读书·新知三联书店等出版机构因其良好的声誉而吸引到较多的注意力，进而积聚了更丰富的无形资产。

上述判断标准是决定出版机构发展模式和运营机制的经济学要素，在具体抉择某一出版机构的运营机制和某类出版产品的供给机构与方式时，应该对不同的发展方案进行经济效率的比较和社会伦理价值的考量。

第四章　出版产品需求与消费者行为研究

一切消费需要总是走在生产需要之前，它们具有这样的优先性，这是一个至关重要的必然结果；我们可以从由里到外的模仿过程中演绎出这个结论，所谓从里到外的模仿过程就是从实物到符号的模仿过程。符号在这里是生产行为，它实现了消费品内涵的思想和目的。思想和目的是隐藏的内容，被消费的物品是外在的形式。现在我们知道，在变革时期，形式总是落在内容的后面。

这个社会现象产生的后果，比其他任何社会现象产生的后果更加重要。我们已经看到，这是一个有力的因素，它打破了民族之间的壁垒，使文明的滚滚洪流能够流进流出。国际交往应运而生。①

——加布里埃尔·塔尔德

出版机构不可能为生产而生产，出版活动归根结蒂源于人类社会对知识、信息的需求和消费行为。消费是一切经济活动的最终目的，生产者的需求及其活动是由消费者的需求所激发的。对于消费问题的研究一直在经济学中占有重要的一席之地，上可追溯至几个世纪前的古典经济学，近可延伸到最近数十年来的当代经济学研究。20 世纪 80 年代以来，若干位诺贝尔经济学奖得主（如米尔顿·弗里德曼、佛朗哥·莫迪利亚尼、加里·贝克尔）的研究均与消费问题有着密切关系。出版产品的需求和消费问题也理所当然地是出版经济学研究的核心内容。

第一节　出版产品需求的基本特点

在经济学中，需求是指消费者（或购买者）在一定时间和不同价格水平下，愿

① 加布里埃尔·塔尔德.模仿律[M].何道宽，译.北京：中国人民大学出版社，2008：237.

意并且能够购买的商品(包括服务)的数量。需求的概念有三个层面的含义：其一，是消费者“愿意买”；其二，消费者不仅愿意而且要有钱买，是“能够买”；其三，需求是特定时间内的需求，它强调时效性。作为需求活动主体的消费者，是指能够做出独立的消费决策的基本经济单位，它包括两种不同类型：个体消费者和组织消费者。个体消费者是指购买和使用产品或服务的个人或住户，组织消费者是指那些为了维持其组织的运行而购买和使用产品或服务的企业、政府、公共机构等。尽管组织消费者(团体消费者)曾经对我国的出版产品消费产生过重要影响，而且这种影响至今仍然存在，但此处对出版产品需求和消费的探讨将主要集中于个体消费者。出版产品消费者作为知识、信息传播的接受者，与受众、读者、视听者等概念存在一致之处。

一、出版产品需求的复杂性

社会公众对于出版产品的需求，产生、存在于一定的社会背景之中，因此受到多重因素的影响和制约，其中涉及政治、经济、文化等诸多因素。如前所述，笔者对出版产品需求的探讨集中于个体消费者，因此在此主要分析对个体消费者需求影响较大的几个主要因素，如产品的价格、相关产品的价格、消费者的收入、消费者的偏好、消费者对未来的预期、产品供给水平、国家政策导向等因素。

(一) 交换价格水平

出版产品的价格变动会引起消费者对于出版产品需求的变动，消费者用于出版产品的支出与出版产品价格之间存在负相关的关系。出版产品的需求还受到相关产品价格的影响。如果相关产品为替代产品，那么相关产品的价格与出版产品的需求存在正相关的关系。对传统印刷型出版产品来说，其替代品主要包括音像制品、电子出版物、网络出版物以及影视等娱乐、知识产品，这些产品的价格变动正在对传统纸质出版产品的社会需求产生非常现实的冲击。如果相关产品为互补产品(如影碟机对于音像、电子出版物而言是互补产品)，则相关产品的价格与出版产品的需求在一定程度上存在负相关的关系。

(二) 消费者个体资源

消费者个体资源主要包括消费者的收入水平、可投入消费的时间、文化能力等。就消费者个体而言，收入水平直接决定了个人购买力水平，在其他条件不变的情况下，当消费者个人收入上升时，其购买力相应上升，对出版产品的需求也会相应增加。出版产品消费者的支出具有多重性，在出版产品消费中，除了需投入货币外，还需投入一定的时间和文化能力。消费者个人可支配时间与其文化能力也对出版产品需求存在较大影响。

（三）消费者的偏好

出版产品的需求存在较大的差异性，这种差异性很大程度上源自消费者自身偏好。不同年龄、不同性别、不同职业、不同文化程度和文化背景的消费者对于出版产品的偏好存在较大差异。出版产品的消费者偏好差异表现在消费的目的、内容、时间、方式等方面。如一部分消费者阅读书刊是为了增长知识、提高修养，而另一部分消费者的阅读则是为了消遣、娱乐；再如，随着电子、网络书刊的出现，一些消费者逐渐习惯借助电子设备进行阅读，但不少消费者仍然热衷于阅读传统的纸质书刊。

（四）消费者对未来的预期

消费者对自身收益的预期对其出版产品需求的影响也较为显著。消费者如果认为自己能从对出版产品消费的投入中获得较大收益，则对未来的预期较大。从经济学意义上说，一个国家或某些个人对于文化、教育的热衷，对于出版产品消费的重视，就是对于社会收益或个人收益未来预期的一种表现。例如，说到读书，中国自古便有人提出这样一种读书导向："书中自有黄金屋、书中自有万钟粟"，不论人们对此如何评价，但此语反映了一部分人对于精神文化投入的未来预期。

（五）出版产品的供给水平

出版供给的最终目的是满足社会公众对出版产品的需求和消费，出版发行机构的生产、经营水平直接影响着出版产品需求。出版发行机构提供的出版产品的内容价值（出版产品的使用价值），对出版产品的宣传、促销力度，均是出版产品供给水平的表现形式，这些因素对出版产品需求的影响很大。出版产品的有效供给将推动出版产品有效需求的产生，而出版产品的无效需求则在相当程度上缘于出版产品的无效供给。

（六）国家政策导向

国家在文化、教育方面的政策导向，对出版产品的需求也会产生较大影响。例如，目前在教育领域我国很多地区存在着严重的应试教育倾向，但随着我国政府加大对素质教育的重视并出台相关措施，中小学教材、教辅类图书的需求必然受到影响；再如，我国政府提出要营造"书香社会"、出版界要重视开发农村图书市场等目标与要求，不仅对出版产品的供给有较大影响，而且对于社会公众的出版产品需求也有不容忽视的影响。

需求函数是用公式表示的某一特定时期内消费者对商品的需求与决定需求

量的各种因素之间的关系。出版产品的需求函数为

$$Q_d = f(P, P_s, P_x, Y, T, \cdots)$$

其中，Q_d是对某种出版产品的需求量，P 代表该种出版产品的价格，P_s代表替代产品的价格，P_x代表互补产品的价格，Y 代表消费者的收入，T 代表时间。

以上函数关系说明了这样一个事实：出版产品的需求量是出版产品消费数量和决定消费数量的因素之间的一种多维关系。这种多维关系是相当复杂的，鉴于价格是影响出版产品需求量的最主要因素，我们可以进行这样的简化处理：假定只有出版产品的价格或其相关产品的价格是变动的，而其他因素视为恒定。那么可将出版产品的需求函数简化为：

$$Q_d = f(P) \text{ 或 } Q_d = f(P_s) \text{ 或 } Q_d = f(P_x)$$

二、出版产品需求曲线和需求弹性

(一) 出版产品的需求曲线

在其他条件不变的情况下，一种产品的市场价格与该产品的需求数量之间存在着一定的关系，这种关系可以用需求曲线来表示。一般情况下，出版产品需求具有正常商品需求的特点，符合经济学中的“需求向下倾斜规律”，即当价格上升时(同时其他条件不变)，消费者趋向于购买更少数量的商品，反之，当价格下降(其他条件不变)时，商品的需求量会增加。因此，出版产品的需求曲线可用图 4-1 中由左上方向右下方倾斜的曲线 D 来表示。图 4-1 中的横轴 OQ 表示出版产品需求量，纵轴 OP 表示出版产品价格。

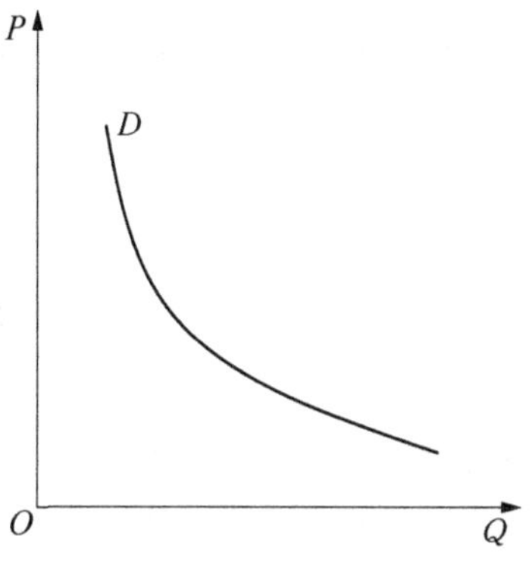

图 4-1　出版产品的需求曲线

图 4-1 中的需求曲线指明了出版产品的需求规律，即在其他条件既定的情况下，出版产品的需求量与出版产品自身价格之间呈反方向变动关系。对于出版产品的需求规律，需要明确以下几点。

第一，其他条件不变主要是指收入不变，消费者偏好不变，相关商品的价格不变，消费者预期不变。

第二，出版产品价格上升时出版产品需求量下降的主要原因，是替代效应和收入效应在某种程度上发挥作用。

第三，任何一条出版产品需求曲线，仅仅适用于某一特定时段。

（二）出版产品的需求弹性

所谓出版产品的需求弹性，是指出版产品的需求量对影响需求因素的变量变化的反应程度。在经济学中，需求弹性可分为需求的价格弹性和收入弹性。出版产品的需求价格弹性是指某种出版产品的需求量对其价格变化的反应程度，即出版产品需求量变化的百分比与出版产品价格变化的百分比之比。其计算公式为

$$E_d=\frac{\Delta Q/Q}{\Delta P/P}=\frac{\Delta Q}{\Delta P}\times\frac{P}{Q}$$

式中，E_d代表需求价格弹性系数，Q 表示需求量，ΔQ 是需求量的变化量，P 表示价格，ΔP 是价格的变化量。

上述公式中的“P”和“Q”通常采用平均值作为计算基础，即

$$E_d=\frac{\Delta Q/Q}{\Delta P/P}=\frac{\Delta Q/[(Q_1+Q_2)/2]}{\Delta P/[(P_1+P_2)/2]}$$

根据弹性系数的大小，需求价格弹性可分为以下五种情况：① 需求完全无弹性，即 $E_d=0$，它表示无论价格如何变化，需求总量是一定的，此时价格变动对需求量无影响；② 需求完全有弹性，也可称为需求有无限弹性，即 $E_d\to\infty$，它表示价格的任何变化都会引起需求量的无限变化，此时价格既定，需求量是无限的；③ 需求单位弹性，即 $E_d=1$，它表示需求量变动的百分比与价格变动的百分比相等；④ 需求缺乏弹性，即 $0<E_d<1$，需求量变动的百分比小于价格变动的百分比；⑤ 需求富有弹性，即 $E_d>1$，需求量变动的百分比大于价格变动的百分比。美国经济学家斯蒂格利茨在其《经济学》一书中曾列举了若干物品的需求价格弹性（见表 4-1），尽管这些数据是在美国经济环境下得出的，但对于我们分析出版产品的价格弹性是有帮助的。图书的价格弹性在出版产品中具有代表性。从数据来看，图书的需求价格弹性并不高。这主要是因为，尽管图书在本行业市场之外有报刊、电子网络出版物、影视产品等替代产品，但在图书出版行业内部，产品的差异性很大，不同图书产品之间的可替代性较小（目前中国一年出版图书 40 多万种，美国一年出版图书 30 多万种，不仅不同类别的图书差异性很大，而且同一类别的不同图书也存在较大差异）。这决定了替代效应在图书产品价格上升时发挥作用的程度较为有限，图书产品较大的差异性在一定程度上降低了图书的需求价格弹性。

表 4-1 若干商品的价格弹性①

买来的食物	金属	汽车	煤气、电力、水	饮料	烟草	住房	服装	图书	肉
2.27	1.52	1.14	0.92	0.78	0.61	0.55	0.49	0.34	0.20

图书的需求价格弹性不高，这是就总体和某一历史时期而言的。在图书等出版领域中，不同出版产品的需求价格弹性存在一定差异，对于那些容易找到替代品的出版产品，如通俗普及读物等，其价格弹性相对要高，而某些对于消费者是必不可少且又较少有替代品的出版产品，如指定的教科书、行业标准出版物等，则有较低的价格弹性。在价格对读者需求的影响方面，根据阅读选择集团(Reading Choices Group)的调查，针对不同的图书类别，读者对价格的态度也有所不同。例如，大众市场平装本，虽然这种图书价格较为便宜，但是由于出版的时间相对较晚，读者为了满足先睹为快的愿望，往往会选择购买较贵的首发精装本②。

必须注意的是，目前不同的媒介、信息产品正在相互渗透、彼此兼容，呈现跨媒体发展的趋势，出版产品的需求价格弹性并非一成不变的。除了受到产品可替代程度的影响之外，出版产品的需求价格弹性还受到以下因素的影响：消费者对出版产品的需求程度、出版产品消费在消费者家庭支出中的比例、出版产品发挥效用的程度等。因此，出版产品的需求价格弹性是在不断变动的，这一点应该受到出版机构的重视，在对出版产品定价时应充分考虑多方面的因素。对于较有弹性的出版产品(如消遣性的图书、期刊)，不宜轻易提高定价，因为出版机构提高价格会导致出版产品销售量以比价格提高的幅度还要大的幅度下降，结果会降低销售收入。而对于缺乏弹性的出版产品，为了增加市场销售收入，可以适当地提高定价，因为定价提高虽然会使销售量有一定程度的下降，但下降的幅度却没有价格提高的幅度大。

出版产品的需求收入弹性是指出版产品的需求量对消费者收入水平变化的反应程度。出版产品的需求收入弹性用公式表示为

$$E_Y = \frac{\Delta Q/Q}{\Delta Y/Y}$$

① 斯蒂格利茨.经济学(上)[M].梁小民，黄险峰，译.北京：中国人民大学出版社，2000：91.

② 钰添.教育出版强劲大众市场趋缓——2004 年英美图书市场结构分析[N].中国图书商报，2005-04-15(1).

式中，E_Y表示收入弹性系数，Y 表示消费者收入，ΔY 是收入的变化量，Q 表示出版产品需求量，ΔQ 是出版产品需求量的变化量。

经济学将需求收入弹性小于 1 的商品称作必需品，将需求收入弹性大于 1 的商品称为奢侈品或超必需品。以图书为例，一些美国经济学家的研究结果表明，图书是一种需求收入弹性较高的超必需品（见表 4-2、表 4-3）。作为必需品的一类商品，多是维持人类日常生活所不可缺少的商品，而诸如出版产品的一类商品则反映了人类更高层面的需求，因此是超必需品。

表 4-2 若干商品的收入弹性(一)[①]

商品	黄油	奶酪	鸡蛋	水果和草莓	面粉	电	酒	肉类	烟草	牙病防治	家具	书籍
收入弹性	0.42	0.34	0.37	0.70	−0.36	0.20	1.00	0.35	1.02	1.41	1.48	1.44

表 4-3 若干商品的收入弹性(二)[②]

商品	汽车	房主占用的住房	家具	书籍	餐厅用餐	衣服	医生服务	烟草	鸡蛋	人造熟油	猪肉制品	面粉
收入弹性	2.50	1.50	1.50	1.40	1.00	1.00	0.75	0.64	0.37	−0.20	−0.20	−0.36

总体而言，图书等出版产品的需求随消费者收入提高而增加的幅度会远远高于人们用于衣食住行等用途的必需品，但对于不同出版产品的需求收入弹性，也需要进行具体分析。教材这类出版产品的需求收入弹性很低（接近于 0），其需求刚性很强，教科书对于学生来说是必需品，也就是说不管收入如何变化这类出版产品的需求量变化很小。而一般大众出版物的需求收入弹性相对更高，属于超必需品，其需求量对消费者收入的升降比较敏感，这类出版产品的市场需求存在较大的伸缩性。

---

① E.曼斯菲尔德.微观经济学：理论与应用[M].郑琳华，主译.上海：上海交通大学出版社，1988：156.

② HEINZ K. *Intermediate Microeconomics: Theory and Applications* [M]. 2nd ed. New York: Scott Foresman, 1986. 转引自：保罗·萨缪尔森，威廉·诺德豪斯.经济学（第 16 版）[M].萧琛，主译.北京：华夏出版社，1999：69.

第二节　出版产品消费者决策的原理

自弗洛伊德以降，许多研究者指出人类动机具有复杂性和隐蔽性。包括经济学、传播学、心理学在内的众多学科从不同角度对人类的文化需求心理、行为进行了大量研究。在出版学研究领域，应该对出版产品的消费者行为规律进行更多、更深入的研究。

一、出版产品消费者的收益和偏好

微观经济学将消费者从商品或劳务消费中所感受到的满足程度称为“效用”。效用是消费者对商品满足自己欲望的能力的一种主观体验和评价。由于出版产品的知识、信息内容在消费上具有非损耗性（不会丧失原有的使用价值或效用）、共享性（可为多人反复使用）、积累性（在时间和空间范围内具有延续性和扩散性）和再创造性（在消费过程中会产生新的知识、信息），因此，在提供给消费者的出版产品具有异质性和差异性的前提下，出版产品的消费具有边际收益递增的特点。即出版产品的消费数量越多，传播范围越广，其效用就能越充分地发挥。

对于某一特定的出版产品而言，消费者从同一出版产品中获得的知识、信息是有限度的，或者在一定时间内提供给消费者的不同出版产品中存在大量重复、雷同的知识、信息，那么在这些情况下，消费者从出版产品中获得的边际收益是递减的。因此，在具体分析出版产品效用和消费者边际收益时，应该充分考虑消费者需求的变化、出版产品使用价值发挥作用的客观条件变化以及消费的时效性等因素。

效用是一个主观性的概念，取决于个人的偏好。对于不同的消费者来说，出版产品的效用大小主要取决于消费者各自偏好。传播学对受众心理和行为的研究结果有助于我们理解出版产品消费者偏好的差异性。近年来，大众传播理论将研究的重点转向受众的行为和个人对信息的利用方面。传播学中的使用与满足理论是对受众心理、行为进行研究的一种受众行为理论。使用与满足研究（the uses and gratifications approach）最早是由传播学学者卡茨在 1959 年提出的[①]。卡

① ELIHU K. Mass communication research and the study of popular culture: An editorial note on a possible future for this journal [J]. *Studies in Public Communication*, 1959, 2: 1－6.

茨指出，传播研究不应仅仅关注“媒介对人们做了些什么”（What do media do to people?），而且还应致力于研究“人们用媒介做了什么”（What do people do with the media?）。使用与满足理论认为，受众并不是消极被动的信息接受者，相反，他们是积极的参与者。对于出版领域而言，出版产品的消费者并不是被动的接受者，而是整个出版活动中极具活跃性的决定性因素。

使用与满足研究有一个重要结论：人们使用媒介的目的是存在较大差异的，不同的人可以将相同的信息用于完全不同的目的。卡茨等研究者将受众需求归纳为 5 大类：认知的需要（获得信息、知识和理解），情感的需要（情绪的、愉悦的或美感的体验），个人整合的需要（加强可信度、信心、稳固性和身份地位），社会整合的需要（加强与家人、朋友等的接触），纾解压力的需要（逃避和转移注意力）[①]。在假设人们知道自身需求并能分辨满足其需要的来源的前提下，卡茨等人认为：个人的需求是根据各种媒介特殊的功能而与不同种类的媒介相关的。图书最能提供人们自我了解的需求；娱乐需要则与电影、电视和图书有关；报纸对自我约束和自信感作用较大；在提供时政知识方面，报纸是最重要的媒介，其次是广播、电视，图书和电影则远远落在后面[②]。内容消费者在选择不同的媒介产品时存在偏好，在选择同一类出版产品中的不同产品时也存在不同的消费取向。

近年来出版业的市场数据能对上述特点予以实证。2019 年 4 月，当当网联合易观国际公司发布了《书香中国二十年——中国图书零售市场发展历程分析 2019》，该报告结合当当大数据及读者访谈，分析了图书市场的供需状况，其中以大数据呈现了“读者画像”。根据易观国际公司监测到的当当大数据，在数字阅读用户画像上，女性占比 85.3%，远超男性 14.7%；广东也成为数字阅读最普及的省份，广东女性更爱读电子书。具体来说，在不同性别读者对纸质书的阅读偏好上，余华、东野圭吾、毛姆可谓“男女通吃”，成为国民最爱的作家。在男女读者最喜爱的作家榜上，男性读者对刘慈欣、黄仁宇喜爱更多，女性读者则将她们的“选票”投给了大冰，这与男女读者喜爱的畅销书榜单并无二致。在阅读内容偏好上，男性读者更关注历史，对黄仁宇的《万历十五年》和刘慈欣的《三体》投注了更多目光，女性读者则更关注有“仪式感”的生活方式（详见表 4－4）。现代人生

---

① ELIHU K, MICHAEL G & HADASSAH H. On the use of the mass media for important things [J]. *American Sociological Review*, 1973, 38(2): 166－167.

② ELIHU K, MICHAEL G & HADASSAH H. On the use of the mass media for important things [J]. *American Sociological Review*, 1973, 38(2): 179.

活在快节奏的都市，多读书成为缓解焦虑的重要途径之一，在不同城市读者阅读量排名上，北京的读者电子书阅读时长排名第一，纸书消费册数第二；在电子书阅读时长上，上海排名第二，广东和深圳分别排名第三、第四。在城市不同区域读者的阅读偏好上，当当大数据显示北京海淀区的读者更爱阅读历史，朝阳区的读者更爱阅读小说，渴望从中获取爱与温暖，而东城区、西城区不少人更喜欢购买旅行类书籍；上海作为较早开埠的城市，对时代发展的动向更为敏感，黄浦区的读者较多关注自我提升方面的图书，徐汇区的读者则热衷关注当下流行的区块链等主题。此外，不同年龄层读者的购书种类也有很大差异：60 后购买健康百科、中医养生类图书更多；70 后最爱社会小说和政治、哲学、管理等类别的图书；80 后因当前正对下一代的教育关注、投入较多，对中小学阅读、儿童文学、图画等种类的图书有着很强的购买力。①

表 4－4　当当大数据呈现的男女读者最爱阅读的图书 Top10 排行榜②

图书畅销排名	男性读者	女性读者
1	《活着》(2017 年新版)	《活着》(2017 年新版)
2	《我喜欢生命本来的样子》	《我喜欢生命本来的样子》
3	《人间失格》	《人间失格》
4	《正面管教》修订版	《正面管教》修订版
5	《万历十五年》	《雪落香杉树》
6	《所谓情商高，就是会说话》	《自在独行》
7	《我的第一本地理启蒙书》	《我的第一本地理启蒙书》
8	《自在独行》	《摆渡人》
9	《三体》(全三册)	《生活需要仪式感》
10	《百年孤独》	《天才在左疯子在右》

① 百道网.用数字“阅读”中国图书零售市场 20 年变迁史|中国 20 年图书零售阅读报告[EB/OL].(2019－04－23)[2022－03－10]https://www.bookdao.com/article/414262/.

② 百道网.用数字“阅读”中国图书零售市场 20 年变迁史|中国 20 年图书零售阅读报告[EB/OL].(2019－04－23)[2022－03－10]https://www.bookdao.com/article/414262/.

二、出版产品消费者的理性决策

出版产品的消费符合消费者经济活动的一个普遍特征：消费者在获取了可支配的资源（包括收入、时间等）以后，通过一系列的选择和决策，最终将这些资源分配在一定的用途上，从而最大限度地满足自己的需要（当前需要和未来需要）。经济学将这一特征称作“效用最大化原则”，即消费者通用对商品和服务的消费追求满足的最大化。效用最大化原则是消费者行为的基本准则，也是消费者行为分析的基本假定。

经济学的效用理论是建立在“理性经济人”假设之上的。经济学中的理性价值观可以追溯到亚当·斯密等古典经济学家“理性经济人”的观点。亚当·斯密等人将经济活动中的个人假定为理性的经济人，经济人在经济活动和消费实际中以追求效用或利益最大化为原则。随着经济学理论的发展，经济学中的理性价值观也在不断丰富、发展。一些现代经济学家提出的有关理性的学说在经济学领域具有深远的影响。例如，阿罗提出了行为理性和知识理性学说。行为理性是指可以根据偏好对不同的选择方案进行排序，并且所排次序在任何时候都独立于机会集合；知识理性是指最大限度地利用可以获得的知识来形成判断。又如，西蒙提出了主观理性意识和客观理性能力学说。其中，主观理性意识是指受人的目的所驱动的一切主观心理活动，它不仅指人们所具有的、追求自身最大利益的主观愿望，而且意味着人们应保持有目的的感觉、知觉和表象等感性认识活动及敏捷的认知视野；客观理性能力是指人们认识事物和规律的逻辑思维方面的能力，如理解、计算、判断能力等能力。不同的经济学家对理性的认识视角和程度不尽相同，但基本上未能跳出古典经济学关于“理性经济人”的假设。

经济学中的“理性经济人”假设是一种重要的行为和制度分析工具。20 世纪 90 年代出现的“注意力经济理论”正是基于消费者理性假设基础之上的理论学说。所谓“注意力经济理论”的主要内容为：网络经济中最稀缺的资源不是信息本身，也非传统的货币资本，而是相对于无限信息供给而言的有限需求——注意力；当前以互联网迅猛发展为特征的“新经济”本质是注意力经济，当代经济的基础是注意力而不是信息；在这种经济形态中，人们的注意力——而不是用来消费注意力的内容——将成为商业模式价值的源泉，即获得注意力就意味着获得财富。

传播学和文化研究领域的学者也对受众和文化消费者选择的理性、主动性给予了关注。客观地讲，传播学中的使用与满足理论与经济学中有关理性的学说存在颇多相通之处。在文化研究领域，约翰·费斯克认为，从文化经济体制来看，消费者是有自主权的，文化消费的过程是一个有选择的过程。费斯克指出："所有的文化商品，多多少少都具有我们可以称之为中心化的、规训性的、霸权式的、一体化的、商品化的（这些形容词几乎可以无限繁衍）力量……与这些力量相对抗的，乃是大众的文化需要。"①

根据理性经济人假设和效用最大化原则，出版产品消费者的选择是具有理性的。由于效用最大化原则是建立在边际效用基础上的，因此，可以做出这样的判断：当出版产品的消费者在各项消费支出（货币、时间）上所取得的边际效用相等时，消费者所取得的总效用最大。

由于人们对出版产品的消费偏好不同，同一种出版产品针对不同消费者所产生的效用可能会大相径庭。尽管如此，消费者对各种出版产品消费支出的安排与调整活动仍然可以说明，出版产品消费者试图在有限的资源条件下根据自身的消费偏好去尽量满足各种不同的需求。为深入论证这一点，笔者拟对消费者收入变动和出版产品价格变动对出版产品消费者决策的影响进行分析。

假设消费者偏好和消费者收入不变，出版产品 Y 的价格也保持不变，而出版产品 X 的价格上升。如图 4-2(a)所示，预算约束线②将以 A 点为中心旋转到 AB_1。如果出版产品 Y 的价格不变，出版产品 X 的价格下跌，预算线以 A 点为中心旋转到 AB_2。预算约束线的旋转又会引起消费者均衡点的移动，如图 4-2(b)，

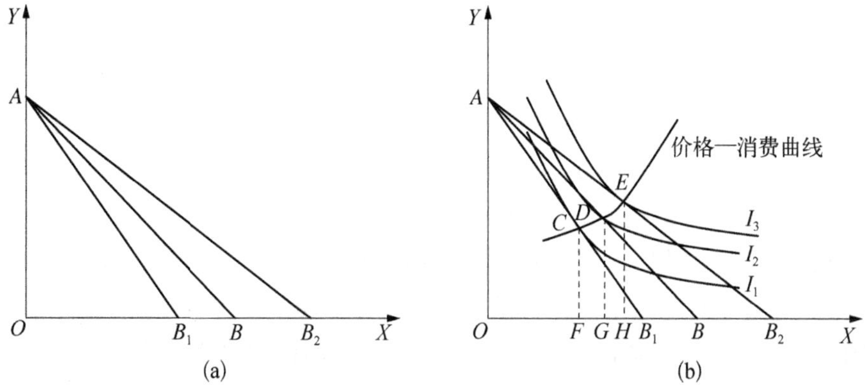

图 4-2　价格变动时的出版产品消费者决策

① 约翰·费斯克.理解大众文化[M].王晓珏，宋伟杰，译.北京：中央编译出版社，2001：34.

② 预算约束线即预算线，是一条表示在消费者收入和商品价格既定的条件下，消费者的全部收入所能购买到的两种商品的不同数量组合的曲线。

把这些消费均衡点连接起来，便可以得到出版产品的价格—消费曲线。通过价格—消费曲线，我们可以看出在消费者偏好和消费者收入不变的情况下出版产品最优消费组合如何对价格的变化做出反应。

假设消费者偏好和出版产品价格不变，而消费者收入变化，这将会使预算线平行移动。如图 4-3(a)所示，当消费者收入增加时，在图上表现为预算约束线平行地向外移动；反之，则平行向内移动。预算约束线的移动又会引起预算线和无差异曲线[①]的切点的移动，即引起消费者的均衡点的移动。如图 4-3(b)所示，把所有这些均衡点连接起来，就可以得到出版产品的收入—消费曲线。通过收入—消费曲线，我们可以看出在偏好和价格不变的情况下出版产品最优消费组合如何因收入的变化而发生变动。

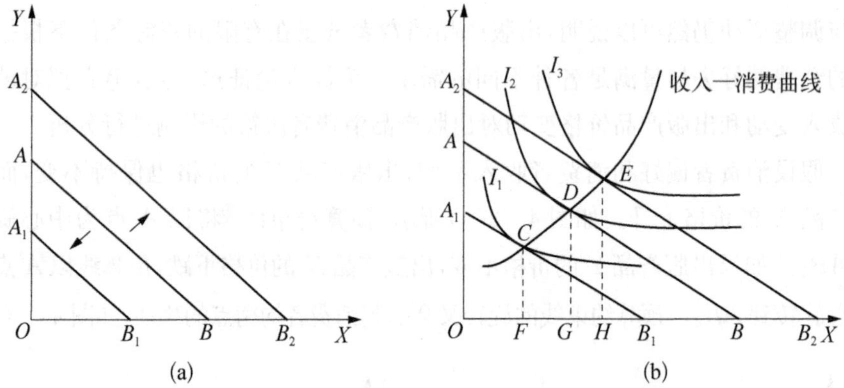

图 4-3 收入变动时的出版产品消费者决策

需要提及的是，并非所有的出版产品消费都是基于消费者理性基础之上的，部分消费者对出版产品的使用只是习惯所致。传播学学者鲁宾将受众认作积极的、主动的(active)或消极的、被动的(passive)两类，并将不同受众的行为或活动作为处理变量的依据[②]。也就是说，在某些时候，媒介的使用者在处理信息时是理性的、有选择的，但是在另外一些时候，受众使用媒介只是出于习惯。因此，我们在分析出版产品消费行为时还需要留意消费习惯的重要性。尽管如此，我们

① 无差异曲线用来表示给消费者带来相同效用水平的两种商品的不同数量的各种组合，是消费者偏好的几何表现。

② ALAN M R. Media uses and effects: A uses-and-gratifications perspective [G] // JENNINGS B & DOLF Z (eds.). *Media Effects: Advances in Theory and Research*. Hillsdale, N. J.: Lawrence Erlbaum, 1994: 417-436.

仍需承认：在内容产品的消费过程中，消费者具有选择何种产品来满足自身需求的主动权。随着人类社会进入信息时代，网络等新技术对出版产品需求和消费造成极大的冲击，网络媒介为消费者提供了更新的、多样化的选择机会，使消费者更具主动性。出版产品必然要与满足消费者需求的其他内容产品进行竞争。

第三节　出版产品消费者行为模式——经济学与传播学视角的融通

美国未来学家阿尔文·托夫勒曾指出："我们正从满足物质需求的制度迅速过渡到创造一种与满足心理需求相联系的经济。这种'心理化'过程，是超工业革命的中心课题之一，但一直为经济学家们所忽视。然而，这一过程将会产生一种新奇的、事事出人意料的经济，它不同于以往任何的经济。"①从上述言论中，我们可以得到这样的启示：出版经济不同于一般的产业经济，它与知识、信息需求紧密相关，在研究、考察出版经济的特性时应该充分考虑人的"心理化"过程和人对知识、信息需求的特点。现实也的确如此，出版产业正日益凸显其内容产业、信息产业的本质。对出版产品消费者行为的考察，应该从其信息消费、文化消费的本质出发。

一、经济学视野中的出版产品消费者行为模式

以经济学的眼光来看，出版产品消费行为实际上包括三个环节：消费决策→实施消费→消费结果。其中，出版产品消费者的决策大致包含了三个层次：① 消费者的资源初次分配选择；② 消费者的资源再分配选择；③ 消费者的资源消费—购买选择。经济学视角的出版产品消费者行为模式可用图 4-4 表示。

消费者对于出版产品消费的资源投入具有二重性：不仅投入了货币，而且投入了时间。就货币支出而言，消费者决策具体包括以下几个层次：消费者收入的初次分配选择是指消费者将可支配收入在消费与储蓄之间进行的分配；消费者收入的再分配选择是指消费者将其可用于消费部分的收入在各类消费项目之间进行分配（如在文化、教育、娱乐消费项目和基本生存所需项目之间进行分配），以及将可用于储蓄部分的收入在各类金融资产和实物资产之间进行分配；

① 阿尔文·托夫勒.未来的冲击[M].孟广均，吴宜豪，黄炎林，等，译.北京：新华出版社，1996：186.

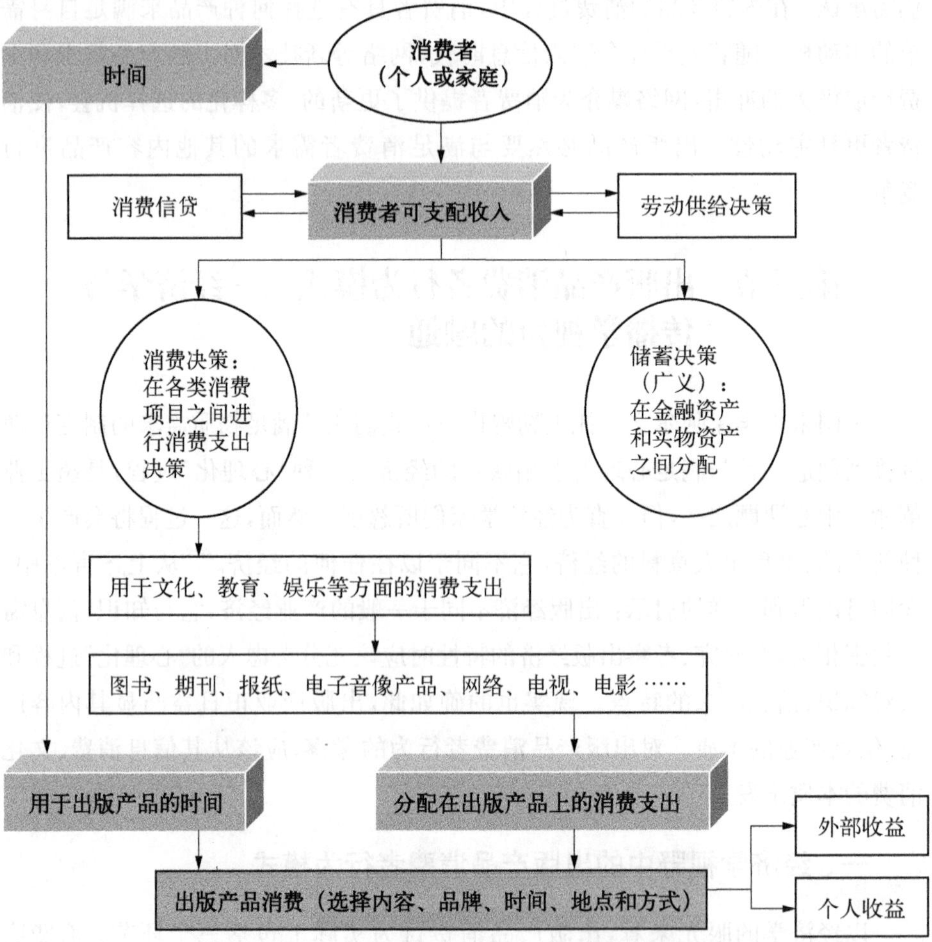

图 4-4　经济学视野中的出版产品消费行为模式

消费者收入的消费—购买选择则是指消费者将分配于出版产品消费项目的货币用于最终购买时，对具体出版产品的类别、生产者、内容，以及消费时间、地点和方式进行选择。在出版产品消费的决策和实施过程中，时间支出也要经过类似上述层次的细分。

用理性经济人思想来看，出版产品消费者在消费过程中会追求个人收益的最大化，而这种追求个人收益最大化的自由行为会无意识地、卓有成效地增进社会的公共利益，产生一定的外部收益。例如，个人从对出版产品的消费中获取知识、信息，不仅提高了自身文化程度，进而得以接触更多的机会，而且提高了整个社会的文明程度，减少了社会的无序性。

二、传播学视野中的出版产品消费者行为模式

传播学认为，受众对媒介消费的过程是一个使用与满足的基本过程（见图4-5）。人们接触和使用媒介是为了满足他们的特定需求，而实际的媒介使用行为的发生需要两个条件：首先，要有接触和使用媒介的可能性，如有可供选择和消费的期刊、电子图书等物质前提；其次是对媒介的感受和印象，即对于媒介能否满足自己的现实需求的评价，这是建立在以往媒介接触经验之上的。根据自身对媒介的感受和印象，受众在特定的媒介或内容中做出选择，开始具体的媒介使用行为。例如，是选择网络阅读，还是纸质阅读。媒介接触和使用行为的结果可能有两种，即需求得到满足或没有得到满足，这是就个人层次而言的，在个人层次之外，受众的媒介使用行为会对他人或社会产生一定的影响。在某次媒介使用过程中，无论受众的需求满足与否，满足的程度如何，其结果都将影响到以后的媒介接触与使用行为。受众会根据媒介使用的结果来更新已有的媒介印象，在不同程度上改变对媒介的期待。

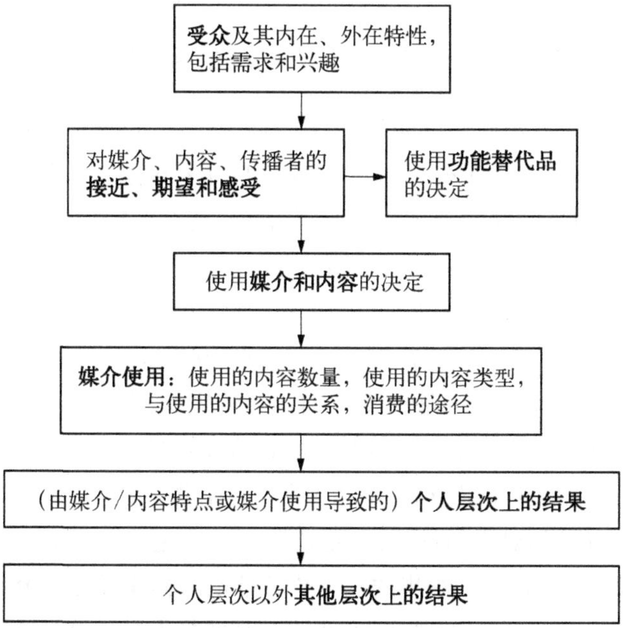

图4-5　传播学视野中的媒介使用与满足模式①

① 本书作者按照自己的理解，整合了相关传播学理论模式（丹尼斯·麦奎尔，斯文·温德尔.大众传播模式论[M].祝建华，武伟，译.上海：上海译文出版社，1997：110-118.），绘制出该模式图。

出版产品的消费行为无疑是符合这一传播学理论模式的。传播学视角下的出版产品消费行为模式与经济学视野中的出版产品消费行为模式存在诸多可以融通之处。例如，传播学中的使用与满足理论将信息使用者视为有特定“需求”的个人，将信息使用者的媒介接触和信息寻求活动看作是基于特定的“需求”动机来使用媒介从而满足自身需求的过程；传播学语境中的媒介使用会导致个人层次和个人以外其他层次的结果，与在经济学意义上出版产品消费会产生个人收益和外部收益是一致的。

第四节 “长尾理论”与出版产品消费者需求的开发、利用

出版产品的消费者需求存在着极大的差异，正因为此，出版业的市场成为高度细分化的市场。当前由新兴的“长尾理论”衍生出的“长尾营销”(longtail marketing)概念或模式，其核心就是市场细分(market segmentation)。“长尾理论”对于新环境下出版产品消费者需求的开发、利用具有重要的现实指导意义。

一、“长尾理论”——出版传媒业贡献的经济理论

“长尾理论”来自出版传媒领域(其经典来源于 Amazon 网络书店)，它是由美国《连线》杂志(*Wired Magazine*)主编克里斯·安德森(Chris Anderson)发现、创立的。克里斯·安德森在 2004 年发表于《连线》杂志的《长尾》(The Long Tail)一文中最早提出、阐述了这一理论，用来描述诸如 Amazon、Netflix 之类网站的商业和经济模式。2006 年，克里斯·安德森出版了专著《长尾理论》(*The Long Tail: Why the Future of Business Is Selling Less of More*)，一时风靡商界和理论界。可以说，“长尾理论”是来自出版传媒业、由出版传媒人贡献的经济学理论之一。在某种程度上，这一理论说明互联网和信息产业不仅可以促进“大众文化”的流行，而且也能够为“小众文化”发展提供更多的出路。

与“长尾理论”相对应的是“二八定律”。“二八定律”来源于 1897 年意大利经济学家帕累托(Pareto)归纳出的一个统计结论。帕累托在研究了个人收入的统计分布之后发现少数人的收入要远多于大多数人的收入，20%的人口享有 80%的社会财富，他据此提出了著名的 Pareto 定律(个人收入 X 不小于某个特定值 x 的概率与 x 的常数次幂存在简单的反比关系)，即“二八定律”。当然，这并非一个准确的比例数字，而是表现了一种大体的比例关系，即少数主流的人

(或事物)可以造成主要的、重大的影响。因此,在商界,为了提高效率企业习惯于将注意力放在那些有80%客户去购买的20%的主流商品上,着力维护购买其80%商品的20%的主流客户。

传统的“二八定律”认为,20%的客户贡献了80%的市场业绩,或者说20%的热门、畅销产品创造了80%的市场销售额。对于传统出版业而言,“二八定律”也发挥着主要作用。例如,占产品总数的比例为20%的畅销书为出版商贡献了80的利润,出版商、发行商80%的市场由20%的少数客户群创造。而“长尾理论”认为,只要存储和流通的渠道足够大,需求较少或销量不佳的产品(即“长尾产品”)共同占据的市场份额,可以与那些数量不多的热销产品所占据的市场份额相匹敌甚至更大。一项由麻省理工学院、普渡大学和卡内基·梅隆大学的学者合作的研究表明:Amazon 47.9%的图书销售额来自销售排名第4万种以后的图书(美国最大的独立书店的陈列品种是4万,这意味着Amazon接近48%的销售额来自那些在独立书店见不到的图书);39.2%的销售额来自销售排名第10万种以后的图书,即那些传统书店通常不进货的“长尾图书”①。亚马逊员工对长尾经营模式进行了如下描述:“我们现在销售的过去卖不掉的书超过了我们现在销售的过去卖得掉的书”,而据“长尾理论”的发现者克里斯·安德森估计,Amazon的长尾图书(即销售排行第10万名以后的图书)的销售额占总销售额的比例达25%左右②。

二、数字时代出版传媒对消费者差异化需求的开发

“长尾理论”与“二八定律”是相对而言的。“二八定律”对应的是mass market(大的、集中的市场),在这样的市场上,80%的利润来自20%的用户是说得通的。而“长尾理论”对应的则是以前被忽略的niche market(小的、分散的市场)。如果大量的niche market累积起来,其总和就有可能超过mass market的份额。

需要强调的是,“长尾理论”存在的前提是满足个性化需求的产品可以通过互联网将渠道成本降为零或者趋于零,因此,互联网应用水平和产品的数字化程度是决定“长尾”能否存在的关键因素。

“长尾理论”对出版业最大的启示就在于,在新的网络技术环境下,出版机构

① 练小川.幂律、长尾理论和图书出版[J].陕西师范大学学报(哲学社会科学版),2007(3):110-116.
② 练小川.幂律、长尾理论和图书出版[J].陕西师范大学学报(哲学社会科学版),2007(3):110-116.

在努力开发为数较少的畅销产品的同时，应该充分关注出版产品消费者的多样化、差异化需求，尤其是以往被忽略的一些“小众需求”；数字化环境下的出版内容提供商应该主动发挥差异化、个性化生产的优势，注重开发、利用受众的差异化需求。在这方面，国内外网络书店的做法比较成功。例如，Amazon 采用了协同过滤系统（collaborative filtering），当顾客主动显现自己的需求后，进行关联推荐，即通过研究顾客的浏览历史和购买记录来对其他顾客进行消费指导（如“购买此商品的顾客也购买过……”），其目的在于利用消费推荐带动对长尾商品的需求；我国的当当网、京东网也有类似的做法。

第五章　出版产品供给与出版机构生产行为研究

印刷文本的经济学更多涉及计划、风险和其他市场行为等。印刷者只能依靠不确定的市场需求来估计生产数量。①

——大卫·柴瑞特

出版商必须懂得利润是什么以及如何在现有出版环境中获得利润，这样他们才能拥有适应新结构和新环境的基础。②

——托马斯·沃尔

供给是指厂商（生产者）在某一特定时期内，在每一价格水平上愿意而且能够供应的商品量。经济学中的供给概念其实强调了三点：一是生产者愿意供给；二是有供给能力；三是特定时间内的供给。出版产品供给，就是指出版者于特定时段内在每一价格水平上愿意而且能够提供的出版产品数量。

供给的概念包括有效供给与无效供给两方面。生产者在既定价格下愿意而且能够出售的商品量即有效供给；反之，生产者在既定价格下愿意但不能够出售的商品量则为无效供给。如果单从生产者的角度来分析，在出版产品与价格发生联系且价格对出版产品供求有至关重要的影响的前提下，有效供给是指出版机构除了受客观的技术条件与主观动机制约外，还受其他客观条件的约束。这里所谓的其他客观条件的约束，主要是指以某一价格供应出版产品后，出版企业是亏损还是盈利。反之，出版产品的无效供给是指出版机构在技术和能力允许的范围内，通过配置一定资源，将出版产品提供出来，只受技术条件及主观动机

① DAVID Z. *Origins of Democratic Culture: Printing, Petitions, and the Public Sphere in Early-Modern England* [M]. Princeton, New Jersey: Princeton University Press, 1999: 136.

② 托马斯·沃尔.为赢利而出版：图书出版商底线管理成功指南[M].杨贵山，译.北京：中国人民大学出版社，2005：263.

制约，不考虑以某一价格提供出版产品是否亏损的问题。以上对有效供给和无效供给的分析，主要是从生产者的角度出发的。事实上，出版产品的供给是否有效，还涉及消费者效用与选择问题：消费者对某种出版产品的内容、价格等因素是否愿意及能否接受，消费者能否便捷地获知出版产品信息和获取出版产品（即出版市场的商流、信息流和物流是否顺畅）。当前，中国出版业出现的滞胀现象①，与微观出版组织的运行情况有很大关系。可以说，出版业内突出存在的缺乏原创产品，重复、跟风出版严重，市场信息不畅，成本和定价上涨过快等弊病，导致微观出版组织提供的一部分产品成为无效供给，反映在整个行业层面，就引致了出版业的滞胀现象。因此，无论对于行业运作实践还是对于出版经济理论研究来说，分析微观出版组织的供给特征和生产规律是很有必要的。

第一节　出版产品供给的基本规律

出版活动植根于一定的社会土壤，出版产品供给行为因受到社会政治、经济、文化等诸多因素的影响，而具有其复杂性。我们首先将从影响出版产品供给的多维因素、出版产品的供给曲线与供给弹性入手，来分析出版产品供给的基本规律。

一、影响出版产品供给的多维因素

生产者、经营者供给行为的实现，必须具备两个条件：其一，有生产或出售商品的愿望；其二，有供应能力。出版行业的生产者、经营者在一定时段内愿意并且有能力提供何种出版产品以及提供该种出版产品的数量，受制于许多因素，其中对出版产品市场供给影响很大的因素主要有以下几点。

（一）技术因素

出版技术水平是决定出版行业生产效率的重要因素。出版技术水平不仅影响出版产品的供给数量，而且对出版产品的质量和种类也具有重要影响，这一点

① 巢峰先生在《中国图书出版业的滞胀现象——兼论出版改革的症结所在》（载于《中华读书报》2005年1月26日第6版）一文中，将中国图书出版业滞胀现象的表现总结为十点：1. 图书品种急剧上升，每种年平均销售册（张）数急剧下降；2. 图书销售册（张）数增长率，远远低于国内生产总值增长率；图书销售册（张）数，从1999年开始呈下滑趋势；3. 人均购书册数二十几年变化不大，近年又呈下滑趋势；4. 图书总定价增长远远高于总印张增长；5. 图书出版成本年年上涨，居高不下；6. 近期出版利润停滞不前，已呈下滑趋势；7. 图书发行折扣愈打愈大，图书退货率不断上升；8. 图书货款结算期愈来愈长，信用危机愈演愈烈；9. 图书销售设施（书店面积）大幅度增加，销售成本不断提高；10. 图书库存金额直线上升，资金周转奇慢。巢峰先生认为，造成出版业滞胀现象的原因是追求经济效益的出版体制。

在中外出版史上已经得到明证。当出版技术得到提高、创新时，出版机构可以在同一价格水平下提供更多数量的出版产品，同时技术进步能降低出版机构的生产成本（如排版、录入、装帧设计和复制等费用），缩短出版周期，提升产品质量，从而提高出版活动的整体效率和效益。

（二）价格

在市场条件下，价格是影响出版产品供给的重要因素。此处的价格因素主要指商品自身价格、生产要素价格、相关商品价格等。出版产品自身价格直接影响出版企业获得效益的高低和利润的多少；生产要素价格的变化直接影响出版产品的生产成本，从而影响出版产品的价格及出版企业所获得的利润，最终将导致出版供给的变化；在现有出版产品存在可替代性的前提下，相关出版产品的价格也会影响该出版产品的供给。

（三）出版物需求状况

社会公众对出版物的需求状况和发展趋势，对出版机构的供给决策和活动有较大影响。关注、适应市场需求是商品供给者实现经营目标的重要方式和手段。在出版行业，出版机构理应充分关注社会公众的精神文化需求状况，积极适应、引导消费者对出版物的需求。

（四）出版企业所奉行的战略与策略

不同的战略与策略将导致供给在不同方向的变化。例如，出版企业在出版产品生命周期的不同阶段所实施的不同战略与策略，使出版产品供给的数量与方式产生变化。又如，出版物零售企业实施“零库存”策略，必然会对出版产业链上游的出版机构、中间经销商的供给行为产生一定影响。

（五）出版企业对未来行情预期

出版企业对出版产品未来行情的预期，直接决定其供给决策行为，如出版机构实施选题策划，出版物销售企业进货，都在很大程度上取决于对未来行情的预期。如果出版企业对某种出版产品的未来行情看好，那么可能会产生较好的社会效益和经济效益，制定的供给计划时就会增加某种出版产品的供给。反之，如果出版企业对某种出版产品的未来行情并不看好，那么在制定供给计划时，就会减少供给。

（六）政府的出版产业政策

在宏观经济政策方面，政府增加财政支出（如建立出版基金、对出版机构进行经济资助等）、减免出版产业的税收等，都有利于增加出版供给。在产业政策方面，政府实施的鼓励和保护有序竞争的出版产业组织政策、促进优化的出版产业结构政策、合理的出版产业布局政策，均会激励出版产品的供给。

供给函数是用公式表示的某一特定时期内商品的供给量与决定这一供给量的因素之间的关系。假定出版产品的供给量与出版产品的价格具有无限的分割性，并将价格等因素视为自变量，将供给量作为因变量，则出版产品的供给函数为

$$Q_s = f(P, P_s, P_c, T, Z, \cdots)$$

其中，Q_s为供给量，P 代表商品的价格，P_s代表相关商品价格，P_c代表生产要素价格，T 代表生产技术水平，Z 代表政策因素。

出版行业自身状况和现实外在环境的复杂性决定了我们不可能同时对各种影响出版产品供给的变量都进行分析，但我们可以假设其他因素既定，就出版产品自身价格与供给量之间的关系进行局部均衡的分析。如果假定其他因素不变，专门考察出版产品的供给量与出版产品本身价格或相关商品价格、生产要素价格之间的关系，则出版产品的供给函数可简化为

$$Q_s = f(P) \text{ 或 } Q_s = f(P_s) \text{ 或 } Q_s = f(P_c)$$

二、出版产品的供给曲线与供给规律

供给曲线是用来表示商品的供给量与价格关系的曲线。在其他因素既定的前提下，出版产品的供给量与价格之间的关系可以用图 5-1 的曲线描述，图 5-1中的横轴 OQ 表示出版产品供给量，纵轴 OP 表示出版产品价格，S 为供给曲线。供给曲线 S 由左下方向右上方倾斜，表示供给量与价格同方向变动，供给量随着价格的上涨而增加，随着价格的下跌而减少。

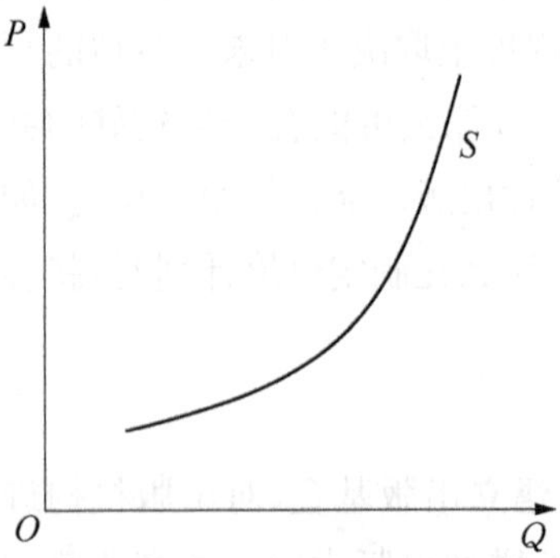

图 5-1　出版产品的供给曲线

我们可以进一步将出版产品的供给规律作如下表述：在其他条件不变的情况下，出版产品的供给量与出版产品价格之间呈正向变动关系，即供给量随着出版产品本身价格的上涨而增加，随着出版产品本身价格的下降而减少。对于这一供给规律，必须加以如下说明。

(1) 这一规律在一定的政策条件下适用，但在很多政策环境下则不适用或不完全适用(如政府对出版产品价格实行管制)。

(2) 这一供给规律适用于大多数出版企业

和出版产品，但对于一部分出版机构（如政府出版机构、非营利组织出版机构及特定环境下的部分出版企业）和一些特殊的出版产品（如政府出版物、盲文出版物、义务教育阶段的教材等产品）并不完全适用。

(3) 任何一条出版产品的供给曲线只反映某一时期某类出版产品的供给状况。

(4) 供给曲线向右上方倾斜一方面反映了出版企业对经济效益的追求，另一方面也意味着在供给量增加的同时，成本会相应地提高。

(5) 出版产品的供给对市场价格的反应较为滞后，较为普遍的情况是，一种出版产品经过一段时间的市场流通后，市场反响较好，在重版、重印时可能会提高定价，但也不尽然。

(6) 作为微观经济组织的出版机构，在实践中决定供给量时通常是依凭经验判断，出版产品的本期（当前出版周期）价格并不一定由本期产量决定，出版产品的本期价格也不一定能决定下期（下一出版周期）产量，如一种图书的总印数主要受其读者群规模大小的影响，而与定价的关系并不明显。这一特点在传统出版领域表现尤为明显，印刷史研究专家柴瑞特（David Zaret）曾针对出版业供给的风险性指出："印刷文本的经济学更多涉及计划、风险和其他市场行为等。印刷者只能依靠不确定的市场需求来估计生产数量。"①

三、出版产品的供给弹性

所谓出版产品的供给弹性，是指出版产品的供给量对影响供给因素的变化所做出的反应程度。供给弹性通常是指供给价格弹性，即某一商品的供给量对其价格变化的反应程度，所以，出版产品的供给弹性也就是出版产品供给量变化之百分比与出版产品价格变化之百分比的比率，用公式可表示为

$$E_s = \frac{\Delta Q/Q}{\Delta P/P}$$

其中 E_s 是供给弹性系数，Q 表示供给量，ΔQ 是供给量的变化量，P 表示价格，ΔP 是价格的变化量。

根据弹性系数的大小，供给价格弹性可分为五种情况：当 $E_s=0$，供给完全无弹性；当 $E_s \to \infty$，供给完全有弹性；当 $E_s=1$，供给单位弹性；当 $E_s>1$，供给富

① DAVID Z. *Origins of Democratic Culture: Printing, Petitions, and the Public Sphere in Early-Modern England* [M]. Princeton, New Jersey: Princeton University Press, 1999: 136.

有弹性；当 $E_s<1$，供给缺乏弹性。

在出版领域，不同种类和不同环境下的出版产品具有不同的供给价格弹性：政府出版物和义务教育阶段的免费教材等公共产品或准公共产品的供给缺乏弹性或无弹性；以市场模式运作为主的一般性大众出版物的供给存在一定的弹性。

但是，就出版行业整体而言，出版产品是缺乏供给价格弹性的。我们通过分析影响供给弹性的因素可以发现这一点。影响供给弹性的因素主要包括三个方面，即行业中调整生产的困难程度，产量增加引起的成本增加量，时间因素。不管是政府行政手段划分的结果，还是市场竞争机制形成的结果，出版机构都有自己的一个或多个专业出版范围，而另一方面，出版行业的产品差异性很大，这就决定了尽管出版行业中存在较普遍的跟风、重复出版行为，但对于大多数出版机构来说，转向其他出版领域将面临较大的挑战和困难，这一点在专业出版和教育出版领域表现尤为明显。从产量增加引致成本的角度来看，出版行业的生产中尽管存在着规模经济现象，随着产量的增加，平均成本会得到摊薄，但出版产品供给量的增加会提升交易成本、经营管理成本和存货成本。从时间因素来看，一些传统的印刷型出版物（如图书）的生产周期较长，这一特点决定了一部分出版产品的供给对市场价格的反映较为滞后。

必须提及的是，尽管供给弹性是就供给量与价格两者变动的关系而言的，但分析出版产品的供给弹性时，必须考虑价格以外的其他因素，出版行业的产品属性和文化使命也决定了出版机构不能只顾经济效益、无视社会效益，不能急功近利、急于求成。

第二节　出版生产函数与供给决策

出版物生产，是指出版业生产经营者利用一定的出版资源，按照市场需求生产出与之相适应的出版物产品的过程①。出版物生产是文化生产的重要内容，也是出版产业链之中的重要环节。

一、出版产品的生产函数

在经济学看来，出版产品的生产过程就是一个从投入到产出的过程。经济学将所有不同产品和行业的投入产出关系用一个共同的术语来表达，这就是生

① 罗紫初，吴赟，王秋林.出版学基础[M].太原：山西人民出版社，2005：107.

产函数。生产函数表示在一定时期内，在技术水平不变的情况下，生产中所使用的各种生产要素的数量与所能生产的最大产量之间的关系。其中的生产要素是指生产商品所需投入的经济资源，它包括：① 劳动，即生产中一切体力和智力的消耗，包括体力劳动和脑力劳动、熟练劳动和非熟练劳动，劳动对产出的影响取决于提供劳务者的知识水平、劳动技能、劳动态度等；② 资源，即生产过程中所必须投入的自然因素；③ 资本，对个别厂商来说，资本则可以是货币，也可以是设备、厂房等实物；④ 知识，即通过实践、研究、联系或调查获得的关于事物的事实和状态的认识，是对科学、艺术或技术的理解，是人类获得的关于真理和原理认识的总和。任何生产函数都以一定时期内的生产技术水平作为前提条件，一旦生产技术水平发生变化，原有的生产函数就会发生变化，从而形成新的生产函数。也就是说，不同的生产函数代表不同的技术水平。

在出版领域，如果用多种投入要素生产一种出版产品，那么出版产品的生产函数可以表示为：

$$Q=f(X_1,\ X_2,\ \cdots,\ X_n)$$

其中，X_1，X_2，X_n代表 n 种要素投入，Q 表示产出。

如果用多种投入要素生产多种出版产品，即联产品[①]的生产，那么出版产品的生产函数可以表示为：

$$\Phi(Q_1,\ Q_2,\ \cdots,\ Q_n)=f(X_1,\ X_2,\ \cdots,\ X_n)$$

其中，$\Phi(Q_1,Q_2,\cdots,Q_n)$是包括多种出版产品的联产品产出。

出版机构在生产出版产品的过程中需要投入的生产要素很多，具体包括劳动(人力资本)，货币资本，知识、信息资源(其中包括出版资源)等要素。对于出版机构而言，其投入产出关系取决于生产体系中的设备、原材料和人力资本等诸要素和技术水平。每一次出版技术的改进，都会导致新的投入产出关系产生，从而产生新的生产函数。出版产品的生产函数又可以表示为

$$Q=f(L,\ K,\ R,\ \cdots)$$

其中，Q 为出版机构的产出，L 指生产中占用的人力资本，K 指生产中占用的货币资本，R 指知识、信息资源(其中包括选题资源等出版资源)。

出版产品的生产对人力资本(L)的依赖程度较高，而对货币资本(K)的依

① 联产品是指由企业生产的多个产品组成的产品系列，也就是多个产品的总称。

存度则相对较低。出版机构的人力资本，尤其是具有独立策划能力和市场运作能力的核心人员，在单个出版机构的产品供给方面发挥着极其重要的作用，进而影响着整个出版产品市场的供给规模和供给水平。经济学家周其仁就此精辟地指出："从供应方面看，出版这个行业，最值钱的是编辑的眼光。编辑对于一部书稿，无论是中国人写的，还是翻译的书，他首先判断这本书有多大的市场。这个在我们的传统行业中不叫劳动，因为不出汗。但是，这个能力，这个判断力，是这个行当最值钱的资产。你可以叫它为'眼光资产'，它是人力资本的一个重要组成部分。"①

出版产品是知识、信息密集型产品，其核心价值在于内含的知识、信息内容。在出版经济活动中，知识、信息资源(R)是主导性的生产要素，选题、书稿等知识资源的优劣对出版产品供给起着决定性的作用，因此，知识、信息资源是出版经济集约型增长的主要源泉。知识作为投入要素，具有不同于劳动、原材料、货币资本等传统生产要素的特征。当传统的生产要素加入经济资源的存量中时，经济就会按传统的生产函数运转起来，而知识这一生产要素与物质要素不同，知识通过改变企业的生产函数来推动经济增长，而且企业内部的知识积累能够提高劳动和资本的边际生产率。在出版经济领域，当知识、信息资源以知识产权的形式提供时，就具有了供给价格。在出版产品的生产过程中，知识与劳动（人力资本）通过作者、编辑出版人员融为一体，而且由于知识资源在经济中具有内生性和报酬递增的特征，因此知识资源能够使出版机构投资的收益得到持续增长。

从理论上说，出版产品的生产函数可以根据经验数据用统计方法来估计，但现实中要得出较为准确的出版产品生产函数存在较大困难。

二、出版供给决策的原则

在每一个行业领域中，企业都必须决定如何生产其产品，即选择在生产中投入哪些要素，投入多少要素，怎样组合、配置所投入的资源。最优投入组合是指生产者采取什么样的要素投入才能达到生产上的最优。所谓最优是指经济上的最优。这既涉及产出也涉及成本。以下对出版者的资源投入选择所进行的分析中，我们提出一个基本的假设，即出版机构追求生产成本的最小化。笔者认为，在现实中，这一成本最小化假设，对于出版行业是适用的：该假设不仅适用于出

① 周其仁.垄断与管制改革[G]//钟永诚.作家·学者·出版人三方纵论出版大格局.济南：山东人民出版社，2005：123.

版企业，而且同样适用于政府出版机构和非营利组织出版机构。这一假设表明，出版者应力求以最低的成本进行出版活动，从而使经济效益、社会效益或其他目标达到最大。

经济学运用等产量线和等成本线来讨论生产要素的最优组合问题。所谓等产量线，是指在技术水平不变的条件下生产同一产量的生产要素投入量的所有不同组合的轨迹（假设只投入资本和劳动两种要素）。等成本线是指在某一给定的时期，在现行市场价格下，付出同样的总成本所能够达到的生产要素所有可能的组合（假设只投入资本和劳动两种要素）。

如果将出版产品生产过程中的投入要素简化为资本（K）和劳动（L）两种要素，在出版机构要生产的出版产品数量一定的情况下，出版机构可以用不同的生产要素组合来生产这一既定的产量，即出版机构面临一条既定的等产量曲线。如果将这条表示出版机构生产既定产量的等产量线与多条等成本线放在同一个坐标中，则这条既定的等产量线必定与无数条等成本线中的一条相切于一点（见图 5－2）。这个切点，就是在产量既定条件下，能使成本达到最小的生产要素的最优组合点。图 5－2 中，Q 是等产量线，A_1B_1、A_2B_2、A_3B_3 为三条等成本线，其中，$A_1B_1 < A_2B_2 < A_3B_3$。Q 与 A_2B_2 相切于 E 点，与 A_3B_3 相交于 C、D 点。由于 $A_3B_3 > A_2B_2$，所以 E 点为既定产量 Q 下的最低成本投入点，而 A_1B_1 虽然成本低，但却不能实现 Q 的产出量。由以上分析可知，在等产量线与等成本线的切点上达到了生产要素的最优组合。在此点上，等产量线的斜率与等成本线的斜率相等。这一分析也可以推广到多种生产要素的投入组合。

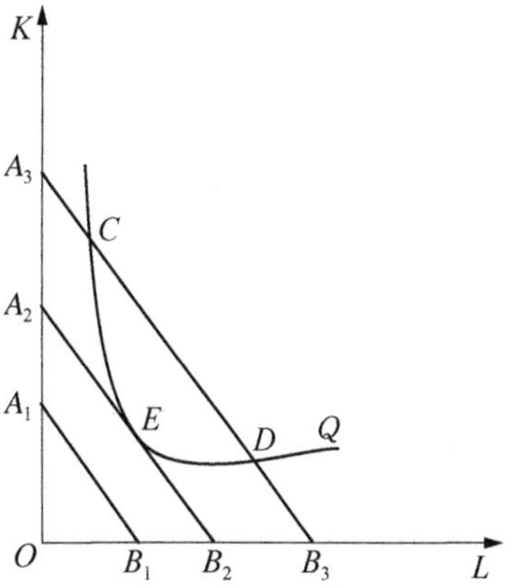

图 5－2　出版机构生产要素最佳组合的实现

在一定产量下，为了使成本最小，出版机构可以通过对生产要素投入组合进行不断调整，从而实现生产要素的最优组合。这正是与经济学中的“成本最小原则”相符的。所谓“成本最小原则”是指：当每一单位货币的投入所产生的边际产量对于每一种生产要素都相等时，企业的生产总成本达到最低。在这里，每一单位货币的投入所产生的边际产量，是用每一种要素的边际产量除以每种要素的价格而得出的，而某一要素的边际产量等于每增添一个单位的投入在其他投入保持不变时所增加的产量。“成本最小原则”公式

$$MP_h/P_h = MP_r/P_r$$

其中，MP 为边际产量（marginal product），P 为生产要素的价格（price）；h 为人力资本（human capital），r 为原材料（raw material）；MP_h 为人力资本投入的边际产量，P_h 为人力资本的价格；MP_r 为原材料投入的边际产量，P_r 为原材料的价格。

"成本最小原则"的一个推论就是"替代原则"。所谓"替代原则"，是指如果一种要素的价格下降而所有其他要素价格不变时，那么用这一相对便宜的要素替代所有其他要素，会使企业从中获得的效益更大。

出版者在对生产出版产品所需的资源进行配置时，可在不同的生产要素投入组合中进行选择。在出版产品生产过程中，出版机构对纸张、装帧材料等生产要素进行选择时，实施成本核算，考虑投入成本和产出效益，就是在遵循成本最小原则和替代原则。

在当前的出版实践中，一些出版机构为整合内部、外部资源，突出并巩固企业的核心能力，将某些出版业务环节外包给其他专业机构，如将排版、装帧设计、分销、物流等业务外包，这符合成本最小原则和替代原则的要求，具有合理性。不同出版机构的资源依赖侧重点和程度有所差异，出版机构在选择进行外包的业务内容时，应该对自身的核心竞争力、企业价值链和业务边界进行深入的考察，从而确定进行外包的业务层次和内容。依出版业务的关键程度，我们将出版机构的外包业务划分为三个层次（见图 5 - 3）：① 核心层次——选题、编辑、分

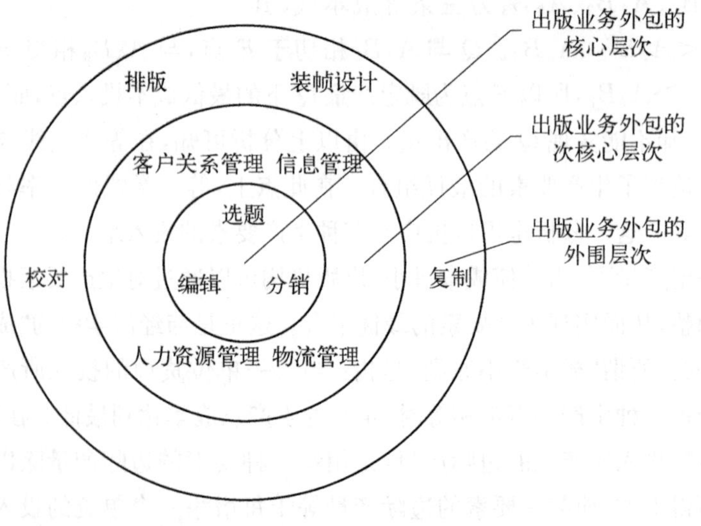

图 5 - 3　出版机构业务外包的层次

销等业务外包(可能会影响出版机构的核心竞争力,并导致出版机构空壳化,因此出版机构应审慎选择);② 次核心层次——客户关系管理、人力资源管理、信息管理、物流管理等业务外包(一些出版机构正在试行的管理模式,具有借鉴与推广价值);③ 外围层次——排版、校对、装帧设计、复制等业务外包(现实中为许多出版机构所采用)。

第三节　出版生产成本的经济分析

成本是经济学中的一个重要概念。成本也称生产费用,是指厂商在生产过程中使用的各种生产要素的支出,即投入的各种生产要素与其价格之乘积的总和。依不同的标准,成本可分为不同的成本类型:按成本对厂商和社会的影响分类,可将成本分为私人成本和社会成本;按是否形成现金流出分类,私人成本可被分为显性成本和隐性成本;按是否包含隐性成本分类,成本又可分为会计成本和机会成本;按时间的长短,成本还可分为短期成本和长期成本。不同的行业有不同的生产程序和方法,因而不同行业的成本规律存在或多或少的差异。但有一点可以肯定的是:与其他行业一样,出版机构需要考虑成本与产出,即使是属于非营利组织的一些出版机构也应考虑如何有效地控制成本以减少补贴等问题。因此,成本是出版行业不容忽视的一个重要经济因素。本节从出版产品的生产成本结构、生产成本曲线、生产成本与定价的关系等角度,对出版产品生产成本及其相关问题进行分析。

一、出版生产的成本结构

出版机构在出版生产过程的第一个步骤——出版策划环节中,就需要进行出版成本估算、选题经济预测等基础工作,只有在对投入产出心中有数的基础上,才能做出正确的出版决策。而对出版成本进行估算,需要综合考虑多方面的因素。

从短期来看,出版产品的全部成本由生产成本与销售成本两部分组成。出版产品的生产成本又可以分为直接生产成本和间接生产成本。出版产品的直接生产成本是指在出版产品形成过程中直接产生的劳动耗费,它包括稿费与编校费、纸张费、装帧材料费、制版费、印刷费、装订费、废品损失等项目。直接生产成本可分为固定成本和变动成本。

出版产品生产的固定成本,是指直接生产成本中与出版产品复制数量的变化没有直接关系、相对固定的部分，西方称之为“工厂成本”。它包括稿费与编校费、排版制版费用等项目。固定成本不随复制数量的增减变化而增减变化，但对单位出版产品成本却有直接影响，即出版产品复制数量越多，分摊的固定成本就越少，单位成本就相应降低。出版产品生产的变动成本，即出版产品复制过程中发生的费用，包括纸张费、装帧材料费、印刷费、装订费等，西方称之为“生产成本”。变动成本随着复制数量的增减变化而近乎正比例变动，但它对分摊单位产品成本却没有直接的影响。

在出版实践中，降低出版产品单位生产成本的主要办法是增加印数，降低单位成本中的固定成本比例。这可以说是出版业的一个基本原则。张五常先生曾说，印制书籍的平均成本下降不是因为方法有变，或熟能生巧，或有交易费用，而是因为有直接的准备成本及纸张损耗的试产成本，这些都可以明确地以量摊分[①]。此处“直接的准备成本”即指出版生产的固定成本。当然，不同的国家、地区，不同的出版社，在运用这个基本原则时的具体情况会有差异。目前，通过加大印数来降低单位出版产品的生产成本所得到的利益，在亚洲、非洲国家不如在欧美国家大，在一定程度上也不如在拉美国家大，这是因为：首先，印长版活比印短版活省钱，而发展中国家没有足够的设备；其次，在大多数亚非国家，纸张价格高，劳动力成本低，因此纸张的费用（每本书的纸张价格是差不多的）在每本书的成本中所占的比例要远远高于印刷费[②]。

出版产品的间接生产成本是指间接作用于出版产品形成过程的劳动耗费，它主要由出版机构员工的工资报酬、经营管理费用等项目构成。间接成本不是直接发生在出版生产过程中的，而是指结算期间所有出版物的生产费用，它无法直接计入具体出版产品的生产成本之中。

由于在读者购买出版产品的价格中包括了出版机构用作经营管理费的利润，因此，不易精确地计算出分摊到单位出版产品上的费用，但出版机构全年生产出版产品的总的经营管理费用是可以估算出来的，因此，可以通过不同的方式将间接成本分摊到单位出版产品中去。

以图书出版机构为例，间接成本的分摊，从会计规则来讲，以季度为结算单位，本季度发生的间接成本应由本季度出版的图书来分摊（按字数或印张分摊）。但是，间接成本基本上是个常数，即每个季度都要如数发生；而各个季度出书数

① 张五常.经济解释(38)[N].21世纪经济报道，2002-03-21(30).

② 伊恩·麦高文，詹姆士·迈考尔.国际出版原则与实践[M].徐明强，译.北京：中国书籍出版社，1999：147-148.

量却不可能均衡。那么,出书少的季度分摊到每种书的间接成本就过多,反之就过少。这种畸轻畸重的分摊方法,从会计角度看是合理的,但从计算图书实际生产成本并按成本定价的角度看则是不合理的。

为了解决间接成本分摊中的问题,中外出版界设计了三种分摊办法。

(1) 成品比例法,即把间接成本定为直接成本的 20%。

(2) 定价比例法,即把间接成本定为定价的 8%。

(3) 销售额比例法,即把间接成本定为销售额的 40%。

前两种办法是我国的办法,第三种办法是美国等国家的办法。这三种办法基本上分别反映了中外出版生产间接成本在总成本中所占的比例关系。前两种办法的计算结果,间接成本相差极小。而用第三种办法计算,间接成本比前两种办法分别高出 264%和 298%[①]。美国等西方国家出版从业人员的工资高,经营费用也大大高于我国,所以,间接成本在总成本中所占的比例大大高于我国。

20 世纪以来,中外各国出版业迎来一波又一波技术革命浪潮,新的出版技术不仅推动以往的出版生产方式发生变革,使出版生产效率得以提高,也使出版产品的成本构成状况发生重大变化。其中,传统出版生产所需的直接成本中有很多内容,如纸张费、装帧材料费、制版费、印刷费、装订费等费用,将不复存在,而工作效率的提高和出版周期的缩短则可使间接成本降低。

二、出版生产的成本曲线

如果以时间长短为划分标准,成本可分为短期成本和长期成本。所谓长期与短期,通常是按厂商能否全部调整生产要素的投入量为标准。短期成本是与短期生产相对应的成本。在短期内,至少存在一种生产要素是不可以调整的,因此短期内存在固定成本和变动成本之分。长期成本是与长期生产相对应的成本。从长期来看,厂商为了适应市场需求变化和生产技术发展的要求,总是要调整生产要素投入量,因此,厂商支付在生产要素上的费用全部是由可变成本构成的,长期成本无固定成本与可变成本之分。笔者在此要分析的正是出版生产的短期成本和长期成本的特征和变动规律。由于出版机构的出版产品生产活动在实质上多是以短期出版项目的形式进行的,因此,对出版生产成本的分析将以短期出版产品生产成本分析为主。

---

① 陆本瑞.外国出版概况(修订版)[M].沈阳:辽海出版社,2003:204.

笔者借用张五常先生列举的一组数据，来分析出版产品生产的短期成本变动规律。张五常先生在其名为《经济解释》的连载文章中，曾列举了由中国香港地区印刷商提供的一组真实数字（数据采集时间为 2001 年 7 月）。这是图书出版行业中的一个产品实例：一本 192 页的中文平装书，封面四色，纸质良好，制作比较认真，90 000 字，在香港的零售价 45 元（此处货币单位为港元——HK$，下同）。出版商这本书的直接成本如下（见表 5－1）：编辑与修改文字 7 000 元，打字 2 700 元，校对 4 000 元，排版 2 000 元，设计 3 000 元，菲林 2 000 元。以上合共港币 20 700 元。如果该书印制数量为 2 000 本，其印制费用是每本 6.57 元，总印制费用（含运费）是 13 149 元。2 000 本的零售总收入是 90 000 元，6 折交给发行商，得 54 000 元。作者版税率为 10%（9 000 元），剩 45 000 元。减印制费用（13 149 元），再减出版商的直接成本（20 700 元），最后余下来的是 11 151 元。[①] 根据表 5－1 中的数据，我们可以得出短期内出版产品的直接生产总成本、固定成本、可变成本曲线（见图 5－4），和短期内出版产品的直接生产平均成本曲线（见图 5－5）。图 5－4、图 5－5 中，横轴代表产量，纵轴代表成本，STC 为短期总成本，FC 为固定成本，VC 为可变成本，SAC 为短期平均成本，AFC 为平均固定成本，AVC 为平均可变成本。

表 5－1　32 开、内文 192 页平装书的直接生产成本

书籍数量（册）		500	1 000	1 500	2 000	3 000	4 000	6 000	8 000
可变成本	封面纸（HK$）	292	454	616	778	1 102	1 426	2 138	2 850
	封面印刷（HK$）	1 400	1 400	1 400	1 400	1 400	1 400	1 400	1 624
	封面过胶（HK$）	296	461	625	790	1 119	1 448	2 171	2 895
	内文纸（HK$）	1 575	2 700	3 825	4 950	7 200	9 450	14 175	18 900
	内文印刷（HK$）	3 000	3 096	3 336	3 576	4 056	4 536	5 544	6 552
	装订（HK$）	1 200	1 200	1 200	1 280	1 920	2 560	3 840	5 120
	包装（HK$）	31	63	94	125	188	250	375	500
	运输（HK$）	150	150	188	250	375	500	750	1 000

① 张五常.经济解释(38)[N].21 世纪经济报道,2 002－03－21(30).

续　表

书籍数量(册)		500	1 000	1 500	2 000	3 000	4 000	6 000	8 000
可变成本总计(HK$)		7 944	9 524	11 284	13 149	17 360	21 570	30 393	39 441
平均可变成本(HK$)		15.89	9.52	7.52	6.57	5.79	5.39	5.07	4.93
固定成本	编辑与修改文字(HK$)	7 000							
	打字(HK$)	2 700							
	校对(HK$)	4 000							
	排版(HK$)	2 000							
	设计(HK$)	3 000							
	菲林(HK$)	2 000							
固定成本总计(HK$)		20 700							
平均固定成本(HK$)		41.40	20.70	13.80	10.35	6.90	5.18	3.45	2.59
生产成本总计(HK$)		28 644	30 224	31 984	33 849	38 060	42 270	51 093	60 141
平均生产成本(HK$)		57.29	30.22	21.32	16.92	12.69	10.57	8.52	7.52

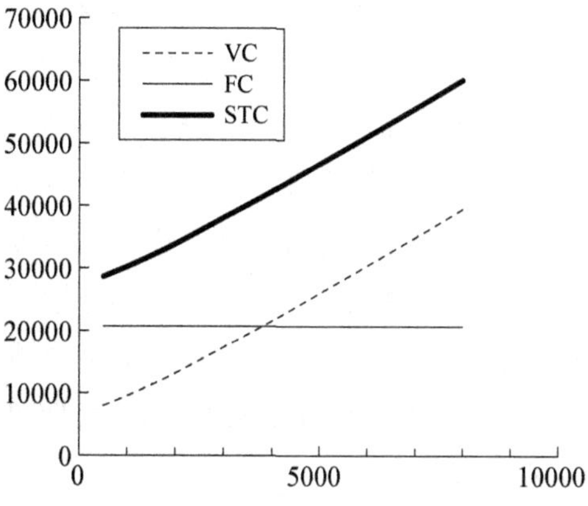

图 5-4　短期内出版产品的直接生产总成本、固定成本、可变成本曲线

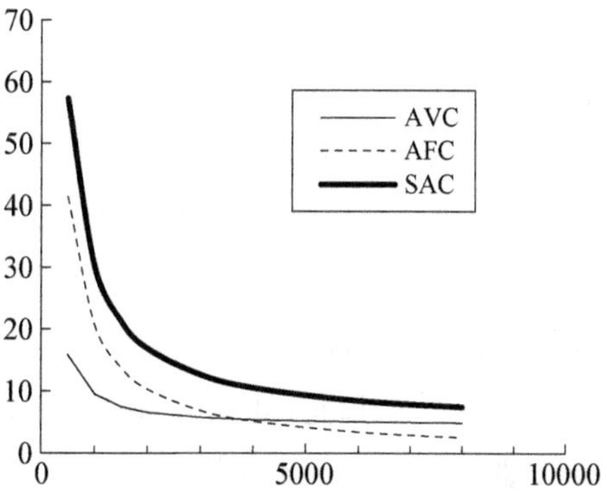

图 5-5　短期内出版产品的直接生产平均成本曲线

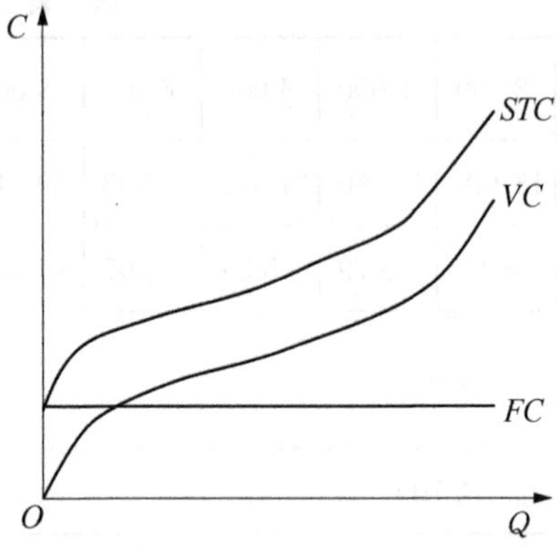

图 5-6　出版产品生产的短期成本曲线

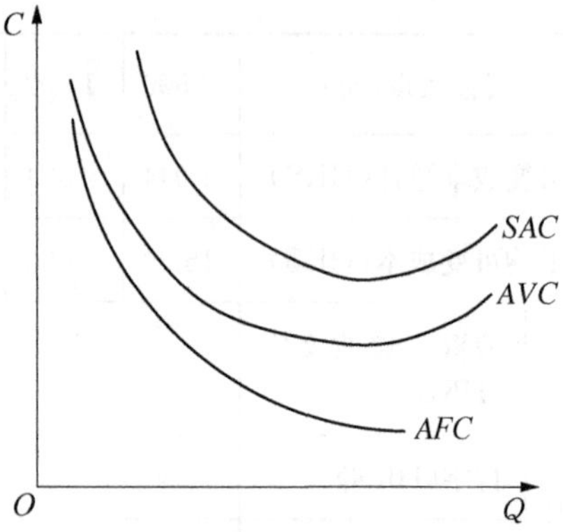

图 5-7　出版产品生产的短期平均成本曲线

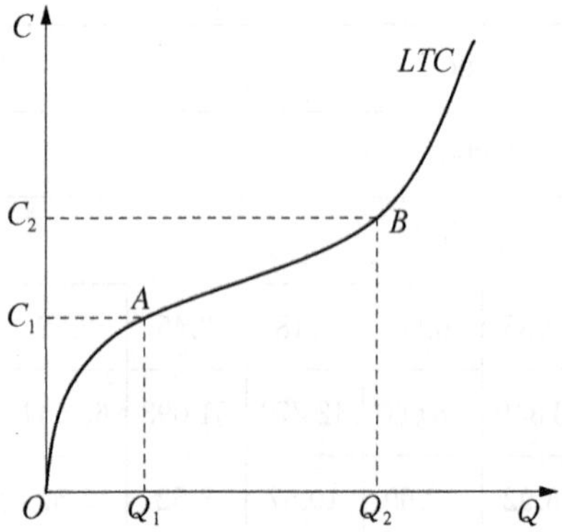

图 5-8　出版机构的长期总成本曲线

如果考虑进出版产品生产的间接成本因素，则我们可以用图 5-6 中的曲线来描述出版产品生产的短期总成本、固定成本、变动成本，用图 5-7 中的曲线来表示出版产品生产的短期平均成本。在图 5-6 中，总成本曲线与变动成本曲线的斜率是一致的，总成本与变动成本的垂直距离始终等于固定成本。因为固定成本是不变的常数，所以总成本的变动完全取决于可变成本的变化。笔者认为，出版产品生产的短期成本存在如下变动规律：① 在规模允许的范围内，出版产品生产数量发生变动时，固定成本总额不变。即使产量为零，出版机构日常运转所需费用等固定成本也存在，表现为纵轴上的截距。② 当产量为零时，变动成本总额为零。当产量发生变动时，可变成本总额随着产量变动而增长。在一定的产量范围内先以递减的速度增加，超过一定产量之后，交易费用等成本会有较大幅度上升，可变成本以递增的速度增加，表现为由原点向右上方延伸的曲线。③ 出版产品生产的短期总成本是固定成本和变动成本之和，短期总成本的变动规律与可变成本相同，短期总成本曲线与可变成本曲线之间的距离等于固定成本。

出版产品生产的短期平均成本存在如下变动规律：① 出版产品生产的固定成本总额是不变的，当产量变大时，分摊到每一单位产品上的固定成本，即平均固定成本必然变少，这也就是说在出版产品的生产中存在规模经济。图 5-7

中，平均固定成本曲线随着产量的增加呈一直下降的趋势表明（其下降的极限是最大生产能力），平均固定成本随着产量增加而减少。② 出版产品的平均可变成本随着产量的增加，先下降后上升。图 5-7 中的平均可变成本曲线先下降而后上升，表明了这一变动规律。这是因为变动成本也可表示为投入量与生产要素价格的乘积，假定要素价格为不变的常量，则平均可变成本直接依存于平均产量的变动。由于边际收益递减规律的作用，平均产量先递增，达到最大值后，平均产量递减，当平均每一单位可变投入带来的产量不断增加时，意味着平均每一单位产量所需要的变动投入量即平均成本相应地减少；在平均产量达到最大值时，平均成本达最小值；随着平均产量递减，平均变动成本开始递增。③ 出版产品生产的短期平均成本曲线先下降而后上升。因为当产量增加时，平均固定成本迅速下降，加之平均可变成本也在下降，因此，短期平均成本在开始时也迅速下降，下降幅度比平均可变成本要大。以后，随着平均固定成本在总成本中所占比重逐渐变小，短期平均成本的变动开始随着平均可变成本的变动而变动，即短期平均成本曲线开始比平均可变成本曲线陡峭，说明下降幅度比平均可变成本大，之后短期平均成本曲线的形状与平均可变成本曲线相同，变动规律与平均可变成本类似。

由于出版机构的出版活动在一般情况下属于长期行为，因此，在考察了出版产品生产的短期成本之后，有必要对出版机构长期成本的变动规律进行分析。从长期来看，出版机构可以对全部生产要素的投入进行调整，如引进新的技术、设备，招聘新的编辑、市场营销人员等，改变自身的专业范围和出版规模。出版机构在进行这些调整时，总是在一定的产出水平上选择最优的生产规模进行生产。出版机构的长期成本（此处指长期总成本，LTC）就是出版机构于长期内在各种产出水平上通过改变生产规模所能达到的最低总成本。我们可以绘出如图 5-8 所示的出版机构长期成本曲线，进而将出版机构长期成本的变化规律做如下表述。出版机构的规模越大，长期成本越大，LTC 是过原点的曲线，因为在长期成本内，无固定成本与可变成本的区分，全部为变动成本；出版行业是一个初始成本比较高的行业，即前期投入较大，在初始阶段，由于产出低，投入的生产要素没有被充分利用，成本增加的速度大于产出增加的速度；当出版机构的规模拓展到一定程度（LTC 曲线上的 A 点）时，生产要素被充分利用，形成规模经济效益，这时成本增加的速度小于产出增加的速度；之后，随着出版规模进一步扩大，产出逐渐增加，规模收益递减规律发生作用（从 LTC 曲线上的 B 点开始），又引起成本的增加速度大于产出的增加速度。

第四节 出版产品价格的经济分析

在市场经济条件下，价格是指引出版经济决策、出版资源配置的信号，是调节出版市场供求关系的重要经济杠杆。出版产品价格的形成与变化，是多种因素综合作用的结果。

一、出版产品价格与价值的关系

商品价格是商品价值的反映，价格受市场供求的影响围绕价值波动，这是经济学的一个基本规律。作为商品的知识、信息有其使用价值、价值、成本、价格。出版产品作为一种文化商品，其核心价值正是由知识、信息构筑而成的。与一般商品不同的是，出版产品内含的知识、信息具有不可分割、可以共享和重复使用的特点，因此，出版产品的成本往往不以其使用程度为转移，而出版产品的价格也有其特殊规律，即出版产品价格的高低不仅受成本的影响，还与出版产品的实际效用大小相关。但在现实中，出版产品的价格并没有准确反映出版产品的知识、信息内容价值。我们经常可以发现，学术价值、知识含量很高的出版物和供娱乐消遣的“快餐式”读物在价格上并没有很大差别。

经济学理论认为，价格因受到市场供求的影响而围绕价值波动，进而形成均衡价格(即供求达到均衡时的价格)。但历史和现实皆表明，出版产品的价格并不完全取决于供求关系和市场格局，没有完全反映其内在文化含量。在中国的封建时代和西方的中世纪，出版产品的生产无论是以个体生产的方式还是以分工协作的方式，都以垄断的形式存在，在近代文化启蒙运动出现之前，出版产品比较缺乏市场流通。因此，在那一时期，对出版产品进行定价的主要依据是出版产品的稀缺程度和生产的难易程度，在出版产品的生产和流通中，市场竞争行为对出版产品价格的影响非常小。例如，中世纪欧洲的抄书匠行会长期垄断书籍的定价，当时的书籍价格极为昂贵，这一局面直到古登堡印刷术出现之后才被打破[①]。在现实中，出版产品的价格也并非完全是随着供求关系的变化而变化。在中国、日本和一些欧洲国家，对出版产品价格实行定价维持制度，实施出版产品价格管制，出版产品的价格一经确定后就不易更改。在我国，一段时间内出版业曾实施印张定价方法，国家对出版产品的单位印张价格进行了分类规定，目前

① 哈罗德·伊尼斯.帝国与传播[M].何道宽，译.北京：中国人民大学出版社，2003：134.

出版机构在定价方面有了一定的自主权，出版机构的定价行为中有了更多的市场预期，但印张定价方法仍有一定影响。上述历史和现实说明，在出版领域，出版产品的价格如何准确反映出版产品的真实价值是一个难题。

随着知识经济的出现，知识、信息逐渐成为主导性的生产要素。出版产品作为一种重要的内容产品和文化商品，其价格的决定性因素应该是其自身的知识、信息附加值。正是这种知识、信息附加值，才使得出版产品具有不可替代的价值。出版机构在确定出版产品的价格时，除合理考虑投入产出、供求关系外，还应该充分重视出版产品所承载的知识、信息含量。

二、出版行业的定价方法

在市场经济环境下，对于带有营利目的的出版者来说，出版物的生产成本与其定价有着直接联系。出版者为了追求更大的经济效益，通常的做法就是降低成本和提高定价，但这两种方法的使用是有一定限度的，过度降低成本势必影响出版物的质量，而一味提高定价则会使市场需求减少。因此，出版者必须在成本和定价之间寻找一个均衡点。在处理生产成本和定价的关系方面，各国出版业存在一些差异。下文以图书产品为例，对中外出版业的定价行为进行分析。

在西方国家，通行的定价方法是按成本定价。具体来说，西方国家很多出版社运用以下的公式来计算定价①

定价＝扣除版税的平均每册直接生产费用/(批发折扣率×直接成本率－版税率)

其中，直接成本率是指直接成本在定价中应占的比率，其计算公式为

直接成本率＝100－(批发折扣率＋销售费用率＋销售税金率＋间接成本率＋定价利润率)

美国出版社的成本和定价的关系是：按初版计算，美国图书的定价(list price)通常为直接成本的4～6倍，有时高达7～8倍，间接成本(管理费)多按直接成本一倍计算。由于管理费用(包括宣传推广费)高，发行折扣高，初版一般获利较少。如能再版重印，或售出各种附属权(如由图书俱乐部购去印廉价纸皮书，国外出版社购买版权出版外文译本，电影公司或电视台购买版权摄制电影或电视剧等)，可以更多地获利。畅销书可以获得丰厚利润。旅美作家董鼎山先生在一篇文章中对美国图书定价的构成情况进行分析后的结果是：生产制作成本

① 陆本瑞.外国出版概况(修订版)[M].沈阳：辽海出版社，2003：205.

占10%，批发费用占8%，广告费用占7%，管理费用占8%，版税占10%，折扣占45%，利润占12%①。而据美国出版商协会统计，出版社向书店出售一本书所得的收入中成本、税、利所占的比例为：编辑费6%，设计、生产费27%，宣传推销费14%，财务、发行费18%，稿费15%，税金10%，利润10%。宣传推销费超过利润，为编辑费的两倍多，宣传推销费约一半用于实地推销，另一半用于宣传和广告。而我国出版社用于推销的费用是微不足道的，收入中相当大的一部分用在了纸张和印刷费上②。贝塔斯曼集团在美国分公司的执行董事也曾以典型的例证分析了图书的定价构成情况：给书商的折扣占50%，印刷装订费8%，仓储发货费8%，市场销售费6%，行政杂费8%，作者所得10%～15%，利润5%～10%③。

日本出版社图书市场单价通常是由直接定价法与间接定价法确定的。日本图书直接定价法是以直接成本为基础，同时伴之以印数确定图书成本单价，其市场单价一般为单位图书成本的3倍，这种较为便捷的方法为日本出版界所常用。此外，日本的某些出版社如美铃书房仍在沿用2.5倍直接定价法，即(成本费用＋版税)×2.5。若将3倍法和2.5倍法相对照，显而易见，(成本费率33%＋版税率10%)×2.5＝107.5%，成本费率33%×3＝99%，两者价位差率约为7%。如果每种新版图书绝无重版之可能，其市场定价则确定为单位成本的4倍。目前，日本重版图书市场价位一般采用直接定价法，仍为新版图书单位成本的3倍。日本间接定价法是指在综合考虑四个主要因素的基础上确定图书价格。这四个因素是：① 生产成本；② 版税，其中小说、随笔、评论等作品的版税率为书价的10%，译本原作者的基本版税率为书价的5%，随印数增加版税率最高增至8%，支付译者的版税率为书价的5%，总之，版权费和翻译费率之和不低于10%；③ 销售费用，包括图书广告、样本宣传、图书储运等费用；④ 管理费用④。

在我国，出版界对图书定价的方法有印张定价法、成本定价法和利润率定价法等方法。其中，按印张定价在我国始于20世纪50年代，至今仍是我国出版社常用的定价方法。利润率定价法是先设定利润率指标，通过反推使定价与之一致的方法。成本定价法最先见于新闻出版署1998年转发《同意印数在三千册以

---

① 翟文.美国书籍成本构成[J].出版参考，1998(2)：8.
② 林穗芳.中外编辑出版研究[M].武汉：华中师范大学出版社，1998：209.
③ 安华.一本书能赚多少钱贝塔斯曼亮出底牌[J].出版参考，1999(9)：14－15.
④ 大正.日本出版社图书定价管窥[J].出版参考，1997(5)：14.

下的学术著作和专业著作可参照成本定价》的通知。成本定价法是针对该类著作出版难的问题给出的优惠政策。其完整含义是以图书产品单位成本为依据，既可能高于也可能低于通行的印张定价，其中定价等于成本是保本经营，定价大于成本是盈利经营，定价小于成本是亏损经营。

目前我国一本图书的定价基本上包括 5 个部分：① 直接生产成本(包括图书的材料、印刷工艺、包装、装帧、单本书的印张数等)，约占图书定价的 25%～30%；② 作者稿酬(有一次性支付、按字数支付和版税支付等三种不同的稿酬方式)，约占图书定价的 8%～15%；③ 预期利润(即盈利所得)，合理的利润约占图书定价的 10%～20%；④ 批销商折扣，约占图书定价的 5%～10%；⑤ 零售商折扣，约占图书定价的 25%～35%。销售时须缴纳的各项税金的比例是固定的，主要是增值税(价外税，由购买者承担，并可以从进项税中抵扣，占销售额的 13%)、城市建设附加税(增值税额的 7%)和印花税(购销合同金额的 0.03%)[①]。

通过分析，我们可以发现：发达国家的图书生产直接成本在定价中的比例低于我国，其包括管理费用在内的间接成本高于我国，这也是目前海外书价远高于我国同类书价格的原因之一。虽然美国等国的图书定价为直接生产成本的好几倍，但销售收入将近一半为书商所得，再减去 10%～30%税金和退货损失，出版商的平均利润不过是定价的 10%左右，因此图书初版时获利是微薄的。当前在我国的图书定价中，出版社预期利润和各级批销商的购销折扣所占的比重较大，管理费用、宣传推广费用较低，因而出版社能较多地获利。而且在我国，再版书、重印书的价格往往是不降反升，使出版社盈利更多，因为再版、重印时有不少编印成本不必再做投入，也不存在初版时所要承担的一定风险。

尽管存在着以上差异，为了提高产品的市场竞争力和企业的经济效益，中外各国出版机构都采取了较为一致的措施，以直接或间接地降低出版生产成本。如通过开展员工技能培训、技术设备更新、企业信息化管理等手段提高生产效率，降低生产成本。在日本，未来社研制了一套新编辑系统，使图书编辑印制的成本费用大幅度降低[②]。此外，削减不必要的经费支出，科学地安排出版工作周期，控制设计、用料、印装成本，也是中外出版机构常用的控制出版物生产成本的方法。

---

① 卢盈军.图书价格构成与定价策略[N].中华读书报，2002-09-11(11).
② 白晓煌.新编辑系统——日本中小出版社生存之策[J].出版参考，2001(11)：25.

第五节　中外出版传媒机构生产行为的规律

现代出版产品生产的一般过程大体都由出版策划、编辑工作、出版产品制作三个基本环节组成。尽管电子出版技术以及新兴的网络出版技术给传统出版流程带来了划时代的变革，但即便是电子、网络出版，也依然离不开传播内容的策划、组织、编辑加工以及内容的复制传播等基础操作环节，依然被归入内容产业。当然，不同载体形式的出版产品，其生产活动具有不同特点，不同国家和社会环境中的出版生产活动，在具体操作中也会形成各自的特色。因此，笔者将从中外传统出版生产的比较、新技术环境下中外出版生产的变革两个方面对出版机构的生产行为进行分析，力图总结出人类出版生产行为的一些共性规律和发展趋势。

一、传统出版生产的特征分析

就总体而言，出版产品的生产流程不是由人们随意确定的，也不是可以随意改变的，这表现在生产过程的基本环节不能随意改变，而且生产过程中每一个基本环节的具体操作也有一定的程序与工作内容。但是不同的国家在具体操作中仍存在一些相异之处。

（一）出版生产的业务程序与内容

在出版生产的业务程序与内容方面，中外各国既有普遍共性，又有细微差别。

传统的出版产品主要是指印刷出版物（或称纸质出版物）和音像出版物。其中传统印刷出版物生产的一般过程可分为出版策划、编辑工作和出版产品物质形态制作三个阶段。在这几个阶段中，出版策划的具体内容很多，包括选题策划、主体形象策划、目标市场策划、资源配置策划、营销管理策划和宣传促销策划等内容；编辑工作贯穿出版活动的始终，但就出版物生产流程中的编辑工作而言，其主要内容包括选题、组稿、审稿、加工整理、装帧设计、发稿与校对；印刷出版物的物质形态制作，大体要经过排版、制版印刷、装订成形三个步骤。而就音像出版物而言，无论是录音制品，还是录像制品，其生产制作都需经过编辑创作、表演和录制三个环节，音像出版物的物质形态制作则主要是指录制环节。音像出版物的录制，分为工作母带的制作与复录生产两个步骤，其中录音制品和录像制品的复录生产具体操作差别不大，而工作母带的制作稍有区别。录音制品工作母带的制作，目前大多采用前期录音和后期录音相结合的多声道录音工艺，录像制品工作母带的制作则分为单机拍摄、脱机编辑、合成制作等环节。

以上所述传统出版物的一般生产流程，处于现代出版环境的各国概莫能外。但出版物生产在具体操作上存在一定的灵活性，因此各国的出版生产流程也存在一些细微的差别。例如，大多数国家的出版机构与作者签订出版合同是在出版机构进行出版决策之后、作者开始创作之前，但在日本等国，作者和出版机构签订出版合同多在作者原稿完成并交给出版机构之后①。又如，在美国，作者提交最后的手稿之后，手稿应该经历三个编辑环节，即审稿或者内容编辑、加工或文字编辑、设计编辑，相当于我国出版物编辑过程中的审稿、加工整理、整体设计三个环节。美国的有些编辑人员会将这些编辑环节颠倒或者甚至将所有编辑环节合在一起，因为以上三个环节有时会发生重叠，再者，编辑人员采取灵活机动的方法更能适应不同出版物编辑的特点和要求，也体现了自己的编辑风格②。

（二）出版生产流程各环节之间的分工

中外出版生产流程各环节之间分工明确，但发达国家出版生产专业化程度较高。

现代出版生产流程中的专业化分工是出版生产力发展到一定阶段的结果，体现了产业化、市场化的要求。这种专业化分工现象的一个体现是，出版物生产流程的各环节之间分工明确，在单个出版机构的组织架构上，中外各国出版机构内都设立了职责明确、分工具体的生产业务部门。如在我国出版机构内部与出版物的生产制作直接相关的部门主要有编辑部（科、室）、出版部（科、室），具体来说，在编辑业务领域，或按专业学科分设若干编辑部（科、室），或按工作任务分设策划、组稿、文字加工、美术设计、校对等编辑部（科、室）；在物质形态制作领域，还可根据出版机构的规模或需要，在出版部之下分设印刷、材料等科室，负责发稿后的印刷生产活动的组织。这样一个基本的组织状况，国外也大体相仿，如我国出版机构设有出版部，英美等国家对应的部门称作生产部，日本称作制作部。但发达国家的出版机构在具体部门设置和人员安排上会根据具体的工作重点、目标与人的潜能来进行，在出版机构的组织架构方面提倡灵活性，以利于提高效率，有助于推出精品和最大限度地占领目标市场。例如，日本大多数出版机构的出版物生产制作业务，主要是由编辑和制作两大部门担任，但有些出版机构的编辑和制作并不分工，兼而为之。

---

① 日本编辑学校.日本出版社概况——工作内容与组织形式[M].申力扬，译.北京：高等教育出版社，1998：75.

② 艾佛利·卡多佐.成功出版完全指南[M].徐丽芳，王秋林，黄晓燕，等，译.石家庄：河北教育出版社，2004：79.

发达国家出版物生产活动具体运作的专业化程度较高，这主要体现在以下四个方面。

第一，发达国家出版物市场的细分程度非常高。因此发达国家出版机构专业化发展的趋势日益明显，越来越多的出版机构选择在一个或数个优势领域里出版图书。我国出版界目前还存在比较严重的盲目出版、重复出版现象，我国出版机构应向发达国家出版机构学习，集中优势力量打造自身核心竞争力。

第二，发达国家出版经纪业高度发达。例如，随着美国图书出版市场越来越专业化、细分化，目前美国的编辑可能同时做几种类型的图书，这是因为在组稿环节中，他们大多是从出版经纪人手中买书稿。出版经纪人在西方已得到人们的广泛认可，其行为受法律的制约和保护。而在我国现阶段，尽管一些扮演出版经纪人角色的人已经出现，并在出版界发挥着积极作用，但出版经纪业远未成熟，出版界人士对出版经纪活动仍存在或多或少的疑虑，相关管理部门在认识和管理上尚需努力。

第三，发达国家的出版机构在出版生产过程中善于利用社会力量。发达国家出版生产承包商十分活跃，在出版生产活动中占有很重要的地位。图书生产承包商又称"图书开发商"，20 世纪 40 年代起源于英国，后来也在美国、日本等国出现。目前美国有图书生产承包商数百家，他们能向出版社承包图书生产从选题策划、编辑加工、校对到成书的全部项目或其中任何一个项目。日本的社外编辑承包组织的业务大体有两种情况，一是承包图书、期刊，从计划到编辑一条龙服务；另一种是只承包校对或版面设计等单项业务。目前他们已建立日本编辑承包组织协会，为提高自身地位而努力。目前我国不少出版机构主要是将校对、排版、装帧设计等业务外包给社会力量，社会力量还有很大的利用空间。

第四，发达国家在出版产品生产前和生产过程中注重出版产品的标准化工作和版权保护工作。西方国家的出版商，在出版产品生产制作正式开始之前，就开始了出版产品标准化认证与版权保护工作。例如，美国的出版商在印刷前要做的事情有：① 申请 ISBN 号；② 申请国会图书馆号；③ 填写图书信息预告(ABI)表格；④ 获得在版编目(CIP)数据；⑤ 制作条形码；⑥ 列出版权通告[①]。我国的出版机构在这方面正逐步与国际接轨，但专业化水平仍需提高。例如，我国出版机构应该提高生产环节中的版权保护意识。

---

① 艾佛利·卡多佐.成功出版完全指南[M].徐丽芳，王秋林，黄晓燕，等，译.石家庄：河北教育出版社，2004：75.

（三）出版生产流程与市场竞争

发达国家出版生产流程充分体现了出版者对市场、竞争和成本问题的高度重视。

出版产品的生产过程取决于出版业的运作机制，而这种运作机制在某种程度上又是由国家的宏观经济运行机制决定的。不同国家出版业的运作机制存在差异，也就决定了生产流程的各环节在整个生产流程中的地位会有所不同，不同国家对不同环节的重视程度不一。

发达国家市场经济高度发达，出版业的市场化和专业化程度也较高，因此，这些国家出版活动的策划、开展无不体现了市场力量的作用。首先，发达国家非常重视出版生产的前期策划准备工作，注重对出版市场进行调研和预测，生产活动开展之前和生产过程中充分考虑市场反响和销售效果。其次，在出版力量的分工上，也体现了对市场极其重视。例如，在英美等国，很多出版机构的编辑分工明确，编辑工作以选题策划、组稿、审稿为重点，出版机构全力寻找销路好的稿源。当然，也有一些出版机构主要考虑出版产品的质量和社会效益，而将销路置于次要地位。再次，发达国家的出版机构在生产过程中十分重视图书的外观设计对图书销量的促进作用。例如，美国 Para Publishing 公司出版的印模图书——《飞碟玩家手册》(*Frisbee Player's Handbook*)首先为图书选用了非常规的圆形，然后又把圆形图书放进一只飞碟中，玩具与图书浑然一体，极大地促进了图书在玩具与体育用品店的销售；圣马丁出版社把《巧克力之吻》(*Chocolate Kisses*)一书的外观设计得像一盒巧克力，Target 书店非常欣赏这种呈现形式，真的就把这本书摆在真正的巧克力旁销售。

在计划经济时代，我国的出版机构只管出版产品生产，不从事市场分销业务，因而不需要考虑市场因素，当时出版机构内部也没有从事市场业务的机构。20 世纪 80 年代初，我国出版机构开始自办发行业务，出版业市场化进程也逐步深入，出版机构越来越重视市场。目前从机构设置、出版理念等方面看，我国出版社正逐渐与国际接轨。与西方发达国家不同的是，我国出版界十分重视出版物的社会效益，对编辑把关环节极其重视，十分强调编辑的把关职能。例如，我国编辑审稿实行完备的"三审制"。发达国家一些好的经验可为我国出版机构借鉴：可让编辑将更多的精力集中于选题组稿、审稿工作上，提高策划编辑的积极性；更加注重装帧设计、印刷、装订环节中的一些细节问题对出版物的影响，采用一些新的创意提高市场覆盖率。

（四）出版生产流程各环节之间的互动与协调

发达国家出版生产流程中各环节、各机构之间具有良好的互动、协调机制。

出版物生产活动是由多个独立而又紧密联系的环节来完成的。任何一个环节出现细微的问题，出版物的生产进度和最终质量就会受影响。发达国家出版生产流程中各环节、各机构之间能很好地互动、协调。

首先，西方国家出版机构在出版决策和生产过程中注重吸收市场销售、广告宣传等其他部门的意见。例如，日本出版业有一种“以策划为主要导向”的理念，出版界人士意识到，编辑者和市场经营者两者绝不是对立的，而是都处于出版业链条上，两者必须协调发展；传统的以编辑者为主导的策划存在弊端，让市场经营者参与其中，充分听取市场经营者的意见已经成为现代出版业策划的一大趋势，因为经营者可以冷静地把握市场①。

其次，发达国家很多出版机构的出版生产流程具有一个特点，即对出版产品生产进行严格而又有弹性的跟踪管理，其具体表现为：① 制定时间进度表，将出版生产各环节的工作时间确定下来，并发到各部门的相关工作人员手中；② 定期召开各类会议，一般有年度战略讨论会（高层经理会）、每季计划更新会（部门经理会）、每月检查会（全体职员会）、每周协调会（部门经理会），通过这几次会议，一是经常检查工作进展情况，二是让各部门互相沟通，建立合作精神。

目前我国不少出版机构的生产制作部门能在选题策划、选题经济预测、出版产品外观设计等方面积极听取市场业务部门的建议，一些出版机构实施了编辑、发行业务互动的机制。但我国也有不少出版机构的组织机制存在缺陷，一些出版机构生产过程各环节之间的分割形成一种出版运作的断层现象，如作者与编辑、编辑之间、编辑与出版科、编辑与市场部门缺乏交流和协调，导致低效率、低效益的产生。

二、数字环境下出版生产和经营模式的变革及影响

出版业正在发生的以电子技术、计算机网络技术、多媒体技术等现代技术在出版业内的应用和发展为标志，以数字出版、按需印刷等出版业新气象为主要表现形式的技术革新，引领人们对“出版”概念进行全新的认识，也推进着出版物生产方式和消费方式发生变革。在新的技术环境下，出版业被界定为一种内容产业；出版模式被描述为：内容提供者→内容加工者→内容消费者；新技术的发展也迫使出版界重新认识出版流程和出版业态。

---

① 刘剑.图书策划需经营者参与——日本出版业策划现状调查报告[N].中国图书商报，2003－12－19(20).

(一) 新技术给出版流程和出版业态带来的革新

在20世纪,桌面出版系统(电子出版系统)在出版业内的迅速普及,已使中外出版产品的生产行为发生了重大变化。传统的出版物生产模式是:信息采集→选题→组稿→审稿→加工整理→整体设计→发稿→排版→校对→改版→付型→制版→印刷→装订。采用"桌面出版系统"后,出现了新的出版产品生产模式:信息采集→选题→组稿→作者交付文稿(或光盘、磁盘稿)→计算机编辑排版(录入、审读、修改、排版、校对、制软片)→制印刷版→印刷→装订。计算机编辑排版技术精简了出版生产流程中的工作机构,使一些工作程序得以兼容,并且提高了工作效率,节约了生产成本。

数字化、信息化出版技术使得传统出版流程中从组稿、接受来稿、编辑、终审、排版、制版一直到送交印刷厂的所有环节都能在一台计算机上完成。新的出版方式使得出版流程进一步简化,传统出版环节出现融合趋势,出版生产的所有环节均可被数字化,传统意义上的出版生产效率和活动范围得到超越。

在新技术环境下,出版与发行可以同步进行。传统的传播模式是线性的:信息→传播者→传播渠道→受众;而网络等新技术使得作者可以绕过出版者和流通经营者,作者、出版者、流通经营者甚至可以三位一体,集于一人之身。如今在按需印刷业务的支撑下,国外出现了DIY(do it yourself——自助)出版方式,或称self-publication/self-publishing。按需印刷(print-on-demand)是以数字化为基础的印刷技术,它的优点之一是不需要制定一个最低印刷限额,它在人类印刷史上第一次使得一本书也可以印刷,而且只需5分钟。在Xlibris(兰登书屋创建)、iUniverse(巴诺书店拥有部分股权)、Great Unpublished等公司的协助下,2002年美国即有7万余部作品以DIY方式出版。在美国,只要作者花上99美元到1 600美元不等的订金,就可以让自己的手稿有一个体面的样子了。如美国著名畅销书作家斯蒂芬·金的作品在网上出版、阅读、下载,完全不需要传统出版业的支持。Digibook与按需印刷技术对目前出版业中昂贵的分销结构是一种打击,同时独立出版商在作者与读者之间的"中间人"角色也会被削弱。我国目前也有出版机构介入这项业务,如知识产权出版社已在2004年4月宣布正式启动其按需出版工程。

(二) 数字环境下出版生产行为变革对出版经营模式的影响

在新技术环境下,在线阅读逐渐普及以后,传统的出版机构将不得不完全改变现有的经营模式。出版者将成为在线服务的提供者,出版机构的收入来源不再仅仅局限于传统市场分销利润,还可以包括来自POD出版、在线广告收入、数字信息检索与咨询及其他增值业务的盈利。

当前数字出版产业的发展势头强劲，日益成为世界出版产业变革的“前沿阵地”。从全球范围来看，有报告预测 2022 年全球数字出版市场规模将达到 416.4 亿美元，相较于 2021 年的 362.9 亿美元增长 14.8%，并预计该市场将以 13.4% 的复合年增长率增长到 2026 年，达到 688.1 亿美元①。聚焦到我国，近年来，我国数字出版产业持续保持高速增长：2015 年我国数字出版产业整体收入规模为 4 403.85 亿元，比 2014 年增长 30%②。2019 年我国数字出版产业整体收入规模为 9 881.43 亿元，较上年增长 11.16%③。2020 年我国数字出版产业整体收入达到 11 781.67 亿元，比上年增加 19.23%；其中互联网期刊、电子图书、数字报纸的总收入为 94.03 亿元，相较于 2019 年的 89.08 亿元增长了 5.56%，高于 2019 年 4%的增长幅度，更高于 2018 年 3.6%的增长幅度；在数字内容产品“走出去”方面，2020 年中国自主研发的移动游戏海外市场实际销售收入超 130 亿美元，同比增长超 46%；2021 年上半年海外移动游戏发行商中，来自中国的发行商占比 23.4%，排名全球第一位④。数字出版产业可谓是名副其实的朝阳产业。

然而，传统出版向数字出版转型的最大难题并不在于资金和技术问题，而在于能否把握数字出版的特质，探索发现其规律，进而建立起相应的商业模式、盈利模式。一种有效的经营模式才是一个企业或整个产业获取经济利益、赢得市场优势的制胜法宝。当前在世界范围内，数字出版行业的经营模式、盈利模式还有待继续探索。

目前，国外许多著名出版机构竞相介入数字出版业务，不断开拓新的数字出版经营模式。例如，牛津大学出版社（Oxford University Press）的数字出版经营模式循着以下路径开展：第一项业务是把许多相关的工具书数字化后捆绑起来，组合成所谓的“资源中心”，每季度将“资源中心”更新升级，然后每年让机构来订阅；第二个计划是授权出版电子书，现在，在出版每一本大众类图书时，都会做电子书，并将其纳入正常的销售渠道；第三项计划就是现在正在做的，即收集所有已出版图书的文档，扫描集成之后成批出售给图书馆；第四项工作为两年以

① The Business Research Company. Digital Publishing Global Market Report[EB/OL].（February 2022）[2022 - 04 - 17] https://www.thebusinessresearchcompany.com/report/digital-publishing-global-market-report.

② 魏玉山.规模继续上升，传统出版转型仍需加大力度：2015—2016 中国数字出版产业年度报告[N].出版商务周报，2016 - 07 - 31(28).

③ 魏玉山.数字出版产业逆势增长 2019 年收入规模达 9 881.43 亿元[N].国际出版周报，2020 - 12 - 28(13).

④ 李俐.逆势上扬！数字出版产业年收入超万亿[N].北京日报，2021 - 10 - 28(14).

后的“数字优先”计划，即为图书馆生产图书，这些书将没有纸质形式，但可以从事按需出版业务，生产纸质书。爱思唯尔(Elsevier)出版集团于2000年投资4 000多万美元，启动其期刊数字化项目——Scopus，将其以往近200年内出版的400多万篇文章全部电子化。目前，Scopus已成为全球最大规模的文摘和引文数据库，文献可回溯至1823年第1卷第1册的《柳叶刀》。泰勒&弗朗西斯(Taylor & Francis)出版集团的电子产品平台Informaworld提供一站式服务，包括1 500余种电子期刊、8 000余卷的期刊电子回溯以及17 000余本电子书和20万个文摘与索引记录；另外还有各个领域的百科全书资源；其先睹为快(iFirst)电子平台包括345种期刊的文章，在作者看过校样后即可在网上发表，为学者提供更加快捷的服务；在投稿中心(Manuscript Central)平台，作者可在线投稿，从而缩短从投稿到发表的周期。①

在中国，包括网络公司、出版企业在内的许多机构已开始进军数字出版业，在这些机构中，有的深层介入数字出版产业链核心环节，有的为传统出版机构提供数字出版平台，或为出版机构开展相关网络服务；中国大多数出版机构已经在出版流程的某个环节实现了数字化技术的应用，而某些出版机构的数字出版进程更是走在了前列；一些出版机构已经将数字化出版列入下一步的业务计划中，少数先行者已经从中尝到了甜头。例如，上海世纪出版集团旗下的易文网开展了数字化信息服务、网络出版业务，E-book的收费阅读和“工具书在线”是其中的两个亮点；高等教育出版社建立的内容管理系统，将各种出版资源进行系统化集中管理，实现了资源的社内共享和继续利用，同时数据的结构化可以根据不同的模板生成不同的内容，为以后的在线服务提供良好的基础②。又如，中国出版集团数字传媒有限公司于2008年4月揭牌，这标志着作为中国传统出版业代表的中国出版集团由传统出版经营模式向数字化转型的战略正在加速推进，在接下来的两到三年时间里，中国出版集团数字传媒有限公司将着手准备上市③。据悉，中国国家新闻出版总署的中华字库工程、国家数字复合出版系统、国家知识资源数据库出版工程、中华古籍全书数字化出版工程、数字版权保护技术研发工程五大数字化出版工程正在紧锣密鼓地实施之中，从中可以看到中国政府对数字出版产业发展的支持、推进力度。

---

① 主要专业出版社的数字出版项目[N].出版商务周报，2008-06-15(13).
② 姚红.出版企业如何应对数字化之变[N].出版商务周报，2008-06-22(13).
③ 陈丹.中国出版业迎来数字时代商业模式有待进一步探索[N].通信信息报，2008-04-30(B14).

三、数字出版模式给出版经济学理论带来的新内容

当前，“数字出版”概念已被业内广泛认可，数字出版产业链、数字出版规模正在形成，网络与数字化阅读已经成为人们重要的媒介消费方式之一。从本质上看，新技术给传统出版生产流程带来了翻天覆地的变革。但从数字技术介入出版业的表现来看，数字出版目前尚处于探索时期，一些数字出版业态也还处于模仿传统出版业的阶段，而且置身于数字技术平台的出版，目前还需要传统出版业在内容等方面提供支撑。因此，在一个时期内，数字出版业态与传统出版业态将形成共存、竞合的格局。尽管如此，出版界人士仍然需要充分认识新技术对传统出版的革命性冲击，增强危机感与紧迫感，积极研究、介入新兴的出版业态与出版商务模式，以求得自身的可持续发展。

数字出版不仅是当今传媒业的新兴领域，而且也是传播学、出版学研究界关注的重要现实热点。中国出版科学研究所等机构从 2007 年开始联合发布中国数字出版产业年度发展报告。就数字出版经济研究来说，当前从经济学视角对数字出版传播的特征和规律进行分析的研究还较少，对诸如数字革命是否改变了出版经济的基本规则等关键性问题的研究较为匮乏。从数字出版传播的实践出发，合理地运用信息经济学等经济学理论和方法，对数字出版传播的经济特质、经济规律与运营模式进行研究，很有必要。数字出版具有明显的创新特质、外部经济性、边际效益递增特征和复合经济效应。这些特征对传统理论框架有所突破，将为经济学、出版学、传播学理论注入新的内容。

(一) 数字出版经济中存在激励创新以追求竞争优势的特殊机制

约瑟夫·熊彼特(Joseph A. Schumpeter)在其 1912 年出版的《经济发展理论》中提出并阐释了“创新”(innovation)的概念。熊彼特认为，创新不仅是新的，还要能带来利润；创新是一种“创造性的破坏”，是一种均衡被打破的过程[①]。克里斯托弗·弗里曼(Chirstopher Freeman)也认为，创新就是新产品(思想)或新工艺的首次成功的商业化[②]。因此，创新不仅仅是一个技术的问题，创新是技术与市场交互作用的结果，它具有强烈的商业利益驱动趋向。按照以上观点，所谓技术创新，其实质是指通过新的技术运用向市场提供新的、能带来利润的产品或

---

① JOSEPH J S. The Theory of Economic Development: An Inquiry into Profits, Capital, Credit, Interest, and the Business Cycle [M]. Cambridge, MA: Harvard University Press, 1934.

② CHIRSTOPHER F, LUC S. The Economics of Industrial Innovation [M]. 3rd ed. Cambridge, MA: The MIT Press, 1997.

服务。

网络经济、数字经济形态是一种创新型经济，创新机制是促使数字经济不断发展的重要动力源泉。在这种经济环境中，企业将新技术、新创意、新思想转化为新产品、新工艺，或实现组织创新、制度创新，形成自身核心竞争力，去攻占和扩大市场，建立和拥有公认的标准，从而锁定消费群体，通过路径依赖赢取一定时期内的竞争优势，达到占据市场主导地位的目的。但另一方面，继起的创新又使持久的垄断永不可能出现。因此，在数字出版经济中不创新则亡，企业若非持续创新也是难以为继；企业的竞争优势需要持续的创新来维系，而创新局面则依靠竞争来推进。

（二）数字出版经济中边际效益递增规律的作用范围扩大

所谓边际效益递增规律，即在经济投入产出系统中，随着投入的增加而边际产出（边际效益）呈递增趋势。在传统的经济形态中，当物质产品生产尚未达到一定经济规模时，边际效益递增规律也是存在的。而在新兴的网络经济、数字经济中，信息资源具有可再生性和重复使用特性，它的成本不随使用量的增加而成比例增加；从信息产品或服务的特点看，信息产品的沉淀（固定）成本高、复制成本低，这使得边际成本趋向于零，而信息产品的共享程度越高、流行程度越广，其价值就越大，从而形成销售规模报酬。信息资源和信息商品的上述特征，使边际效益递增规律在数字出版经济中的作用范围更为宽广，即由于数字环境下交易边际成本递减趋势的存在和数字信息价值的累积增值及传递效应，所以数字出版的边际收益呈现规模递增趋势。

当然，在网络经济、数字经济形态等信息经济中，并非只有边际效益递增的规律性，在信息产品生产中出现技术方向问题等情况时也会出现边际效益递减甚至为零或负的现象。新的经济形态所改变的主要是边际效益递增或递减规律发挥作用的范围。

（三）数字出版经济具有非常明显的网络外部性

数字出版的外部经济性来源于网络的组织系统性、数字信息流的交互性和信息基础设施的长期垄断性。反映信息网络具有外部效应的梅特卡夫法则（Metcalfe Law）也适用于数字出版经济。梅特卡夫法则得名于计算机以太网的发明人梅特卡夫，这一法则表明网络价值等于网络节点数的平方。由于互联网是多对多的网络，它的网络规模的关键点（或临界点）在 20 世纪 90 年代早期就已达到，此后每个新用户能增加的潜在价值比例就大于网络规模增加的比例，反过来，人们对不断增长的网络价值的认知，又驱动了网络规模的进一步增长。梅特卡夫法则概括了网络的效益随着网络用户的增加而呈指数增加这一基本的价值定律，即经济学界所称的“网络效应”或“网络外部性”。

互联网为人类的出版活动提供了一个重要的信息获取和传播平台，也提供了一个重要的商务平台。在一个网络出版平台上，用户可以按照一对多、多对多的形式传播信息，网络用户数量的增加使信息得以在更大范围的用户之间传递和共享，这不仅增加了信息本身的价值，而且提高了所有网络用户的效用，进而实现网络出版平台的各种潜在价值，增加网络平台的总效用。这种网络外部性在数字开放存取出版、博客和网络阅读社区等多种数字出版传播形式中都有所体现。因此，反映网络外部性的梅特卡夫法则也适用于网络条件下的出版经济活动。梅特卡夫法则也从一个方面说明数字出版传播的边际成本是递减的：虽然数字出版的技术平台搭建、数字出版产品前期研发的固定投入较大，但每新增一个用户的成本，并不需要新的基础设施投入，而且可以均摊原有投资成本，消费者越多，相对成本就越低。

（四）数字出版经济中存在反映优劣势强烈反差的马太效应

所谓马太效应（Matthew Effect），简言之，即强者愈强、弱者愈弱的现象。这种效应因《新约全书·马太福音》第25章中的一句话而得名——“因为有的，还要加给他，叫他有余；没有的，连他所有的，也要夺过来。”数字出版经济是以数字化信息流为核心，由信息流组织与支配商流、资金流、物流、技术流、人才流的新兴出版经济形态。而在信息流产生的活动中，由于人们的心理反应和行为惯性，在一定条件下，优势或劣势一旦显现，就会不断加强而自行强化，出现滚动的累积效果。所以，在网络经济、数字经济发展过程的某个时期，往往会出现强者愈强、弱者愈弱的局面，而且还可能发生强者通赢、胜者通吃的现象。由于互联网的特性，后来者很难抢占先行者的市场份额。

尽管前文提到数字出版经济中存在着激励市场主体创新的特殊机制，但创新意味着“创造性的破坏”，意味着颠覆已有的均衡格局。而且在另一方面，对于最早的创新者而言，往往存在巨大的风险，对于源头创新、高端创新和力求拥有自主知识产权的自主创新来说，更是如此。因此，在网络环境下，一旦某一领域形成较为稳定的市场格局，反映优劣势强烈反差的马太效应规律将在市场中发挥作用。具体对数字出版行业而言，如果数字出版机构在技术条件、收费模式等方面的问题都得以解决，并形成成熟的消费市场，那么消费者将逐步形成较为稳定的阅读方式、消费习惯。而要让一个稳定的消费者群体改变较长时间形成的消费习惯，重新适应一套新的阅读方式、消费习惯，则需要一个过程，这个过程将为时不短。例如，一些出版机构的在线增值服务在推行初期是免费的，现在就出现一个令出版机构头疼的难题：如何让读者愿意为这些在线增值服务付费。

对于数字出版产业的市场竞争，银河证券传媒行业分析师许耀文曾做过如下具体分析：中国出版集团所成立的数字传媒业务，若是包含物流内容，则不免与当当网、卓越网形成正面冲突，而盈利点若是在于有价资讯的，则与道琼斯、汤姆森等相仿，它将遭遇更为强劲的竞争。[①] 作为中国传统出版业的代表，中国出版集团面临的挑战也正是整个产业面临的挑战。正是从这种意义来说，数字出版机构需尽快建立符合自身特色的经营模式，如此才能在市场中长久立足。

① 陈丹.中国出版业迎来数字时代商业模式有待进一步探索[N].通信信息报，2008-04-30(B14).

第六章　出版传媒产业的市场垄断与竞争分析

知识垄断的兴衰与传播媒介相关。不同的知识垄断倚重不同的媒介，或倚重宗教、非集中化和时间，或倚重武力、集中化和空间，因此知识垄断也要变化。

印刷工业的急剧扩张和对出版自由的强调，都助长了垄断的成长，强化了民族主义。

在普通法的国家，知识垄断加重了报纸、杂志和书籍出版的垄断倾向。①

——哈罗德·伊尼斯

经过对两个世纪以来不同市场结构的考察，许多经济学家得出这样一种结论：在不规范的企业之间注入强有力的竞争，几乎总能使这些破坏性代价降到最小的程度。消除进入与退出的壁垒和禁止勾结行为，是防止垄断定价和鼓励快速创新的最有效方式。这一策略的实质可以用以下几条规则加以概括：消除政府对竞争的限制。记住："关税是垄断之母。"促进来自国外企业的有力竞争。尽可能地使用拍卖和竞争性报价。不要怀疑未来技术发展的趋势。鼓励小企业向已有的企业发出挑战。②

——保罗·萨缪尔森

垄断与竞争是经济运行的两种重要形式，在资源的优化配置上，垄断和竞争各以其独特的机制和方式发挥着互补作用。从现实看来，任何一个国家的经济都不是完全竞争的经济，也不是完全垄断的经济，而是垄断和竞争在不同程度上的结合。我国加入 WTO 之后，越来越多的国家承认我国的完全市场经济地位。在此背景下，我国出版业应该尽快重塑市场主体，建立和完善市场

---

① 哈罗德·伊尼斯.帝国与传播[M].何道宽，译.北京：中国人民大学出版社，2003：177－179.

② 保罗·萨缪尔森，威廉·诺德豪斯.经济学(第 16 版)[M].萧琛，主译.北京：华夏出版社，1999：150.

机制，这也是我国出版发行体制改革的目标和要求。在出版领域，出版市场包括哪些市场类型，各具有哪些特征，处于不同类型市场中的出版机构的市场行为与绩效有何特点，这些都是出版界亟须明确的，也是需要出版经济学加以详细考察的内容。

第一节　出版产业市场结构的特征

市场结构是一个反映市场竞争和垄断关系的概念。市场结构是指“规定构成市场的卖者（企业）相互之间、买者相互之间以及买者和卖者集团之间等诸关系的因素及其特征”[①]。在考察出版业的市场结构特征之前，我们需要明确市场划分的概念。经济学中的“市场”或“产业”，是指具有替代性的产品或产商的集合。“我们应该把一个行业看作生产的产品在消费者看来是相近替代品的所有厂商的集合。行业中的每一家厂商都能生产独一无二的产品——如独一无二的品牌，但从消费者的角度看，每一品牌的产品都是程度不同的替代品。”[②]如果两种产品的替代性很小，那么这两种产品就不属于同一个市场或者同一个产业。例如，《中国国家地理》和《世界时装之苑》两家杂志社皆以杂志出版为主业，中国少年儿童出版社与中国水利电力出版社两家出版社均以图书出版为主业，但从严格的经济分析的角度来看，它们并不属于同一市场，因为二者之间几乎没有直接的竞争关系。因此，我们应该对出版业的市场结构进行具体的分析，而不应一概而论。

一、对出版业市场类型与特征的判断

微观经济学通常按照市场竞争程度的差异将市场划分为四种类型：完全竞争市场、完全垄断市场、寡头垄断市场、垄断竞争市场。其中，完全竞争市场和完全垄断市场是两种比较简单的市场类型，它们各处于两个极端的情形；而寡头垄断市场和垄断竞争市场是处于上述两者之间的中间状态，市场结构较为复杂，兼具垄断与竞争两种特点。

所谓完全竞争市场，是指这样的市场：在市场上有大量的买者和卖者，其中任何个别的卖者和买者都不具有影响和决定商品市场价格的力量，而只能是市

---

① 杨建文，周冯琦，胡晓鹏，等.产业经济学[M].上海：学林出版社，2004：68.

② 哈尔·R.范里安.微观经济学：现代观点（第6版）[M].费方域，主译.上海：上海人民出版社，2006：369.

场价格的接受者；商品具有同一性，同一数量的同种商品之间完全同质，不存在差异；生产要素具有完全的流动性；每个买者和卖者能够自由地参与或退出市场经济活动；买卖双方拥有充分的市场信息和商品知识。完全竞争市场是一种经过理论抽象的理想的市场状态。但现实中的市场都不具备这些特点，因而都不是完全竞争市场，充其量只是接近完全竞争市场。尽管如此，由于完全竞争的理论价值，完全竞争理论至今仍是经济学理论的重要组成部分，完全竞争性仍然是经济学家分析市场的起点。不具备完全竞争性的市场，则称为不完全竞争市场。不完全竞争市场的特点是，市场中存在着一定程度的垄断，某些个别经济人对商品的市场价格具有一定程度的影响力。垄断竞争市场、寡头垄断市场和完全垄断市场即为不完全竞争市场的三种类型。在不完全竞争市场中，完全垄断市场是与完全竞争市场完全相反的一种市场状态，其特点是：行业内部只有一个厂商，厂商就是产业；厂商的产品没有替代品，因而没有竞争者；厂商独自决定产品价格，是价格的制定者；厂商可以根据市场的不同情况，实行差别价格，以赚取最大的超额利润。完全垄断市场在现实中很少见，在现实经济生活中较为普遍存在的是垄断竞争与寡头垄断两种市场类型。垄断竞争市场的竞争程度较大，垄断程度较小，比较接近完全竞争，从总体上说，这种市场具有以下特点：厂商众多；市场上的每个经济人都自以为可以彼此相互独立行动，互不依存；产品差别存在差异性；厂商进入和退出一个行业比较容易；行业内部可以形成多个产品集团，即行业内生产类似商品的厂商可以形成团体，这些团体之间的产品差别程度较大，团体内部的产品之间差别程度较小。寡头垄断市场在现实中也较多见，但这种市场结构较为复杂，至今没有一套完整的理论。所谓寡头，是指少数的卖者面对众多的买者。总的来说，寡头垄断市场有如下特点：市场上的厂商只有少数几家，每个厂商都具有举足轻重的地位，对其产品的价格具有相当的影响力；厂商决策时要考虑竞争对手的反应，不能独自决定价格，不是价格的制定者，更不是价格的接受者，而是价格的寻求者；诸寡头的产品之间可以完全相同，也可有产品差别；其他厂商进入产业相当困难，甚至极为困难，同样退出一个行业也是很不易的。

（一）出版市场的共性特征

出版业市场类型及其特征可做如下概括。

一般而言，理论上的不同市场结构类型（如垄断或竞争市场），所反映的并不是某个单一产业的特征，因为在一个产业内部，很可能存在更具体的由产品差异性和市场进出壁垒所决定的不同市场类型。在一个特定产业内部，可能会有垄断竞争市场、寡头垄断市场和完全垄断市场并存的情况。对于出版产业来说，现代市场经济条件下的出版市场具有以下一些共性特征。

(1) 出版市场进出壁垒不高。如果不考虑非经济因素造成的进出壁垒，设立出版企业所需的资本不是太多，进入和退出出版行业的障碍并不大，比较容易。下文将对出版业的市场壁垒进行详细阐述。

(2) 同一市场上，每个出版企业的产品存在不同程度的差异。在同一细分出版市场中，不同出版企业的产品互有差别，要么是内容差别，要么是质量差别，要么是非实质性差别(如装帧设计、广告等引起的印象差别)，要么是销售条件差别(如地理位置、服务态度与营销方式的不同也会造成消费者的不同偏好)。

(3) 出版产品可以形成产品集团。出版行业内部可以形成多个产品集团(product group)，即出版业内生产类似产品的出版企业可以形成团体，这些团体之间的产品差别程度较大，但团体内部的产品之间差别程度较小。例如，不同的科技出版社或少儿出版社可以形成相应的出版产品集团。

(4) 出版企业之间的依存度不高。不同出版产品之间存在较大差异性，这使出版市场可被深层次细分。在很多出版领域，既存在规模很大的行业巨头，也存在员工不到 10 人的微型公司。不同规模的出版机构可以独立行动，互不依存。

(二) 出版业的市场结构特征

根据上述出版市场的共性特征和中外出版业的实际情况，笔者认为，出版业的市场结构存在以下具体特征。

(1) 出版市场主要分属于垄断竞争市场和寡头垄断市场两种市场形态。

(2) 在一定的制度、政策环境下，完全垄断的出版市场是存在的。

(3) 就不同的出版领域而言，大众出版、教育出版、专业出版三大出版领域的市场进出壁垒高低和产品差异性程度，决定了在不同的出版领域中存在不同的市场结构和竞争程度。

(4) 如果将出版物粗略分为政府出版物、专业出版物、教育出版物、大众出版物四类，那么相应出版领域的市场化程度和竞争程度是递增的，如果将出版市场进行更深层次的细分，不同出版市场的市场结构也存在差异。

(5) 出版产业链中的不同环节的垄断与竞争程度也存在差异：从上游往下游，市场化程度越来越高，垄断程度越来越低。

表 6-1 详细描述了出版业的不同市场类型及相应的市场特征。

表 6-1　出版业市场的类型及其特征

市场类型	厂商数量	产品差别程度	企业对价格的控制程度	进出行业的难易程度	出版市场实例
完全竞争	许多	完全无差别	没有	很容易	出版业无此情况
垄断竞争	许多	有许多真正的或感觉的差别	一些	比较容易	大众出版、教育出版、专业出版市场
寡头垄断	几个	差别很小或没有差别	一些	相当困难	教育出版、专业出版市场
完全垄断	唯一	产品是唯一的，且无相近的替代品	极大，但通常受管制	几乎不可能	部分政府出版物、部分专业出版物的市场

二、出版市场特征的现实观照

20 世纪是国际出版业走向集中化、走向垄断的世纪，特别是 20 世纪 50 年代以来，这种趋势日益增强。最近二十多年来，国际出版业的集中化进程更趋加快。例如，1998 年美国前 20 家规模最大的出版公司的年销售收入占了全美总销售收入的 75%，利润的 50%。而这 20 家大公司中外国公司占了大多数，在美国最大的十家出版公司中有九家为外国公司。20 世纪末，贝塔斯曼集团旗下的兰登书屋，年销售收入 55 亿美元，占全美总销售收入的 23%；培生集团旗下的西蒙舒斯特公司，年销售收入 37 亿美元，占全美总销售收入的 16%；荷兰威立集团旗下的 CCH，年销售收入 27 亿美元，占全美销售收入 12%。[①]

在发达国家的市场经济环境中，出版业市场化程度高，行业竞争激烈，因此，与其他产业的发展相仿，出版企业之间的兼并与联合也产生了集团化的企业组织——出版集团。分析发达国家出版集团的发展历程，我们可以发现国际出版业集中化发展的某些规律。

首先，国际出版业的集中化发展既体现了资本运动从分散到集中、从集中到垄断的规律，也体现了经济全球化过程中资本向利润最大化方向流动的趋势。发达国家的出版机构通过兼并、联合、重组等方式实现规模扩张，是国际出版业集中化的主要原因。从 20 世纪 80 年代开始，许多著名的出版集团开始了世界

① 安庆国.从欧美出版之比较看中国出版的发展[J].出版广角，2000(9)：43-47.

范围的大规模扩张，主要是发达国家出版集团之间的相互投资兼并，其中，美国图书出版市场中的外资兼并最为明显，目前，几乎所有世界著名出版集团都在美国进行了投资，其中不少出版集团在美国的营业收入超过了其在本国的营业收入。在这种扩张模式中，大出版集团或出版公司的形成与发展方式主要是通过上市获得融资和实现并购。以作为世界八大传媒之一的贝塔斯曼集团为例，“兼并”在贝塔斯曼集团的发展历程中一直是其开拓市场的重要手段，是其开拓国际市场的制胜法宝。20 世纪 80 年代初，贝塔斯曼兼并了美国最大的纸皮书出版社——矮脚鸡·双日出版公司和奥地利的弗里茨·莫尔登出版社，将它们作为自己的纸皮书出版分部；1993 年贝塔斯曼又与美国普特南·波克利出版集团合资创办了普特南新媒介出版集团，主要致力于出版 CD－ROM 版儿童读物；1998 年贝塔斯曼以 14 亿美元的价格收购了美国最大的一般图书出版社兰登书屋，贝塔斯曼曾在德国以外的地区拥有 10 余家出版公司，它拥有欧洲最大的电视广播网 CLT－UFA 50%的股份和美国在线 5%的股份①。

其次，高度集中化推进了全球范围内出版业集团化的发展进程。另外发达国家出版集团的快速成长又强化了世界范围内出版业集中化的格局。在法国，出版业主要由阿歇特出版集团和哈瓦斯出版集团所垄断，这两大集团的年营业额约占法国出版业年营业总额的 65%，其销售量约占法国图书发行总量的 75%，并且这两家出版集团还在继续扩张；在德国，90%的出版市场由 100 个大出版商分享，其中最大的 10 家出版商控制约 25%的市场份额②。反过来，少数主要出版集团的快速发展又加剧了这种高度集中的格局。表 6－2 呈现了 2021 年全球出版企业前十强的财务收入数据。2021 年“全球出版 50 强排名”中，排名前 10 位的出版集团的收入总额超过了后 40 家的总额，而在 2020 年与 2019 年，排名前 10 的出版集团总收入均占 50 强收入总额的 53%；位居 50 强前 10 的榜单中，励德·爱思唯尔、汤森路透、威科、施普林格·自然、威立是专业出版商，这 5 家的总收入又占了前 10 名总收入的 55%；2021 年“全球出版 50 强排名”中，中国有 4 家领先出版集团上榜，分别是凤凰出版传媒集团、中南出版传媒集团、中国出版传媒集团、中国科技出版传媒集团，其中凤凰出版传媒集团进入 TOP10，中南出版传媒集团进入 TOP20③。

① 吴赟，杨闯.中国出版产业国际化发展的现实与趋向[J].大学出版，2005(3)：25－28.

② 吴赟，杨闯.中国出版产业国际化发展的现实与趋向[J].大学出版，2005(3)：25－28.

③ 李仪，编译.2021 全球出版 50 强排名出炉中国 4 家集团榜上有名[EB/OL].(2021－09－30)[2022－03－10]https://www.bookdao.com/article/427786/.

表 6-2　2021 年全球出版企业前十强①

排名	出版企业	国家	母公司/所有者	2019 年收入（百万欧元）	2020 年收入（百万欧元）	2021 年收入（百万欧元）
1	励德·爱思唯尔（Reed Elsevier）	英国/美国/荷兰	励德·爱思唯尔集团	4 797	5 025	4 613
2	汤森路透（Thomson Reuters）	美国	伍德布里奇（Woodbridge）公司	4 178	4 705	4 486
3	贝塔斯曼（Bertelsmann AG）	德国	贝塔斯曼集团	4 103	3 969	3 628
4	培生（Pearson）	英国	培生教育集团	3 763	4 533	4 583
5	威科集团（Wolters Kluwer）	荷兰	荷兰威科集团	3 529	3 544	3 284
6	阿歇特（Hachette）	法国	拉加代尔集团（Lagardère Groupe）	2 375	2 384	2 252
7	施普林格·自然（Springer Nature）	德国	施普林格·自然集团	1 630	1 718	1 658
8	威立（Wiley）	美国	约翰威立国际出版集团（John Wiley and Sons Inc）	1 491	1 605	1 570
9	凤凰出版传媒集团	中国	凤凰出版传媒集团	1 357	1 458	1 393
10	哈珀·柯林斯（Harper Collins）	美国	新闻集团（News Corporation）	1 356	1 564	1 536

注："全球出版 50 强排名"报告由法国出版杂志《图书周刊》（*Livres Hebdo*）发起，由 RWCC 国际书业研究院实施研究并撰写报告，自 2007 年开始首次发布，并授权由中国百道网、德国《图书报道》、美国《出版人周刊》和巴西《出版新闻》共同发布。该排名基于各公司的营收数据，这些数据主要来自公司财报，或由公司直接提供，抑或取自官方的企业数据登记信息。

西方发达国家中，单个国家的出版市场也存在日益集中的趋势。以英国为例，在英国所有重要出版领域，超过 2/3 的销售行为是由前 10 家公司操作的。

① 李仪，编译.2021 全球出版 50 强排名出炉中国 4 家集团榜上有名[EB/OL].(2021-09-30)[2022-03-10]https://www.bookdao.com/article/427786/.

20 世纪 80 年代，英国尚有近 40 家出版商投资中小学教科书市场，但今天只剩少数几家，它们大多属于一些重要集团。原因在于，尽管教育出版利润相对较高，但它要求出版者在主要的阅读、教学、科学和语言项目上进行长期的投资，以及在市场营销进行高投资。英国主要教科书出版商有哈考特教育、内尔森·索恩兹、霍顿·黑德兰、培生教育、柯林斯教育、剑桥大学出版社、牛津大学出版社，这些公司目前占据了英国教科书市场 85%以上的份额。在 21 世纪之初的英语教学出版领域，英国国内和出口市场由牛津大学出版社、培生教育、麦克米伦教育、剑桥大学出版社四家主要公司控制，它们占有 90%以上的市场份额；在英国整体大众消费市场上，销售额居前 10 位的出版公司所占市场份额在 30%以上[①]。

自 20 世纪 80 年代开始，中国出版业市场开始快速发展，出版业原有的地区垄断、行政垄断格局逐步改变，出版业的市场竞争日趋激烈。出版机构图书零售码洋或实洋的市场份额能够表明该出版机构图书市场占有率的大小和竞争能力的强弱[②]。尽管图书零售市场在品种分布上“二八定律”表现依然明显，如，2021 年销量前 1%的图书品种为中国图书零售市场贡献了近 60%的码洋[③]，但是就出版机构的竞争而言，图书出版业总体市场和大部分细分市场作为一种垄断竞争市场，长期以来其市场集中度并不高。

上述这一点在中国出版业具体表现为不同分销渠道中出版机构竞争激烈，大出版社的市场总体份额稳固，小出版社则通过新的分销渠道频频“出圈”。2021 年，销量排行前 5 名的出版机构的码洋占有率之和不超过 20%；从网络分销渠道来看，平台电商、短视频电商、自营及其他电商三类细分电商渠道的前 5 名出版单位码洋占有率之和均在 20%以下，其中短视频电商平台前 5 名出版单位码洋之和要稍高于其他两个细分渠道；从图书零售市场中实洋领先的前 50 名出版机构来看，前 50 家领先出版机构有 46 家机构在平台电商、自营及其他电商中排在 100 名之内，有 30 家机构进入短视频电商前 100 名；从不同平台领先机构来看，平台电商、自营及其他电商渠道的前 50 家出版机构均排在了零售市场前 100 名之内，而短视频电商渠道中前 50 家机构有 15 家机构排在 100 名之后；具体来看这些在新渠道领先但在图书零售市场中排名并不突出的出版机构，销

① 保罗·理查森.英国出版业[M].袁方，译.北京：世界图书出版公司北京公司，2006：49.

② “码洋”在出版界用于指全部图书定价总额；“实洋”则用于反映图书在打折之后市场的实际规模指标(不包含满减、满赠优惠券等活动)，通过实洋占有率可以更加真实反映在打折背景下出版机构的图书综合销售实力。

③ 北京开卷信息技术有限公司.2021 年图书零售市场数据解读[EB/OL].(2022－01－07)[2022－03－10]https://www.sohu.com/a/515019381_121124778.

量最好的图书基本都集中在少儿启蒙、学习类以及励志疗愈类[①]。尽管以上数据反映的是2021年度市场情况，但在很大程度上能说明中国出版业的市场结构情况，在一定时段内出版机构的市场占有率具有相对稳定性。

第二节　完全竞争和完全垄断条件下的出版市场

完全竞争市场是经济学理论分析中的理想化市场形态，是一种抽象的市场类型。完全垄断市场也是一种相对简单的市场形态，是一种极端的情形。经济学认为一个完全竞争的行业是有效率的，在一个完全竞争的行业中任何形式的生产重组都不可能使每个人的福利更好。尽管完全竞争市场赖以建立的前提条件与现实经济生活中的市场竞争状况相去甚远，但分析处于完全竞争假设条件下的出版企业行为，有助于我们更好地认识出版业引入市场竞争机制的必要性，也有助于我们深刻理解中国出版发行体制改革的目的和意义。而分析完全垄断条件下的出版市场，能帮助我们解释为什么存在垄断利润的出版市场会吸引其他资本和企业努力进入，为什么政府要打破垄断格局，建设竞争型的出版市场。

一、完全竞争假设条件下的出版市场分析

完全竞争又称纯粹竞争，是指一种不受任何阻碍和干扰，不存在丝毫垄断因素的市场结构。我们假设完全竞争条件下的出版企业追求收益最大化或成本最小化，这要求出版企业必须有效地管理内部活动（防止资源浪费、选择有效率的生产方法等），并在市场上做出正确的决策（以最低成本购买适当数量的投入，选择最佳产量水平）。

（一）完全竞争条件下出版企业的短期收益与均衡行为

在完全竞争市场上出版企业只是价格的接受者，而不能改变价格，因而单个出版企业面对的需求曲线是一条水平线。同时需求曲线又是平均收益线和边际收益线：$P=AR=MR=D$。完全竞争条件下，某一种出版产品市场的需求曲线与单个出版企业面对的需求曲线是不同的，当然，这两者之间又有着一定的联系。由于一个完全竞争的出版行业是由许多相对于市场而言很小的出版企业所

① 北京开卷信息技术有限公司.2021年图书零售市场数据解读[EB/OL].(2022-01-07)[2022-03-10]https://www.sohu.com/a/515019381_121124778.

组成的,因此,一个出版企业的需求曲线只是整个出版行业的需求曲线的一个微小部分。图 6-1(a)、(b)分别表示完全竞争条件下,某一种出版产品市场的供求情况以及该市场中的单个出版企业所面对的需求曲线的形态。

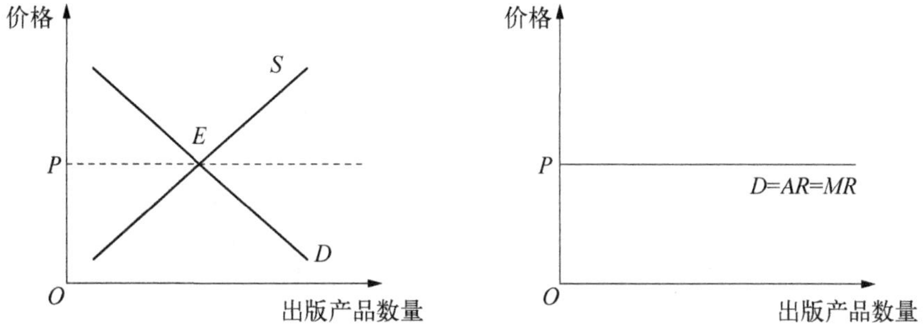

(a)　　(b)

图 6-1　完全竞争条件下出版市场的需求曲线和行业、出版企业的平均收益、边际收益曲线

在短期内,完全竞争市场上产品价格和生产规模都是确定的,厂商不能根据市场需求来调整全部生产要素。因此,处于完全竞争条件下的出版企业根据利润最大化原则($MR=MC$),通过调整可变要素的使用量来调整其生产、销售量。短期内,完全竞争条件下出版企业的均衡存在以下几种情况。第一种情况:获得超额利润的均衡(如图 6-2),即只要边际收益线高于平均成本线的最低点,出版企业就能获得超额利润,超额利润(面积 *CPAB*)=总收益(面积 *OPAQ*)-总成本(面积 *OCBQ*)。第二种情况:亏损最小的均衡(如图 6-3),即只要市场价格即边际收益线低于平均成本曲线的最低点,出版企业出现亏损,此时,亏损(面积 *PCAB*)=总收益(面积 *OPAQ*)-总成本(面积 *OCBQ*)。第三种情况:获得正常利润的均衡(如图 6-4),即只要市场价格即边际收益线与平均成本曲线的最低点相切,出版企业就只能获得正常利润,此时,总收益(面积 *OPAQ*)=总成本(面积 *OPAQ*)。第四种情况:必须继续生产的短期亏损均衡(如图 6-5),在短期内,如果出版企业在收入刚好抵补它的可变成本或者损失正好等于固定成本时,停业点(*E*)就会出现。如果纯经济的角度来考虑,当价格低于该停业点,以致出版企业收入无法抵补它的可变成本时,出版企业就应该停业以使其损失最小化,西方国家的一些出版公司停业关张从经济的角度来说就是出于这一原因。但是,在企业存在亏损的情况下,当价格等于平均变动成本(*AVC*),即价格线与平均变动成本的最低点(*E*)相切时,此时生产与否对企业来说亏损额都

是一样的，即生产所得只够弥补全部可变成本。但这种情况对出版企业来说，还是生产比不生产要好，因为，一旦形势好转，出版企业可以立即投入生产。所以在短期，出版企业继续生产的条件是$P \geqslant AVC$。

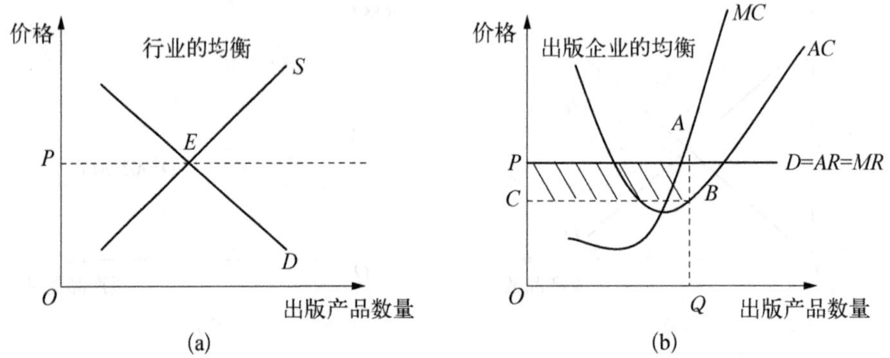

图 6-2　短期内出版企业获得超额利润的均衡

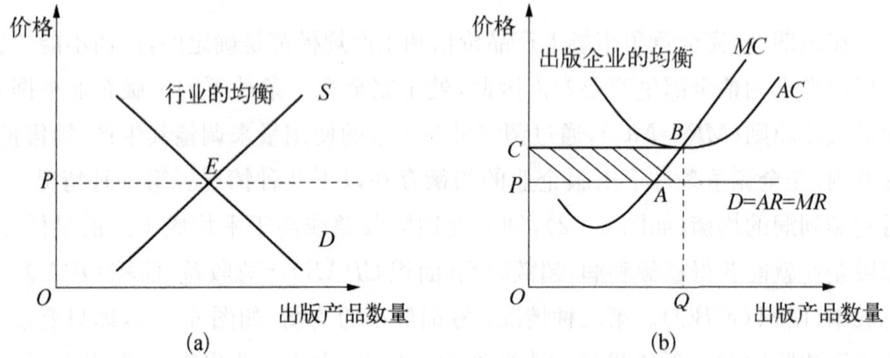

图 6-3　短期内出版企业亏损最小的均衡

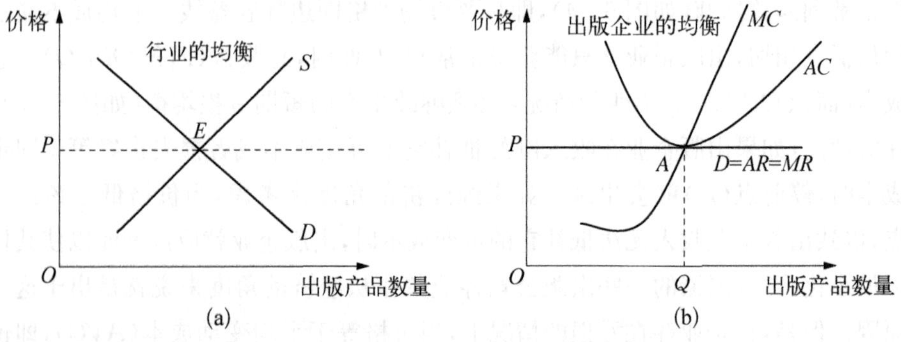

图 6-4　短期内出版企业获得正常利润的均衡

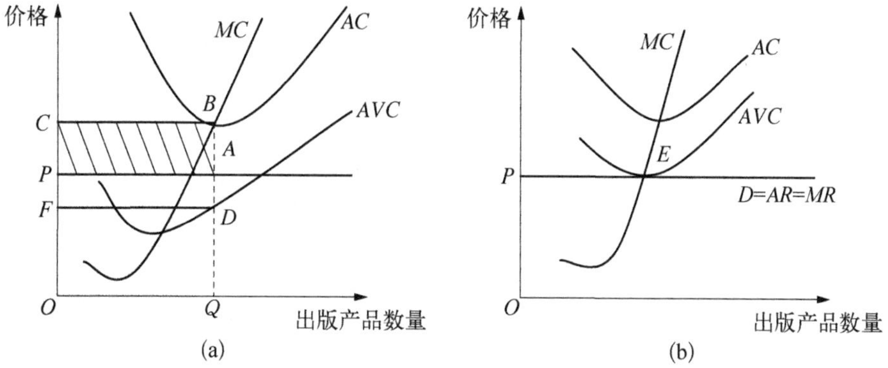

图 6－5　必须继续生产的短期亏损均衡(a)和停业点(b)

对于企业必须继续生产的短期亏损均衡的分析，从经济学的角度解释了为什么在网络经济不够景气的环境下一些网络书店是亏损的，但是它们仍然继续营业。出于利润最大化的目的，网络书店在不能盈利的情况下也应该使其亏损最小化，因为即使在网络书店没有销售任何商品时，它仍然必须负责履行契约，在短期内，一个网络书店必须支付办公场地租金、银行利息等固定成本。所以，只要网络书店的收入减去其可变成本后能够弥补部分固定成本，网络书店继续营业就会比较合算。

(二) 完全竞争条件下出版企业的进退决策与长期均衡

① 短期内获得超额利润的均衡在长期内由于新的出版企业的加入而消失。假定某一出版产品市场存在超额利润，那么其他企业和各种类型的资本在追求利润的动机驱动下，将纷纷加入这一市场，从而使出版产品的供给增加，市场价格下降。但只要该行业超额利润不消失，别的企业向这个行业的流动就会继续下去，市场价格就会继续下降，直到新的均衡价格使该行业出版企业的超额利润完全消失为止(如图 6－6 所示)。图 6－6(a)表示由于新的出版企业加入，出版产品供给能力增强，使供给曲线由 S 移到 S_1，均衡点由 E 移到 E_1，使均衡价格水平由 P 下降到 P_1，图 6－6(b)表示单个出版企业接受此价格，并按 $MR=MC$ 利润最大化原则调整产量为 Q_1，这时，出版企业既没有超额利润也没有亏损，刚好获得正常利润。此时，其他准备加入这一市场的企业因为没有超额利润可追求，从而不再加入，原有出版企业因为还可以获得正常利润也不会退出，从而实现长期均衡。

② 短期内亏损的均衡在长期内由于原有出版企业的退出而消失。假定某一出版产品市场存在亏损，这个行业的出版企业将纷纷退出这个行业，结果商品

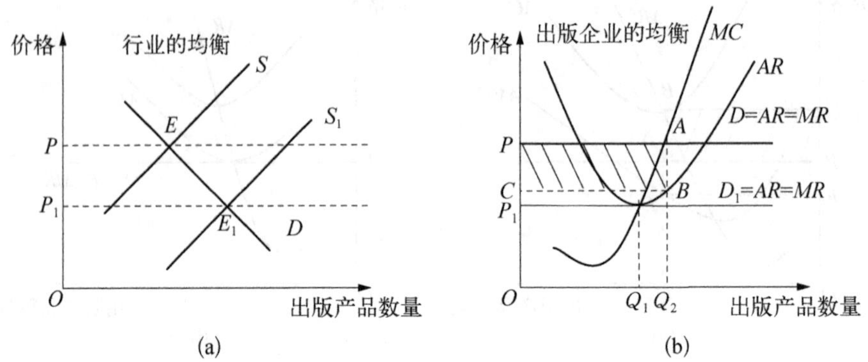

图 6-6 完全竞争条件下出版企业长期均衡：短期盈利的调整

供给减少，市场价格上升。只要出版企业的亏损不消失，原有出版企业的退出就会继续下去，价格将继续上升，直到新的均衡价格使亏损全部消失为止(如图 6-7 所示)。图 6-7(a)表示由于原有出版企业的退出，供给能力减弱，使供给曲线由 S 移到 S_1，均衡点由 E 移到 E_1，均衡价格水平由 P 上升到 P_1。图 6-7(b)表示，出版企业接受行业的均衡价格水平，并按 $MR=MC$ 的利润最大化原则，调整产量为 Q_1。这时，出版企业既没有超额利润，也没有亏损，刚好获得正常利润。由于原有出版企业已能获得正常利润而不再退出，新的企业也不会加入这一市场，从而达到长期均衡。

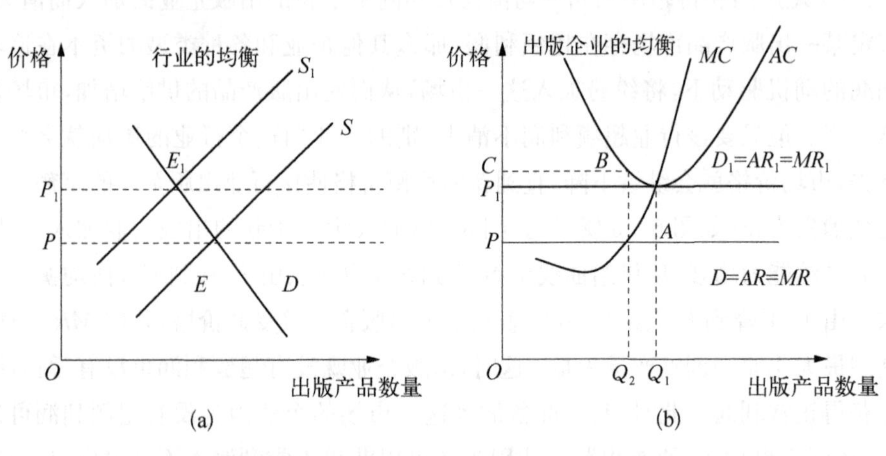

图 6-7 完全竞争条件下出版企业长期均衡：短期亏损的调整

从以上分析可知，完全竞争假设条件下出版市场的长期均衡状态具有以下特点：第一，在行业达到长期均衡时生存下来的出版企业都具有最高的经济效率和最低的成本;第二在行业达到长期均衡时生存下来的厂商只能获得正常利润,如果有超额利润,新的企业就会被吸引加入,造成整个市场的供给量增加,使市场价格下降到各个出版企业只能获得正常利润为止;第三,在行业达到长期均衡时,各个出版企业提供的出版产品数量,不仅必然是其短期平均成本曲线之最低点的产量,而且必然是其长期平均成本曲线之最低点的产量。因此,完全竞争条件下的出版市场具有非常高的市场绩效,完全竞争能使出版经济资源得到合理配置和最优使用。在完全竞争假设条件下,出版企业的资源利用效率最高,消费者也能获得最大的效用或福利。

二、完全垄断出版市场的均衡行为与市场绩效

完全垄断市场是指一个行业提供的某种产品只有一家生产厂商,不存在丝毫竞争因素的市场结构。经济垄断和行政垄断两种垄断形式在出版领域都存在,如国外有些大型的专业出版集团在某一专业出版领域就拥有完全垄断地位,这是激烈市场竞争的结果;我国以往在中小学教材租型出版和发行环节存在的垄断就是一种行政性垄断。

(一) 完全垄断出版市场的均衡行为——出版垄断利润的来源

假设在完全垄断条件下,在某个地区的某一类出版产品市场中只有一家出版企业,因此这家出版企业面对的需求曲线就是整个行业的需求曲线。处于垄断地位的出版企业面对着一条向右下方倾斜的需求曲线。与完全竞争条件下的出版企业不同,在完全垄断条件下,出版企业是产品价格的制定者,而不是价格的接受者,因此它可以根据情况确定价格,以确保垄断利润。完全垄断条件下出版企业的短期均衡也有三种情形:获得超额利润的均衡(如图6-8)、最小亏损的均衡(如图6-9)、获得正常利润的均衡(如图6-10)。从长期来看,拥有完全垄断地位的出版企业可以调整一些生产要素,如果短期亏损,它就可能会在长期中退出这个行业。因为这一点,所以欧美国家的某些大型出版集团为维护自身的市场利润,将业务存在亏损的子公司出售;如果有盈利,出版企业就会调整

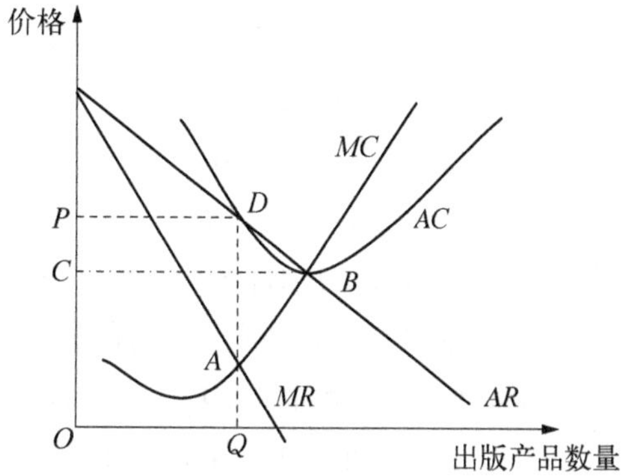

图6-8　处于完全垄断地位的出版企业获得超额利润的均衡

自己的生产规模，使产量由边际收益曲线和长期边际成本曲线的交点（$MR=LMC$）来决定。如果处于完全垄断地位的出版企业逐步扩大规模，必然在开始阶段会得到规模经济的好处，使自己的盈利增加；如果它的边际收益曲线和长期边际成本曲线的交点决定的产量位于长期平均成本曲线的上升阶段，此时的总收益必然大于总成本。所以，在长期内，拥有完全垄断地位的出版企业通常会有超额利润。又由于其他企业不能进入该行业，因而超额利润会长期存在。处于垄断地位的出版企业的长期均衡与图 6－8 所示的情形相仿，只是图中的曲线 AC 和 MC 应改为 LAC 和 LMC。

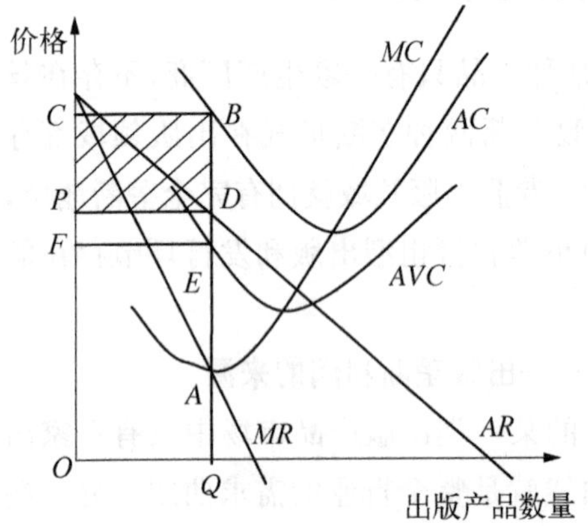

图 6－9　处于完全垄断地位的出版企业亏损的均衡

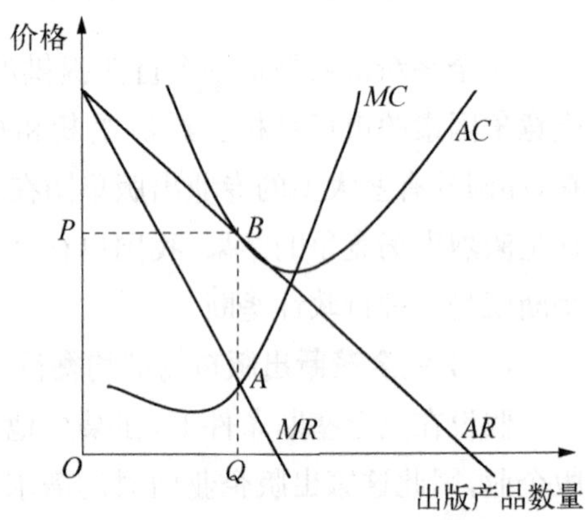

图 6－10　处于完全垄断地位的出版企业获得正常利润的均衡

（二）完全垄断条件下的出版企业行为和市场绩效

完全垄断条件下的出版企业为实现利润最大化，通常会实施价格歧视、搭售等市场行为。所谓价格歧视，是指企业在同一时间、对同一种产品，向不同的购买者索取两种或两种以上的价格。价格歧视并不反映成本的差别，要使差别定价的做法在实际中行得通，必须具备以下两个条件：首先，市场存在着某种不完善性，以致总体市场可以细分为许多相互独立的分市场，垄断企业可以在这些分市场中分别实行不同的价格，否则实行低价的分市场上的产品就会流到高价的分市场，使差别定价失效；其次，各个分市场必须具有不同的需求价格弹性，利润极大化要求满足 $MR=MC$ 这个条件，因此，各个分市场的 MR 在利润极大化的情况下应该相等。

垄断企业的差别定价方法一般有三种：一级价格歧视、二级价格歧视和三级价格歧视。按不同的价格出售不同单位的产量称作价格歧视。一级价格歧视是指垄断企业按不同的价格出售不同单位的产量，并且这些价格是因人而异的，这种情况有时也称为完全价格歧视；二级价格歧视又被称为非线性定价，是指垄断企业按不同的价格出售不同单位的产量，但是购买相同数量产品的每个人都支付相同的价格，因此，不是在不同的人之间，而是不同的产量之间存在价格歧视；三级价格歧视是指垄断企业对不同的人按不同的价格出售产品，但卖给特定个人的每单位产量都按相同的价格出售，这是最普遍的价格歧视形式[①]。完全价格歧视是一个理想化的概念，但是它在经济学理论分析有其重要性，因为它展示了一种不同于实现帕累托效率的竞争市场资源配置机制的情况。现实生活中几乎没有完全价格歧视的例子。最近似的实例就是远离城市的乡村医生，对富人和穷人提供相同的治疗，但根据病人的支付能力，分别收取不同的费用。

在垄断条件下，出版企业对出版产品实行二级价格歧视和三级价格歧视是较为普遍的现象。例如出版商通常根据发行商的进货数量给予不同发行商有差别的折扣，进货数量多、回款快的发行商可以得到较优惠的价格（折扣），就是一种二级价格歧视。图 6 - 11 表示一个出版商对不同进货数量的发行商实行二级价格歧视的情况。当发行商的进货数量在 $O—Q_1$ 之间时，出版商提供的价格为 P_1；当发行商的进货数量在 $Q_1—Q_2$ 之间时，出版商提供的价格为 P_2；当进货数量在 $Q_2—Q_3$ 之间时，出版商给予发行商更优惠的价格 P_3。在出版商销售数量为 Q_3 的情况下，出版商采取这种销售办法所获得的总利润，要比对不同进货数量的发行商一律提供价格 P_3 时更高。如图 6 - 11，统一按 P_3 计价时，发行商的

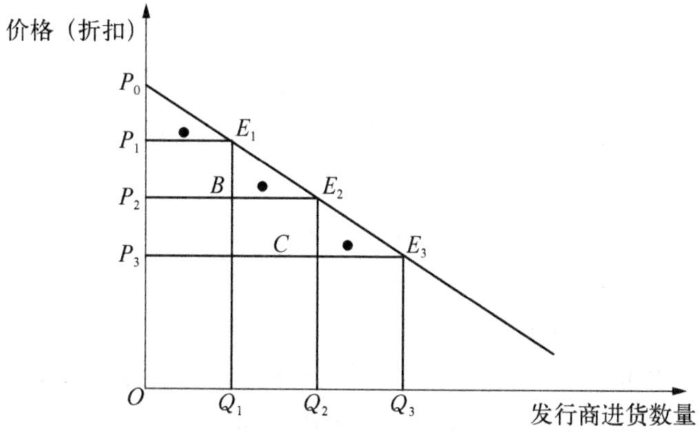

图 6 - 11　出版商对不同发行商实行的二级价格歧视

① 哈尔 · R.范里安.微观经济学：现代观点（第 6 版）.费方域，主译.上海：上海人民出版社，2006：357 - 358.

消费者剩余相当于三角形 $P_3E_3P_0$ 的面积，而出版商实行二级价格歧视后，发行商的消费者剩余就只剩下 $P_0P_1E_1$、E_1BE_2、E_2CE_3 三个三角形面积，其余的利润都被出版商所获得。

在出版产业中，企业实行三级价格歧视的例子主要有：学术期刊出版商通过预订的形式将期刊销售给图书馆和个人时，对图书馆和个人给予不同的预订价格；书刊的国内发行价格和国外发行价格存在差异；书刊销售企业对特定的读者对象或消费群体（如中小学生、老年人等群体）给予价格（折扣）优惠。

此外，垄断条件下的出版企业还会选择搭售等市场策略。所谓搭售就是将各种相关的产品打包一起销售。企业选择搭售通常考虑的是能否使成本最小化以及不同产品之间是否存在互补性。例如，教材供应商向中小学生供应教材时搭售教辅图书。再如，期刊的销售中就采用了搭售方式，因为期刊通常是以预订的方式销售的，这是一种将单独的各期刊物一起销售的方式，显然将期刊组合在一起出售，要比将各期期刊单独出售更节约成本。

在完全垄断的市场中，企业的规模通常都非常大，一般而言，这有利于实现大规模生产和规模经济效益。对于铁路、电力、自来水等自然垄断行业来说，由于规模经济十分显著，如果由许多小型企业进行竞争，则单位产品成本可能较高；如果由一家企业进行大规模生产，则可以降低单位产品生产成本，从而可能以较低价格向消费者提供更多的产品。但是在大多数产业中，完全垄断会阻碍竞争，会导致严重的低效率，对于出版业亦然。基于前文对完全垄断出版市场的均衡行为的分析，我们可以将完全垄断条件下出版市场绩效的特征归纳为以下几点：出版资源配置低效率；垄断的出版市场可能长期存在超额利润，不利于社会福利最大化；完全垄断条件下的出版企业生产经营低效率；出版企业产品、技术创新动力不足，出版企业和出版产业发展缓慢。在此以我国教材出版市场的发展状况为例对完全垄断出版市场的绩效进行实证分析。

在传统体制下，我国中小学教材的出版任务主要依靠租型方式完成，租型权大多由各省、自治区、直辖市出版总社或出版集团掌握，发行权也无一例外地为各省、自治区、直辖市新华书店所控制，中小学教材出版发行领域呈现明显的地域垄断和行政垄断色彩，由此导致了这一领域具有比出版行业平均利润高出许多的垄断利润。在计划经济时代，教材价格并不高，但随着我国社会经济的发展，以及所谓“教育市场化”程度的加深，同时教材出版领域存在垄断因素，教材价格因此不断攀升。其结果是，近年教材的出版发行成为出版业的经济支柱，在我国一些省份，教材出版业务的利润占出版业总利润的 2/3 以上。

市场化必然要多元化，只有打破垄断，才会形成竞争。如果没有竞争，就无法形成博弈，也难以使过高的产品价格降低。自 20 世纪 90 年代起，教育部就开始推行中小学教材多样化改革，率先在教材编写领域引入竞争机制，打破了传统体制下由一种教材或少数几种教材包揽全部市场的局面。2001 年，为保证教材质量，降低教材价格，减轻学生家长经济负担，形成出版发行业竞争性市场，国务院办公厅转发体改办等四部门《关于降低中小学教材价格深化教材管理体制改革的意见》，开始改革中小学教材指定出版方式和单一渠道发行体制，并在福建、安徽和重庆三省市进行教材招投标试点。2005 年，国务院下发“国函(2005)15 号”和“发改经体(2005)1088 号”文件，进一步推动教材招投标改革试点，并对相关方面做出明确规定，试点区域进一步扩大。在两省一市(福建、安徽和重庆)先期试点过程中，在招投标机制的作用下，招标教材的平均降价幅度达到 4%～5%[①]。如果教材出版发行环节进一步引入竞争机制，中小学教材的价格必将实现更大幅度的降低，学生家长的经济负担也将进一步减轻。

我国政府实行教材招投标的重要目的和意义，在于打破教材出版发行领域的地区封锁、行业封锁和所有制限制，积极培育和引入市场竞争主体，形成出版发行市场的竞争性格局，打破中小学教材租型出版和发行环节的行政性垄断，建立一种质量与价格共同发挥作用的机制，以保障那些优质优价的教材在市场竞争中立于不败之地，使教材出版行业步入良性发展的轨道。

第三节　垄断竞争和寡头垄断条件下的出版市场

在现实中，出版业的市场结构较多地表现为垄断竞争和寡头垄断两种形态。以下将就垄断竞争和寡头垄断条件下的出版市场行为和绩效进行分析。

一、垄断竞争出版市场的均衡行为与市场绩效

垄断竞争市场在很多产业中普遍存在，此类市场的竞争程度较大，而垄断程度较小，比较接近完全竞争状态。目前的中国出版市场总体上是一个垄断竞争的出版市场——即许多出版企业生产和销售有差别的同类产品，兼具垄断和竞

① 杜珂.打破行业垄断，扩大教材招投标试点——专访国家中小学教材出版发行招投标试点工作协调小组组长范恒山[J].中国改革，2005(11)：22－23.

争两种市场特点的一种出版市场结构。

（一）垄断竞争出版市场的均衡分析

垄断竞争出版企业的需求曲线向右下方倾斜，与垄断出版企业相似，而与完全竞争出版企业不同（见图 6－12、图 6－13、图 6－14、图 6－15）。但由于竞争因素的存在，垄断竞争出版企业的需求曲线比较平坦，近似于一条水平线，所以这一需求曲线又接近于完全竞争出版企业的需求曲线。垄断竞争出版企业的平均利润曲线的高度是指某一该类企业卖出任意特定数量的产品所能索取的价格，这一曲线高度取决于被假定为与该出版企业进行竞争的其他出版企业的平均价格。因为任何出版企业的价格超出其他出版企业达到一定程度之后，购买者便会转向其他竞争者。所以一般来说，在垄断竞争出版市场中存在短期超额利润，就长期而言出版企业能获得正常利润。

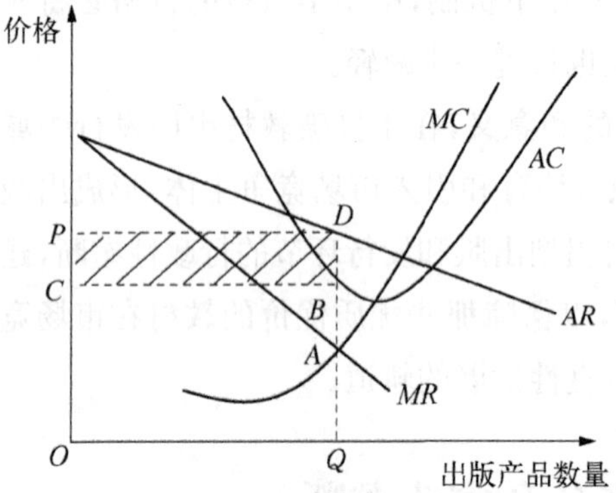

图 6－12　垄断竞争条件下出版企业获得超额利润的均衡

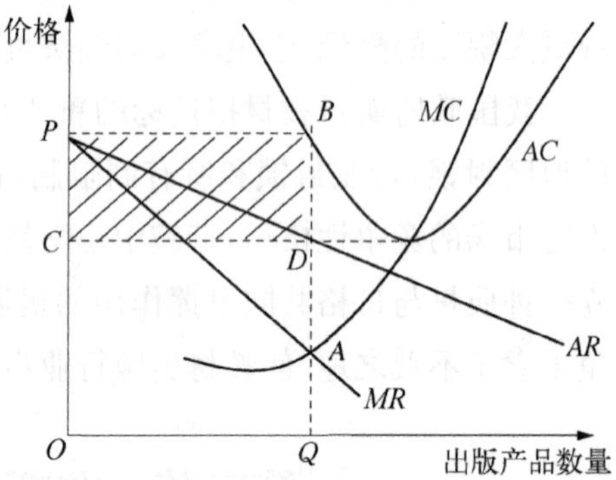

图 6－13　垄断竞争条件下出版企业亏损的均衡

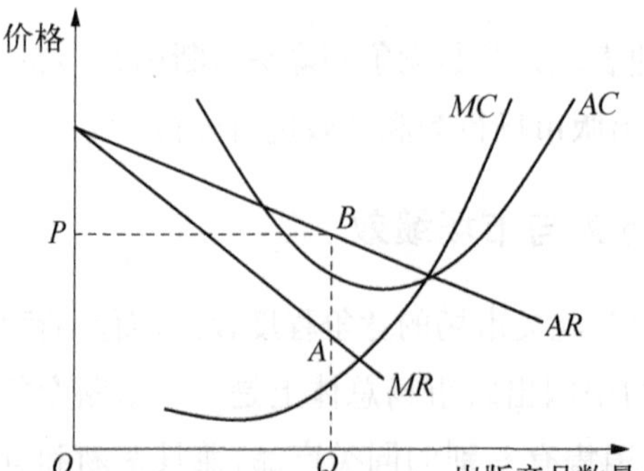

图 6－14　垄断竞争条件下出版企业获得正常利润的均衡

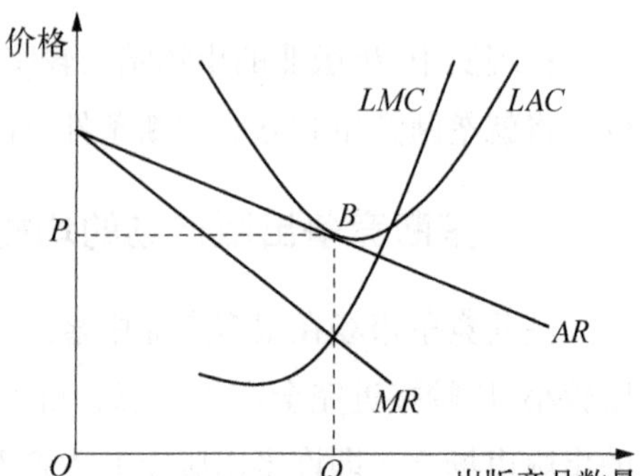

图 6－15　垄断竞争条件下出版企业的长期均衡

垄断竞争市场中的出版企业均衡，也可分为短期均衡和长期均衡两种情况来讨论。

1. 垄断竞争出版企业的短期均衡

在短期内，垄断竞争出版企业与完全竞争、完全垄断出版企业一样，存在三种均衡，即获得超额利润的均衡、亏损最小的均衡和获得正常利润的均衡。图6－12、图6－13、图6－14分别表示了上述三种均衡的情况。我们从图中可以看出，在图形的形式上，垄断竞争和完全垄断条件下出版企业的短期均衡图形是一样的，不同之处在于收益线的斜率和成本线的高低程度等发生了变化。

2. 垄断竞争条件下出版企业的长期均衡

垄断竞争条件下，出版企业短期内能获得超额利润的均衡，而在一个长时限内由于新的出版企业陆续加入，这种超额利润会消失。就长期来说，新的出版企业进入存在超额利润的出版细分市场后，这一市场的供给能力增加，价格下降，原有出版企业的市场份额减少，表现为出版企业面临的需求曲线向下移动。同时原有出版企业为了加强竞争力，维护自己的市场地位和既得利益，不得不采取措施使产品进一步差异化，如不断采用新的促销方式、大量刊登广告、增加售后服务项目等，这些措施会导致成本上升，使原有出版企业的平均成本曲线向上移动。当移动后的新需求曲线和新平均成本曲线相切时，超额利润完全消失，其他出版企业不再加入这个行业，市场上原有的出版企业也不再为排斥新的竞争者加入而采取行动，从而达到新的均衡，即只能获得正常利润的均衡。所以，在一个长时限内出版企业均衡的条件是$AR=LAC$和$MR=LMC$，如图6－15所示。

短期内存在亏损的出版市场，在长时段内由于原有出版企业的退出而萎缩。就长期而言，一些出版企业退出亏损的细分市场后，市场上的供给能力减弱，而原有出版企业的市场份额却得以扩大，表现为需求曲线向上移动；同时，由于市场销售条件、竞争程度的松动，原有出版企业减少了广告、促销服务等方面的费用，成本得以降低，因而使得平均成本曲线向下移动，当移动后的新需求曲线和新平均成本曲线相切时，亏损全部消失，出版企业达到新的均衡，即只能获得正常利润的均衡。如图6－15所示。

（二）垄断竞争的市场行为和绩效

在垄断竞争条件下，出版企业的市场行为主要表现在企业的价格策略、产品策略、销售策略层面，出版企业的价格竞争和非价格竞争都比较激烈。垄断竞争条件下的出版企业主要根据竞争对手的价格和产品差别选择自己的价格策略、产品策略和销售策略。

垄断竞争的出版市场中，由于出版企业数量较多，致使出版企业之间较难达成价格（折扣）协议，即使达成了价格（折扣）协议，也无法保证监督所有企业严格遵守，所以价格（折扣）竞争是垄断竞争市场上出版企业之间开展竞争的主要方式。在垄断竞争条件下，如果出版企业在产品质量、品种、装帧设计等方面具有优势，那么出版企业可以在较高的价格水平上销售产品，即使其价格高于市场中其他出版企业的价格水平也不会失去全部顾客。因为出版产品具有较多的差异化特征，有的消费者宁愿付出较高的价格，也要购买优质的出版产品或有特色的产品。如果有出版企业试图采取薄利多销的价格策略，极易引起产业内的连锁降价，直至价格降到产品平均生产成本以下，甚至出现亏损时，降价竞争才可能停止，近年来我国出版界的价格战、折扣战说明了这一点。

垄断竞争条件下出版企业之间的非价格竞争也较为激烈。在出版产品存在密切替代关系的垄断竞争出版市场上，如果出版企业没有很好地实现产品差异化就提高价格，那么超额利润会吸引其他企业进入这一市场。产品差异化是处于垄断竞争市场的出版企业的重要取胜之道。在短期内，出版企业在内容、质量、功能、外观等多方面努力实现产品创新，扩大产品差异，可以从产品优质优价中获取利润，因此出版企业之间的产品策略竞争是非常激烈的。在垄断竞争条件下，出版企业还比较重视广告竞争和销售竞争策略的实施，通过广告等营销手段，向消费者传递本企业的产品信息，吸引消费者购买自己的产品。

垄断竞争条件下出版市场绩效的特征可以归纳为以下三点。

(1) 垄断竞争的出版市场不存在长期超额利润。

(2) 出版产品的差异性、多样化满足了消费者的不同需求。出版企业之间的产品竞争和销售竞争有利于推动出版企业不断创新，提升产品和服务质量，因而有利于消费者。

(3) 出版企业之间在价格、产品质量方面的竞争会造成各种形式的资源浪费。因垄断竞争可能引致的资源浪费包括出版产品装帧、包装材料的浪费，过高的促销费用支出等，这些成本最终都会通过价格转嫁给消费者，增加消费者的负担。

在出版领域，大众出版业在出版业三大板块中市场化程度最高，大众出版市场是一种典型的垄断竞争市场。在大众出版、教育出版、专业出版三大出版领域中，大众出版的社会影响力和娱乐功能最强，进入壁垒最低，风险较低，回报周期短，因而吸引了大批出版企业进入这一领域，因此这一出版领域的竞争十分激烈。近年来，我国不少教育、专业类出版社纷纷介入大众出版领域；大众出版领域原有的出版社在激烈争夺自身专业范围之外的其他细分市场，如美术出版社、文艺出版社进军少儿出版领域；民营资本在通过各种方式进入出版业时，较多地选择了大众出版领域；不少地方出版集团、出版社在北京设立分支机构，争夺大众出版领域的出版资源，也加剧了大众出版市场的竞争。这些态势综合起来，已对大众出版领域的市场格局产生了深刻影响。目前我国大众出版领域存在一些突出的问题：竞争日趋白热化，产品结构性过剩，市场增长缓慢，库存直线上升。在大众出版领域的角逐中，一些出版企业通过市场竞争使自身实力得到极大提升，进而朝一流出版企业迈进，而另一些出版企业却对市场竞争无所适从，市场地位日益被动，有些企业将逐渐退出这一出版领域。基于我们对垄断竞争出版市场的均衡分析，以上现象可以得到很好的诠释。

再以我国教育出版领域的教辅出版市场为例，由于教辅出版市场存在高额利润，我国500多家图书出版社中有90%以上的出版社都曾进入教辅出版领域[①]。一些出版社不管自己有没有教辅出版的操作经验和相关资源配备，也不深入了解教辅图书市场的实际状况，就贸然进入这一市场，这些出版社一旦遇到经营困难，就实行折扣战。如前所述，在垄断竞争条件下，如果企业一味采取低价策略，将导致产业内的连锁降价，直至出现亏损为止。近年我国教辅出版市场的“折扣大战”不仅破坏了市场竞争秩序，而且也损害了教辅出版行业的整体利益。因此，将教辅出版市场的折扣战称作自杀行为是毫不为过的。可以说，目前我国的教辅出版市场就是一种垄断竞争市场（尽管存在着无序竞争），在这一市场的竞争中，出版市场出现分流、一些出版机构退出这一领域是必然趋势。

二、寡头垄断出版市场的企业行为与市场绩效

寡头垄断市场，是指一个行业的产品供给的全部或绝大部分由少数几家大企业所控制，它们彼此势均力敌，形成几家大企业在一个行业中共存的市场，这几家大企业就是寡头企业，它们之间既互相依存，又存在激烈竞争。寡头垄断市场虽然也包含垄断与竞争两种因素，但和垄断竞争市场相比，寡头垄断市场是一种更接近于完全垄断的市场结构。出版界有一些寡头垄断的实例。例如，西方发达国家出版业的产业集中度很高，全球专业出版市场主要由汤姆森、里德和威科三大公司垄断，教育出版市场也基本上属于这种寡头垄断型的产业结构。又

① 黄永华.教育出版的现状、问题和思考[J].中国编辑，2005(3)：39－42.

如，亚马逊和巴诺是美国主要的网络书店，在21世纪初，亚马逊网络书店控制着美国80%左右的网络图书销售市场，巴诺书店的市场份额则占10%左右[①]。近年来，电商巨头亚马逊在网络图书销售方面依然占据垄断地位，仅2017年上半年，亚马逊图书销售额便高达30亿美元，同比增长46%；电子书销售额达到7.5亿美元，同比增长6%。2017年亚马逊占据美国图书销售的半壁江山，每卖出两本书中就有一本来自亚马逊网站。与此同时，亚马逊还在不断开拓海外市场。2017年亚马逊日本公司采取一系列举措来扩大商品的直销范围，让图书更快地交付到消费者手中，这无疑挑战着日本传统书刊"出版商—经销商—书店"的发行方式。2017年底亚马逊澳大利亚站及其在当地的首个配送中心正式开业，引发不少澳大利亚本土书商恐慌。亚马逊等线上销售平台的迅速发展，给各国实体书店带来了巨大冲击。自2012年以来，美国图书实体零售巨头巴诺书店销售额持续下滑，2018年其销售额为36.62亿美元，同比下降6%。为了自救，从2014年至2018年的5年里，巴诺已换掉4位CEO，2018年2月一次性解雇1 800名全职员工，大量削减店面数量，积极试水小而精的示范店，同时通过开设咖啡馆、餐厅，延长营业时间以及举办相关活动等措施来提高服务，丰富顾客的体验。[②]

（一）寡头垄断出版市场的企业行为

寡头垄断市场上的出版企业不会轻易调整自己的价格，市场价格呈刚性，寡头垄断市场上所存在的价格具有相对的稳定性。如图6-16所示，在寡头垄断出版市场上，寡头出版企业的需求曲线是一条弯折线。寡头出版企业如果从原点价格P'的水平提高价格时，其他企业没有相继提高价格，寡头出版企业由于提高价格而减少的市场需求比率大于价格提高的比率，寡头出版企业需求曲线的弹性变大。寡头出版企业如果从原点价格P'的水平降低价格，其他企业没有相继降低价格，寡头出版企业由于降低价格而增加的市场需求比率小于价格降低的比率，其需求曲线的弹性变小。由于寡头出版企业面临的需求曲线有拐点，相应的边际收益曲线也就成为间断的两段。寡头出版企业根据$MC=MR$（边际成本等于边际收益）的原则选择产量Q'，企业的市场价格为P'。只要寡头出版企业的边际成本曲线在边际收益曲线的缺口内，价格P'就是企业能获得最大收益的价格。

---

① 余敏.2002—2003国际出版业状况及预测：国际出版蓝皮书[R].北京：中国书籍出版社，2003：13.
② 范军.国际出版业发展报告(2018)[R].北京：中国书籍出版社，2019：6-7.

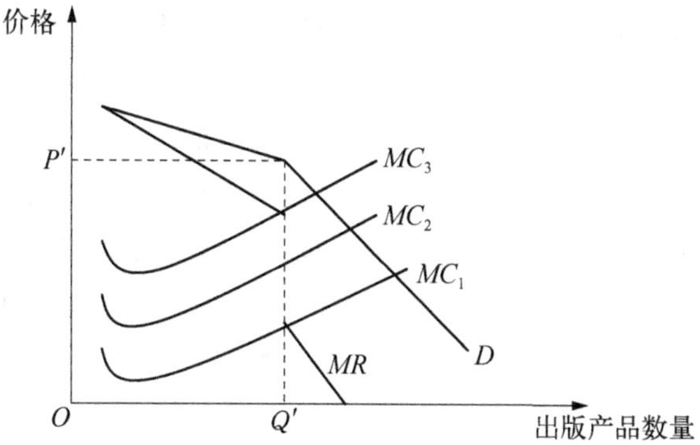

图 6-16　寡头垄断出版市场上企业面临的需求曲线

西方经济学家们运用对策论来分析寡头企业的市场行为，这种对策分析的一个著名例子就是“囚徒困境”。寡头企业常常发现他们的市场处境就是一种“囚徒困境”。假定在某种出版物市场上只有两个出版企业 A 和 B(即双头垄断)，如果这两个出版企业均将产品的批发折扣定为六五折，则它们的利润均为 120 万元；如果一个出版企业给出的折扣为六五折而另一个出版企业的折扣为六八折，它们的利润分别为 200 万元和 40 万元；如果它们都将折扣确定为六八折，它们的利润均为 160 万元。这两个出版企业可能的收益如图 6-17 所示。我们从图 6-17 中可以看出，虽然在出版企业 A 和 B 都将批发折扣确定为六八折时它们可以获得最高的利润，但它们都要接受被对方出卖的风险。因此，不论对于出版企业 A 还是出版企业 B 来说，除非双方缔结六八折的市场折扣协议，否则把折扣确定为六五折是最优的选择。上述分析表明，虽然合作对于寡头企业来说很有吸引力，但它们都担心自己会被竞争对手出卖，结果都不敢提出过高的价格。

		出版企业B	
		折扣　六五折	折扣　六八折
出版企业A	折扣　六五折	120万元，120万元	200万元，40万元
	折扣　六八折	40万元，200万元	160万元，160万元

图 6-17　寡头垄断条件下出版企业面临的“囚徒困境”

一般来说，由于寡头垄断出版市场的产品价格比较稳定，所以出版企业之间的竞争主要集中于产品竞争。各个出版企业努力开发新产品，增加产品附加值，提高产品质量，完善售后服务，以此争取更多的消费者，扩大市场占有率。此外，在寡头垄断市场上，由于企业的数量少，企业行为相互影响大，因此企业之间倾向于采取协调行为，共同瓜分市场，谋求共同利益的最大化。当今西方国家出版业兼并、并购频繁，大型出版集团之间互相持股较为普遍，这是西方出版巨头为谋求整体利益的最大化、共同控制出版市场的重要途径。例如，21 世纪初，约有半数的法国出版社经历了转手，其中最大的两起并购案是，以前排名第二的阿歇特（Hachette）出版集团购并原法国第一大出版商 Editis 后，又被迫将其一多半的所有权转卖别家；排名第五的 Seuil 出版社则被第八位的 Martinière 出版社吞并①。

（二）寡头垄断出版市场的绩效

我们可以将寡头垄断条件下出版市场绩效的特点归纳为以下几点。

（1）寡头垄断的出版市场存在超额利润。在政府不加管制或轻度管制的情况下，寡头出版企业可能通过价格协调行为，维持较高的产品价格以获得经济利润。

（2）寡头垄断的出版市场存在出版资源配置的效率损失。由于新的企业进入寡头垄断的出版市场很困难，出版资源的合理流动存在障碍，有可能导致资源配置与社会需求之间出现距离，造成效率损失。例如，针对出版业日益集中、垄断的倾向，一部分西方媒体和公众激烈抨击西方出版业日益沦为唯利是图的商人用来牟利的工具，出版业大大降低了自身的文化品格。

（3）在寡头垄断的出版领域中，寡头企业之间的非价格竞争推动了产品创新，提高了产品质量，有利于满足购买者的各种需求。为了在非价格竞争中取胜，出版机构大量投资于产品开发和品牌维护，这有利于推动出版产业进步。例如，外研社（外语教学与研究出版社）和外教社（上海外语教育出版社）是我国大学英语教材市场上的两大出版巨头，为争夺大学英语教材市场份额，两家出版社在教材开发与营销、品牌和销售网络维护等方面进行了大量投资。长期以来，外研社一直倡导以教育培训来推广产品的市场理念，外教社则十分重视建立完善的销售网络，两家出版社都积极拓展与出版相关的业务，大力推动教材销售。例如开展教师的继续教育培训、网上教育培训，建立读者俱乐部、外语培训中心等。外研社和外教社在大学英语教材市场上竞争的一个重要结果就是，近年来我国大学外语教材的出版和营销水平得到较大提升。

---

① 康慨.2004：法国书业大动荡[N].中华读书报，2004－12－29(3).

第七章　出版传媒政府规制的理论与现实分析

经济活动的自由，原本意指法治下的自由，而不是说完全不要政府的行动。①

——弗里德利希·冯·哈耶克

政策变迁极大地影响了整个文化产业。政策既是对社会文化、经济和技术状况的回应，也是结果。政策也是引发和(或)抑制文化产业转型的基本因素②。

——大卫·赫斯蒙德夫

经济学中的“政府规制”(government regulation)是指政府以追求效率和公平为目标，依照一定的法律或规章，对企业和消费者的经济活动施加的干预行为。规制可视为政府向社会提供的一种特殊的公共产品，它属于政府的微观管理职能。在我国，一些学者也将“regulation”翻译成“管制”，本书中的“规制”和“管制”可以相互替代。在分析政府对出版传媒市场的规制之前，我们有必要进一步明确政府规制的内涵。

政府规制不能等同于政府对经济的宏观调控，这两者既有联系又有区别。政府规制与宏观调控均是政府干预经济的重要方式，二者的目的都在于弥补市场机制的缺陷，为经济的健康、有序发展创造良好的环境，它们是政府职能作用于企业的两个方面。但是，宏观调控与市场规制是两种非常不同的政府职能③。

---

① 弗里德利希·冯·哈耶克.自由秩序原理[M].邓正来，译.北京：生活·读书·新知三联书店，1997：279.

② 大卫·赫斯蒙德夫.文化产业[M].张菲娜，译.北京：中国人民大学出版社，2007：153－154.

③ 钱颖一在其《宏观调控不是市场监管》(《财经》2005年第5期)一文中阐述了政府宏观调控与市场管制的区别。郭志斌在其《论政府激励性管制》一书中将宏观调控与政府管制的区别概括为：宏观调控是间接的、总量上的控制，它借助财政、货币等政策性工具作用于市场，通过市场参数的改变间接影响企业行为；而政府管制则是直接的、个量上的，它借助有关法律和规章直接作用于企业，规范、约束和限制企业行为(引自：郭志斌.论政府激励性管制[M].北京：北京大学出版社，2002：47)。

经济学中所谓的宏观调控，是指 20 世纪 30 年代经济危机之后逐步形成并被许多国家所推崇的政府干预经济的主要方式。宏观调控的经济学理论基础是凯恩斯主义经济学，宏观调控主要是指政府通过间接途径来改变经济主体行为，而不是直接进行干预，政府通过财政、货币等政策间接地对经济总量进行宏观调节与管理，以实现经济持续稳定的增长；政府规制的作用范围则集中在微观经济领域，其理论基础是微观规制经济学，规制是政府直接对微观经济主体的行为进行规范、约束和限制，因而规制经济学所应用的主要是微观经济学的基本范畴和分析方法。萨缪尔森也指出，“管制的基本内容是制定政府条例和设计市场激励机制，以控制厂商的价格、销售或生产等决策。”[①]从严格的理论角度讲，我们不应该把政府的所有经济干预行为，如价格规制和市场进入规制等直接规制行为，都当作宏观调控。因此，本书所探讨的政府对出版传媒市场的规制，主要是指政府针对出版市场运行、出版产品供求双方的经济决策所采取的规范、约束和控制行为。

第一节　出版市场规制的经济学缘由与理论范围

在经济学家看来，市场机制是迄今为止所能证实的最有效的一种资源配置机制，但是，市场机制只有在符合一系列假设条件的基础上才能实现资源配置的帕累托效率。虽然这些假设条件并非完全没有现实基础，但这些条件与现实经济生活存在较大差距，这意味着市场机制在实践中存在诸多缺陷。市场作为一种资源配置手段，会产生垄断、外部性、信息不对称等失灵现象，这导致资源配置无法实现帕累托效率。虽然有关市场失灵的一些问题可以由市场机制自身解决，但市场机制的内部调节功能有一定的限度，需要非市场力量来弥补市场的缺陷。政府规制是基于垄断、外部性以及信息不对称等市场失灵现象而存在的。美国经济学家萨缪尔森认为：“管制具有三大公众利益理由（public-interest justifications）：其一，管制企业行为可以防止垄断或寡头垄断滥用市场力量；其二，可纠正诸如污染之类的负外部性问题；其三，可以矫正信息的不完全。”[②]政府对出版市场实施规制的理由很多，除了上述经济理由外，还有一些非经济理

① 保罗·萨缪尔森，威廉·诺德豪斯.经济学(第 16 版)[M].萧琛，主译.北京：华夏出版社，1999：246.
② 保罗·萨缪尔森，威廉·诺德豪斯.经济学(第 16 版)[M].萧琛，主译.北京：华夏出版社，1999：246.

由。我们在此主要探讨政府对出版市场规制的经济学缘由。

垄断、外部性、信息失灵现象不同程度地存在于出版领域，这些市场失灵现象便是政府对出版市场实施规制的经济学依据。在市场经济中，政府规制的作用是弥补市场缺陷，使市场尽可能地按照竞争性方案运作，这就从理论上决定了政府规制的范围，规制范围应与市场失灵的范围成正比。市场缺陷只是政府规制的必要条件但不是充分条件。也就是说，政府规制是因为市场缺陷的存在而存在，但市场缺陷的存在不一定必然需要政府规制。因为解决市场失灵的力量与方式是多元化的，不仅有政府力量，而且还有非政府力量（如出版行业协会）；不仅有政府规制，而且还有宏观调控等政府干预社会经济的其他手段。而且需要指出的是，政府干预并不是总能带来良好的、预期的效果，有时可能会导致社会福利的损失，出现政府失灵的问题。市场机制能够有效解决的问题，政府应减少或适度放松规制。同时，政府的规制范围是动态的，而非一成不变的。随着技术的进步，当某一行业的成本或需求条件发生变化、市场失灵被消除或减少时，政府应减少或放松规制，规制范围应相应缩小。

一、垄断与出版市场的政府规制

造成垄断的原因有许多，如资源禀赋、技术创新、竞争的赢家、成本特性、非经济力量等都会形成市场权力[①]，进而导致垄断的产生。在出版领域，为鼓励、保护知识创新，对出版产品实施版权保护是必要的，由此形成的垄断是合理的。但出版领域的有些垄断行为是有害的，会严重阻碍出版产业的健康发展。例如，有些出版企业在供给垄断性出版产品的过程中，凭借自身的市场优势地位，肆意制定高价，损害了消费者的利益，抑制了社会对文化需求的消费，尤其是剥夺了部分弱势群体的知识、信息消费权，从整体上降低了社会福利水平，这一种出版垄断行为应该由政府加强规制。

需要指出的是，并不是所有的出版垄断都需要政府干预，在确定是否需要政府规制或政府应加强还是放松规制时应根据不同的原因进行具体分析。

其一，如果一种出版垄断抑制了市场竞争，对消费者权益和社会公众福利造成了侵害，那么就需要政府来对这种垄断性力量进行规制。在市场经济体制下，政府的作用是维护市场的公平竞争，促进市场的有效竞争，因此打破行政垄断和

---

① 市场权力表示单个企业或少数企业控制某一产业的价格和生产决策的程度，最常用的市场权力衡量指标是一个产业的集中度。见：[美] 保罗·萨缪尔森，威廉·诺德豪斯.经济学（第 16 版）[M].萧琛，主译.北京：华夏出版社，1999：139.

区域市场垄断应当成为政府出版规制的重点之一。

其二，如果某一出版市场的进出壁垒较低，虽然该出版市场的集中度较高，但是新进入的出版企业可以削减原有出版企业的市场权力，那么就没有必要对该出版市场的垄断进行过多干预。如果市场方式能够较好地解决出版垄断带来的问题，除非能够证明剔除规制成本后政府规制带来的收益大于市场方式带来的收益，否则应以市场机制为主要调节方式，而不应由政府规制去替代市场方式。理由很简单，政府规制存在成本，这种成本包括维持管制机构运行的直接成本和规制活动带来的间接成本，如规制失效造成的效率损失、寻租行为产生的非生产性资源浪费、管制机构以权谋私或滥用职权等。

其三，如果是因技术、内容等创新形成的出版垄断（如某创新企业因率先研发、推出了新型电子期刊而在电子期刊细分市场上占有垄断地位），只要垄断性出版产品可能存在替代品，就不需要对其进行干预。因为市场的力量自然会迫使垄断局面不可维持，如果出版企业对自身的垄断性出版产品要价过高，垄断利润过于丰厚，就等于是在为各种替代品提供市场空间。

二、外部性与出版市场的政府规制

如前所述，出版产品存在较大的外部性，出版产品的外部性主要表现在三个方面：知识、信息本身具有外部性；知识、信息创造的新市场具有外部性；知识、信息创造的新利益具有外部性。

具体来说，出版产品外部性的经济学含义在于：当生产或消费出版产品的效益没有由出版者或消费者全部获得时，即存在正外部性，如果没有非市场力量的调节，将导致过少的供给量或消费水平，这在古籍、学术出版物、“农村书屋”等具有公共产品或准公共产品属性的出版产品供求中表现较为明显；当生产或消费出版产品的成本没有由出版者或消费者全部承担时，即产生负外部性，如果没有非市场力量的调节，这将导致过多的供给量或消费水平。例如，大众出版领域存在的跟风、“搭便车”现象，以及非法出版者的盗版盗印这一较为极端的现象。

我们经常提及的“社会效益”与出版产品和出版活动的外部性具有密切联系，外部性这一经济学概念可以帮助我们更好地理解出版的社会效益问题。在出版经济活动中，外部性是普遍存在的，只是程度不同而已。这也说明社会效益其实也是一个经济问题，社会效益与经济效益是密不可分的。也正是从这个角度来说，将社会效益放在第一位，努力追求社会效益与经济效益的最佳结合，并不是一句空话。现代营销学认为企业应当树立社会营销观念，企业在制定营销战略时应正确处理企业利润、消费者需求和社会责任三个方面的关系，如果从经济学上寻找这一营销观念的理论基础，那便是企业应该重视生产、经营中出现的外部性问题。只有真正理解了出版产品的外部性问题，出版企业才能在不忘记社会效益的前提下努力扩大经济效益，真正实现社会收益最大化，也为自身赢得更为长远的利益和强大的生命力。

无论是正外部性还是负外部性，其存在都将使出版资源配置的结果偏离帕累托效率。因为外部性是市场交易双方对第三方产生的影响，它并不是经济人活动的目的，而只是活动带来的伴随物或副产品，所以市场机制对其无法进行调节，这是市场失灵的一种表现。在市场机制无法解决外部性时，需要引入非市场力量来进行调节。在此情况下，政府针对出版领域中的外部性进行规制便是必然。

三、信息失灵与出版市场的政府规制

信息失灵是指生产者或消费者不具备达成帕累托效率状态所需的完全信息条件。具体来说，信息失灵可以分为信息不充分和信息不对称两种性质不同的情况，这两种情况对资源配置的影响是不同的。信息不充分是指生产者或消费者在进行生产或消费决策时无法获得足够的信息来实现其收益或效用最大化。信息不对称，是指交易双方对所交易的对象拥有不对等的信息，交易对象的提供者往往比另一方掌握了更多和更充分的信息。导致信息不对称的原因主要在于私人信息和信息搜寻成本(交易成本)，而造成信息不充分的原因除了私人信息和信息搜寻成本之外更主要的是由于不确定性因素。交易双方为解决信息失灵问题而实施的信息传递、甄别等行为受到信息成本的制约。一般来说，当获取信息的边际成本大于或等于获取信息的边际收益时，交易双方将停止其获取信息的各种行为。因此，从理论上来说，完全依靠市场方法来解决信息失灵问题是可行的，但其前提是信息成本为零。显然，仅仅依靠市场机制是无法解决市场失灵问题的。因此，信息失灵也成为政府规制的一个合理性根据。

在现实经济生活中，政府针对信息失灵现象进行的规制活动较为常见，如对广告业的规制、对经营者资质的规制、对从业资格的规制，等等。在出版经济活动中，出版企业之间、出版企业与消费者之间也存在信息不对称和信息不充分的问题，拥有信息优势的一方有可能侵害另一方的利益，政府为了保证出版市场的健康、有序运行，有必要进行市场规制。政府对出版业的以下规制行为可视为源于信息失灵问题。

其一，利用政府的强制力量要求拥有信息优势的一方提供其信息，如政府出版行政主管部门要求出版机构在图书版权页附上图书在版编目信息；再如，2002年新闻出版总署、国家计委、教育部联合发出通知，要求中小学教材一律在封底标示本学科、本年级、全学年各册教材的零售价格[①]，此举的目的之一就在于增加中小学教材价格的透明度，消减教材出版机构与消费者之间的信息不对称。

其二，为解决信息搜寻成本问题，利用政府的优势力量进行信息的收集和整理，免费向社会提供信息公共品，或为信息市场的形成与发展提供支持。例如，政府出版行政主管部门积极推进出版信息化建设，以实现出版行业跨地区、跨行业的信息交换、资源共享；推进信息标准化管理，制定和规范出版业信息采集的技术标准，如信息分类及编码、数据格式和数据库建设规范等通用标准，提高行业信息的采集和流通效率；实施出版行业电子政务建设，依托政府信息网络平台推进出版机构信息的公开化，新闻出版总署实施"金版工程"即属于此类举措。

第二节　国际比较视野中的出版市场政府规制分析

政府规制可以分为经济性规制与社会性规制。经济性规制的核心内容是价格规制与市场进入规制。日本经济学家植草益认为："经济性管制指的是在自然垄断和存在信息不对称的领域，主要为了防止发生资源配置低效率和确保利用者的公平利用，政府机关用法律权限，通过许可和认可等手段，对企业的进入和退出、价格、服务的数量和质量、投资、财务会计等有关行为加以管制。"[②]对于社会性规制，植草益是这样阐述的："以保障劳动者和消费者的安全、健康、卫生、环境保护、防止灾害为目的，对产品和服务的质量和伴随着提供它们而产生的各种活动制定一定的标准，并禁止、限制特定行为的管制。"[③]具体就出版业而言，政府对出版市场的规制主要包括出版市场进入规制、出版产品价格规制、出版机构行为规制和出版传播内容规制等内容。本书将在国际比较的视野中对中外出版市场规制的特点进行分析。

一、出版传媒规制的立法

在立法机关的选择上，西方主要国家均采用两院制，如美国国会两院有国家

① 新闻出版总署、国家计委、教育部关于在中小学教材封底标示全学年零售价格有关问题的通知(新出联[2002]6号)[J].中华人民共和国物价公报，2002(5)：15-16.

② 植草益.微观规制经济学[M].朱绍文，主译.北京：中国发展出版社，1992：27.

③ 植草益.微观规制经济学[M].朱绍文，主译.北京：中国发展出版社，1992：22.

立法权，国会两院都有专门处理传播政策问题的委员会。同时西方国家的各地方有地方立法权，如美国各州的立法机关可制定涉及出版业的州法律。

以美、英为代表的英美法系国家对出版业的法律管制采用“直接保障式”，即在宪法中明确规定，不准立法机关或政府制定任何妨碍出版权利的专门法律（事实上仍有诸多限制）。在这类西方国家，出版方面的专门法较少，出版业依靠宪法有关原则、普通法、可以遵循的判例等调控。例如，在美国，涉及出版的专门法规并不多，主要有宪法修正案和《版权法》，但是涉及出版的其他法律却不少，主要包括《义务兵役法》《反间谍法》《史密斯法》《国内安全法》《诽谤法》《国家保密法》《反猥亵法》《统一商法》《公平交易法》以及《谢尔曼反托拉斯法》等。

属大陆法系的法、德等国对出版业的法律管制则采取“间接保障式”，表现在立法上，就是这些国家的宪法认为立法机关可以制定专门法以保障公民的出版权利，这类西方国家大都针对出版业制定了专门的法典或法律，且内容严谨，条文原则性强，形式也比较完整，如法国、瑞典、芬兰等国制定了《出版自由法》。在德国，联邦各州成立的特别联合委员会制定了州新闻出版法草案，各州以此为蓝本，制定了大体相同的新闻出版法。法、德等国除了专门的出版法外，出版业也受国家基本法和许多普通法的保护和管制。

我国立法机关实行一院制，即由全国人大及常委会行使国家立法权。国务院及各部委根据全国人大及常委会的授权制定行政法规和规章，即具有行政立法权和授权立法权。省、自治区、直辖市的立法机关和政府在不和宪法、法律、法规相抵触的前提下，行使地方立法权。

我国的出版立法是以宪法为核心和依据的，《宪法》第 22 条、第 35 条、第 47 条规定了出版事业的性质、任务和作用。以《宪法》为依据，我国制定了一系列涉及出版业的普通法。我国现行法律法规中三组最重要的普通法同出版业都有密切的关系：①《刑法》和《刑事诉讼法》；②《民法典》和《民事诉讼法》；③《行政诉讼法》和《行政处罚法》。行政法规在我国出版法律体系中具有重要的地位。我国的出版行政法规有《出版管理条例》《期刊管理条例》《音像制品管理条例》《印刷管理条例》《信息网络传播权保护条例》《著作权法实施条例》《著作权集体管理条例》等。我国出版法治体系中还包括由国务院所属部委制定的行政规章，这些规章包括这样几类：有关出版活动主体管理的规章，关于取缔、打击非法出版物的规章，“保密法”规章，有关出版单位经济活动的管理规章，有关出版队伍建设的规章。地方性法规和其他规范性法律文件也是我国出版法治体系中的重要内容，如《上海市图书报刊市场管理条例》等。

尽管我国以《宪法》为基础、以《出版管理条例》等法规为主体的出版法律体系已经确立，但还有待进一步完善。目前国家新闻出版总署正积极推进新闻出版的法治建设，同时提出各级出版行政主管部门要加大依法监管的力度，增强出版管理工作的规范性和权威性。

通过比较我们可以发现，西方国家的出版法律体系普遍比较健全，以法律作为规制出版业的主要手段。西方国家的通行做法是在出版专门法或其他普通法中对出版活动加以规范和限定。而且西方各国法律理念和对出版业认识的差异鲜明地反映到出版立法上。法、德等国的法律理念崇尚理性主义，有成文法的传统，且法、德等国认为，出版业是特殊的文化产业，关系到民族和文化的认同，为保护出版业的发展，这些国家制定了针对出版业的专门法。美、英等国的法律理念崇尚经验主义，有判例法的传统，同时，在这些国家出版业的经济属性胜过其文化属性，出版业并不被视为特殊行业，因此更多是靠判例法和平衡法来规范出版业的发展。

我国迄今还没有专门的出版法，但必要的出版法律体系已经具备。我国是有成文法传统的国家，审理任何案例都要依据成文的法律、法令的条文，判例只是在司法实践中起参考作用。目前我国专门针对出版业的法规的规格较低，有些规章、政策还带有一定的滞后性，这与《宪法》中有关出版活动的规定的进步性、严肃性和高规格不太相称。我国可在多次修订的《出版管理条例》的基础上，制定更高规格、更系统、更完整的专门法；加大对出版业进行立法调控、保护的力度，逐步建立、完善与 WTO 例外规章相适应的规章条例；完善与社会主义市场经济相适应的出版法治体系，实施有效的出版发展政策。

二、出版市场进入规制

进入规制是政府对出版业实施的经济性规制中最主要的内容之一。政府通常采取特别许可、注册制、申报制等手段对出版市场实行进入规制。出版市场进入规制并不等于不允许新的企业进入，政府只有适度允许新企业进入，才能发挥竞争机制的积极作用。另一方面，如果过多的企业进入出版业，则会出现重复投资、过度竞争的现象，而任何出版市场的空间都是有限的，这将导致市场中的许多企业不可维持。政府对出版市场实施进入规制的经济目的就在于用限制过度进入的方法，实现社会成本的最小化和资源配置的高效率。

世界上现存的出版准入制度可分为批准制（许可制）、登记制（报告制）、保证金制、完全自由制。当今世界上，有相当数量的国家和地区实行批准制。西方国家多采用登记制，创办出版机构者在开业前只需在有关机关登记注册。登记注册是程序性、手续性的要件，目的是便于有关国家机关事后的管理和了解情况，如法国、瑞典、芬兰、比利时、荷兰等国的出版法中有相关的规定。一些国家和地区实行保证金制，如中国香港地区的《刊物管制综合条例》规定，只要缴纳一万元保证金，再有两人担保，即可开业。完全自由制，即创办出版机构不需要国家机关批准，也不需要开业者登记注册，如德国《北莱茵—威斯特伐利亚州新闻法》中有这样的规定。

中华人民共和国《出版管理条例》第二章、第六章有关条款对出版单位的设立条件、申请、批准等做了详细的规定。《出版管理条例》第9条规定："报纸、期刊、图书、音像制品和电子出版物等应当由出版单位出版。"第11条规定："设立出版单位，应当具备下列条件：① 有出版单位的名称、章程；② 有符合国务院出版行政主管部门认定的主办单位及其主管机关；③ 有确定的业务范围；④ 有30万元以上的注册资本和固定的工作场所；⑤ 有适应业务范围需要的组织机构和符合国家规定的资格条件的编辑出版专业人员；⑥ 法律、行政法规规定的其他条件。审批设立出版单位，除依照前款所列条件外，还应当符合国家关于出版单位总量、结构、布局的规划。"第12条规定："设立出版单位，由其主办单位向所在地省、自治区、直辖市人民政府出版行政主管部门提出申请；省、自治区、直辖市人民政府出版行政主管部门审核同意后，报国务院出版行政主管部门审批。设立的出版单位为事业单位的，还应当办理机构编制审批手续。"

以上法律规范说明，我国政府对创办出版机构实施比较严格的许可和管理制度，对创办出版机构的主体实行主办主管单位制；公民的出版活动，须通过合法的出版机构实现；目前登记注册的出版单位在产权性质上多属国家所有。这一状况与目前我国宏观的政治、经济、文化体制等具体国情存在必然的联系。侧重于事前防范和产业链上游规制的出版机构规制政策，对于确保执政党、政府有效领导和积极调控新闻出版业、预防非法出版具有比较重要的作用。在政治、经济、文化层面的各项宏观体制改革的推动下，中国新闻出版业也正在经历一个制度变迁、机制转型的阶段。作为我国文化体制改革的一个重要组成部分，新世纪以来我国出版发行体制改革按照"区别对待、分类指导、循序渐进、逐步推开"的原则进行。目前，包括中央出版机构、地方出版机构、高校出版机构在内的多种类型的出版机构主体正在积极探索自身的发展道路。在未来可以预见的一个时期内，我国出版业的运行体制将是出版机构以"双轨制"或"多轨制"发展。与这种出版机构分类运行体制相对应的是，国家也应建立、完善对出版机构分类规制的宏观政策体系。在这一过程中，尤其应当尽快建立健全符合新形势、新环境和我国国情的，有利于出版业健康、有序发展的出版机构法律调控体系。

三、出版机构行为规制

政府对出版机构行为的规制涉及多方面的内容，但理论上通常着重分析预防制和追惩制。预防制是指事先限制的出版监管制度；追惩制是对出版主体的过失采取事后惩治的出版监管制度，即在出版物出版发行后，通过有关机构审读样书或社会舆论监督，发现违法行为时，依照出版法律或其他法律予以惩处。

西方国家对出版机构行为的规制采取追惩制，绝大多数西方国家的法律规定要对出版、印刷、发行责任人予以明确，规定实行出版物版本呈缴制度。如法国《出版自由法》规定，所有印刷品在出版之时，其印刷者须送交两份备案，所有公开发表的印刷品都必须注明印刷者的姓名及住址，否则将处以罚款或监禁。西方国家在版本呈缴制度上不仅关注国家机关对出版主体的管理和监督，而且也多出于文化目的而做出此项规定，如英、美等国规定要向国家图书馆或著名大学图书馆呈缴、登记出版物。我国《出版管理条例》第 20 条、第 22 条、第 31 条分别规定实行出版计划和重大选题审批备案制度、出版物样本送缴制度、印刷或复制许可证制度。第 24 条规定出版单位实行编辑责任制度，即如果编辑失职，就要追究出版单位法人和责任人的法律责任，这种出版单位的内部工作制度带有一定追惩制的成分。总的来说，出于历史、社会原因，我国对出版机构行为的管制采取预防制，这有利于保证出版活动在法治轨道上良性发展。

西方国家用以调控出版活动的法律比较细化，调控范围很广，几乎囊括了出版活动的所有方面。例如，在规范书业市场竞争方面，法国专门制定了针对书价的《雅克·朗法》，英国制定了《图书贸易法》，日本的《大规模零售店铺法》对书店营业面积做出了专门规定，德国《竞争限制法》对图书销售给予了规定。我国的《出版管理条例》及有关法规对发行单位的资格认定、出版社自办发行的权限、外资介入出版物分销业务、出版物的连锁经营等问题也做出了规定，但在入世后出版分销等环节的竞争日趋激烈的情况下，我国有必要制定更高规格、更完善、更具体的法规。

在对违法出版行为的法律处分上，西方国家的出版法律对违法出版行为的法律责任进行了详细规定。如法国《出版自由法》规定，出版物的负责人要对违法行为负主要责任，而不管其个人动机如何。此外，下列人员可能以同谋犯的名义受到起诉：被指责的出版物的作者、印刷者、出售者，以及一切普通法所适合的人员。英国《淫秽出版物法》详细规定了出版淫秽出版物的认定和处罚标准，英国《刑事审判与公共秩序法》规定，出版淫秽出版物属于严重刑事犯罪。在西方国家，没收出版物、吊销许可证等处分，一般由法庭行使，在特殊情况下，行政机关可以没收出版物，但必须在指定时间内将案件移交法庭审查决定。如意大利现行宪法规定："对出版物的没收，必须根据出版法认为触犯诽谤罪或违反法律统治，才能由司法机关依法律程序处理。"西班牙宪法规定："仅根据司法判决，才可没收出版物。"这些规定为追究违法出版行为的法律责任确定了合理界限，有利于保障公民出版权利。

我国《出版管理条例》对违法出版行为的法律责任做了具体规定。该条例第60～71条对违法出版的行政处罚做了详细规定，同时规定，构成犯罪的，依法追究刑事责任，构成民事侵权的，依法追究民事责任。我国出版行政管理机关对违法违规出版主体行使行政处罚权，处罚的方式有警告、罚款、没收非法收入、封存出版物、责令出版单位停业整顿直至吊销登记证等。我国未规定没收出版物由法院决定，但根据《行政诉讼法》，当事人对行政机关的具体行政行为不服，可以提起行政诉讼，从而也起到防止行政机关任意处罚的作用。今后，在条件成熟的情况下，我国可进一步增强司法处分的作用。我国的出版法律对违法出版行为的法律责任规定得比较详尽，这对出版业沿着法治化轨道发展具有重要作用。但我国的一些出版规章、政策不像法律法规那样具体、可操作，也不太容易进行司法解释，而西方出版法律体系中的行政法规则较为全面、可操作性强。我国的出版法律法规有必要向更明确、更清晰、更全面的方向完善，在管理上要加大"依法行政"的力度，这对守法和执法都十分重要，西方国家在这方面的经验值得我们借鉴。

利用WTO例外规章进行立法，是一些西方国家对出版业进行保护的通行做法。我国应尽快建立健全与WTO例外规章及社会主义市场经济发展相适应的出版法律体系。首先要充分研究欧盟、加拿大、法国、美国等国的文化、信息政策与规章，了解欧盟与美国视听服务贸易之争，在此基础上调整我国现行的出版法规政策。其次，总结20世纪90年代以来我国在对外合作方面行之有效的做法，结合国外出版产业的惯例，在我国的出版法规政策中增加与对外合作相关的内容。例如，根据印刷、复制、发行等外资可介入的领域的发展状况和特点，确定外国资本在这些领域合资、合作企业的股权比例和合作方式，规定这些企业中中外高级主管人员的结构和比例等。

西方国家近年来出台的涉及出版业的信息法律较多，如美国自1998年以来陆续颁布《数字千年版权法(Digital Millennium Copyright Act)》《下一代研究法案(Next Generation Research Act)》《解锁消费者选择和无线竞争法(Unlocking Consumer Choice and Wireless Competition Act)》等法律。为适应社会信息化的发展，我国应尽快完善与出版业有关的信息法规和政策体系，推动出版业快速、健康发展。

四、出版传播内容规制

西方各国的宪法、法律均对出版传播内容加以严格的限定。美国宪法修正案第一条规定："国会不得制定剥夺言论自由或出版自由的法律。"但是，在美国的司法实践中并不排除以内容为基础的对言论出版进行限制的法律，最高法院说："有一些言论属于明确界定和严格限制之列，对这些言论予以禁止和惩罚从不认为会引起违宪问题。"①美国的法律和法院判例对出版产品内容做出以下规定：① 没有引发危害公共秩序导致暴乱的言论自由；② 没有泄露国家机密的言论自由；③ 不得出版猥亵、诲淫、色情的黄色刊物；④ 不得恶意诽谤；⑤ 不得出版和分发侮辱和取笑任何种族、民族、信仰或宗教的刊物；等等。

英国 1857 年通过了《淫秽出版物法》，该法规定，无论是书籍，还是杂志，如果从整体上看具有腐化读者趋势的，均可认定为淫秽出版物。1959 年修订的《淫秽出版物法》规定，出版淫秽作品即是犯罪。这里的"出版"包括发行、散发、销售、租赁和出租，甚至赠送。1964 年该法修订后，将处罚范围扩大至以此为营利目的而出版的作品，而且印刷商、发行商、批发商、商店店主均面临刑事处罚。英国《刑事审判与公共秩序法》(1994 年)规定，出版淫秽出版物属于严重刑事犯罪。英国《儿童保护法》《官方机密法》等法律也对出版产品的内容做出规定。

根据法国《出版自由法》及有关法律，出版产品的禁载内容包括：国防机密、司法机密、罪行材料、未成年犯、假消息、教唆犯罪、伤害风化等方面的内容。德国《传播危害青少年之文学作品法》专门对色情、淫秽出版物进行控制。

当前，发达国家在对出版产品内容实施监管的过程中，较为重视对网络等新媒体内容的管制。例如，早在 1996 年，英国政府就颁布了网络监管行业性法规《3R 安全规则》；德国于 1997 年通过了《多媒体法》；1998 年，《儿童网上保护法》获得美国国会批准，并经美国总统签署之后生效。

---

① 杰罗姆·巴伦，托马斯·迪恩斯，等.美国宪法概论[M].刘瑞祥，潘嘉玢，颜福祥，等，译.北京：中国社会科学出版社，1995：188.

对出版产品的传播内容进行规制，是维护我国社会制度和国家安全，保障正常的社会、经济秩序，保护公共利益和公民合法权益的需要，也是确保出版活动有益于提高民族素质、有益于经济发展和社会全面进步的需要。我国《出版管理条例》(2020 年 11 月 29 日第五次修订)第 25～27 条对出版产品的内容进行了详细的规定，《网络出版服务管理规定》(自 2016 年 3 月 10 日开始施行)也就网络出版物的内容进行了相关规定。除《出版管理条例》《网络出版服务管理规定》之外，我国的《刑法》《国家安全法》《保守国家秘密法》《治安管理条例》《民法典》《未成年人保护法》《著作权法》《反不正当竞争法》《证券法》等法律法规中也有对出版产品内容进行管理的规定。例如，依照《刑法》规定，在出版产品内容上可能发生的犯罪有：煽动分裂国家罪、煽动颠覆国家政权罪、泄露国家秘密罪、制作传播淫秽物品罪、损害商业信誉罪、侮辱罪、诽谤罪等。在我国，对出版产品规制的重要手段之一就是开展“扫黄打非”，“扫黄打非”是政府针对出版领域的一种社会性规制行为。

通过比较我们可以发现，尽管由于社会制度和国家性质的不同，各国对出版产品的内容规制仍有一定的一致性，从形式上看，不外乎两大类：一是为保障国家利益而设的限制，如对煽动性言论、泄漏国家机密的限制；二是为保障公民和社会组织的利益而设的限制，如对诽谤性言论的限制。我国法律对出版产品内容已有一系列的规定，但是对于出版产品禁止内容的判断标准及处理措施尚需继续完善。从宪法对出版权利保护的内涵来看，如何进一步完善有关规定，是一个至关重要而又十分复杂的课题。

五、出版产品价格规制

价格是引导资源配置的主要因素，因此，价格规制是政府对出版经济活动规制的核心内容。价格规制的执行效果直接影响政府对出版市场规制的实际成效。出版产品价格规制的主要内容是指政府从出版资源有效配置和出版产品公平供给的角度出发，为出版行业设计一系列条件和标准，指导出版机构的价格决策。

(一) 西方国家的出版产品价格规制

世界各国对出版产品市场价格规制的情况可分为两类：一类是对出版产品市场价格进行较为严格的管制，实行出版产品的统一定价制度或限价制度，如法国、日本、德国等西方国家和中国；另一类是实行出版产品的自由定价制度，如英国、美国、比利时等国家。

出版产品统一定价(或限价)制度的实质在于出版商在出版产品进入市场之

前，就已经确定了出版产品的零售价格，零售商只能按照定价销售，其优点在于出版产品价格较为稳定，有利于维护出版市场秩序。从目前的情况来看，实行出版产品统一定价制度或限价制度的国家占多数。法国是这类国家中的典型代表，法国先后实行过3种出版物定价制度，即建议书价制度、“纯”书价制度和统一书价制度。所谓建议书价，是指由出版商向书店提出图书的建议售价，出版商按不同季节，根据政府对物价不同的控制政策，自由地对书价提出建议。建议价一般印在书上，书店以此价做参考，自行确定图书售价。纯书价制度是法国1979年针对建议书价实行的一种新的书价制度，即要求出版商以某一确定书价将书卖给书商，书籍上不许印出标价，从而使书商可以自由地确定图书的零售价格。前两种出版物定价制度使得法国大型书业企业低价售书的行为合法化，而使中小型书业企业的经营出现困难。因此，法国于1981年8月制定了著名的《雅克·朗法》(自1982年1月1日起生效)，《雅克·朗法》以实行统一售价政策、保护中小书商利益为核心。根据《雅克·朗法》的规定，法国实行出版物统一定价制度。法国的出版物统一定价制度是指由出版商确定图书的零售价格，并将定价印在书籍上，书商按统一书价出售，不允许随意变价出售。法国图书价格分完税价和非完税价两种，一般在国内销售的图书实行完税价，出口图书可享受非完税价。统一价格制度并不是要求绝对的、无原则的价格统一，《雅克·朗法》对实行统一定价做了一些补充规定，在一些特殊情况下出版物可以降价出售。1985年3月21日，法国最高法院公布了《关于违反〈雅克·朗法〉的惩罚条例》，国务会议还制定了《条例》的实施细则，规定了对违反《条例》的行为进行处罚的措施。在实践中，法国政府严格执法，通过一系列民事诉讼与罚款，维护了上述法规的权威性，有效地保证了法国出版市场的正常交易秩序。《雅克·朗法》保障了作者创作的积极性，保护了中小出版商、书商的利益，法国出版市场的繁荣与多元化在很大程度上得益于这部法律。

日本是对出版产品市场价格实施较严格管制的又一个典型国家。日本自大正年间(1912—1926年)起实行出版物的定价销售制度，其初衷在于抑制出版市场的恶性竞争。1978年，日本公正交易委员会基于出版市场需求和流通业的发展变化，提出了废除定价制度的建议，由此引发了持续20多年的论争。论争的结果是，日本在实行出版物定价销售制度的同时，鼓励出版业对经过一定销售时间后的出版物实施“限期定价”和“部分定价”等富有弹性的定价办法。日本出版界认为，如果从促进市场竞争的角度考虑，应该废除出版物定价制度，但由于各方在废除或保存出版物定价制度的问题上尚未达成共识，而且考虑到取消定价制度可能引致出版市场的恶性竞争和出版物质量的下滑，所以目前仍保留这一制度。

出版产品自由价格制度的实质就是定价权从出版商手中转到销售商手中，销售商对出版产品价格具有更大的主动权，其优点在于出版产品价格能随行就市、便于灵活调整。实行出版产品自由定价制度的国家有英国、美国、瑞典、比利时、澳大利亚等国。英国在1996年之前实行出版产品定价销售制，出版界遵循“净价书协议”。“净价书协议”旨在控制不正当的价格竞争，它规定任何一种由出版社出版的新书，不管书店的订货量有多大，也不管出于何种慈善动机，或读者有何特殊情况，书店均不得以低于出版社规定的价格出售。净价书是指除教科书、某些儿童读物以外的图书。1995年，英国以妨碍自由竞争、对消费者不利为由，废止了这一拥有百年历史的制度，出版业实行自由定价制度。

在美国，不存在以书刊为对象的统一定价销售制度。图书出版商在图书上不印定价，但在图书目录和广告上标注定价，出版商在此定价的基础上以一定折扣将图书卖给零售书店，零售书店按此定价打折扣或不打折扣将书卖给读者，零售书店一般打印售价标签贴在书上，以资识别。期刊出版商在期刊上标明售价，零售商一般按此定价出售，但也可以打折出售。也就是说，美国的书刊零售价由零售商决定，其主要理由在于：美国市场非常广阔，流通渠道也十分复杂，要想监督全国的零售价格并有效地维持统一价格，实际上是行不通的①。

通过以上对主要西方国家的出版产品价格规制制度的考察，我们可以发现：对出版产品价格的规制并没有统一的标准，选择何种价格规制方法(较为严格的限价制度或自由价格制度)，主要由各国国情和出版市场发展的实际需要决定。就一般情况而言，实行出版产品限价制度的国家较为强调出版产品的文化属性，而实行出版产品自由定价制度的国家多将出版业视同一般的经济产业，鼓励出版市场自由竞争。

(二) 中国的出版产品价格规制

新中国成立以来，我国出版产品价格规制政策经历了多次调整。1949年至1956年，国家对出版机构的管理主要体现在出版方针的制定及监督执行方面，对出版物定价并无具体要求和规定，出版机构自行确定出版物价格。1956年至1984年，我国实行书刊统一定价、按印张分类定价、明码标价、保本微利的政策。1956年，我国开始对出版产品价格实行管制。1956年2月，文化部颁布了全国

① 王益，张其骅.世界各国：书刊实行定价销售制还是实行自由价格制[J].出版参考，1998(3)：13－14.

图书、期刊定价标准，确定了图书按印张分类定价的模式，将图书分成11大类、26项，不同类别的图书有不同的定价标准。这个模式的基本特征是“保本微利”，即不以实际成本为基础定价，只与出版物类别有关。正是在这一原则的指导下，我国出版物价格长期偏低。1984年至1988年，我国启动书价改革，实行按大类确定每印张定价幅度，地方书价地方管理的出版价格政策，但出版企业仍不能自主定价。1988年至1992年，我国实行控制图书定价利润率的出版价格政策。1992年以后，我国仍实行出版物定价销售制度，但是除中小学课本和大中专教材仍实行国家定价外，其他出版物的定价标准基本由出版单位自行制定。1993年4月，国家物价局出台文件，明确了除大中专教材、中小学课本及教辅、党和国家重要文献有专门规定外，其他图书由出版机构根据纸张成本、印刷工价、发行册数自行定价，这就意味着我国放开了一般出版物的价格，出版机构在出版物定价上有了较大的自主权。

从上述我国出版产品价格规制政策的发展历史来看，在计划经济时代我国出版产品的价格受到比较严格的规制，但随着我国经济体制改革的不断深入，出版产品价格规制开始由严紧走向宽松，价值规律和市场因素逐渐成为制定出版产品价格的主要依据和决定因素。出版产品价格规制政策的变革不仅反映了我国出版业的发展历程，也反映了我国社会经济、文化制度的变迁。

我们应该辩证地、历史地看待我国的出版产品价格规制制度。我国长期实行的出版产品统一定价制度是特定历史条件下的产物，这一制度在一定的历史环境下对出版业的繁荣发展发挥了积极的推动作用，其合理性具体表现在：符合不同地域经济、文化发展水平差异大及市场环境复杂等国情；有利于政府监督管理；有利于保障出版产业链中生产、流通、消费等环节的利益均衡。但是，出版产品统一定价制度也存在一些不足：我国目前实行的出版产品统一定价制度仍带有一定的计划经济痕迹，出版产品价格也因此具有较为浓厚的垄断色彩；在出版物统一定价制度下，出版成本、交易费用以及各环节利润都预先包括在定价之中，预期利润具有前置性和固定性的特点，出版产品价格不能随着市场行情的变化而灵活变动；出版产品价格对市场变化的反应存在滞后性，难以准确反映需求量和销售量的变化；在某些地区或专业领域的出版市场上，出版产品的市场价格存在不合理现象。例如，我国出版业中的“高定价、低折扣”行为是一种影响公平竞争的不正当经营行为，严重破坏了市场秩序，应受到严格管制。

第八章　当代中国出版物价格体系与定价机制改革研究

出版发挥着非常关键的作用。它处于我们文学、研究、民主社会、公共领域和政治讨论的中心位置。出版不断推动我们的科技和文化向前发展。出版并非一种被动的媒介，它已经成为我们生活和社会的一部分，并不断地塑造它们，引导它们，甚至有时候可以操纵它们。若能认识到其本质的话，人们会发现是出版帮助我们定义了这个世界。①

——迈克尔·巴斯卡尔

出版业的市场机制和价格问题是影响出版经济、出版产业运行的关键问题，也是出版经济学的核心内容，出版业的方方面面无不与此相关，从出版业市场机制和价格问题出发，可以“见微知著”。出版物价格是一个涉及多个层面、为众多相关团体与个人所关注的问题，出版业界已有“以价格促改革”的呼声，因此，中国当代出版价格体系的演进和出版物定价机制的市场化改革，是中国当代新闻出版体制改革与行业转型的重要组成部分。从出版经济学的视角对中国出版业进行现实观照，有必要对中国出版物价格体系与定价机制改革的可行性路径进行分析，并将一系列相关问题置于当代中国出版业整体历史变迁和中国新闻出版体制改革的宏观语境中予以考察。

第一节　当代中国出版价格体系的历史演变

中华人民共和国成立以后，中国出版价格体系和出版物定价机制进行了多次调整。从1949年至今，我国出版价格体系的演变大致经历了以下四个阶段：

① 迈克尔·巴斯卡尔.内容之王：出版业的颠覆与重生[M].赵丹，梁嘉馨，译.北京：机械工业出版社，2017：引言.

中华人民共和国建立之初的出版机构自行定价时期，国家实施出版物价格管制、执行薄利低价政策时期，出版物价格制度由计划向市场过渡时期，出版物价格制度市场化时期。当代中国出版物价格体系的历史演变，不仅反映了整个出版行业的发展、转型历程，也从中折射出了中国社会政治、经济、文化制度的变迁轨迹。

一、新中国建立之初的出版机构自行定价时期(1949—1955 年)

中华人民共和国建立之初，全国出版业大多为私营企业，据 1952 年国家出版总署的统计，私营出版机构占全国出版机构总数的 77.19%。[①] 1949—1955 年，国家对出版业的管理主要体现在出版方针的制定及监督执行方面，对出版物定价并无统一的管制性措施。出版物价格由出版机构自行确定，其定价原则是"成本＋利润＋税收"。

这一时期，中央政府出版行政管理部门对出版物价格的标示方法做出了详细规定：

1951 年前，内地的书刊上只印基本定价，按一定的倍数调价。外地书店出售时，至少加 10%的邮运费(即地区差价)，边远地区有加 30%、40%甚至一倍的。据统计，上海私营出版业书价基本定价倍数，从 1949 年 6 月至 1950 年 12 月就变动 14 次，倍数从 30 倍上涨到 1 200 倍。由于书上不印实际定价，给私营书店任意抬高书价牟利提供了方便。[②]

1950 年 4 月 29 日出版的《人民日报》曾刊载一篇题为《怎样削减书价?》的文章，文中提到中华人民共和国建立之初的许多读者认为书刊售价太高的问题，并分析了其原因、影响及对策：

根据新华书店江西省分店最近征求读者意见的结果，多数读者认为目前国家出版机关书刊售价太高，尤以武汉新华书店中南总分店的出版品为最。

为什么读者会有这样的反应呢？这是因为：

第一，从三月以来，全国物价都普遍下跌，但当时书刊发售的倍数，并未相应下跌。

第二，全国物价的一般情形是：各主要城市较一般城市为高，一般城市较各

---

① 中宣部出版局.我国书价政策的调查[J].新华月报，1988(8)：130－134.
② 方厚枢.对私营出版业的社会主义改造[J].出版史料，2006(2)：8－18.

县及农村为高（以折储牌价为标准，北京较南昌约高百分之八十至八十五），书刊的售价都是按出版地（各主要城市）的物价成本决定的，因此书刊发行到内地，其价目便相对的提高（比如在北京一个折实单位分可以买到的书，到南昌便要一·八个单位了）。

与上述书价太高有关的另一个问题，便是各地出版机关的定价不统一。就目前南昌所出售的北京、上海、汉口三地新华版的定价而言，以汉口版最贵，北京版次之，上海版最低（汉口新华版的定价比上海新华版有高达百分之一百者）。虽然上海的印刷条件比汉口较进步，纸张较便宜，但上海的一般物价则比汉口约高百分之四十（根据两地的折储牌价）。两者结合起来，两地的成本相差应不致太远，而书刊定价的高低悬殊，可能还有计算成本、利润，以及管理、开支等方面的差别。

目前，人民的购买力一般都很低，出版品的定价如不能适当地照顾到这一点，便会严重地减低销售数字，影响马列主义与毛泽东思想的传播和文化的普及。

其次，由于各地出版品的定价不统一，各地出版机关的业务，就很难获得平衡的发展。比方南昌是在中南区的业务范围以内，但鉴于汉口新华版的定价过高，这里的私营书店，近来便纷纷与上海书店建立往来了。这就不免要影响中南新华书店业务的发展。

针对这些情形，我以为目前国家出版机关，在书刊定价问题上，必须做到下列各点：

一、力求管理工作的科学化、企业化，精打细算，尽量避免浪费，减低成本，使书刊定价做到适当与合理，以免读者不必要的负担。

二、利润不应过高。据作者调查研究，有的书本，按它的售价，即在印刷条件极其落后的南昌付印，成本也只及售价百分之二十至三十左右，亦即利润超过了百分之二百。这是不合理的。

三、书刊的印刷，最好多多运用纸型，分寄各地付印。定价亦按各地的物价情形决定。这样，不但可以消除书价与物价的差别，而且可以减少运输上的麻烦和邮寄费（后者亦与读者负担有关）。同时，像江西所出的土产纸，亦可以得到充分利用的机会。①

出版总署为了加强对全国出版业的管理，规定书刊必须标明货币定价并按

① 王克让.怎样削减书价？[N].人民日报，1950－04－29(6).

定价出售，不得任意抬高书价。1950 年 12 月 28 日，出版总署决定，自 1951 年 1 月 1 日起，全国公营、公私合营出版社出版的书刊，一律改用货币定价，在 1951 年 1 月 1 日以前已印成的书刊标明基本定价者，一律按原基本定价加 1 000 倍发售，外地不得加价。私营出版业也逐渐实行。同一种书刊，在全国任何地区均按出版社统一定价出售，消除了私营书店任意抬高书价的投机行为。[①] 书刊在全国各地都必须一律按同一定价出售，不得有地区差价，从这一时期就成为新中国书价政策的一条重要原则。

这一时期，政府主管部门对中央级出版机构的定价标准进行了规定。1954 年 12 月 28 日，文化部颁布了《中央级出版社一般书籍、课本定价标准表》和《中央级出版社封面、插页定价标准表》，规定自 1955 年 3 月 1 日起一般书籍和课本按新标准定价。新规定的定价标准，降低了部分书籍的定价。儿童读物的降价幅度最大，比过去降低 22%；其次为政策法令书籍和时事政治读物，一般降价 11%；一般通俗读物降价 9%。[②]

1949—1955 年的六年时间内，中国出版业价格规制政策与出版物定价制度体现出以下几方面特点。

(一) 将出版物价格作为整顿与改造私营出版业、巩固与扩展出版阵地的重要手段

1949 年后，除国民党政府官僚资本性质的出版机构由国家予以没收外，还有相当数量的资本主义性质的私营出版机构存在。根据中国共产党对资本主义工商业的利用、限制、改造政策，人民政府在协调公私出版业关系的同时，1950 年即开始对私营出版业进行必要的调整和初步的改造；从 1954 年起，按照国家对资本主义工商业改造的政策，对私营出版业的社会主义改造全面展开。出版总署提出：在国家第一个五年计划(1953—1957 年)内，出版业完全由国家掌握，将私营书刊印刷厂、发行业基本纳入国家资本主义轨道。对私营出版业的社会主义改造，是新中国出版史上的一件大事。据统计，1950 年全国私营出版社有 184 家，1951 年 321 家，1952 年 356 家，1953 年 290 家，1954 年 97 家，1955 年 19 家，到 1956 年 6 月，对全国私营出版业和发行业、印刷业的社会主义改造工作基本完成。[③]

① 方厚枢.对私营出版业的社会主义改造[J].出版史料，2006(2)：8 - 18.

② 刘杲，石峰.新中国出版五十年纪事[M].北京：新华出版社，1999：40.

③ 中央宣传部批转出版总署党组关于整顿和改造私营出版业的报告(1954 年 8 月 15 日)[G]//宋原放.中国出版史料(现代部分)第三卷・上册.济南：山东教育出版社，2000：138.

1954年8月，出版总署党组就私营图书发行业进行社会主义改造的方针、步骤、办法和1954年的工作要点向中共中央宣传部做出请示报告，报告在分析私营图书发行业概况时认为，“私营发行业具有唯利是图的本质，经销图书，不问品质，并扩大批零差价，破坏定价政策，与国营书店争夺市场，使上海私营投机出版社的粗制滥造的出版物得以大量地散发全国各地；而国营和公私合营出版社质量优良的图书的发行则受到一定的妨碍，起了一部分有害的作用。”①该报告在“1954年的工作要点”中提出：“由出版总署发布书刊必须标明定价并按定价出售的规定，防止投机书商任意抬高书价或扩大批零差价，以保护读者利益。新华书店开始建立对其所经销的出版物实行监督和检查定价的制度。”②

1954年8月15日，中央宣传部批转出版总署党组关于整顿和改造私营出版业的报告，其中指出：“改造私营出版业的前提条件是壮大国营的出版力量，改进国营出版社的出版工作……逐步在降低成本的基础上减低书价，以扩展我们的出版、发行阵地，逐步代替和排挤私营出版业出版的品质低劣的出版物。”③

（二）将出版物价格与出版机构的企业性质、企业化管理办法紧密关联

1949年10月3日至19日在北京召开的全国新华书店出版工作会议将企业化与编审、出版、发行并列为四个专题，分四个组讨论，可见当时对于推行企业化管理这一问题是何等重视。出版委员会主任委员黄洛峰在会上做总结报告，对推行企业化管理提出四点意见：“一、加强经济核算，建立预算决算制度，业务计划和预决算要报上级审批；二、确定书价的原则，一般书籍定价按单纯成本加百分之一百五十，政策文件、大量发行的通俗读物，按成本加百分之一百；三、成立会计制度设计委员会，制定一套新的会计制度；四、在1950年底以前取消供给制和半供给制，1951年起全部实行薪给制。”④

“国营的出版机构是企业，实行企业化管理这是中华人民共和国建立之初决定的。一直到‘文化大革命’，出版社的企业性质和一套企业化经营管理办法没有改变。出版虽然归属于宣传、文教工作的范畴，然而出版是生产，有生产过程（印刷、出版）和流通过程（发行），是一种经济工作。对于制造产品的经济活动实

① 中央宣传部转发出版总署党组关于改造私营图书发行业的报告（1954年8月14日）[G]//宋原放.中国出版史料（现代部分）第三卷・上册.济南：山东教育出版社，2000：141.

② 中央宣传部转发出版总署党组关于改造私营图书发行业的报告（1954年8月14日）[G]//宋原放.中国出版史料（现代部分）第三卷・上册.济南：山东教育出版社，2000：145.

③ 中央宣传部批转出版总署党组关于整顿和改造私营出版业的报告（1954年8月15日）[G]//宋原放.中国出版史料（现代部分）第三卷・上册.济南：山东教育出版社，2000：137.

④ 王仿子.回忆新华书店总管理处[G]//《北京出版史志》编辑部.北京出版史志（第7辑）[M].北京：北京出版社，1996：1-17.

行企业化经营管理，建立成本会计，进行经济核算，可以精打细算，降低成本，增加积累，有利于扩大再生产。正如胡愈之说的，是利国利民之举。”[①]

企业化经营的目的之一是降低成本，降低书价，减轻读者负担。那么，究竟有多少利润算是合理的利润，黄洛峰说过：直接成本应占一般书籍定价的40%，占政策文件定价的50%。然而做起来，因为每本书的印数不同，很难控制。而且，解放初期，学习空气浓厚，许多书的实际印数往往超过预计印数，使利润的增长超出原来的设想。胡愈之针对这种情形用自我批评的口吻说：“我们对群众利益的照顾是不够的，首先关于书价问题我们就没有重视，计算成本，算盘只向里打，没有看到读者的购买力。”[②]

为追求和探索书价与利润的合理的关系，当时经历了一个摸索的过程。1950年11月，新华书店总管理处召开新华书店第一届会计工作会议。此次会议闭幕的前一天，新华书店总管理处副总经理华应申出任新成立的人民出版社副社长，主管经营管理工作，在他主持下制定的《人民出版社图书成本及定价核算暂行办法》中，计划利润占定价的10%，但经过一年实践，发现利润过多，遂将利润比例进行了修订。[③] 从1951年的《人民出版社图书成本及定价核算暂行办法》(详见附录)中可以看出，专门性著作、一般性著作、普及性著作的计划利润占定价的4%，这个数字大概可被视为当时“合理利润”概念的范畴。

(三) 充分重视出版物价格的政治影响和社会效应，提出并执行薄利低价政策

降低书价，减轻读者负担，是新中国出版工作“为人民服务”宗旨的具体内容体现。“反对不合理的利润，坚持薄利政策，是出版总署一贯的主张。胡愈之曾多次讲到降低书价的重要意义。1949年10月，在全国新华书店出版工作会议上，他指出1949年前由于教科书利润太高，一些大书店‘偏重教科书’‘没有兴趣出杂书’(笔者注：那时候把教科书以外的书，包括学术著作，叫作杂书)，因而‘妨碍了文化的进步’。1950年6月，他在一次会上说：‘我们是为人民服务的，读者就是我们服务的具体对象，我们是处处为人民打算的。因此我们要照顾读者的利益，使读者能够用最低的价钱，最方便的办法，买到他们需要的书籍’。”[④]

---

① 王仿子.回忆新华书店总管理处[G]//《北京出版史志》编辑部.北京出版史志(第7辑)[M].北京：北京出版社，1996：1-17.

② 王仿子.回忆新华书店总管理处[G]//《北京出版史志》编辑部.北京出版史志(第7辑)[M].北京：北京出版社，1996：1-17.

③ 王仿子.回忆新华书店总管理处[G]//《北京出版史志》编辑部.北京出版史志(第7辑)[M].北京：北京出版社，1996：1-17.

④ 王仿子.回忆新华书店总管理处[G]//《北京出版史志》编辑部.北京出版史志(第7辑)[M].北京：北京出版社，1996：1-17.

在1949年10月5日全国新华书店出版工作会议第四次大会上，黄洛峰做了关于出版委员会（全称为“中共中央宣传部出版委员会”，简称“出版委员会”）的工作报告，该工作报告的第五部分“企业化问题”即专门谈及书价问题。黄洛峰指出：“（书价问题）在我们的工作上，是常常成为一个争论的问题而存在着的；简单说，有两种方向，一种是低书价政策，一种是高书价政策；我们可以武断点说，不论前者后者，都不妥当。”“低书价政策，固然读者是受惠了，但是国家却受苦了；按照目前财经的困难情形，政府是不可能也不应该给我们更多的补助，来贴补我们的低书价的。高书价政策呢，读者负担太重，又不合乎我们的宣教政策，这条路也不应该走。按照我们7个月来摸索而得的经验，我们认为书价不能低也不能高，要在高低之间求得均衡，就是说任低也不应该低于印刷成本，任高也得低于一般私营出版业的售卖价格。在这样的原则下，只要我们能够逐步走向严格的成本核算，就能够使我们进行再生产，即使这种再生产不可能是扩大的，也不致就陷于越来越萎缩了。为了适当的调整价格，在某种程度上追随物价上涨的波幅，现在我们大体上是采取每月调整一次倍数的办法，想把涨价纳入一条比较正常的规律，我想也还是妥当的。”①

其实，早在北平和平解放之初，新政府就立即成立了教科书编审委员会，统一编印，分区出版，用教科书牟取暴利的行为得到纠正。但是，新华书店总管理处成立后，发现教科书的售价仍然太高（各地售价不一）。1950年7月5日，出版总署与教育部联合发出《关于1950年秋季教科书减低并划一售价及供应办法的决定》，指出本年春季教科书、“若干地区书价昂贵，供应不能及时，学生无力负担，感无书读之苦”。《决定》做出具体规定：秋季课本废除基本定价办法，改用人民币（注：旧币）定价；小学课本（36开）每页（两面）定价（用国产纸的）人民币24元。“对各书店及摊贩批售中小学课本，一律定为八折实收。”又规定：“各地售与学校及学生的书价，一律按照书面标明的货币价格计算，不得根据任何理由，加成或加价出售。”这是中华人民共和国建立后第一次由政府规定教科书的定价标准，对于克服解放初期教科书的高售价和售价的混乱起了重要作用。②

1950年10月28日发布的《第一届全国出版会议关于改进和发展全国出版事业的五项决议》中，有两条决议明确提到了图书价格问题。在第二条决议——

① 黄洛峰.出版委员会工作报告[G]//新华书店总管理处.全国新华书店出版工作会议专辑.1950年编印.

② 王仿子.回忆新华书店总管理处[G]//《北京出版史志》编辑部.北京出版史志（第7辑）[M].北京：北京出版社，1996：1-17.

“关于改进和发展出版工作的决议”中，有以下内容：“出版机构的管理费用应合理地降低，其利润应保持合理的水平，以便达到逐渐降低书价的目的。书价应争取改基本定价制为货币定价制。”[①]在第三条决议——“关于改进和发展书刊发行工作的决议”中，有如下内容：“改善企业经营，减少营业费用，使书刊的售价逐渐降低；争取逐步划一全国书刊的售价，以减轻偏远地区读者的负担。”[②]

1950年10月28日，由周恩来总理签署发布的《中央人民政府政务院关于改进和发展全国出版事业的指示》中的第八条（共十条指示）指出：“书籍期刊的出版与发行工作，不论公私营，均不应单纯以营利为目的。为了使出版事业能够扩大发展，应允许公私营出版业取得合法的利润，但决不应攫取过分的非法利润。公私营出版业均应努力使经营合理化，以便书价适当地降低。出版总署对于公私营出版业的经营状况应予以检查和指导。”[③]

1950年10月28日颁布的《出版总署关于国营书刊出版印刷发行企业分工专业化与调整公私关系的决定》之第二十三条也指出：“书价应改为货币定价，争取在短时期内划一全国各地书刊售价，消灭偏远地区改价加成出售的现象。”[④]

尽管从新中国建立伊始，政府就突出了薄利低价的政策，但出版机构对政策的贯彻执行、社会公众的认识和出版物价格的整体下降并非一蹴而就，而是经历了一个过程的。1953年12月23日《人民日报》的专栏“读者来信摘要”上曾刊登《关于书价答读者问》一文。这篇文章说明，到1953年，仍有许多读者认为书籍定价过高而发出降低书价的呼声（以下划线处为笔者标注）：

<u>本报接到许多读者来信，认为目前书籍定价过高，希望有关部门考虑降低。</u>

根据我们调查，目前书籍的售价与抗日战争前比较还是低廉的。目前书籍成本比战前增高，战前一般书籍的直接成本（包括纸张、印制、稿酬）低于定价的百分之三十，目前国营出版社一般书籍的直接成本约占定价的百分之四十多到五十。再加上发行费用百分之三十，编辑加工费、出版费、宣传费、国税等约百分

---

① 第一届全国出版会议关于改进和发展全国出版事业的五项决议.原载：《第一届全国出版会议纪念刊》(人民出版社1951年出版).转引自：宋原放.中国出版史料(现代部分)第三卷·上册[M].济南：山东教育出版社，2000：99.

② 第一届全国出版会议关于改进和发展全国出版事业的五项决议.原载：《第一届全国出版会议纪念刊》(人民出版社1951年出版).转引自：宋原放.中国出版史料(现代部分)第三卷·上册[M].济南：山东教育出版社，2000：101.

③ 中央人民政府政务院关于改进和发展全国出版事业的指示.原载：出版总署《出版简报》第4号.转引自：宋原放.中国出版史料(现代部分)第三卷·上册[M].济南：山东教育出版社，2000：106.

④ 出版总署关于国营书刊出版印刷发行企业分工专业化与调整公私关系的决定.原载：出版总署《出版简报》第4号.转引自：宋原放.中国出版史料(现代部分)第三卷·上册[M].济南：山东教育出版社，2000：114.

之十，现在国营出版社的利润已比战前一般出版社的利润减低了。

现在书籍直接成本比战前增高的主要原因之一是纸张的价格比战前高得多。因此，战前纸张一项只占书籍定价的百分之六左右，目前则占书籍定价的百分之二十至三十五。但定价却是降低了。例如，战前开明书店出版的巴金的《家》定价为一元七角，约合当时中白粳米二十七斤，现在人民文学出版社出版的《家》，定价为一万二千元，只合上海中白粳米九斤了。如合北京的小站米，只合五斤多了。

事实上，国营出版社书籍的定价都已初步降低。如以一九五一年年底书籍定价为一百，到一九五二年底，人民出版社、人民教育出版社平均降低百分之十一点八四，人民美术出版社降低百分之二十，人民文学出版社降低百分之十一，青年出版社降低百分之二十一点二四，工人出版社降低百分之十五。其他国营出版社降低百分之五至十二不等。一九五三年以来，有些国营出版社的书价续有降低。

国营出版社出书是以满足人民群众的文化需要为原则，书籍成本虽然比战前增高，但在不断改进企业经营、提高劳动生产率、降低成本的基础上，仍能逐步降低售价。

有些书籍，如科技书和某些私营出版社出版的书，售价是比较高的。科技书排校所费的劳动力大，编辑加工也比较繁重，且印数较少(印数多为几千本)，因而成本较高，定价也就比一般书籍为高，这是可以谅解的，但有的也超过了应有的定价。某些私营出版社的书籍定价高，主要是因为它们的书印数少，而且它们有意谋取高额利润。

根据上述情况，目前显然不宜实行普遍减低书价的办法，而只能逐步进行局部的调整。因为如果普遍减低书价，那就是说，国家要拿一笔钱出来补贴某些国营和公私合营出版社。这虽然可以使购买书籍的读者得到便宜，但国家和人民的负担就随之加重了。所以只有在国营出版事业日益增长并不断改善企业经营、降低成本的基础上，才能逐步地适当地降低某些书籍的售价。国营出版社今后应当积极改善企业经营，提高劳动生产率，多出好书，为逐步降低书价创造条件，并适当降低某些定得过高而又有条件降低的书籍的售价。至于私营出版社书籍定价过高的现象，我们也希望出版行政机关注意加以监督。①

针对读者降低书价的呼吁，为进一步改善社会公众的阅读条件，出版机构也

① 关于书价答读者问[N].人民日报，1953－12－23(3).

做出了更加积极的努力。例如，1952年7月14日，时代出版社在《人民日报》的专栏“对人民日报读者批评建议的反应”中刊载声明，决定降低书价：

编辑同志：六月二十三日人民日报“读者来信”栏发表的志愿军读者建议“出版部门把文学作品印成袖珍版廉价售给战士”一信中，指出我社最近出版的“普通一兵”书价太贵，一般战士购买困难，我们十分感谢读者的意见，并作答复如下：

一、“普通一兵”初版时印了三千册，定价的确太高(初版定价二〇、六〇〇元)，读者的意见是完全正确的。现在初版已销完。因为“普通一兵”是一本较好的文艺译品，必须把发行工作看作一种政治任务，所以，我们决定再版时将定价减低二成(即一六、五〇〇元，质量不减)，以供应广大读者的需要。

二、我社过去在北京、上海两地出版新书，定价较高，读者也时有反映，这是一个问题。经过“三反”运动以后，并为了减轻读者负担，我们已决定自七月份起将定价标准普遍降低一成。我们深自觉得只有减低成本，提高质量，才是真正对读者负责，也是应有的严肃的工作作风。

希望各方面的读者经常给我们督促和协助。

时代出版社[①]

1954年4月2日《人民日报》第3版的专栏“文化简讯”中刊载了机械工业出版社、燃料工业出版社、人民卫生出版社三家出版机构经出版总署批准自1954年第一季起继续降低书价的消息：

为了减轻读者负担，并进一步满足人民对科学技术书籍的需要，机械工业出版社、燃料工业出版社、人民卫生出版社经中央人民政府出版总署批准，已自一九五四年第一季起继续降低书价。如以一九五三年这三个出版社的书籍定价标准为一百，机械工业出版社的一般图书，二十五开本的平均降低书价百分之十四到十五，三十二开本的平均降低书价百分之十点八到十一点六；燃料工业出版社的一般图书，二十五开本的平均降低书价百分之十一点六到十八点六，三十二开本的平均降低书价百分之三点四到十一点一；人民卫生出版社一般图书三十二开本的平均降低书价百分之十一点四。

这三个出版社出版的都是科学技术书籍，这类书印数较少而排印工价较贵，成本较高，因此定价也高于一般政治和文艺书籍。机械工业出版社和燃料工业出版社在一九五二年底曾根据出版总署的指示，降低过一次书价。人民卫生出

① 时代出版社决定减低书价[N].人民日报，1952-07-14(3).

版社是在一九五三年六月一日成立的，原由华东医务生活社和东北医学图书出版社出版的图书在移交该社出版后，已在一九五三年平均降低书价百分之三十左右。[①]

二、国家实施出版物价格管制时期(1956—1984 年)

1956 年以前，中国政府虽然没有颁发过全国统一的图书、杂志定价标准，一般都由各出版机构自行制定，报国家出版行政机关核准后执行，但各出版社之间的定价标准，实际上相差并不太多。1956 年，我国出版行业的社会主义改造完成之后，开始实行全国统一的图书定价标准。1956—1984 年，中国实行书刊统一定价、按印张分类定价、明码标价、保本微利的政策。

(一) 1956 年统一定价标准的出台与实施

1956 年，我国开始对出版产品价格实行管制。1956 年 1 月，文化部、邮电部颁发了“全国报纸定价标准”(详见附录)。1956 年 2 月，文化部颁发了中国第一个“全国杂志、书籍定价标准”(详见附录)。“全国杂志、书籍定价标准”将书籍、课本分为 26 类、11 档，根据图书的性质、内容、读者对象、印刷成本等，按印张分档计价，总的精神是贯彻“保本微利”的原则。

在 1956 年出台的“全国杂志、书籍定价标准”中，定价最低的是小学课本和业余学校课本，每印张 0.046 元，最高的是自然科学技术专门书籍，每印张 0.20 元。最高与最低差别为 4.35∶1。杂志正文定价分为 19 类、7 档，最低的是大量印行的或通俗的政治宣传杂志和工人、妇女、青少年杂志，每印张 0.055 元；最高的是学术性的自然科学杂志，每印张可达 0.20 元。对图书、杂志的封面、插页也按每个(或每页)规定了计价标准。图书、杂志实行新定价标准后，均应在版本记录上标明定价类别和印张、插页数量，以便监督和检查。

1956 年的“全国杂志、书籍定价标准”，确定了图书按印张分类定价的模式，这个模式的基本特征便是“保本微利”，即不以实际成本为基础定价，只与出版物类别有关。1956 年至 1984 年，我国一直实行出版物分类别按印张定价的方法，这期间由于政治运动的需要，强调低价政策，但还是遵循“保本微利”的原则。正是在这一原则的指导下，我国出版物价格长期偏低。

(二) 出于政治因素的考量，持续执行低价政策

1956 年的统一定价标准实行两年之后，文化部于 1958 年 5 月 16 日通知废

---

① 部分科学技术书籍继续降低书价[N].人民日报，1954-04-02(3).

止这个定价标准中关于杂志定价标准的部分，改由各出版社、杂志社自己确定杂志定价，并要求适当降低定价标准；同年7月5日，文化部又通知降低书籍定价，并将书籍和课本的定价标准改为参考标准，规定各出版单位根据本单位的出版范围，制定试行定价标准，报主管机关批准或备案执行；通知还要求平均降低定价标准15%左右。[①]

1963年10月，文化部与国家科委共同颁发了《科学技术类书籍和课本的定价标准》。从1964年1月1日起，付印的书籍、教材开始执行新的价格，即大量印行的普及性科学技术书籍，每印张0.07元；大量印行的政策文件、法令、通俗科学技术书籍、手册、技工学校和初级训练班课本、中等专业学校基础课课本，每印张0.08元；技工学校和初级训练班教学参考书、教学大纲和高等学校基础课课本，每印张0.09元；初级科学技术书籍、手册和中等专业学校专业课课本，每印张0.10元；一般政策文件、法令、中等专业学校教学参考书和教学大纲、高等学校专业课课本，每印张0.11元；中等科学技术书籍、手册、企业管理与技术管理书籍、简明辞典和高等学校教学参考书和教学大纲，每印张0.12元；高等科学技术书籍、手册，每印张0.135元；技术标准、专门科学技术书籍和资料性书籍、大型辞典，每印张0.20元。[②] 尽管这一分类定价标准在1956年统一定价标准基础上有较大的调整，但调整后每印张定价的最高标准依然不超过0.20元。

“文革”期间，出版物等文化产品的价格政策更多地受到政治运动的影响。“文革”初期，北京的“红卫兵”向新华书店各门市部发出“最后通牒”，提出“毛主席像不准卖钱，最低限度只能收取成本费”，要求限期答复；天津及其他城市也有同样要求。鉴于《毛泽东选集》普及本定价已由每套3.25元降低为2元(1966、1967年两年降价造成亏损4 300万元)，文化部向中共中央宣传部报告，建议将毛泽东像的定价降低一半，降价造成的亏损由国家财政部门解决。[③]

1973年6月26日，原国家计委向各省、市、自治区革命委员会转发国务院出版口制定的《图书定价试行标准》，通知各地执行。由于“文革”开始后图书品种不多，平均印数较大，又取消了稿酬，印制成本相应降低，新定的图书定价标准比1956年文化部出版局制定的“全国杂志、书籍定价标准”平均降低20%～25%，个别门类降低50%。[④] 具体来说，这个定价标准在原有标准的基础上，将

① 刘杲，石峰.新中国出版五十年纪事[M].北京：新华出版社，1999：46.

② 河北省地方志编纂委员会.河北省志·物价志[M].石家庄：河北人民出版社，1994：417-418.

③ 方厚枢.“文革”十年毛泽东著作、毛泽东像出版纪实[G]//宋原放.中国出版史料(现代部分)第三卷·上册[M].济南：山东教育出版社，2000：229.

④ 刘杲，石峰.新中国出版五十年纪事[M].北京：新华出版社，1999：147.

马克思、恩格斯、列宁、斯大林、毛泽东著作定价标准降低25%左右；将政治学习读物和工农兵、青少年读物降低16%；将历史、哲学著作，一般社会科学著作，现代文学作品降低25%左右；将通俗科学技术书籍降低20%左右，一般科学技术书籍、手册降低23%左右；大专学校科技教材降低16%左右；将标准领袖像降低50%左右；连环画降低27%左右；中、小学课本分别降低8.3%和15.4%。《图书定价试行标准》将书籍分为38类、12档，其中各类书籍中定价标准最低的是马克思、恩格斯、列宁、斯大林、毛泽东著作，每印张0.045元；最高的是科学技术专著，每印张0.15元。最低与最高定价标准的差额为1∶3.33。具体定价标准为：哲学、社会科学、文化艺术书籍每印张0.045元至0.09元；科学技术书籍每印张正文0.05元至0.15元；课本、教材正文每印张0.055元至0.10元；杂志正文每印张0.065元至0.22元；图片、画册每印张0.065元至0.24元；图书平装封面每页0.04元至0.08元。

(三) 价格管制时期的出版价格并非一味调低，也有对成本因素的考虑

在国家对出版价格实施严格管制政策的近三十年中，并非一味、片面地压低出版物价格，在个别时期的政府部门决策中，也相对强调遵循价值规律，考虑成本变化因素而改变定价标准。

1962年8月，由于纸张价格上涨，出版课本亏损，主管机关对中小学课本的定价做出如下调整：中学课本每印张0.049元调整为0.065元；小学课本每印张由0.046元调整为0.06元。[①]

1966年3月11日，文化部党委向中央宣传部并中央写报告，称解放军总政治部编辑的《毛主席语录》各方面要求加印的数量很大，鉴于《语录》的发行有相当一部分是重复的，一般用公费支付免费分发，易产生重复供应造成浪费，为此建议今后统一由各地党委责成出版部门办理，定价出售，交当地新华书店控制发行。但不在报上发消息，不登广告，不公开陈列，不卖给外国人。[②]

1981年6月22日，国家出版局发出《关于检查图书定价的通知》，该通知指出：图书是一种特殊的商品，国家对书价一贯采取保本薄利的政策；具体到每本书来说，应该是有赚有赔，大体平衡，对于有些专业性很强的出版机构，不能强求平衡，而应允许计划亏损。[③]

1982年6月12—18日，文化部在北京召开全国图书发行体制改革座谈会，

① 王子野.当代中国的出版事业(中)[M].北京：当代中国出版社，1993：517.
② 刘杲，石峰.新中国出版五十年纪事[M].北京：新华出版社，1999：97.
③ 刘杲，石峰.新中国出版五十年纪事[M].北京：新华出版社，1999：198.

会议首次提出，在全国将组成一个以国营新华书店为主体的，多种经济成分、多条流通渠道、多种购销形式，少流转环节的图书发行网(简称“一主三多一少”)。国家出版局党组于3月28日上报《关于图书发行体制改革问题的报告》，经中宣部原则同意，文化部于7月10日向全国发出通知，将《关于图书发行体制改革问题的报告》和出版局制定的《关于出版社和新华书店业务关系的若干原则规定(1982年修正本)》印发，通知各地按当年6月全国图书发行体制改革座谈会的精神贯彻执行。国家出版局党组《关于图书发行体制改革问题的报告》和《关于出版社和新华书店业务关系的若干原则规定(1982年修正本)》两份文件，对出版社自办发行的图书价格进行了详细规定：“疏通图书发行渠道，大力支持出版社自办图书发行的业务……出版社自办发行的图书，零售价格、批发价格和售书时间应与新华书店统一。”①“出版社可以自办一部分批发，……批发折扣原则上应与新华书店的批发折扣统一。出版社库存的滞销图书或库存量过大的图书，经与发货店协商同意，可以降价批发。”②“出版社自办发行的图书，零售价格应与新华书店一致；售书时间原则上应与基层店一致。”③

三、出版物价格制度由计划向市场过渡时期(1984—1992年)

1984年至1992年，是中国出版物价格体系由计划体制向市场体制转轨的时期。这一时期又可以细分为两个阶段：1984年至1987年，我国启动书价改革，实行按大类确定每印张定价幅度、地方书价地方管理的出版价格政策；1988年至1992年，我国实行控制定价利润率的出版价格政策。

(一) 改革开放后第一次书价改革，突破1949年以来一直实行的定价办法

从1970年代末期开始，随着出版事业的发展，出版物品种大量增加，门类日益繁多，但平均印数却出现较大幅度下降，成本因而相对提高。同时由于纸张价格、印刷工价、稿费等都有较大幅度提高，若继续执行1973年制定的定价标准，将使不少出版社出现非经营性亏损，不利于出版事业的发展。

1984年的图书价格改革，是改革开放后第一次书价改革，也是对1949年以来一直实行的定价办法的突破。1984年11月3日，经中共中央批准，文化部发

---

① 国家出版局党组关于图书发行体制改革问题的报告[G]//宋原放.中国出版史料(现代部分)第三卷·上册.济南：山东教育出版社，2000：363.

② 国家出版局党组关于图书发行体制改革问题的报告[G]//宋原放.中国出版史料(现代部分)第三卷·上册.济南：山东教育出版社，2000：369.

③ 国家出版局党组关于图书发行体制改革问题的报告[G]//宋原放.中国出版史料(现代部分)第三卷·上册.济南：山东教育出版社，2000：369.

布《关于调整图书定价的通知》。这次调整继续贯彻“保本微利”的原则，既要考虑出版社维持再生产的需要，又要照顾读者的购买力，同时兼顾国家的财力。调整的主要内容包括：

（1）统编中小学课本和省编课本的定价，由各省、自治区、直辖市根据本地的实际印制成本费用，按“保本微利”的原则自行制定，承担统编课本编辑出版业务的出版社提供参考性定价，供各地参考。

（2）一般图书也按“保本微利”原则调价，并对图书定价的管理体制予以改革。各省、自治区、直辖市的图书定价，由各地根据“保本微利”的原则，自行制定，地方的图书定价由地方管理；中央一级出版社按统一规定的图书定价标准幅度（社会科学和文学艺术类书籍，正文每印张0.07元至0.16元；自然科学和生产技术书籍，每印张0.08元至0.23元；领袖像、年画，每对开张0.13元至0.18元），制定本单位的定价标准，需报文化部出版局备案。期刊可参照图书定价标准计价。本次调价幅度仍以印张计算。[①]

这次出版物价格制度改革主要实现了两方面的转变：一是书价管理由原来中央集中统一管理改为由中央与地方分级管理，以地方管理为主；二是将原来按门类和学科分类的定价方法予以简化，摆脱了繁琐的分类、分档次套定价的办法，出版社可以根据实际情况，灵活掌握每一本书的定价。按当时实行的1973年定价方案，书籍正文分为38类，并按12个档次定价，比1956年文化部颁发的26类11个档次的定价方案分类分档更多、更细。实行这种过细又过繁的定价方案，尽管有其体现不同类别不同图书要有不同定价的意图，却很难适应各种复杂又时有变化的情况，也不便于操作。1984年的图书价格改革，将38类简化为社会科学和自然科学两类，将12个档次改变为只划分上限与下限，做到既有相对统一的定价标准，又使出版机构有一定的灵活性。

与上述两方面相关的一系列改革，改变了长期以来形成的出版物价格全国“一刀切”的管理模式，为后续的深化改革作了准备。文化部出台《关于调整图书定价的通知》后，有关行政部门曾对出版业界的图书定价状况和政策执行情况进行检查。1985年11月25日，国家出版局发出了《关于开展图书定价检查》的通知。[②]

---

① 刘杲，石峰.新中国出版五十年纪事[M].北京：新华出版社，1999：220.

② 刘杲，石峰.新中国出版五十年纪事[M].北京：新华出版社，1999：227.

(二) 随着经济体制改革不断深化，低书价政策受到挑战，出版物价格制度改革继续深化

出版物定价制度是出版业的一项重要经济政策，对出版事业的发展至关重要，中华人民共和国成立以后，尽管对出版物价格政策进行了多次调整，但是“保本微利”的原则没有变，这在一定的历史时期内是符合中国国情的。若按照最低线和最高线比较1984年和1956年的定价标准，28年间，中国书籍价格的调整幅度实际只有0.015元到0.03元，1984年每印张最低定价仅比1956年增长25%，1984年每印张最高定价仅比1956年增长15%。随着中国经济体制改革的不断深化，低书价政策受到了挑战。

1987—1988年的第二次图书价格改革具有实质性的突破，实行按成本定价和控制利润率的定价原则，定价权下放给出版机构。当时受价格制度影响最大、出版亏损最多、出版最难而读者尤其是教学和科研人员又最为需要因而呼声最高的出版物，就是印量少的学术著作。宋木文等新闻出版署领导赴中国科学院所属科学出版社调研，拟出3 000册以下的学术著作参照成本定价的办法，商定由中国科学院将《关于申请部分科技图书进行价格改革试点的请示》报送新闻出版署、经国家物价局同意后下达执行。1987年12月31日，新闻出版署向中国科学院发函：

经国家物价局同意，可按你院提出的定价原则执行。具体是：(一) 学术研究著作；(二) 科学研究资料；(三) 最新学科介绍；(四) 小学科的工具书；(五) 著名科学家文集；(六) 世界科学名著。以上几类图书印数在3 000册以下的，可参照成本定价，销售利润率一般不超过5%。

后又根据国务院副总理田纪云的“对科学学术著作价格似应采取放开的政策，不宜采取补贴的办法，个别著作销量少，亏损较多的，可给予适当补贴”的批示，将对中国科学院的批复转发全国各出版单位参照执行。

1988年8月4日，新闻出版署转发国家物价局《关于改革书刊定价办法的意见》，提出：定价原则仍按保本微利原则掌握，采取控制定价利润率的办法，即基本上按实际成本定价，总体定价利润率控制在5%～10%的幅度内(并非按每本书计算利润率)。定价权仍由地方和中央有关部门分别管理。为促进科学技术事业的发展，对有价值的学术专著，定价权下放给出版社，由出版社根据实际情况自行确定售价。[①] 1989年，政府调整了报纸价格，为报业发展创造了有利条

① 刘杲，石峰.新中国出版五十年纪事[M].北京：新华出版社，1999：247-248.

件。1989 年 8 月 14 日，新闻出版署又发出《关于严格控制书刊定价利润率的通知》，规定全年书刊定价利润率要严格控制在 5%～10%幅度之内。[①]

在这次出版物价格制度改革中，学术出版物定价的放开，对出版物价格体系改革的全局有着重要影响。这是中国出版物定价政策的又一次重大改革。实践证明，这一改革措施，有利于我国出版事业的发展，但是也出现了提价幅度过大、书价偏高的问题，在某种程度上抑制了读者购买力。在紧随其后的数年中，图书发行数量下降，与书价偏高也有一定关系。

这一时期，政府有关部门对大中专教材、中小学课本和教学参考书的定价格外关注，出台了较多相关政策文件。1986 年 4 月 19 日，原国家教委、原国家计委、国家经委、国家科委、财政部、轻工业部、国家出版局、国家物价局联合发出《贯彻执行〈关于高等学校和中等专业学校教材价格问题的请示报告〉的通知》。[②] 1986 年 5 月 17 日，原国家教委、原国家计委、国家经委、财政部、轻工业部、国家出版局、国家物价局等单位联合发出通知，决定中小学课本从本年秋季开始降价。1986 年 6 月 5 日，原国家教委、国家出版局联合发出《关于 1986 年秋季全国通用的中小学课本和教学参考书售价及供应问题的通知》。[③] 1988 年 4 月 30 日，国务院发出《关于中小学课本纸张供应及价格问题的通知》。[④] 1988 年 6 月 18 日，原国家教委、财政部、新闻出版署联合发出《关于贯彻国务院对大中专教材价格问题批复的通知》，对教材的价格和补贴问题做出了明确规定，并对出版发行及纸张供应单位提出了要求。[⑤] 1989 年 9 月 16 日，原国家教委、财政部、国家物价局、新闻出版署联合发出《关于调整大中专教材价格的通知》。[⑥]

四、出版物价格制度市场化时期(1993 年至今)

1978—1992 年，中国出版业在改革开放中逐步走向市场，市场经济已在出版业的发展过程中取得许多积极成果，新旧体制的交替在出版行业中实际上早已开始。1992 年中共十四大提出建立社会主义市场经济体制的目标，中央主管宣传思想、新闻出版的部门相应地提出了建立适应社会主义市场经济体制的出版体制，以及在市场经济条件下加强出版业宏观管理的要求。对出版体制改革

---

① 刘杲，石峰.新中国出版五十年纪事[M].北京：新华出版社，1999：255.
② 刘杲，石峰.新中国出版五十年纪事[M].北京：新华出版社，1999：230.
③ 刘杲，石峰.新中国出版五十年纪事[M].北京：新华出版社，1999：231.
④ 刘杲，石峰.新中国出版五十年纪事[M].北京：新华出版社，1999：245.
⑤ 刘杲，石峰.新中国出版五十年纪事[M].北京：新华出版社，1999：246.
⑥ 刘杲，石峰.新中国出版五十年纪事[M].北京：新华出版社，1999：256.

新模式的探求，具体体现在两个重要环节：一是在出版环节上“增强出版单位活力、使其适应市场，驾驭市场”，其中“新闻出版行政管理机关要逐步扩大出版单位作为市场竞争法人实体的自主权”，包括图书选题决定权（专题报批除外）、定价权（中小学课本除外）、工资奖金分配权、人事权、资金使用权、外贸权等；二是在发行环节上“大力培育全国统一的开放的图书市场”，其中的主要内容之一为“要重视利用价格规律调整出版发行各方面的经济利益关系，扩大产销双方自主经营的权利。今后除包销类图书外，其他各类图书的进发货折扣完全放开，由产销双方自定”①。

在上述背景下，1993 年启动的第三次图书价格改革提出了分三类管理的原则，明确大多数一般图书由出版社按生产成本和市场需求自主定价，同时加强宏观调控和保持书价相对稳定。这次出版价格改革的宏观背景是，1992 年召开的中国共产党第十四次代表大会将建立社会主义市场经济体制作为经济体制改革的目标明确提出，推动了各个领域的改革，而各项改革的结合点都是要通过市场机制发挥其各自的社会价值。出版物虽然具有精神产品的特征，但从总体上说，其社会价值仍然要像一般商品一样通过市场机制实现。

为适应社会主义市场经济发展的要求，推进出版事业的发展，满足公众对精神产品的多样化需求，国家物价局、新闻出版署根据国家价格体制改革的有关规定，于 1993 年 4 月 8 日联合发出《关于改革书刊价格管理的通知》（自 1993 年 4 月 20 日起实行，文件内容详见附录），决定除教材和教辅书，以及党和国家重要文献的定价纳入国家管理范围外，其他图书的价格由出版单位自行制订定价标准。这一改革文件在 1984、1988 年两次出版物价格制度改革所确定原则的基础上，将出版物价格改革又向前推进一步。

这次改革主要是把书刊价格分为三类进行管理：第一类，关于中小学课本和大中专教材的价格仍按现行管理体制和管理权限实行国家定价（由地方和中央分别管理）；第二类，对党和国家的重要文献（包括法律、法规、著作、文选）按照微利的原则由出版机构制定具体定价标准，报新闻出版署、国家物价局备案（定价权在出版机构，国家主管机关进行必要的指导和调控）；第三类，其他图书（图书的大多数品种）的价格由出版机构根据纸张成本、印刷工价和发行册数自行制订定价标准。各单位要切实做好成本核算，降低成本消耗，建立以盈补亏的出版

① 宋木文.贯彻十四大精神把新闻出版事业推向一个新的发展阶段（1992 年 12 月 23 日宋木文在全国新闻出版局长会议上的报告）.原载：《宋木文出版文集》（中国书籍出版社 1996 年出版）.转引自：宋原放.中国出版史料（现代部分）第三卷・上册[M].济南：山东教育出版社，2000：451，453.

机制，鼓励学术著作和重点图书的出版，力求做到社会效益和经济效益的统一。该通知还要求“各级新闻出版主管部门和物价主管部门要加强对书刊价格的宏观管理，引导出版单位正确定价，保持图书价格的相对稳定”。[①]

这意味着，从 1993 年开始，我国仍实行出版物定价销售制度，但是除了中小学课本和大中专教材仍实行国家定价之外，其他出版物的定价标准基本由出版单位自行制定，而且一般出版物的定价，已基本上完全放开，由市场机制进行调节，出版机构在出版物定价上有了较大的自主权。

第二节　中国出版物市场价格现状分析

20 世纪 80 年代以来，媒体与社会时常发出“书价高”“读书人买不起书”的声音，而中国出版业界有不少人士则认为出版物价格偏低，价格成为束缚出版行业发展的一个因素。中国出版业的重要资讯媒体《中国图书商报》于 2006 年 7 月 7 日刊发了徐冲先生撰写的《“高书价”是不是一个伪命题?》一文，文章认为图书定价偏低制约了出版发行业的发展，建议在其他成本因素不变的前提下，将原定书价上调 10%或更多(该文作者认为此举适用于大众图书，涉及学生用书的图书品种不建议采用)，提价所增加的利益由生产环节与流通环节分享。此文的观点引起了业内外的广泛关注。中国出版产品的市场价格究竟是高是低？未来走向如何？中国现行的出版价格体系与定价机制有何不足？这些问题都需要进行细致、深入的研究。

一、出版物价格变动的总体情况及特征

笔者对 1989—2019 年中国的图书价格数据、CPI 数据、改革开放以来中国城乡居民家庭人均收入等指标数据进行分析，以从总体层面客观地认识中国图书价格的变化轨迹和特征。

(一) 中国图书价格的总体变化状况分析

衡量图书出版行业总体定价水平的变化状况，可以通过两个指标，其一是每册图书的平均定价，其二是每印张的平均定价。中国新闻出版研究院魏玉山先生曾指出，每册图书定价的变化在一定程度上可以反映图书价格的变化情况，但

---

① 刘杲，石峰.新中国出版五十年纪事[M].北京：新华出版社，1999：302;宋木文.改革开放后的三次书价改革[J].出版发行研究，2008(4)：5－9.

它还不尽科学，因为图书册与册之间有许多不可比因素，如页数多了，定价自然会上升；每印张定价的变化可能是图书定价变化较为真实的体现（当然，这里面也有不可比因素，如不同年代所用纸张的质量存在差异）。①

通过平均印张价格及其变化率、单册图书平均价格及其变化率这几项指标，我们可以在一定程度上认识图书价格在一段时间内的一般性、总体性变化。表8-1中的平均印张价格及其变化率、单册图书平均价格及其变化率、每册图书印张数及其变化率，系以1989—2019年图书的总印数、总印张、定价总金额三项数据为基础计算得出。从表8-1和图8-1可以看出，从1987、1988年中国第二次图书价格改革推行按成本定价和控制利润率的定价原则、定价权下放给出版机构之后，在三十年时间内，每印张平均价格、平均每册图书的单价基本上处于逐年上涨的状态（平均印张价格在2006年略有下降，下降了0.78%）。

表8-1　1989—2019年中国图书价格相关数据

年　份	平均印张价格（元）	平均印张价格年增长率	单册图书平均价格（元）	单册平均价格年增长率	每册印张（个）	每册印张年增长率
1989	0.31	34.78%	1.27	27.00%	4.15	−3.94%
1990	0.33	6.45%	1.36	7.09%	4.12	−0.72%
1991	0.36	9.09%	1.56	14.71%	4.33	5.10%
1992	0.39	8.33%	1.75	12.18%	4.42	2.08%
1993	0.48	23.08%	2.30	31.43%	4.76	7.69%
1994	0.60	25.00%	2.96	28.70%	4.95	3.99%
1995	0.77	28.33%	3.85	30.07%	5.01	1.21%
1996	0.96	24.68%	4.84	25.71%	5.04	0.60%
1997	1.02	6.25%	5.10	5.37%	4.98	−1.19%
1998	1.06	3.92%	5.50	7.84%	5.16	3.61%
1999	1.11	4.72%	5.96	8.36%	5.35	3.68%

① 魏玉山.细说书价上涨幅度[N].中国图书商报，1998-10-16.

续　表

年　份	平均印张价格（元）	平均印张价格年增长率	单册图书平均价格（元）	单册平均价格年增长率	每册印张（个）	每册印张年增长率
2000	1.14	2.70%	6.85	14.93%	6.00	12.15%
2001	1.15	0.88%	7.40	8.03%	6.44	7.33%
2002	1.17	1.74%	7.79	5.27%	6.64	3.11%
2003	1.22	4.27%	8.42	8.09%	6.93	4.37%
2004	1.27	4.10%	9.24	9.74%	7.26	4.76%
2005	1.28	0.79%	9.78	5.80%	7.63	5.09%
2006	1.27	−0.78%	10.13	3.58%	7.99	4.72%
2007	1.39	9.45%	10.75	6.12%	7.73	−3.25%
2008	1.41	1.44%	11.41	6.14%	8.08	4.53%
2009	1.50	6.38%	12.05	5.61%	8.04	−0.50%
2010	1.54	2.91%	13.05	8.33%	8.46	5.17%
2011	1.68	8.53%	13.80	5.69%	8.23	−2.61%
2012	1.77	5.90%	14.93	8.23%	8.42	2.21%
2013	1.81	1.98%	15.51	3.89%	8.57	1.87%
2014	1.94	7.01%	16.66	7.38%	8.60	0.35%
2015	1.99	2.59%	17.04	2.29%	8.58	−0.29%
2016	2.03	2.42%	17.49	2.67%	8.60	0.24%
2017	2.14	5.33%	18.73	7.05%	8.74	1.64%
2018	2.27	5.93%	20.01	6.84%	8.82	0.86%
2019	2.32	2.35%	20.56	2.76%	8.85	0.39%

数据来源：《中国出版年鉴》(1989—2010 年各卷)、《中国新闻出版统计资料汇编》(2011—2020 年各卷)。

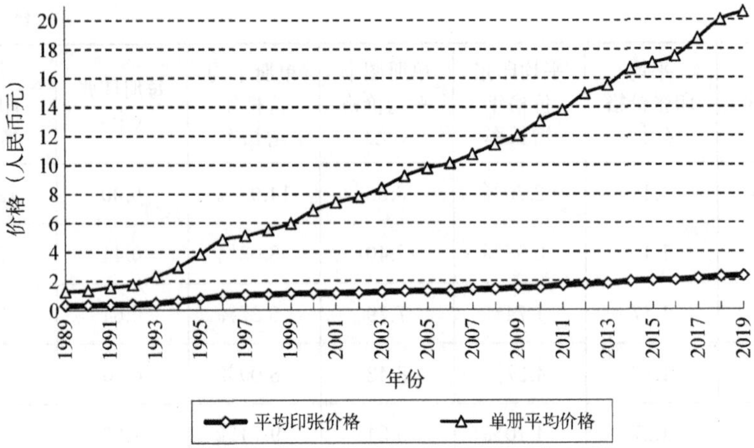

图 8-1　1989—2019 年中国图书平均印张价格和单册平均价格变化曲线

数据来源：《中国出版年鉴》(1989—2010 年各卷)、《中国新闻出版统计资料汇编》(2011—2020 年各卷)。

具体来看，2019 年平均印张价格是 1989 年印张单价的 7.5 倍，增长了 6.5 倍；2019 年单册图书的平均价格是 1989 年单册平均价格的 16.2 倍，增长了 15.2 倍；每册图书平均印张数量除在 1989、1990、1997、2007、2009、2011、2015 年出现小幅下降之外，其他年份中这一衡量单册图书用纸量的指标也是逐年增加的。

(二) 中国图书价格的现实增长水平分析

既然自 1980 年代末期以来中国图书价格的上涨是一种常态现象，那么中国图书价格的涨幅水平如何？它有没有上涨过度，导致定价水平超出大众的消费能力？这些问题的解答都必须建立在数据分析的基础上。

从增长幅度来看(表 8-1)，在 1989 年和 1993—1996 年两个区间，印张单价、单册图书平均价格出现爆发式的上涨，两次达到增幅高峰，从而奠定了后面三十年图书价格体系的基础。这两个区间内的印张单价、单册图书平均价格的增长幅度均在 20%以上，其原因主要有两个：第一，1987、1988 年第二次图书价格改革和 1993 年第三次图书价格改革，逐步放开了定价权，推动图书定价市场化；第二，纸价大幅度上涨。1996 年之后，平均印张价格、单册图书平均价格持续增长，但增幅出现明显回落，增长趋缓。1989—2019 年，印张单价平均每年涨幅为 8.08%，每册图书单价平均每年涨幅为 10.55%。

平均印张价格的上升和每册图书所需印张数(用纸量)的增长，均可引起图书价格上涨。从表 8-1 和图 8-2 我们可以看出，1989—1999 年，平均印张价格历年增幅大于每册印张数的增幅；2000—2010 年，除 2007 年和 2009 年之外，平均印张价格的增幅小于每册印张数的增幅；而在 2011—2019 年这十年间，平均印张价格历年增幅又重新大于每册印张数的增幅。如果排除其他可能引起图书价格上涨的因素，那么我们可得出这样的结论：在 1989—1999 年、2011—2019 年这两个时段内，平均印张价格的上升对图书价格上涨的影响，要大于每册图书印张数增长带来的影响，而 2000—2010 年间的情况则正好相反。

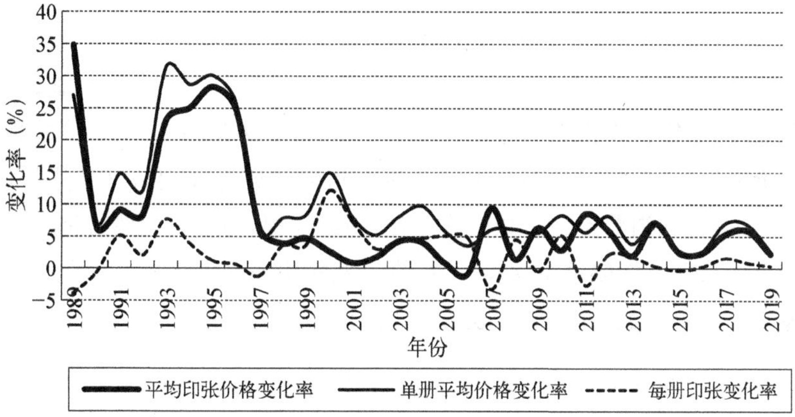

图 8-2　1989—2019 年中国图书平均印张价格与单册平均价格涨幅的变化曲线

数据来源：《中国出版年鉴》(1989—2010 年各卷)、《中国新闻出版统计资料汇编》(2011—2020 年各卷)。

从总体性的平均印张价格和单册图书平均价格来看，自 20 世纪 80 年代以来，中国的图书价格的确处于逐年递增的态势，但自 1996 年之后其涨幅浮动趋缓。导致这一状况的因素是多方面的，其中有宏观经济发展、市场环境变化、物价水平和居民消费价格指数上升等因素的影响，有出版业各项成本增加的因素，还有出版经济政策因素的影响(如出版价格政策体系的改革)。由于多方面因素的影响，自 1980 年代后期以来，中国的图书价格上涨成为一个常态的现象。

在探讨图书价格上涨是否过快、过高时，需要明晰两个问题：其一，参照系的选取是关键点和难点，不同的比较会带来不同的结果；其二，不宜单纯看涨幅就谈高书价，特别是短期内的涨幅，即便书价的涨幅在短期内远远高于一些商品价格的涨幅，其实际价格水平仍低于一些涨幅较低的商品价格水平。

商品零售价格指数(CPI)是反映商品零售价格变动趋势的一种经济指数[①]。

① 指数在此处是表明社会经济现象动态的相对数，运用指数可以测定不能直接相加和不能直接对比的社会经济现象的总动态，可以分析社会经济现象总变动中各因素变动的影响程度，也可研究总平均指标变动中各组标志水平和总体结构变动的作用。

零售物价的调整变动直接影响到城乡居民的生活支出和国家的财政收入，影响居民购买力和市场供需平衡。计算零售价格指数，可以从一个侧面对上述经济活动进行观察和分析。通过对出版物市场价格指数和其他商品零售价格指数进行比照，我们可从一个侧面判断出版物市场价格的涨幅水平。

表 8－3 中的教育消费价格指数是指反映一定时期内教材及参考书、学杂托幼费的价格变动的相对数，文化娱乐消费价格指数是指反映一定时期内文化娱乐用品、书报杂志、文娱费的价格变动的相对数，此处均以上年为基期。从商品零售价格指数来看，1994—2001 年书报零售价格指数的涨幅均明显高于总指数、其他商品零售价格指数（见表 8－2）；自 2002 年以来，书报零售价格指数、教育消费价格指数（含教材及参考书消费价格指数的成分在内）、文化娱乐消费价格指数（含书报刊消费价格指数的成分在内）的涨幅，与居民消费价格指数、商品零售价格总指数的涨幅基本保持一致，在某些年份还略低于居民消费价格指数、商品零售价格总指数的涨幅（见表 8－2、表 8－3）。

表 8－2　中国商品零售价格分类指数（1994—2020 年）

年份	食品零售价格指数（上年＝100）	服装零售价格指数（上年＝100）	家电零售价格指数（上年＝100）	日用品零售价格指数（上年＝100）	药品零售价格指数（上年＝100）	书报零售价格指数（上年＝100）	总指数（上年＝100）
1994	142.2	116.6	105.0	118.0	106.9	157.6	124.0
1995	124.0	112.8	100.6	107.0	107.1	122.2	112.7
1996	108.7	110.5	99.8	106.8	101.1	139.1	106.7
1997	97.7	104.8	98.0	101.3	106.4	107.8	101.0
1998	95.6	99.8	92.3	101.4	110.1	104.8	98.1
1999	95.8	97.3	94.0	97.9	101.0	104.9	97.0
2000	97.5	99.2	93.6	98.1	100.2	105.4	98.5
2001	100.6	98.9	93.6	98.3	98.5	108.1	99.2
2002	99.9	97.9	94.2	98.7	96.5	100.8	98.7
2003	103.4	97.5	97.8	98.5	98.4	100.3	99.9
2004	109.9	98.2	98.8	99.6	96.7	101.0	102.8

续　表

年份	食品零售价格指数（上年=100）	服装零售价格指数（上年=100）	家电零售价格指数（上年=100）	日用品零售价格指数（上年=100）	药品零售价格指数（上年=100）	书报零售价格指数（上年=100）	总指数（上年=100）
2005	103.1	97.9	99.1	100.2	97.6	100.3	100.8
2006	102.6	99.8	97.3	100.8	99.1	100.2	101.0
2007	112.3	99.4	97.4	101.1	102.0	99.7	103.8
2008	114.4	98.4	96.9	103.7	103.1	101.5	105.9
2009	100.9	97.9	94.2	102	101.5	105	98.8
2010	107.6	98.8	96.1	100.3	104.3	101.3	103.1
2011	111.9	101.8	96.9	102.3	103.9	100.8	104.9
2012	104.8	102.9	97.7	102.1	102.1	101.4	102
2013	104.7	102.2	98.3	100.8	101.3	101.3	101.4
2014	103	102.4	98.5	100.5	101.7	101.1	101
2015	102.2	102.8	98.9	100.6	102.4	102.6	100.1
2016	103.9	101.3	98.2	100.2	104.1	101.3	100.7
2017	99.4	101.1	99.8	100.5	105.4	101.7	101.1
2018	102.1	101.3	99.5	101.1	104.5	103.5	101.9
2019	107.8	101.6	98.8	100.7	103.9	104.6	102
2020	109	99.7	98	100.2	100.9	101.5	101.4

数据来源：《中国统计年鉴》(1994—2021年)。

表8-3　中国居民消费价格指数等指标年度统计(2001—2020年)

年份	居民消费价格指数（上年=100）	城市居民消费价格指数（上年=100）	农村居民消费价格指数（上年=100）	教育消费价格指数（上年=100）	文化娱乐消费价格指数（上年=100）
2001	100.7	100.7	100.8	113.6	101.7
2002	99.2	99.0	99.6	103.7	101.2

续 表

年份	居民消费价格指数（上年=100）	城市居民消费价格指数（上年=100）	农村居民消费价格指数（上年=100）	教育消费价格指数（上年=100）	文化娱乐消费价格指数（上年=100）
2003	101.2	100.9	101.6	104.3	101.3
2004	103.9	103.3	104.8	103.4	101.1
2005	101.8	101.6	102.2	105.1	101.2
2006	101.5	101.5	101.5	100.0	101.0
2007	104.8	104.5	105.4	99.6	101.0
2008	105.9	105.6	106.5	100.5	101.3
2009	99.3	99.1	99.7	101.6	102.5
2010	103.3	103.2	103.6	101.4	101
2011	105.4	105.3	105.8	101.3	101.1
2012	102.6	102.7	102.5	101.7	101.3
2013	102.6	102.6	102.8	102.7	101.4
2014	102	102.1	101.8	102.4	101.3
2015	101.4	101.5	101.3	102.7	101.8
2016	102	102.1	101.9	102.4	100.4
2017	101.6	101.7	101.3	103	101.5
2018	102.1	102.1	102.1	102.9	101.4
2019	102.9	102.8	102	103.1	101
2020	102.5	102.3	101.4	102.2	100.1

数据来源：《中国统计年鉴》(2001—2021年)。

如果将图书平均每印张定价和单册平均定价的涨幅和CPI涨幅进行比较，可以发现，图书每印张价格和每册价格的涨幅均高于同期CPI的涨幅，这表明图书价格的上涨幅度要高于同期消费品整体价格的上涨幅度（见表8-4）。

表 8-4　中国图书每印张平均价格、单册平均价格、CPI 不同时期年平均涨幅比较

年　份	每印张价格年平均涨幅	单册图书价格年平均涨幅	CPI
1991—2000	13.61%	17.93%	7.49%
2001—2010	3.55%	6.67%	2.16%
2011—2019	4.67%	5.20%	2.52%

资料来源："每印张价格年平均涨幅""单册图书价格年平均涨幅"通过《中国出版年鉴》(1989—2010年)、《中国新闻出版统计资料汇编》(2011—2020 年)数据计算得出。各阶段 CPI 年平均涨幅通过中国历年居民消费价格通货膨胀率(CPI 增长率)计算得出①。

中国出版业与教育行业存在极高的产业关联度，出版业极大比例的产值来自教育出版领域。中小学课本在图书总定价中占有重要份额，陈昕先生曾根据历年《中国出版年鉴》的相关数据，计算出 1998—2008 年课本定价金额占全国图书定价总金额的比例高达 33.10%—42.20%②。而现阶段课本的价格主要由政府实施行政调控，因此剔除课本后的书籍价格变化，可以更好地反映中国图书定价市场化改革后的基本情况。表 8-5 可说明，实行出版价格体系市场化改革之后书籍价格的涨幅要比图书整体涨幅要高。

表 8-5　中国书籍价格的基本变化情况(1997—2019 年)

年　份	每印张平均定价(元)	印张指数化	每册平均定价(元)	每册指数化	CPI
1997	1.13	100	6.12	100	100
1998	1.22	108	6.52	107	99
1999	1.3	115	7.48	122	98
2000	1.36	120	9.17	150	98
2001	1.37	121	9.77	160	99
2002	1.41	125	10.23	167	98
2003	1.44	127	10.71	172	99

① 快易理财网.中国历年居民消费价格通货膨胀率[EB/OL].[2022-03-10]https://www.kylc.com/stats/global/yearly_per_country/g_inflation_consumer_prices/chn.html.

② 陈昕.中国图书定价制度研究[M].北京：生活·读书·新知三联书店，2011：46.

续　表

年　份	每印张平均定价(元)	印张指数化	每册平均定价(元)	每册指数化	CPI
2004	1.5	133	11.82	193	103
2005	1.52	135	12.48	204	105
2006	1.52	135	13.51	221	107
2007	1.68	149	14.29	233	112
2008	1.71	151	14.29	233	119
2009	1.81	160	14.98	245	118
2010	1.84	163	16.23	265	121
2011	2.03	179	17.18	281	128
2012	2.10	186	18.70	306	131
2013	2.11	187	19.25	315	135
2014	2.31	205	21.26	347	137
2015	2.33	206	20.92	342	139
2016	2.38	211	21.28	348	142
2017	2.50	221	22.96	375	144
2018	2.66	235	24.75	404	147
2019	2.74	242	25.73	420	152

资料来源：1997—2009 年数据根据《中国图书年鉴·1998》第 703 页、《中国出版年鉴》相关年度、《中国物价年鉴·2008》第 420 页的数据计算。转引自：陈昕.中国图书定价制度研究[M].北京：生活·读书·新知三联书店，2011：46，47.

2010—2019 年数据采用各年《中国出版年鉴》《中国新闻出版统计资料汇编》数据以相同方式计算得出，即"每印张平均定价"通过[（全国图书总定价－全国课本总定价）/（全国图书总印张－全国课本总印张）]计算得出，"每册平均定价"通过[（全国图书总定价－全国课本总定价）/（全国图书总印数－全国课本总印数）]计算得出。CPI 指数以 1997 年为 100，通过[（上一年数值）*（1＋本年 CPI 增长率）]计算得出。

说明：2005 年书籍码洋数校验后有 3 亿多元的差异，当年度"基本情况"中数据指出 360.49 亿元包括附录定价 3.41 亿元，实际上未将数据合并，本表采用实际合并数据 363.90 亿元。

图书价格增长率和居民家庭人均收入增长率的对比可以作为考量书价涨幅水平的另一个参照标准。在出版界多将印张单价作为衡量书价水平指标这一前提下，如果印张单价的涨幅低于人均收入水平的涨幅，就可以判定书价在人们消费能力可承受范围之内。有必要指出的是，在一定条件下，由于产品需求价格弹性的原因，即使一些产品价格的增长率高于人均收入的增长率，也不能绝对表明产品价格增长过快。

自20世纪80年代末期以来，中国图书价格的变化与宏观经济发展、消费者收入水平的提升基本保持平衡。由表8-6可以看出，1989—2019年间，中国城乡居民家庭人均收入呈逐年上涨趋势，城镇居民家庭人均可支配收入、农村居民家庭人均纯收入或人均可支配收入的增长倍数，均高于同期印张单价增长的倍数和单册图书平均价格的增长倍数。图8-3可说明，1989年和1996—2000年间的少数几个年份中国图书印张价格涨幅高于城镇居民家庭人均可支配收入和农村居民家庭人均纯收入的涨幅，而自2001年以来，图书印张价格的涨幅一直低于城乡居民家庭人均收入的涨幅。如果从长时段的年平均涨幅来看，城镇居民家庭人均可支配收入与农村居民家庭人均纯收入的年平均涨幅，均高于印张单价的年平均涨幅，而与每册图书单价的年平均涨幅大体平衡。

表8-6　中国城乡居民家庭人均收入增长状况(1989—2020年)

年份	城镇居民家庭人均可支配收入数据		农村居民家庭人均收入数据（1989—2015年为人均纯收入；2016—2020年为人均可支配收入）	
	绝对数(元)	年增长率	绝对数(元)	年增长率
1989	1 375.7	16.4%	601.5	10.4%
1990	1 510.2	9.8%	686.3	14.1%
1991	1 700.6	12.6%	708.6	3.2%
1992	2 026.6	19.2%	784.0	10.6%
1993	2 577.4	27.2%	921.6	17.6%
1994	3 496.2	35.6%	1 221.0	32.5%
1995	4 283.0	22.5%	1 577.7	29.2%
1996	4 838.9	13.0%	1 926.1	22.1%
1997	5 160.3	6.6%	2 090.1	7.9%
1998	5 425.1	5.1%	2 162.0	3.4%
1999	5 854.0	7.9%	2 210.3	2.2%

续 表

年份	城镇居民家庭人均可支配收入数据		农村居民家庭人均收入数据（1989—2015 年为人均纯收入；2016—2020 年为人均可支配收入）	
	绝对数(元)	年增长率	绝对数(元)	年增长率
2000	6 280.0	7.3%	2 253.4	1.9%
2001	6 859.6	9.2%	2 366.4	5.0%
2002	7 702.8	12.2%	2 475.6	4.6%
2003	8 472.2	10.0%	2 622.2	5.9%
2004	9 421.6	11.2%	2 936.4	12.0%
2005	10 493.0	11.4%	3 254.9	10.8%
2006	11 759.5	12.1%	3 587.0	10.2%
2007	13 785.8	17.2%	4 140.4	15.4%
2008	15 780.8	14.5%	4 760.6	15.0%
2009	17 174.7	8.8%	5 153.2	8.2%
2010	19 109.4	11.26%	5 919	14.86%
2011	21 809.8	14.13%	6 977.3	17.88%
2012	24 564.7	12.63%	7 916.6	13.46%
2013	26 955.1	9.73%	8 895.9	12.37%
2014	29 381	9.00%	9 892	11.20%
2015	31 790.3	8.20%	10 772	8.90%
2016	33 616.2	7.76%	12 363.4	8.24%
2017	36 396.2	8.27%	13 432.4	8.65%
2018	39 250.8	7.84%	14 617	8.82%
2019	42 358.8	7.92%	16 020.7	9.60%
2020	43 833.8	3.48%	17 131.5	6.93%

数据来源：《中国统计年鉴》(1989—2021 年)。

说明：由于《中国统计年鉴》自 2017 年起不再收录“农村居民家庭人均纯收入”数据，而是通过“农村居民人均可支配收入”反映居民人均收入，因此表中农村居民家庭收入数据在 2016 年之前为人均纯收入，自 2016 年开始按人均可支配收入统计。

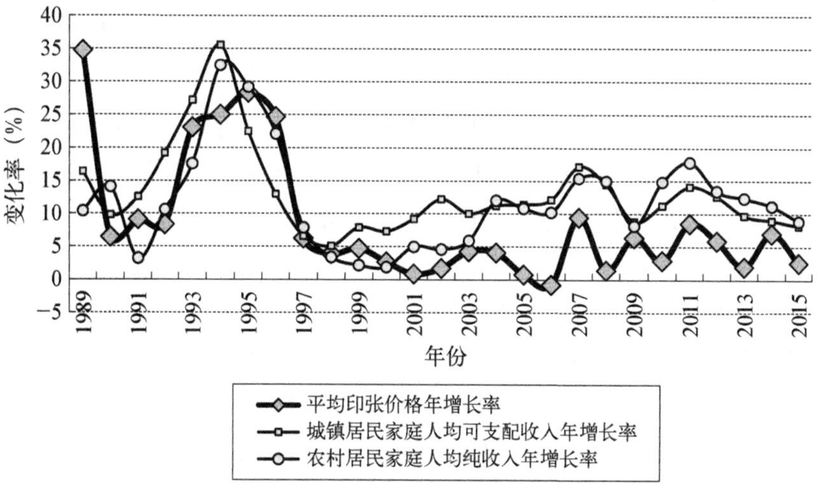

图 8－3　1989—2015 年中国图书平均印张价格与人均收入水平涨幅的比较

数据来源：《中国出版年鉴》(1989—2010 年)、《中国新闻出版统计资料汇编》(2011—2015 年)与《中国统计年鉴》(1989—2016 年)。

总体来看，无论是就平均印张价格而言，还是就单册图书平均价格而言，中国的图书价格自 20 世纪 80 年代末期以来虽然成倍增长，但图书价格的增幅基本与国民经济的增长速度、居民消费水平的提升速度保持一致，其中自 2001 年以来，图书价格的变化保持了相对较低的年平均涨幅。

有专家认为，如果图书价格不能实现正常增长，就会导致行业发展受制，文化创新活力受制，知识经济发展受制，那么出版业乃至整个文化创意产业的发展就会陷入停顿状态，因此图书价格的上涨是必然，也是必要的。[①] 而另外的专家则认为，“仅凭现有的资料，我们还不能得出判断，中国图书的价格上涨是否属于一种合理的、良性的上涨。”[②]对于中国图书价格是否过高的争论至今不绝于耳。每个人的职业、收入水平、文化程度乃至性别、年龄等基本情况不一样，看问题的角度以及阅历经验不一样，对书价自然也会有不同的理解和判断。在理解、接受与质疑、反对两个阵营之间，存在一个比较明显的基于行业界线的分水岭：生产者与消费者因出发点、所处立场不同而对价格问题产生了一些认知差异，这种矛盾会一直存在。

① 商报“高书价”专题采写组(刘海颖执笔).中国书价是是非非[N].中国图书商报，2006－12－01.
② 陈昕.中国图书定价制度研究[M].北京：生活·读书·新知三联书店，2011：51.

供需双方之间的认知差异，可通过经济学中的“理性经济人”假设获得较好的解释，即经济人在经济活动和消费实际中以追求效用或利益最大化为原则。就消费者对价格的认知而言，心理价位是一个重要的影响因素。德国埃朗根-纽伦堡大学图书研究中心教授乌苏拉·劳藤堡（Ursula Rautenberg）对此曾分析道：“当图书作为商品销售时，消费者自然而然会想到这本书值多少钱，这就是心理价位。这个心理价位与图书的生产费用、营销费用以及利润率无关，它独立于一本书的实际成本之外，在消费行为中占据着强势地位。”①表 8－7 可说明，中国读者对于图书的心理价位一直处于较低的境地（表 8－7 中的数据均以一本 200 页左右的文学类简装书的价格为例）。正是受这样的心理价位和购买预期的影响，较多的中国国民容易忽视国民经济增长速度、居民消费水平提升速度和 CPI 的涨幅，而简单、片面地将当下的书价与数十年前相比，这样自然会得出图书价格过高、上涨过快的结论。

表 8－7　中国国民对图书价格的承受能力变化情况（1999—2016 年）

年份	4 元及4 元以下	5～8 元	9～12 元	“只要喜欢，多贵都买”				
1999	28.5%	31.1%	22.9%	17.5%				
2001	26.9%	33.2%	16.0%	23.8%				
2003	20.1%	33.3%	27.7%	18.9%				
2005	9.4%	35.0%	31.6%	24.1%				
年份	4 元及4 元以下	5～8 元	9～12 元	13～20 元	21～30 元	30 元以上	“只要喜欢，多贵都买”	平均可接受的图书价格（元）
2007	6.00%	21.50%	28.90%	25.30%	10.50%	1.40%	6.30%	14.3
2008	9.60%	24.00%	26.60%	21.70%	9.70%	1.90%	6.50%	11.77
2009	12.30%	23.30%	24.30%	22.90%	8.70%	1.60%	6.90%	11.17

① 乌苏拉·劳藤堡.德国图书市场总体框架条件与现状（一）：图书与价格[N].彭燕艳，刘海颖，译.中国新闻出版报，2006－02－16.

续　表

年份	4元及4元以下	4～8元	8～12元	12～20元	20～30元	30元以上	“只要喜欢，多贵都买”	平均可接受的图书价格(元)
2010	7.40%	16.50%	27.80%	26.50%	12.00%	2.00%	7.90%	12.75
2011	5.80%	16.70%	25.60%	25.60%	14.20%	2.90%	9.20%	13.43
2012	7.50%	12.00%	25.50%	28.10%	14.40%	2.80%	9.80%	13.67
2013	6.80%	12.70%	26.30%	27.40%	14.60%	2.70%	9.50%	13.68
2014	2.20%	9.00%	23.20%	30.80%	22.70%	4.70%	7.40%	16.11
2015	5.80%	12.20%	23.10%	29.50%	17.40%	2.80%	9.30%	14.39
2016	6.00%	10.50%	23.80%	26.80%	17.80%	2.40%	12.60%	14.42

数据来源：1999—2005的数据来源于：郝振省，魏玉山，徐升国.我国国民阅读与购买倾向又有重要变化——2006年全国国民阅读与购买倾向抽样调查有六大发现[J].出版发行研究，2006(5)：5-9；2007—2016年数据来源于：中国新闻出版研究院.全国国民阅读调查报告(2008—2017)[R]。

说明：《全国国民阅读调查报告》自2011年起修改了统计区间，因此在表格中做出了拆分。

图书价格水平在未来如何变化是出版业界和社会公众深为关切的问题。现阶段对这一问题的思考需要兼顾两方面的利益，并在二者之间力求平衡：一方面，图书定价水平要维持在读者购买力能承受的范围之内，以确保出版行业文化传播功能的顺利实现；另一方面，要在一定程度上保证乃至拓展出版业的利润空间，使出版业获得可持续、良性的发展。

目前中国出版业界各方希望出版物价格有所上涨，但从现实环境与各方面条件来看，其发展空间不是很大。[①] 首先，如前所述，中国读者对出版物的心理价位相对较低。其次，目前书价并没有快速增长的直接动因。1990年代中期书价大幅度上涨的一个重要动因是纸价大幅上涨。书价如果在不稳定的状况下快速增长，会对出版行业造成较大的震荡。另外，随着新媒体等替代产品增多，公众获取知识、信息、娱乐的平台和方式日益多元化，图书的稀缺性在总体上越来越少，导致图书价格大幅上涨的风险成本较大。因此，中国的图书价格水平在短期内不可能发生巨大变化，而可能在未来较长时间段之内缓慢走高，维持低位增长。

① 商报“高书价”专题采写组(刘海颖执笔).中国书价是是非非[N].中国图书商报，2006-12-01.

二、数字出版物市场价格的现状及特征

数字出版业作为一种蓬勃发展的新兴出版业态，其定价行为和定价水平具有很多异于传统出版业的特点，但在不少情境下又受到传统出版物定价的影响。与传统出版物一致的是，数字出版物的核心价值在于其承载的“内容”与“创意”，但是，由于数字出版物具有多元化特征，其定价模式更具灵活性。就一般状况而言，全球数字出版行业存在几类基本的定价行为：基于价值定价、成本加成定价、盈亏平衡定价；若从具体的策略角度来讲，又可细分为市场撇脂定价、市场渗透定价等多种定价行为。本书在此对中外数字出版企业常用的几种定价模式进行重点阐述，并对具有代表性的内容企业在数字出版领域的定价行为进行比较分析。

（一）数字出版领域的定价模式分析

数字出版物的高固定成本、低边际成本的特征，和数字出版物消费者的需求偏好不一致、消费需求更趋个性化与本地化的特点，使得数字出版物的定价不再囿于传统出版物的定价模式。

1. 数字出版领域的免费模式

在数字出版领域，“免费内容+广告”是一种可行、有效的营销模式。此处的免费策略并非不收费，而是指对消费者免费、改前向收费为后向收费：通过向消费者免费，扩大消费群体规模，将消费者作为“商品”向广告商或相关商业机构销售。这一策略等同于传统的媒体“二次售卖”模式。不少数字出版机构选择定期将一些内容产品免费提供的策略。例如，读者在超星数字图书馆下设的免费图书馆注册为会员后，即可免费在线阅读其中的图书。

2. 数字出版领域的两段收费定价模式

数字出版领域的两段收费定价，是指数字出版企业先向消费者收取一笔固定的购买权费，然后再收取每单位的使用费或年租费。两段收费可以根据数字出版企业的目标来设定是先高价还是先低价。如果数字出版企业希望迅速收回投资，可采取先定高价的撇脂策略；如果企业想扩大市场和用户规模，可采取先定低价的渗透策略。这要根据数字出版物的内容可累加性、技术开放性与通用性、产品的价格弹性等进行分析决策。[①] 目前，豆瓣利用原创短文和 0.99 元的超低定价吸引消费者，对于一个新兴的数字阅读与出版平台来说，这是一种很好的营销手段。

---

① 蔡继辉.数字出版物如何定价[N].出版商务周报，2010 - 11 - 28.

3. 数字出版领域的产品组合定价模式

数字出版领域的产品组合定价模式，是指数字出版物生产或销售企业将一种产品与其他产品组合在一起以一种价格出售。捆绑销售并据此定价已成为数字出版领域的一种常用且有效的定价策略。较多的做法是将电子书版本与纸质版本、相关视频光盘、电子书阅读器等相关产品捆绑销售；或与认可度高的图书等产品进行关联性捆绑，获得一定的组合价格优势；利用读者对畅销书、知名作者等熟悉对象的认可，增强其购买意愿。此类做法，一方面可推广新上市的数字出版产品，另一方面可增加非畅销、常销的产品面对消费者的机会，可充分满足消费者需求。[①] 例如，在亚马逊、当当等网络电子商务平台上，组合销售是对电子书和传统图书进行促销和特价优惠的常用手段，当消费者选择购买某种图书时，网上书店的协同过滤系统（Collaborative Filtering）会自动推荐几种相关图书（或同类内容，或同一作者的作品）。

4. 数字出版领域的价值差异化定价模式

价值差异化定价模式是指依据消费者的价值取向而非生产成本对产品定价。差异化定价的必要前提是产品的差异化，在此基础上对同一产品制定不同的价格。价值差异化定价模式之所以能成立，缘于两方面因素：就市场竞争的角度而言，产品差异化能使企业在定价上获得更大的话语权和主导权，从而获取稳定的利润；就消费者偏好差异来说，产品的差异化可满足不同偏好消费者的需求，进而扩大市场影响力和覆盖面。数字出版企业较多地选择差异化定价策略——基于“内容”（价值）而非“产品”本身（成本）来实施定价。数字出版领域的价值差异化定价模式具体可分为两种类型。

（1）定制化定价。由于数字出版产品（内容）具有可改变性，生产商能针对不同的消费者为他们量身定制个性化的数字产品，然后依据消费者的需求，制定特别的价格。以电子书和电子期刊为例，对于机构用户，一般采用机构年卡和包库服务的销售模式；针对个人消费者也可实施定制，如依据文献下载量进行收费，也可根据消费者自身的阅读范围要求供应商预置相应的内容到电子阅读器中，依据不同的内容制定不同的价格。

（2）“歧视”定价。所谓“价格歧视”，是指企业在出售完全一样的或经过差异化的同类产品时，对不同的消费者制定不同的价格。数字出版领域所采用的“歧视”定价是对经济学中“价格歧视”的引申与应用。数字出版市场存在两类消

---

① 蔡继辉.数字出版物如何定价[N].出版商务周报，2010－11－28.

费者：价格敏感型消费者、质量敏感型消费者。前者对于数字出版物价格的敏感度高，后者则更重视数字出版物的价值、功能。在这种情况下，可实施“歧视”定价策略。对质量敏感型消费者，数字出版物供应商会根据读者对质量的敏感程度，对电子书的用户界面、分辨率、格式、容量、特征、完整性及多媒体化等方面进行设计，出版不同版本以满足不同读者的需求。而对价格敏感型消费者，出版商通常会在支付意愿较高的读者已经购买完毕之后调低价格，以吸引那些有支付意愿但持币待购的读者购买，通过降价促进销售；或者当读者购买了一定数量的电子书或打算继续购买相关电子书时，给予其一定程度的优惠。[①]

(二) 中外部分数字出版机构定价策略比较

数字出版机构的定价行为具有多样性特征，这在很大程度上是由不同的数字出版机构在收入来源与内容收费方式上的差异决定的(参见表 8-8)。

表 8-8　中外部分企业在数字出版领域的收入来源与内容收费方式比较

企业	收　入　来　源	内容收费方式
腾讯	付费阅读，版权运营，阅读器，纸质书出售	(以微信读书为例)包月(19 元/月)；按章付费；整本购买(电子书或纸质书)
小米	付费阅读，版权运营，阅读器	(以多看阅读为例)包月(18 元/月)；按章付费；整本购买
中国移动	付费阅读	(以咪咕阅读为例)包月(25 元/月)；按章付费；整本购买
阅文集团	付费阅读，版权运营，网络广告	(以起点读书为例)包月(10 元/月)；按章付费
亚马逊	终端销售，数字化的书报刊，电子书广告	包月(美国：9.99 美元/月，中国：12 元/月)；整本购买
苹果	iPad 及其标准配件销售，电子书、客户端软件、正版音乐、电影电视、游戏等付费下载，网络服务费	整本购买
谷歌	平台管理，电子书销售，广告收入	整本购买

说明：包月价格有连续包月优惠的，因在实际操作中可以通过手动取消包月的方式连续获得优惠，因此均以连续包月优惠价格计算。

① 蔡继辉.数字出版物如何定价[N].出版商务周报，2010-11-28.

笔者拟对中外部分内容企业在数字出版领域的定价现状进行比较分析。

1. 豆瓣数字阅读与出版平台的定价

作为知名的Web2.0网站，豆瓣网(以下简称豆瓣)已成为一个重要的数字阅读与出版平台。在豆瓣提供的服务中，产品比价是非常重要的部分。豆瓣最重要的收入来源是和购物网站的合作，每次有用户通过豆瓣网上的链接进入当当、亚马逊这样的大型电子商务平台购物，双方会按照事先约定的比例进行利润分成。同时，豆瓣也和大学生教育培训主流媒体有相关合作。

目前豆瓣在定价方面所采用的是低价策略和“内容合作方”模式。

2012年初，豆瓣阅读器正式上线，豆瓣开始销售电子书，初期尝试作品统一定价1.99元的定价模式，其建议的作品篇幅是3万～5万字的中篇，或者是3～5篇组合而成的短篇合集。对于长篇作品，豆瓣暂时采用的方法是拆分成几部分售卖，但相应的多级定价方案还在制定中。

所谓“内容合作方”模式，是指豆瓣使用一揽子协议的方式，与杂志社等机构进行合作，将曾经刊载的经典译文以选辑的方式发布，价格大部分为1.99元，某些原创的、较短篇幅的作品则定价为0.99元。而那些真正“成形”的电子书，目前看来并非豆瓣的主打销售产品，其定价在5.99～9.99元不等——此点与亚马逊、京东等电商网站类似。

2. 超星公司对数字出版物的定价

超星公司(北京世纪超星信息技术发展有限责任公司)目前在数字出版物定价上所采用的策略包括三类：极差定价策略、需求导向的定价策略、撇脂定价策略。

“极差定价策略”的核心内涵在于，价差空间的重点不是价格差异的多或少，而是合理和有序，让销售网络的所有成员得到利益，以实现价格政策与渠道管理的良性互动。超星公司采取了极差定价策略，明确区分总经销价、批发价和零售价，保障每一个层次的渠道成员的利益，从而保证经销商的积极性，稳定各地市场。

就价格水平而言，超星公司选择了消费者能够承受的尽可能高的价格，执行的是撇脂定价策略和需求导向的定价策略。超星公司之所以能执行这样的定价策略，主要是基于以下前提条件的存在：第一，国内个人电子图书市场整体上处于引入期；第二，超星公司面对的是高端的知识型用户群体，该群体拥有相对较高的消费能力和较为专业的阅读需求；第三，相对来说，超星公司的目标用户的需求缺乏价格弹性；第四，由于用户的专业性需求特点，超星公司拥有的大部分电子书在互联网上具有一定的稀缺性，在其他网站上较难找到；第五，由于目标消费群体的消费能力和专业需求等特征，消费者的需求受到心理感受和主观价值判断的影响较大。

3. 亚马逊在数字出版领域的定价

亚马逊网上书店在数字出版物销售领域的盈利模式主要有两种：一是硬件销售，即Kindle的销售；二是电子书等数字出版物本身的销售。在数字出版领域，亚马逊面对的是一个典型的“双边市场”，亚马逊在上述两方面均有自己的定价策略。

亚马逊在硬件上采取适中价格策略：Kindle第一次投放市场时，预计售价为399美元，但最终定价359美元。这一定价决策的原因就是考虑到了消费者对价格的敏感度。

亚马逊对数字出版物采取的是低价策略：一般来说，Kindle书的价格多在10美元以内，是纸本书价格的40%左右，一些旧书还会便宜到3～4美元；亚马逊电子报纸的价格一般是每月10～14美元；电子杂志的价格是每月1.5～3美元；博客的订阅价格则是每月1.99美元。按照行规，出版商给亚马逊的批销价一般是其定价的4.5～5折。例如，一本售价26美元的书，亚马逊以13美元左右进货，却以9.9美元的价格卖出。这意味着很多书都是以低于成本价的25%的价格卖出的。亚马逊这样做当然是为了快速占领和扩大市场，对其竞争者来说，这是容易引起争议的做法，但对于消费者而言，价格低廉永远会受到欢迎。

4. 谷歌公司在数字出版领域的定价

目前，谷歌公司在数字出版领域所实施的定价行为主要包括以下三方面。

成本定价：基于成本定价法是谷歌旗下的数字图书馆在实施网络图书定价策略时考虑的首要方法。这一策略在综合考虑包括搜集信息源成本、加工成本以及利润等因素的基础上制定价格，其中搜寻信息源成本包括购置费、版权费、税费等。

捆绑定价：通过链接的绑定可以降低用户的信息搜索成本和交易成本，在此基础上谷歌数字图书馆以极低的边际成本在线运行。谷歌根据捆绑销售的数量与内容，并结合购置数量对消费者给予适当的数量折扣；对于个人消费者，采用拆零的方式，如销售单本图书等，给予相应的优惠定价。

低位定价：此举能在短期内达到快速提高市场占有率、排挤竞争者的目的。谷歌公司之所以选择低位定价策略，主要基于以下考虑：数字出版物具有独特的网络外部性，其复制成本低，而企业反盗版的难度大。

就总体情况而言，尽管美国等国家的数字出版行业也存在价格战的现象，但由于发达国家的市场经济规则更为完善、数字出版业起步较早等原因，发达国家数字出版物定价模式与定价行为相比国内更为规范，而我国国内针对数字出版物的定价行为则良莠不齐，情况较为复杂多样。中国的数字出版机构应根据实际需要综合运用多种定价策略，为不同消费者提供满足其个性化需求的选择空间，以最大限度地扩大消费群体，实现效益最大化。数字出版机构在实施定价行为决策时，除了考虑产品成本、消费者价格感知，还应根据自身的资源条件、组织目标、营销战略、需求状况、竞争者的战略和价格，以及技术与产业的发展趋势来实施定价。

（三）中外数字出版物定价水平的比较

总体来看，我国数字出版企业对数字出版物的定价普遍较低：由纸质出版物转化而成的数字出版物的价格一般为纸质版价格的 1/3～1/2，其中的销售所得按 5∶5 的比例由数字技术商和出版企业分享，作者收益由出版企业支付；自主出版的数字出版物（没有对应的线下实体版本），在连载阅读时的价格基本是 0.03 元/每千字，若是全本下载一般是 2～3 元，或按流量计费。相比之下，在我国台湾地区，数字出版物相对于纸质版的定价基本在 5～8 折，最便宜的折合人民币也要 20 元以上。

在欧美市场，大众出版板块的数字出版物在售价上有较多折让，而教育类和专业类数字出版物的售价相对较高，有时甚至超过对应的纸质版本。在实际销售中，美国电子书的价格多在 5.99～14.99 美元区间，不同的电子书定价有很大的差异，譬如由传统出版物转化而成的电子书定价大多在 10～15 美元区间，自主出版的电子书定价 1.99～2.99 美元不等。9.99 美元是亚马逊在其销售平台上给美国电子书的基本定价，就严格意义来说，这是亚马逊为扩大市场份额而制定的一个促销价格。目前，亚马逊、苹果和美国几大出版商之间已就电子图书定价权进行了几轮博弈。欧洲的数字出版界目前对数字出版物的定价问题也给予了较多关注。法国图书理事会将数字图书定价统一为纸本图书的 70%，其理由是数字图书无须缴纳增值税等。

随着近年来电子书等数字出版物的市场渐成规模，数字出版物的价格成为人们关注的一个焦点。以电子书的价格为例，有人说电子书价格偏高，也有人说电子书价格偏低，不同的机构与个体因自身立场和视角的差异而各执一词。

通过对当当网和亚马逊网上书店（美国）的电子书价格数据进行比较分析，我们可以对数字出版物的定价水平获得一些较为直观的认识。

表 8-9　当当网电子书售价与纸质书售价比较

图书类别	畅销榜排名前 10 的电子书平均售价（人民币元）	相应的纸质书在当当网的平均售价（人民币元）	电子书与纸质书价格比
经济类	33.51	47.65	70.33%
政治类	33.73	53.05	63.58%
历史类	72.71	100.26	72.52%
哲学类	9.79	24.30	40.28%
文学类	21.62	26.43	81.80%
艺术类	27.96	47.81	58.48%
传记类	25.33	51.89	48.82%
自然科学类	19.59	25.68	76.27%
动漫/幽默类	28.61	34.68	82.50%
童书	30.72	36.14	84.99%

注：表 8-9 中的数据依据当当网上公布的数据统计得出。查阅时间：2022 年 4 月 16 日 9:00—11:00(北京时间)。对当当网电子书价格的统计没有计算"满减"和"周末折扣"优惠，而在统计时，绝大多数(约占 85%)的电子书享受"满 50 减 25"的优惠，另有部分电子书享受"周末 9.99 元"或"周末 19.99 元"的优惠，因而实际购买的价格应当会低于统计的价格。统计没有录入无对应纸书的电子书或电子书合集，而是对榜单进行了延续，顺序录入销量榜 10 名后的其他畅销书。对当当网电子书对应纸质书价格的统计，有自营的以自营价格优先，无当当自营的以低价优先。纸质书的价格是当当网折扣后的价格(未计入满减等其他优惠)，低于纸质书的标价。

表 8-10　亚马逊(美国)Kindle 电子书售价与纸质书售价比较

图 书 类 别	畅销榜排名前 10 的 Kindle 电子书平均售价(美元)	相应的纸质书在亚马逊网上书店的平均售价(美元)	电子书与纸质书价格比
经济类 (Economics)	11.14	18.56	60.03%
政治与政府类 (Politics & Government)	11.01	17.86	61.63%
历史类 (History)	5.69	14.42	39.45%

续　表

图书类别	畅销榜排名前10的Kindle电子书平均售价(美元)	相应的纸质书在亚马逊网上书店的平均售价(美元)	电子书与纸质书价格比
哲学类 (Philosophy)	7.34	10.73	68.41%
文学与虚构类 (Literature & Fiction)	4.09	13.23	30.93%
艺术与摄影类 (Arts & Photography)	6.49	15.24	42.59%
传记与自传类 (Biographies & Memoirs)	3.94	13.63	28.91%
科学类 (Science & Math)	4.14	11.21	36.94%
动漫/绘画小说类 (Comics, Manga & Graphic Novels)	6.25	12.19	51.28%
儿童电子书 (Children's eBooks)	10.19	4.56	223.71%

注：表8-10中的数据依据亚马逊网站上公布的数据统计得出。查阅时间：2022年4月16日12:00—14:00(北京时间)。对亚马逊电子书对应纸质书价格的统计，同时提供精装书(Hardcover)和简装书(Paperback)的，以简装书价格为准。有亚马逊自营的以自营价格优先，无自营的以最低价优先。亚马逊同时出售新书(New)和二手书(Used)，这里共同进行了统计，通常无自营的最低价是二手书的价格。对异常值的解释：在亚马逊儿童电子书畅销榜中，前10名中有7本是"哈利·波特"系列，其电子书价格均为9.99美元，而纸质版二手书售价较低，除《哈利·波特与火焰杯》有10.77美元的自营版，其余均为1—3美元之间的二手图书。

需要说明的是，表8-9、表8-10中的"电子书"是由纸质书转化而成的电子书，有对应的实体版本。从表8-9可看出，除历史类电子书之外，在当当网电子书畅销榜上排名前10的其他各类图书平均售价低于40元。畅销榜上排名前10的电子书与相应的纸质书的价格比大多在40%—85%之间。考虑到当当网上销售纸质书通常是打折销售，因此，当当网的电子书售价在相应的纸质书的原始定价中的占比会更低。除了销售者出于竞争策略的考虑之外，这种定价状况与读者对电子书价格的期望存在一定关联。

表8-10显示的是在亚马逊网上书店Kindle电子书畅销榜上排名前10的

各类电子书和相应的纸质书的平均价格数据。通过表 8 - 10 可发现，亚马逊畅销榜上排名前 10 的各类电子书与相应的纸质书的价格比大多在 20%～70%之间（儿童电子书是个例外）。据 2011 年英国《书商》杂志（*The Bookseller*）联合西蒙-库彻尔咨询公司进行的一项调查研究显示，美国读者对电子书的期望价格是实体书价格的 70%。[①] 电子书的低价位无疑是读者期待的，低价也可以使更多的电子书进入畅销排行榜。

电子书的价格水准，取决于多种因素，如电子书本身的生产制作成本、纸质书的售价、读者的期望价格等。从以上分析中我们可以得出如下结论：首先，无论是从电子书定价与相应纸质书定价的比较来说，还是就电子书定价的绝对金额而言，当当网的电子书价格相比亚马逊网上书店 Kindle 电子书售价，总体上更为便宜；其次，中国读者对电子书的价格预期和心理接受价位整体上要低于美国读者，这一状况会直接影响到商家对电子书的定价。

就整体情况而言，目前我国数字出版物的销售价格是相对较为低廉的。究其原因，主要有两方面因素在发挥决定性影响：其一，内容产品的低价符合中国国民的传统消费观念。受制于中国的基本国情，中国长期以来硬资源（土地、矿产、物质产品）相对短缺，而软资源（人的脑力与体力）相对过剩，因此形成一种“重硬轻软”的消费观念。其二，国内涉足数字出版行业的企业为了更快、更多地圈占市场份额，获得更多的客户资源，采用了低价竞争这一极为现实的、短期内对自身有利的“游戏规则”。但这种急功近利的做法不仅对中国数字出版产业的长远发展极其有害，而且也不利于传统出版业的发展和内容资源的积累与开发。

三、出版市场的“价格战”及其负面影响

价格竞争是市场经济中的一种重要竞争手段，但价格竞争也是一种低端的竞争手段，如果价格竞争成为一个产业的常态现象，则会对该产业的良性、有序发展造成极大的限制与损害。

价格战已成为当前中国出版业的一种突出现象，这一现象的形成与以下几方面因素存在深刻关联：其一，中国出版业在 20 世纪 80 年代迎来买方市场格局，市场竞争加剧使图书降价销售成为一种重要的竞争手段；其二，从 20 世纪 80 年代中期开始至 90 年代初，中国政府对出版业先后进行了三次图书价格体系改革，出版物定价自主权很大程度上被下放给出版机构，但相应的市场规则并

① 王丹丹.美英德三国：电子书价格读者很宽容[N].出版商务周报，2011 - 08 - 22.

未建立健全；其三，最近二十余年来出版界的市场化、产业化、集团化改革和转企改制的走向对出版物市场价格带来重要影响；其四，其他信息传播媒介和内容产品对出版业形成了较大的竞争压力。

中国图书市场一直实施的是转售价格维持制度（固定价格体系），即图书由出版商统一定价出售，任何人不得擅自更改图书定价。这一制度在特定的历史条件下对出版业的繁荣发展起到了积极的推动作用。但是，最近二十余年来这一制度并没有被严格遵守，特别是近年来网上书店和部分实体书店的折扣行为，使得中国图书市场的固定价格制名存实亡，处于既非“固定价格”又非“自由价格”的一种灰色状态，可称之为“名义上的固定价格体系”。这在一定程度上助长了出版机构高定价、分销商低折扣销售的无序竞争行为。

中国当前的出版价格制度对于降价销售并没有强有力的限制和约束①，也就是说分销商可以根据自己的经济实力和竞争需要来降价以抢占市场。这就会导致图书市场混乱、恶性竞争，规模小、实力弱的民营书店会倒闭。而网络书店的打折销售让出版市场的价格战愈演愈烈，使实体书店境况更加堪忧。

2009 年以来，当当网等网络书店的竞争愈演愈烈，网络书店之间的价格战频频爆发。2010 年，京东商城高调进入图书分销领域，与当当网等网络书店大打价格战。2011 年 5 月 16 日，京东商城打出了“全部少儿图书四折封顶”的促销广告，同年 5 月 18 日，《中国新闻出版报》刊登题为《24 家少儿出版社联合抵制京东低价促销》的文章，指出京东商城、卓越、当当的打折行为“涉嫌不正当竞争”和“扰乱市场”。2011 年 10 月 31 日，苏宁易购图书频道正式上线，并推出“0 元售书 72 小时”的活动，再次掀起网上书店新一轮的打折潮，使网上书店的竞争白热化，多家出版商向网店提出抗议。当当、亚马逊、京东商城这类网络电子商务平台，与实体书店相比，具有运行成本相对较低、经营品种多（除销售书刊外还经营其他众多产品）、降价范围广的优势，网络书店大部分图书的销售折扣在 50％～85％之间，且没有会员限制，而实体书店的销售折扣一般在 85％以上，且多有会员限制。这就明显影响了消费者的选择方向。

网络书店猛打价格战，遭受最直接影响和最大冲击的是实体书店。近年来，愈演愈烈的价格战挤压了实体书店本就微薄的利润，中小型实体书店的倒闭已渐成风潮。当音像店一家家消失后，实体书店也开始步其后尘。仅 2010 年，广

① 2010 年 1 月由中国出版工作者协会、中国书刊发行业协会、中国新华书店协会联合颁布了《图书公平交易规则》，但这一行业规则目前并未起到规范定价方式、整肃市场秩序的作用。

州市便有三联书店、"学而优"暨南大学西门店、龙之媒书店等三家知名书店宣布结束营业。① 2010 年 1 月 20 日，全国最大的民营书店北京第三极书局倒闭；2011 年 6 月，拥有 16 年历史的民营学术书店风入松书店停业；2011 年 9 月，广州仅剩的两家三联书店宣布关门；2011 年 11 月，号称拥有全国最大连锁渠道的民营连锁书店光合作用书房也关张歇业，震惊了业界、学界和传媒界。② 这些知名书店毕竟还能引起媒体关注，更多默默无闻的小书店则悄无声息地消亡。据中华全国工商联合会书业商会的调查报告，在 21 世纪的头十年内，中国有近五成的民营书店倒闭，而且民营书店倒闭趋势还在加剧。③

中小型实体书店成批倒闭不是中国独有的现象，而是世界性的问题。其他国家的政府为应对这一问题，针对出版业推出了一些扶持性的政策。例如，法国政府每年从连锁书业企业上缴的税金中，拨出资金来扶持和保护小书店的生存和发展。加拿大政府规定，每个加拿大书店在购买和装配电脑设备时，政府将为其支付总费用的一半，最高资助额为 1 万加元，这一计划由加拿大书商协会具体负责实施。韩国政府对于出版物的零售价格有最低价格的限定，韩国明文规定图书售价不能低于定价的九折。④ 英国政府对出版物不征收增值税，图书"零税"政策已执行了 100 余年。

书店不仅仅是图书卖场，而且是重要的城市文化地标和人们难舍的文化符号，承担着阅读导向、信息收集、塑造城市形象、营造文化氛围等多种功能。尽管实体出版物的生存空间被不断挤压，但实体书店仍然有继续存活下去的价值。2020 年中国实体书店关闭门店 1 573 个，新开门店数量 4 061 个，门店总数仍然保持上涨趋势；其中新开书店数量北京市位列第一，2020 年新开书店 639 家，截至 2020 年 11 月底，北京市拥有实体书店超过 1 900 家，万人拥有实体书店数量达到 0.89 个，拥有特色书店 200 家，实现"一区一书城"；北京市实体书店万人拥有实体书店数量已超过纽约、巴黎、东京、多伦多、首尔、悉尼和莫斯科等 7 个国际一流城市⑤。

未来实体书店的一个重要定位将是承载商务、学术和社区功能的聚集地。中国政府也开始对实体书店的生存和发展给予必要的关注和扶持。在近年来的

---

① 张贺.实体书店纷纷在关张小书店如何支撑？[N].人民日报，2011-02-11(17).

② 肖东发.书业观察：把实体书店留住[J].出版广角，2012(3)：78-79.

③ 张贺.实体书店纷纷在关张小书店如何支撑？[N].人民日报，2011-02-11(17).

④ 扶持小书店政府可以做什么？[N].人民日报，2011-02-11(17).

⑤ 中共北京市委宣传部印刷发行处.春风骀荡莫等闲北京市实体书店 2020 回顾与 2021 展望[EB/OL].(2020-12-24)[2022-03-10]http://www.bookdao.com/article/424079.

中国“两会”召开期间，均有人大代表和政协委员对如何维护实体书店的生存空间提出建议。中国的一些地方政府也从资金、政策等方面对实体书店施以援手。如，2012 年杭州市政府下拨 300 万元对“翰香”“枫林晚”等 16 家民营书店进行扶持[①]。又如，2020 年疫情防控期间，北京市及时出台全国第一个针对实体书店产业的专项救市政策，提前开展项目扶持，2020 年 3 月底北京首批 161 家书店获得首批资金扶持，共发放补贴和奖励资金近 4 000 万元，协调出版单位在图书供货、回款账期、营销活动等方面为实体书店提供便利和支持，全年共扶持实体书店 406 家，比 2016 年增长 5.7 倍，比 2019 年增长 1.7 倍，全力帮助实体书店解决实际问题和困难；上海市在 2020 年 2 月至 6 月集中推出一大批内容丰富、形式新颖的线上阅读活动和文化服务，以平台优势汇聚文化与媒体资源，协助实体书店销售图书，有力推动了实体书店复工复产，提振行业信心，引导市民文化消费[②]。在 2020 年百道调研的 296 家实体书店中，20%的书店享受到税费减免，18%的书店享受到房租补贴，7%的书店通过政府采购服务获得支持[③]。

中国出版业价格大战的另一个弊端在于，价格战会极大地伤害原本就较为脆弱的出版产业链。价格战作为一种市场竞争手段，其显在效应是读者在短期内受惠，但就根本和长远的角度而言，会导致行业整体和社会公众的利益受损。为了扩大降价空间，出版商要么降低成本，要么提高定价。降价越来越多，分销商的利润在降低，为了生存和获利，分销商向出版商要求越来越多的折扣。为了应对这种要求，出版商会提高图书定价以给书商更多的折扣。由此就造成了“高定价、低折扣”的恶性循环愈演愈烈。这种状况使得出版市场虚假繁荣，出版物价格与价值不符。巨大的潜在利润使盗版、非法出版物和质量低劣的出版物泛滥，最终伤害的是社会公众的利益。一方面是价格攀升，另一方面是价格大战，这会使消费者对出版业产生不满情绪和信任危机。从长远来看，必然会对整个出版产业链造成严重的负面影响。

对于中国出版业来说，当务之急是尽快规范图书等出版物的定价方式、整顿市场竞争秩序，这关系到中国出版业已有成绩的维护和后续发展的绩效。从这一角度来说，出版物价格的确牵动着整个出版产业的神经，因为它涉及出版产业链上下游各个环节最为直观的经济利益，是多方利益博弈的关键点，在出版业发

① 吴重生，许旭阳.杭州政府财政下拨 300 万元专项资金扶持 16 家民营书店[N].中国新闻出版报，2012-10-26(1).

② 恩里克.2020，拐点？[J].出版人，2021(1)：27-30，32.

③ 中国书刊发行业协会，百道新出版研究院.2020—2021 中国实体书店产业报告[R].2021：21，23.

展进程中发挥着举足轻重的作用。有关出版业界人士所主张的“以价格促改革”的核心意义也正体现于此。关于中国出版物价格体系与定价机制改革的深层次关键因素和具体路径、对策，本章后续内容将进行深入探讨。

第三节　现阶段中国出版物价格体系的评价分析

一、对当代中国出版物价格体系的总体评价

从中国出版价格体系的发展历史来看，在计划经济时代中国出版物的价格受到比较严格的规制，但随着中国经济体制改革的不断深入，出版物价格规制开始由严紧走向宽松，价值规律和市场因素逐渐成为制定出版物价格的主要依据和决定因素。出版物价格体系和价格规制政策的变革不仅反映了中国当代出版业的发展历程，而且也折射出中国社会经济、文化制度的变迁轨迹。

据统计，从1956年实行全国统一定价标准至20世纪80年代中期，我国有关部门先后制定了20多个有关图书定价问题的文件[①]。从这些文件所传递的政策信息中大致可以概括出以下几个结论：

(1) 在绝大多数时间里强调图书是特殊商品，低书价是社会主义优越性的表现，要求图书定价首先必须考虑政治运动的需要，否定书价与成本挂钩。例如，1958年7月，文化部曾通知各地出版社，按大跃进的要求将1956年的图书定价标准降15%；1963年10月，文化部和中国科学院曾联合颁布科技类书籍标准，规定普及性读物每印张0.07元，高级读物每印张0.135元，学术著作和辞典每印张不得超过0.20元，这个规定要求1963年出版全行业的利润比1962年降低18%以减轻读者负担；1973年，国家计委曾转发《图书定价试行标准》，这个标准实际上比1959年制定的定价标准还低20%至25%。[②]

(2) 在极个别时期还相对强调遵循价值规律，考虑成本变化因素而改变定价标准。比如：1962年纸张价格由每吨960元上涨到每吨1 100元，为解决各地印制课本亏损额过大的问题，中宣部曾批准调整中小学课本和年画的定价，其中规定中学课本每印张由0.049元调高至0.065元，小学课本每印张由0.046元

① 中宣部出版局.我国书价政策的调查[J].新华月报，1988(8)：130－134.
② 中宣部出版局.我国书价政策的调查[J].新华月报，1988(8)：130－134.

调高至0.06元。1984年的价格调整也是考虑了纸张价格放开的因素。[①] 当然，这种随成本变化而提高书价的情况在计划经济时代并不多见。

(3) 从总体上强调必须实行全国统一定价，但在某些时期也分权，允许地方出版社自己掌握某些品种、门类出版物的定价标准。例如：1958年文化部曾通知将一般书籍和课本的定价标准改为参考标准，由各地区参照执行；1961年云南和江西两省请示将租型课本、书籍提价，文化部虽曾复函建议不要涨价，但并未做具体规定，而是让各地区参考中央级出版社标准执行。[②]

(4) 在短时期内采用国家财政补贴的文化政策缓和或解决出版物价格与成本倒挂的部分矛盾。例如，1978年，出版用凸版纸价格由每吨1 110元提高至每吨1 350元，未允许书价变动，其差价的240元曾由财政部发文给予补贴解决。但是从1949年以后的情况来看，明确由国家财政补贴的时间很短，而且仅限于计划分配的纸张，并不能解决图书成本与定价倒挂的全部矛盾。从1985年开始，政府取消了国家财政对出版用纸的全部补贴。[③]

综合来看，从1956年至20世纪80年代中期的三十年间，书价变动的幅度很小，而且每次获得变动所需的时间跨度较大。20多个文件中除个别为微幅调高定价标准外，绝大多数是要求降低定价。这种政策使我国的图书定价违背了图书生产的经济规律，不能准确、真实地反映投入出版过程中的成本的高低、劳动量的大小及其变化。[④] 1993年的出版物价格制度改革之后，我国虽然继续实行出版物转售价格维持制度，但一般出版物的定价基本上完全放开，由市场机制进行调节，出版机构在出版物定价上有了较大的自主权；而且除中小学课本和大中专教材仍实行国家定价之外，其他出版物的定价标准基本由出版单位自行制定。

我们应该辩证地、历史地看待我国的出版价格体系和价格规制制度。我国长期实行的出版物统一定价制度是特定历史条件下的产物，这一制度在一定的历史环境下对出版业的繁荣发展发挥了积极的推动作用，其合理性具体表现在：符合不同地域经济、文化发展水平差异大及市场环境复杂等国情；便于政府实施宏观调控；有利于保障出版产业链中生产、流通、消费等环节的利益均衡。但是，出版物统一定价制度也存在一些不足：我国目前实行的出版物统一定价制度仍

① 中宣部出版局.我国书价政策的调查[J].新华月报，1988(8)：130－134.
② 中宣部出版局.我国书价政策的调查[J].新华月报，1988(8)：130－134.
③ 中宣部出版局.我国书价政策的调查[J].新华月报，1988(8)：130－134.
④ 中宣部出版局.我国书价政策的调查[J].新华月报，1988(8)：130－134.

带有一定的计划经济痕迹，出版物价格也因此具有较为浓厚的垄断色彩；在出版物统一定价制度下，出版成本、交易费用以及各环节利润都预先包括在定价之中，预期利润具有前置性和固定性的特点，出版物价格不能随着市场行情的变化而灵活变动；出版物价格对市场变化的反应存在滞后性，难以准确反映需求量和销售量的变化；在某些地区或专业领域的出版市场上，出版物的市场价格存在不合理现象。例如，中国出版业存在的"高定价、低折扣"行为是一种影响公平竞争的不正当经营行为，严重破坏了市场秩序，必须严加管制。

二、中国现阶段出版物价格体系的弊端分析

从中华人民共和国成立至改革开放之初，中国出版业一直在"保本微利"的原则下沿用着按印张定价的计划经济模式。1993 年出版业价格改革之后大多数一般图书由出版机构按生产成本和市场需求自主定价，但由于大部分出版机构长期使用印张定价法，并以此测算出版成本和运营利润，目前出版界的习惯做法仍是采用印张定价与成本比例定价相结合的方法，即将定价的构成因素(生产成本＋发行折扣＋税金＋利润)平分到每个印张上。此类出版定价模式，是计划经济条件下的生产成本定价理论的延续，随着社会经济环境的逐步演变和中国出版业市场化、产业化进程的深度推进，现行出版物价格体系出现许多不适应性，其弱点日益凸显，成为制约出版市场持续繁荣发展的负面因素。现行出版物价格体系的不足与弊端具体表现为以下几点。

(一) 难以反映智力资本所形成的无形资产在出版物价值形成过程中的核心作用，对出版物内容价值之差异缺乏合理的标量

巨大的无形思想价值凝结于有限成本的物质载体之上，是出版业的一个重要特性。出版业是一种内容创意产业，知识创新力是出版产业获得发展的重要依托。出版业中的智力资本(知识资本)主要源自两个层面：优秀的作者智力资源(具体表现为书稿资源)与出版机构的智力资源(表现为优秀的选题策划和质量上乘的编辑加工)。来源于上述两个层面的智力资本所形成的无形资产，在出版产品的价值建构过程中发挥着核心的作用(参见本书中的"出版产品的内容产品与文化商品属性分析""版权的经济学分析"和"出版产品的生产函数"几部分内容的分析)。一种出版物传递的知识、信息内容能够获得读者的高度认可，具有无形的思想价值，才能产生其应有的市场价值。但是，在现实生活中，不少读者在评判一种出版物的市场价格时，往往偏重其物质载体加工、复制的成本，而忽视了其无形价值；另一方面，遵循生产成本定价理论的定价方法(按印张、成本

比例定价),难以反映出版行业成本、价值与价格之间的特殊性。

传统的出版定价模式按印张(或页码)的多少确定市场价格,对出版物所承载知识内容之价值评估不充分、重视不够,而构成出版物核心价值的恰恰是出版载体所包含的知识、信息资产。在国外,学术著作与教材、大众休闲读物的价格往往相差非常大;与此不同的是,目前在我国,一部学术著作的定价与相同印张的一部教材或休闲读物的定价通常处于同一价位,这种定价模式是缺乏合理性、科学性的。具体来说,在中国图书出版业的三大板块中,教育类图书价格在整体上是相对适中的,而专业图书价格偏低,大众图书价格则整体偏高。专业图书和大众图书价格不合理的原因主要在于出版机构对市场缺乏清晰的判断和把握,对不同类型图书的需求价格弹性考虑不够充分。

(二) 印张定价与成本比例定价模式不能充分反映印数对出版业成本和利润的关键影响

在出版经济活动中,印数或发行量是影响出版机构经营效益的关键因素,出版经营者对于扩大发行量或印数孜孜以求。在具体操作中出版经营者通常会首先确定一个保本印数,并据此提出图书的定价。保本印数被用于衡量一本图书的出版成本和利润情况,并按印数的多少确定能否出版该图书。目前出版业界通行的看法是,3 000～5 000 册为一本图书的保本印数。因此,印数是图书价格中的关键因素,根据规模经济原理,实际印数超过保本印数的图书,其平均固定成本会逐步降低,平均可变成本在一定区间内也会下降(参见本书“出版生产的成本曲线”部分的分析),因此其市场价格也是可以逐步降低的。而实际印数在保本印数范围内的图书,其价格缺乏弹性,可以适度提升定价。但是,“一价定终生”的传统出版定价模式,并没有充分体现印数这一关键因素对出版行业成本和利润的影响,重印、再版等可能的经济因素也大多没有在初版定价时予以考虑。目前中国的出版机构多是较简单地按印张、成本比例定价,未能充分考虑出版产品的一些特性,没有将每一本书的独立定价与市场的关系进行深入分析;出版机构对于市场的估计多凭主观臆测推断,缺乏客观的市场调查,这些现象与中国出版业市场机制不完善、市场预期难以形成等因素有关。例如,市场需求总量有限的学术专著,与以万册计算、可以大批印制发行的教材,同样按照印张确定零售价格,显然是不合理的[①]。成本比例定价方法相较于印张定价法,增加了对可变

① 何明星.传统图书定价模式的缺陷——兼对读者细分定价方法的探讨[J].出版发行研究,2005(5):14-17.

成本的考量，但印数在图书价格中的关键影响作用，也没有得到充分的反映。

（三）出版物价格的市场调节作用未能有效发挥，价格传导机制存在问题

中国的出版物价格在经历1984年、1987—1988年、1993年三次"松绑"之后，出版业在市场化、产业化的进程上迈出了关键的一步，市场对出版资源的基础性配置作用开始显现。在市场经济中，价格本是有效地调节生产与消费的工具。但由于中国出版业长期具有浓厚的意识形态色彩，计划经济遗留痕迹较重，其整体改革进程滞后于国内其他行业。高度的行政性壁垒和严格的行业管制，使得中国出版业市场化程度较低，市场竞争多在浅层次与低水平的范围内展开。转型期中国出版物市场的竞争失序和市场环境的不尽如人意，造成价格机制对出版市场的调节作用难以充分、有效发挥，价格背离价值的情况时有发生。按照正常的价格调节机制，出版物应该实现按质定价，而目前的出版经济体制市场化程度有限，产业链上下游关系不顺，价格传导机制存在问题，价格手段未能发挥应有的作用。

（四）出版物价格产生信用危机进而危及整个出版产业

无论业界、读者对当今中国出版物价格水平如何评判，由于媒体报道、业界操作以及读者自身认识等因素的影响，中国社会在一定范围内已经形成了一个抱怨"书价太贵""高书价"的舆论环境。中国出版业面临的现实状况是：一些出版机构为满足自身和下游销售环节对利润的要求而滥用定价权，出版产业的不同环节频繁使用打折这一低端竞争手段，导致"高定价、低折扣"，"一折书"，图书论斤卖，销售终端价格恶战等不规范市场行为，这不仅严重削弱出版业的可持续发展能力，而且使公众对图书等出版物的价格产生怀疑、误解，进而怀疑整个出版产业，导致出版物价格和出版产业本身都遭遇严重的信用危机。曾经长期执行"保本微利"原则、被要求坚持"双效统一"的中国出版业，竟被多次渲染成"全国十大暴利行业"之一。这种信用危机使得公众对出版物价格缺乏基本的信任，出版产业的每一个价格调整举动都可能引发不少读者的抵触情绪，这会危及整个出版产业的持续繁荣发展。

出版物价格的信用危机主要由三方面因素引起：第一，由出版产业经济环境不成熟、市场秩序不完善、出版机构运作不规范等业内因素引起；第二，出版物的买卖双方信息不对称现象非常严重；第三，由于国家长时期坚持出版物低价政策引发习惯心理，在一定程度上使我国读者在出版物消费中容易呈现心理价位较低的状况。

出版物是一种非生活必需品，读者的消费行为在很大程度上会受其心理因素的影响，而目前中国读者的消费行为和消费习惯也在一定程度上影响着他们对出版物价格的认知和接受。与读者心理价位直接相关的是出版物的性价比问题。目前，由于一些出版企业片面追求出版速度与规模，盲目缩短出版周期，导致一些出版物的质量没有过关，甚至粗制滥造，出版物的价格与其内在品质在某种程度上出现脱节甚至反差较大，这意味着一部分出版物并没有让读者感觉物有所值或物超所值。例如，不少出版机构只注重在图书的装帧与厚度上下功夫，片面追求奢华装帧，却忽略了图书的内容和质量，并且自认为抓住了读者的消费心理，把书价和书的厚度等同起来，但读者将书买回家细看之后才发现上了出版商的当，从此对价格偏高的图书不敢问津。① 因此，物非所值或物乏所值在一定程度上也导致了出版物价格的信用危机。

（五）中国数字出版物的定价尚存在一系列不足与弊端

现阶段中国数字出版物定价存在的不足与弊端主要表现在以下方面。

1. 数字出版物的定价体系多样化，但缺乏科学、合理的定价原则

目前不少从事数字出版业务的企业，在对数字出版物定价时，缺少周密的市场调研和科学的论证分析，制定出的数字出版物销售价格并非深思熟虑的结果，要么是决策者的个人主观判断，要么是销售环节的网络运营商进行简单价格类比后得出的结果，具有很大的随意性和偶然性。因此，数字出版物定价的科学性、合理性需进行认真评估。

2. 数字出版物整体价格过低，对数字出版产业链的建构、维系和长远发展产生负面影响

本章的“数字出版物市场价格的现状及特征”部分内容已得出这样的分析结论：我国数字出版企业对数字出版物的定价整体较低。然而，数字出版物销售中的低价策略一旦确立，将在短期内难以被改变，如果低价竞争这一游戏规则成为常态，不仅对中国数字出版产业链的建构、维系和长远发展极其有害，而且也不利于传统出版业的发展和文化内容资源的积累与建设。

3. 数字出版物定价易被其他产品“绑架”

目前，我国数字出版物的定价权在很大程度上由网络运营商和硬件设备制造商控制，其定价取向明显对自身有利。对于网络运营商而言，低价能积聚人气，增加网站和移动网络的流量。网络运营商可通过广告和其他增值业务获利，

① 乌苏拉·劳藤堡.德国图书市场总体框架条件与现状(一)：图书与价格[N].彭燕艳，刘海颖，译.中国新闻出版报，2006-02-16.

而电子书等数字出版物则被当作“人气产品”用于低价促销。阅读器、平板电脑等硬件设备制造商则采取内置以及内容与设备捆绑的销售方式，促进终端阅读设备的销售。捆绑销售的方式，能增加定价的灵活性和自主性，但是所捆绑的产品分属不同的利益主体，其结果多是牺牲一方的利益来提升另一方的利益。

数字出版物的定价易被其他产品“绑架”还体现在，由纸质出版物转化而成的数字出版物的价格制定，对相应纸质版本具有一定的依赖性，未形成独立的定价机制。例如，尽管数字图书存在价格区分，但大体上都是依据纸本图书的畅销程度来决定数字图书的定价。

第四节　中国出版物价格体系与定价机制改革的总体背景

从传播政治经济学的视域来看，所有的传播活动都发生在特定的语境中，作为社会子系统的媒介受制于政治与经济的结构性制约力量，这种制约力量或有形或无形地在媒介运作过程中发挥着至关重要乃至决定性的作用。当代中国出版业变迁的深层动因何在？中国出版业的转型进程与国家发展、改革、转型的步伐具有何种内在的契合？这些问题的解答都有赖于将中国出版业的转型、变迁置于政治经济学语境中进行考察。

当代中国出版业的转型，是出版业由计划经济体制下的、高度同质单一性的、封闭或半封闭的行业格局，朝着与市场经济接轨的、异质多元化的、开放的业态格局转型，是出版业在整体上、全方位进行的深层次变革。当代中国出版业的变迁是一个涉及政治、经济、文化、技术等多维层面的论题，因此，不能将中国当代出版业变迁研究孤立于社会情境之外，而应将中国出版业的变迁置于具体的社会发展进程与历史变迁之中予以考察。

一、当代中国出版业变迁的若干阶段和重要转折点

任何社会转型、制度变迁都有其历史逻辑起点，当代中国出版业的转型同样离不开其历史逻辑起点。简单地说，这种历史逻辑起点就是 1978 年之前中国在政治、经济、文化等层面累积下来的“制度性的遗产”。因此，如果以历史主义的分析视角来考察 1949 年之后中国出版业的发展历程，这一历史基本上可以分为两个阶段：1949 年至 1978 年之前为计划经济体制下的出版事业发展阶段（从 1949 年到 20 世纪 50 年代中期，有一个对出版业实行公私合营的短暂时期，这

一时期部分出版机构存在企业化的初步尝试)；1978 年之后中国出版业进入一个由单一的事业发展模式向多元化运作模式转换的阶段，而出版行业作为一个整体，受到国家经济体制的市场化改革导向的影响，也开始企业化、市场化、产业化转型。

如果要对 1949—2019 年七十年的中国出版发展史做进一步的分期，那么，可将七十年中国出版业的发展史细分为五个阶段：

(1) 中华人民共和国成立之初、社会主义改造阶段的出版业发展阶段，时间为 1949 年 10 月至 1956 年。

(2) 从 1956 年至 1966 年"文革"爆发之前的出版业发展阶段，这十年中，中国出版业总体上得以稳步发展，获得一个重要的积聚时间。

(3) "文革"时期的中国出版业，这一阶段的中国出版业总体上处于一个停滞、衰退状态(在"文革"后期出版业有所恢复)。

(4) 自"文革"结束、1978 年开启改革开放进程之后至 1992 年的出版业发展阶段，这一时期为中国当代出版业的增量改革(规模扩张)、初步市场化的阶段。

(5) 从 1992 年至今的出版业发展阶段，中国出版业加快了其市场化步伐，并且以市场化为基础开始其产业化进程，同时中国出版业由数量增长型向结构调整与提升内涵的方向转变。

1949 年之后，1956 年、1978 年、1992 年为中国出版业发展的几个重要转折点("拐点")，是若干个前后阶段的基本分界点。之所以将这些年份视为中国出版业变迁中的重要拐点，主要是基于三点。

(1) 从数量变迁来看，中国出版机构数量、出版物品种、出版物销售数量等主要行业指标的变迁验证了拐点的存在。以 1956 年、1978 年、1992 年为拐点，在此前后，中国出版业在生产机构数量、出版物数量、出版物发行数量等方面均进入一个新的发展阶段(见图 8-4、图 8-5、图 8-6、图 8-7、图 8-8、图 8-9)。

(2) 从意识形态和价值观来看，在上述年份前后，中国国民价值观念、思维模式均存在一个较为明显的"分水岭"，这必然影响到中国出版业的发展进程。例如，1992 年的两个重大事件影响了中国社会的整体进程，该年年初，邓小平南下视察并发表旨在深入推进中国改革开放的重要讲话，同年 10 月，中共十四大召开，此次会议提出了建立社会主义市场经济体制的整体目标，并修订了《中国共产党章程》，将建设中国特色社会主义的理论和中国共产党在新时期的基本路线载入党章。

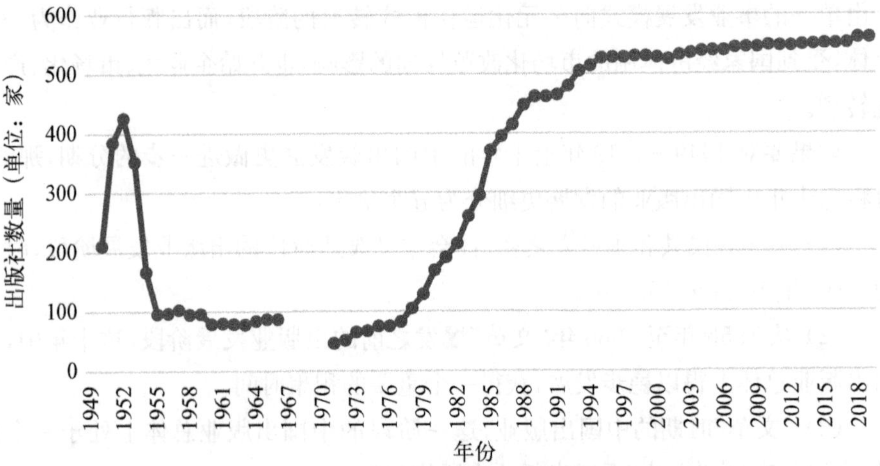

图 8-4　1949—2019 年中国出版社机构数变迁曲线

数据来源：《中国出版年鉴》(1980—2010 年各卷)、《中国新闻出版统计资料汇编》(2011—2020 年各卷)。

注：此处的出版社机构数不含副牌社；图中缺 1949、1967、1968、1969、1970 年的数据；1950 年代初期的数据包括了私营出版社数量，其中，1950 年 321 家，1952 年 356 家，1953 年 290 家，1954 年 19 家。

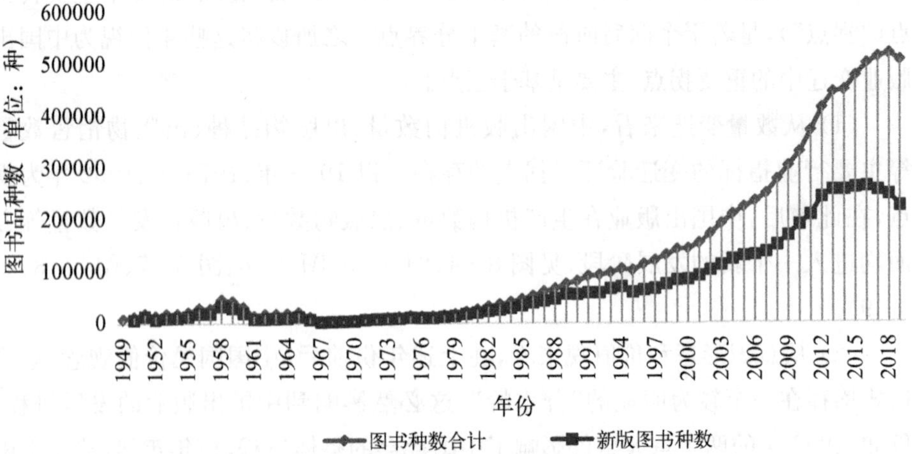

图 8-5　1949—2019 年中国图书出版品种数变迁曲线

数据来源：《中国出版年鉴》(1980—2010 年各卷)、《中国新闻出版统计资料汇编》(2011—2020 年各卷)。

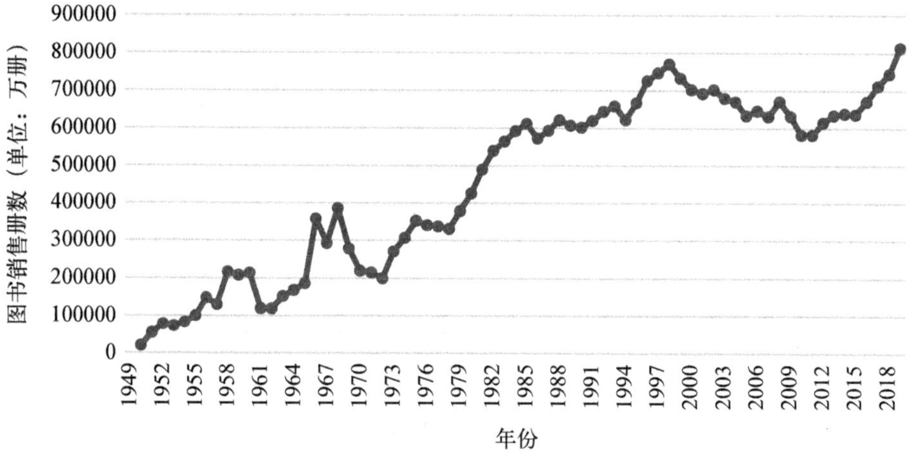

图 8－6　1949—2019 年中国图书销售数据变迁曲线

数据来源：《中国出版年鉴》(1980—2009 年各卷)、各年《中国新闻出版统计资料汇编》。

注：此处销售数据为图书纯销售数据，是指向读者直接销售的图书以及直接向国外出口的图书(不包括书店系统内批发)。

因统计方式发生改变，2010 年及以后的数据统计的是全国新华书店系统、出版社自办发行单位的图书销售情况，作为参考，2009 年中国图书销售总计 631 800 万册，其中新华书店系统、出版社自办发行单位销售 567 493 万册。

在 2018 年的统计中，2017 年全国新华书店系统、出版社自办发行单位的图书销售册数为 702 052 万册，而在 2019 年的统计中，2017 年的销售为 712 949 万册，图中采用的是 2019 年的数据。

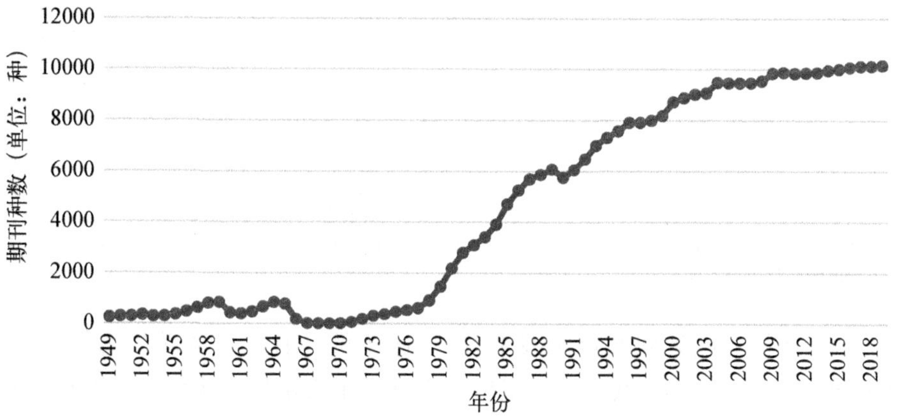

图 8－7　1949—2019 年中国期刊出版种数变迁曲线

数据来源：《中国出版年鉴》(1980—2010 年各卷)、《中国期刊年鉴》(2002—2009 年各卷)、《中国新闻出版统计资料汇编》(2011—2019 年各卷)。

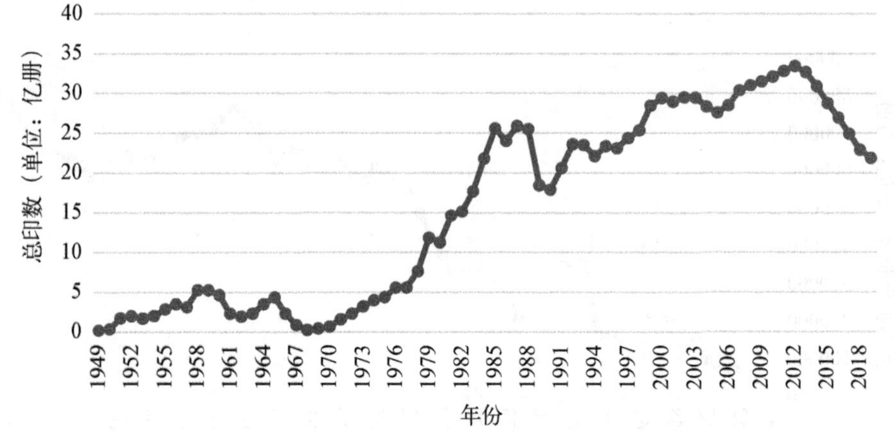

图 8－8　1949—2019 年中国期刊总印数变迁曲线

数据来源：《中国出版年鉴》(1980—2010 年各卷)、《中国期刊年鉴》(2002—2009 年各卷)、《中国新闻出版统计资料汇编》(2011—2019 年各卷)。

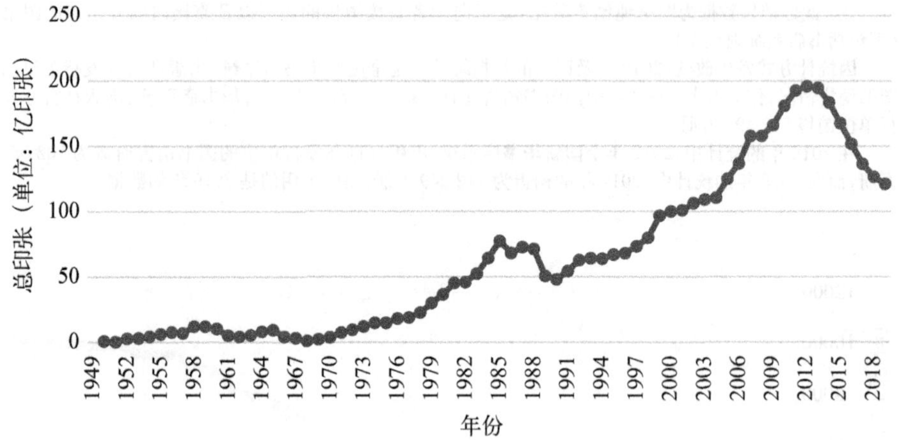

图 8－9　1949—2019 年中国期刊业总印张变迁曲线

数据来源：《中国出版年鉴》(1980—2010 年各卷)、《中国期刊年鉴》(2002—2009 年各卷)、《中国新闻出版统计资料汇编》(2011—2019 年各卷)。

(3) 从行业政策和产业实践来看，上述年份具有重要的转折意义。再以 1992 年为例，1992 年中共十四大提出建立社会主义市场经济体制的目标之后，中国出版业经历了一个“阶段性转移”的过程。这种“阶段性转移”包括了发展模式、经营意识和产品、受众观念等层面的转变。“阶段性转移”的提出，旨在使新闻出版业适应社会主义市场经济体制逐步建立的需要，促进新闻出版业从简单的规模扩张向讲求质量和效益的方向发展。中共十四届三中全会提出，要实现经济增长方式从粗放型向集约型转变。从中国出版业的情况来看，在 1978 年之后出版业经历的增量改革的确导致了“粗放型经营”问题。与中国政府提出的新闻出版业要从规模数量为主要特征向优质高效为主要特征转移的方向相一致的是，中国出版业整体行业发展理念从侧重外延层面的规模扩张转向注重内涵层面的核心竞争力提升，越来越多的出版传媒机构开始实施精品战略以开拓读者良性需求的空间，这为中国出版业的持续发展提供了条件，也正是以此为基础，品牌化、集团化、产业化趋向开始在中国出版业中显现。

历经七十余载的风雨砥砺，尤其是在经历了 1978 年之后最近四十多年的市场化和产业化渐进、深入的转型过程之后，中国出版业基本处于另一个市场机制、产业体系初步建立的拐点之上。既往岁月的变迁形成了今日中国出版业的历史定位、行业格局与产业实力，为中国出版业的持续发展提供了基础条件。

二、当代中国出版业变迁的政治经济学动因

中国出版业自 1978 年以来所经历的转型，归根结底是一个制度重构的过程，即以适应市场经济的制度安排替代适应计划经济的制度安排的过程。这一转型过程，体现了多种动力因素相互交织、融合的特点。具体来说，来自国家权力意志、意识形态演进、市场经济发展等主要层面的驱动力，规定了中国出版业转型的基本轨迹，即以国家权力主导和渐进式的制度变迁为主。国家权力在中国出版业的转型过程中扮演了极其重要的角色。而随着改革进程的深入，由于出版业界(变迁主体)对于制度重构的路径、效益有了更为明确的预期与理解，中国出版业的转型呈现出权力基点下的“强制性变迁”与利益基点下的“诱致性变迁”相融合的特征。

(一) 当代中国出版业转型的基础动力机制

中国的现代化进程，是一个包括经济、政治和文化在内的整体性社会变迁过程，而经济发展和政治发展是实现社会现代化的两条基本路径。1949—2019 年这七十年是一个蕴意广阔的历史时期，是中国现代化进程中的一个重要时段，在这一时段中，中国社会的整体转型呈现以下脉络：从计划经济走向市场经济，从权威政治走向民主政治，从封闭社会走向开放社会，从单一文化走向多元文化。这一系列的变迁可以 1978 年为一个基本的分界点。在 1978 年之后的四十多年中，中国社会发生了极为深刻、广泛的变革：在这四十多年中，中国初步建立起社会主义市场经济新体制，形成经济发展的“中国模式”；国家统计局发布的《新中国成立 70 周年经济社会发展成就系列报告》显示，1979—2018 年中国国内生

产总值年均增长率为9.4%，远高于同期世界经济2.9%左右的年均增速，对世界经济增长的年均贡献率为18%左右，仅次于美国居世界[①]；市场已开始在资源配置中发挥基础性作用，公众的市场意识、竞争意识不断增强；国家经济实力和人民生活状况发生了前所未有的变化，社会实现全面进步。

改革开放以来中国出版业转型的内在的根本动因，是经济体制的市场化改革。由“计划经济”到“计划为主、市场为辅”，再到“有计划的商品经济”，到最终确立“社会主义市场经济体制”，这条经济体制变迁的内在线索直接推动着中国出版业复苏、迅速增长，从意识形态型媒介转向产业经营型媒介。如果没有市场经济在中国的不断发展，就不会有中国出版业作为产业的发展历史；如果没有中国消费水平不断提高、文化消费活跃的必要经济环境，中国出版业则难以获得增长的市场平台。因此，市场经济的发展是中国出版业演进的经济基础，市场经济作为内在动因在当代中国出版业的转型中发挥了基础性作用。

在中国出版业的转型过程中，市场化的价值取向构成了出版业改革、转型的重要“路径依赖”。在制度经济学领域中，所谓“路径依赖”，是指一种制度一旦形成，不管是否有效，都会在一定时期内持续存在并影响其后的制度选择，就好像进入一种特定的“路径”。制度变迁会按照这种路径走下去，其结果既可能进入良性制度变迁的境界，也可能沿着一种错误的路径下滑，进而被锁定在一种无效率的制度状态之中。作为新时期中国出版业发展的路径依赖，市场化成为贯穿当代出版业发展、转型的一条主线。可以说，中国的改革开放路径（主要通过当代中国经济转型、政治变迁的逻辑主线体现）决定了中国出版业转型的路径依赖，即市场化、产业化发展导向。

（二）当代中国出版业变迁中的政治动力因素

马克思的政治经济学认为，经济基础决定上层建筑，政治制度的建构与改革必须以一定程度的经济发展为基础。市场机制一旦运行，就成为一种不可抗拒的外在力量，推动着社会的结构转型，其社会后果不仅体现在经济领域，在政治领域和社会领域也会产生巨大的影响。在转型期，社会原有的经济结构、阶层结构、社会组织结构等发生了重大变化，人们的利益关系、价值观念、行为方式等也在发生嬗变，这些变化，主要是在市场机制的主导下发生的，市场经济按照其自身的逻辑和需求以强大的渗透力改变着中国社会的经济、政治和文化生活。

---

① 国家统计局.沧桑巨变七十载民族复兴铸辉煌——新中国成立70周年经济社会发展成就系列报告之一[EB/OL].(2019-07-01)[2022-03-10]http://www.stats.gov.cn/ztjc/zthd/bwcxljsm/70znxc/201907/t20190701_1673373.html.

政治上的民主化进程对大众传媒的发展具有直接推动作用。尤其是在当代中国，自上而下的国家推动力在中国新闻出版体制改革过程中起到了相当关键的作用。在中国新闻出版体制改革的起步、深入发展的全过程中都体现了较强的国家推动力，在制度安排、结构调整、利益分配、角色重塑等方面，政治力量对新闻出版业的作用显著，形成了中国新闻出版体制改革中政府推进型模式(与社会演进型相对)占主导的突出特征。

具体就出版业而言，国家政策、意识形态的演进对中国出版业的转型、发展影响重大。英国学者大卫・赫斯蒙德夫(David Hesmondhalgh)的观点可以很好地阐释国家政策和出版业转型间的关系："政策变迁极大地影响了整个文化产业。政策既是对社会文化、经济和技术状况的回应，也是结果。政策也是引发和(或)抑制文化产业转型的基本因素。"[①]可以说，中国的政治体制改革与政治民主化走向为当代中国出版业转型提供了重要的动力机制，意识形态和国家权力意志在出版业的运作、转型中具有支配性的影响。此点通过1978年以后中国出版业发展历程中的一系列事件得到体现。

中国持续至今的改革开放进程打破了出版业的思想禁锢，出版业进入一个全新的转型时代。由于意识形态的逐步解禁、开放，中国出版业得以从原有的狭隘政治理念中解脱出来，获得了解放和发展出版生产力的强大动力。

三、政治经济语境下中国出版业转型的主要层面

建立社会主义市场经济体制，不仅是中国经济领域中一场具有重大历史意义的变革，而且全面影响、改变了中国的经济基础、上层建筑的方方面面，这一变革将中国社会的发展进程推向崭新的历史阶段。市场经济对发展滞后的中国出版业提出了严峻的挑战，迫使出版业由计划经济体制下的、高度同质单一性的、封闭或半封闭的行业格局，朝着与市场经济接轨的、异质多元化的、开放的业态格局转型。如何(重新)定位？生存与发展空间在哪里？成为出版人必须思考的问题。今日的中国出版界已经完成或正在经历一系列重大的思维模式、价值观念、运行机制转变，这为当代中国出版业的转型、发展奠定了思想、理论基础。具体而言，当代中国出版业的转型包含了以下六个层面的内容。

(一) 对出版产品属性认识的转型

出版物的双重属性得到确认，即承认出版物既是精神产品又是商品。关于

① 大卫・赫斯蒙德夫.文化产业[M].张菲娜，译.北京：中国人民大学出版社，2007：153－154.

出版物商品性的讨论，从中国改革开放之初开始，持续至今，其中不仅有针对大众出版物的商品性、营利属性进行的探讨，也有针对学术出版物是否具有商品性开展的争论。

（二）关于出版活动社会功能的观念转型

在对出版的社会功能的认识上，不再片面、单一地强调出版物、出版机构的舆论宣传功能，而对出版的社会功能进行全面理解：出版物、出版机构不仅具有单一的宣传功能，而且兼具传递与交流信息，传播和积累科学技术、文化知识，丰富公众文化生活，参与、促进国家和民族文化建设等多样化的职能。

（三）出版业发展宗旨的转型

当代中国出版业被要求坚持“二为”方针，即秉持“为人民服务、为社会主义服务”的方针，这一主流的行业发展宗旨，取代了过去被扭曲、狭隘理解的“为工农兵服务、为无产阶级政治服务”。

“为人民服务、为社会主义服务”方针在强调中国出版业发展的政治价值取向的同时，突出了服务公众在出版业发展宗旨中的重要地位。出版业突破了以往围绕政治运动运作的狭窄空间，从以行政为主导逐步向以市场为主导转变，出版业结构的变化趋向于更加适应受众、市场的需要。出版传媒作为信息组织的属性得以凸显，经营型出版传媒的营利属性得到承认，出版业内部兼容了公益事业、信息产业、文化产业、内容产业等多种角色，出版业整体的发展模式呈现多元化特点。

（四）出版组织定位的转型

出版组织可以被视作生产精神产品、文化商品的企业，这一价值观念突破的关键意义在于：只有在出版组织可以被赋予企业属性、其市场主体地位得以重塑之后，才可能以此为基础形成一定数量、规模的出版企业的集合——出版产业。出版业的产业化有两个重要前提，即企业化、市场化。当然，这一观念的转型存在一个渐进的过程。例如，其间有对出版机构的“事业单位、企业化管理”认识作为过渡。

（五）出版业市场观念与市场行为的转型

从以往讳于提及市场，到主动了解、适应、融入市场，参与市场竞争，出版业的市场观念在不断演进。改革开放之后，中国出版业自办发行的兴起、积极“走出去”开拓海外市场、融资上市等举措，皆可归入市场化行为之列，而这些市场化实践以出版业的市场观念为思想基础，又推动着出版业市场观念不断提升。

（六）出版人角色的转型

从以往的政治家、出版家角色占主导地位，到出版家、出版商的角色逐渐凸显，是出版人（尤指出版机构主持者）所经历的重要角色变迁。而且事实已经说明，在一定的条件下，出版家与专家、学者、政治家、出版商的角色是可以重叠的。

1978年之后开启的出版业企业化、市场化、产业化（三者之间具有内在的逻辑递进关系）的渐进步伐，使得中国出版业的内涵和外延发生深刻变化，逐步形成现有的行业格局。当前，中国出版业所面临的新现象、新问题，也大多与市场经济体制有关。我们必须承认，通过渐进、柔性的方式，中国出版业的产业属性和产业地位已经确立，而且，中国出版业的产业格局还将继续经历深层次的重构。

第五节　影响中国出版物价格体系与定价机制改革的深层次因素

对中国出版物价格体系与定价机制改革的探讨，应该充分关注与其有密切关联、对其具有决定性作用的深层次关键因素——整个中国新闻出版体制改革的深层动力、实质、核心命题及其间存在的矛盾与博弈。

中国当代新闻出版体制改革与行业转型是一个涉及政治、经济、文化、技术等多维层面的复杂命题。随着媒介化社会的来临，新闻出版业对社会各个层面形成强大的影响力和渗透力，因此，对中国新闻出版体制改革和行业转型应进行尽可能多的理性思考和政策论证，以尽可能减少所谓“摸着石头过河”的试错式改革①。本书选择政治经济学理论分析框架，试图对中国新闻出版体制改革的三个重要论题展开深度思索，努力为包含出版物价格体系改革在内的新闻出版体制改革贡献新的考察视角和思想资源。

一、中国新闻出版体制改革与行业转型的深层动力和实质

“转型”，即社会经济结构、文化形态、价值观念等发生转变。关于转型的课题吸引了经济学、政治学、社会学等众多学科的关注。如经济学领域有转型经济学、发展经济学等分支学科对转型问题进行研究，其中涉及新古典经济学、凯恩

① 由于经验、先例缺乏，这种试错方式成本不菲。如中国投资协会副会长、国家发展和改革委员会投资研究所研究员张汉亚先生的研究显示，1958—2001年中国投资项目失误率接近投资项目的50%（《经济参考报》2004年7月27日）。

斯主义、新制度经济学、市场社会主义等多种理论范式。众多学科从不同视角、不同层面对转型问题进行考察，从一个方面说明了转型是复杂而多元的论题。某一国家、社会、行业的转型并不单指经济转型，也不单纯是政治或社会层面的转型，而是经济、政治、社会、技术等多个层面转型的有机统一体。

(一)“新闻出版生产力”发展及其与生产关系的互动是体制改革的深层动力

1949 年后的中国，在革命完成之后面临着解放和发展生产力的问题，但在很长一段时间内，因为“文化”被视作“事业”，新闻出版业被视为舆论工具和重要的意识形态阵地，“生产力”这一概念未能与文化、新闻出版联系到一起。

新闻出版生产力是重要的文化生产力形态。马克思依据唯物主义的观点将生产力划分为物质生产力、精神生产力、人自身的生产力。在马克思主义经典作家那里，并没有明确使用过“文化生产力”的概念，只是对“精神生产力”这一概念有过阐述。在一定意义上可以说，文化生产力就是精神生产力，是精神生产力在当代社会历史条件下的具体体现。“新闻出版生产力”“新闻生产力”“出版生产力”在中国被提出的时间均为 20 世纪 90 年代，较早的使用者多为新闻出版主管部门的领导人。如 1993 年宋木文(时任新闻出版署署长)就建立新的出版体制答记者问时指出：“要通过政府管理机关转变职能和出版单位自主经营，最大限度地在精神和物质两个方面解放出版生产力。”[①]同年，邬书林也提及“出版生产力”概念。[②] 1995 年新闻出版署颁布的《新闻出版科技发展“九五”计划和 2010 年长期规划纲要》提出“依靠科技进步解放和发展新闻出版生产力。”[③]1998 年，时任中宣部副部长的徐光春在全国部分新闻单位总编辑座谈会上的讲话提到解放和发展“新闻生产力”的机制问题。[④] 2009 年新闻出版总署印发的《关于进一步推进新闻出版体制改革的指导意见》提出要“进一步解放和发展新闻出版生产力”“引导非公有出版工作室健康发展，发展新兴出版生产力”。[⑤] 这一文件传递的信息表明，旨在“解放和发展新闻出版生产力”的中国新闻出版体制改革在政策上出现更大突破。

---

① 宋木文.最大限度地解放出版生产力[J].编辑学刊，1993(2)：94.

② 邬书林.更新观念走向市场解放出版生产力[J].中国出版，1993(1)：14－16.

③ 新闻出版署技术发展司.新闻出版科技发展“九五”计划和 2010 年长期规划纲要[J].中国出版，1995(11)：6－9.

④ 高兴烈.发展新闻生产力的十大机制[J].新闻知识，1999(11)：8－11.

⑤ 新闻出版总署.关于进一步推进新闻出版体制改革的指导意见[EB/OL].(2009－04－07)[2022－03－10]http://www.gov.cn/zwgk/2009－04/07/content_1279346. htm.

经济基础决定上层建筑，生产力决定生产关系，上层建筑、生产关系的建构与改革必须以一定程度的经济发展为基础。市场机制一旦运行，就成为一种不可抗拒的外在力量，它按照自身的逻辑和需求以强大渗透力推动着社会的结构转型，其社会后果不仅体现在经济领域，在政治领域和文化领域也会产生巨大影响。“新闻出版”与“生产力”概念的正式结合及新闻出版生产力在事实上的发展，都对新闻出版业体制机制提出新的要求。新闻出版生产力的提升、发展，与生产关系层面的传媒管理体制、行业政策、运行机制是直接相关、紧密互动的：良好的体制、机制、政策，如同“催化剂”，可促进、加速生产力的发展，新闻出版生产力的真正解放和发展有赖于建构良好的、富有活力的新闻出版生产关系体系。中国当前新闻出版生产力发展中所存在的问题，如产业集中度低、组织规模小、机构实力弱、竞争力差、产业布局与市场结构趋同化、政企不分、产权不明、系统内自我封闭和内向式发展、资源垄断与权力寻租，多源自计划经济体制下形成的新闻出版生产关系体系。由此可见，中国新闻出版生产力的发展及其与新闻出版生产关系体系的矛盾、互动关系，构成中国新闻出版体制改革和行业转型的深层动力。

（二）中国新闻出版业转型的实质是新闻出版制度重构的过程

中国新闻出版业的转型是一个涉及政治、经济、文化、技术等多维层面的论题，因此，不能将中国当代新闻出版业转型研究孤立于社会情境之外，而应将其置于具体的社会发展进程与历史变迁之中予以考察。当代中国新闻出版业的转型，是新闻出版业由计划经济体制下的、高度同质单一性的、封闭或半封闭的行业格局，朝着与市场经济接轨的、异质多元化的、开放的业态格局转型，是新闻出版业在整体上、全方位进行的深层次变革。如何(重新)定位？生存与发展空间在哪里？成为中国新闻出版界必须思考的问题。今日的中国新闻出版界已经完成或正在经历思维模式、价值观念、运行机制等层面的重大转变，如对媒介产品、传播的社会功能、传媒业发展宗旨、媒介组织、媒介市场、媒介从业者角色的认识与观念的转型，这为当代中国新闻出版业的转型、变迁提供了思想、理念基础。

中国新闻出版业自 1978 年以来所经历的转型，归根结底是一个制度重构的过程，即以适应市场经济的制度安排替代适应计划经济的制度安排的过程。这一转型过程，体现了多种动力因素相互交织、融合的特点。具体来说，来自国家权力意志、意识形态演进、市场经济发展等多个层面的驱动力，规定了中国新闻出版业转型的基本轨迹，即以国家权力主导和渐进式的制度变迁为主。国家权力在中国新闻出版业转型过程中扮演了极其重要的角色。而随着改革进程的深入，由于新闻出版业界(变迁主体)对于制度重构的路径、效益有了更为明确的预期与理解，中国新闻出版业转型呈现出权力基点下的"强制性变迁"与利益基点下的"诱致性变迁"相融合的特征。

二、"市场"和"资本"能否解决中国新闻出版业的所有问题

中国改革开放的进程，存在一个深层的驱动力，那就是市场意识、资本意识的觉醒。从20世纪50年代到1978年之前的一段时期内，私营资本在中国被当作"资本主义尾巴"被割掉。沉睡多年的市场意识、资本意识在中国实施改革开放之后被唤醒。中国由高度集中的计划经济体制向社会主义市场经济体制的转型，极大地释放了资本、市场的能量。

中国"改革开放的总设计师"邓小平多次强调："改革开放迈不开步子，不敢闯，说来说去就是怕资本主义的东西多了，走了资本主义道路"；"改革开放胆子要大一些，敢于试验，不能像小脚女人一样"。[①] "中国经济改革的深层逻辑起点，就是要以资本的力量来推动社会主义物质文明建设。而资本在国家经济生活领域中主导地位的确立，意味着资本与社会主义相结合的实质性步骤已经完成。"[②]在中国的经济、社会变迁乃至文化、政治转型中都存在源自资本、市场层面的驱动力。资本、市场意识的复苏，促进了中国经济高速增长(资本显现了其作为重要生产要素在经济增长中的重要作用)和中国社会的大规模转型。资本、市场不仅深刻影响到整个国家的经济、政治、社会体制，也改写着一个个产业的生态，其中自然也包括新闻出版业。

(一) 资本、市场的力量在当代中国新闻出版业转型进程中日益凸显

资本作为一种生产要素，对中国新闻出版业的规模增长、生产力提升有着重要的助推作用。现代西方经济学和马克思主义经济学，对资本作为生产要素在经济增长中的功能均有深入考察。西方经济学强调资本作为生产要素在经济增长和社会发展中的作用历史悠久，这一传统从亚当·斯密时代一直延续下来。马克思主义经济学虽然侧重阐述资本的社会本质，但并没有忽视资本在经济增长中所发挥的要素功能。马克思在《资本论》中对资本的文明一面给予了恰当评价："更有利于生产力的发展，有利于社会关系的发展，有利于更高级的新形态的

① 邓小平.邓小平文选(第3卷)[C].北京：人民出版社，1993：139，372.

② 张雪魁.市场经济与社会主义相结合的三个命题及其哲学基础——30年改革开放的经济哲学思考[J].社会科学研究，2009(3)：134-140.

各种要素的创造。”①

中国政府决策部门也正是基于资本的生产要素功能，而对传媒业融资的必要性予以强调，并且将传媒业融资问题置于事关国家文化安全和国家话语权的高度。如新闻出版总署2009年3月印发的《关于进一步推进新闻出版体制改革的指导意见》中要求新闻出版业“在充分利用系统内国有资本的同时，开辟安全有效的新闻出版业融资渠道，有效地吸纳系统外社会资本和境外资本，实现以资本扩张带动业务扩张、规模扩张和效益扩张。”②2009年，文化部部长蔡武谈及骨干文化企业培育时指出：“当前中国文化产业领域普遍呈‘小、弱、散’状况，大量呈现‘为他人作嫁衣’的‘纽扣现象’”，因此需要“着力培育大批有实力、有竞争力的骨干文化企业，需要提高面向资本市场融资的意识和能力”“经营性文化单位要具备出海远航的能力，就必须积极主动地运用资本市场运作手段，有效吸引社会资金的进入，促进文化企业快速成长，同时放开搞活，为多种所有制形式的资本进入文化领域创造适宜、优惠的政策环境，形成以公有制为主体、多种所有制共同发展的文化产业格局”。③

1978年以后，中国的不少新闻出版单位开始自负盈亏，逐步走向市场，尝试资本运营。新闻出版业的产业生态、市场规则被资本持续改变。随着资本在新闻出版业的不断渗透，在传媒产业链中的不同环节上，从作者、内容生产和编辑制作加工，到发行、广告及调查、咨询、培训等环节，资本游走的身影清晰可见。各类资本进入新闻出版业后，以强大的资金优势影响着行业的规则、走向。以作家群体为例，近年来有不少作家借助自身的社会影响力、感召力等资源参与媒介的资本运作，如郭敬明、韩寒、郭妮、张悦然等“80后”作家扎堆办杂志，韩寒正式宣称进入“主编”行列，女作家饶雪漫对资本的运作、吸纳手段堪称另辟蹊径，在他们的背后都缺少不了资本之手的助推。如今给作者开出“天价稿酬”已不是新闻，更有媒体专门推出中国作家富豪榜，其中不乏上千万稿酬的作家。资本正与传媒业携手同行并深刻影响传媒业的转型走向，这是必须承认的现实。

（二）中国新闻出版界应该对市场、资本的负面效应给予前瞻性思考

20世纪90年代中期以来，中国传媒业的市场化、产业化、商业化日渐深入，中国政府对传媒业资本运作的管制政策逐步松动。2009年，新闻出版总署出台

---

① 马克思.资本论(第3卷)[M].中共中央编译局，编译.北京：人民出版社，1975：925，926.

② 新闻出版总署.关于进一步推进新闻出版体制改革的指导意见[EB/OL].(2009-04-07)[2022-03-10]http://www.gov.cn/zwgk/2009-04/07/content_1279346.htm.

③ 蔡武.扭转文化产业“纽扣现象”[N].人民日报，2009-06-11(10).

《关于进一步推进新闻出版体制改革的指导意见》，引起国内外媒体的广泛关注，有西方媒体以“中国传媒业的春天来临了”为标题进行报道。这一文件对中国新闻出版业的改制提出了新的要求，中国大多数新闻出版单位将被完全推向市场，被“重塑”成市场主体，而且，政府关于其他行业国有资本、民营资本、境外资本介入新闻出版业的政策出现新的突破，中国新闻出版业将涌现一轮资产“合纵连横”的热潮。

从产业化发展的角度来看，新闻出版业引入市场竞争机制、加大融资力度是其“做大做强”的重要途径。然而，有一个问题值得深度思考：市场、资本固然是目前中国新闻出版业发展的重要瓶颈，但在面向市场、吸纳资本之后中国新闻出版业的一切问题是否就能迎刃而解？或许在目前的这场改制热潮中，中国传媒业界、政府领导层、学界更多的是看到了市场竞争、资本运作给中国新闻出版业带来的正面效果（尤其是将这一行业作为一个能带来可观产值的国民经济部类之后），而对市场、资本的负面影响还没有及时（或者说还未来得及）进行前瞻性的思考。当局者迷，旁观者清。境外媒体的有些观点值得注意，如新加坡《联合早报》刊文认为：中国目前积极强调新闻和出版“走出去”是很适当的，但是这一过程中存在盲目崇拜西方的权威和太过“向钱看”的倾向，作者建议要“多强调推广文化的重要性，不要完全被‘市场经济’掌控”。[①]

“资本是一个活生生的矛盾。”[②]资本一方面作为生产要素在经济增长和社会发展中具有重要作用；另一方面，资本作为一种社会关系，对经济、社会具有强大的重构力量。在中国新闻出版业的转型、发展过程中，如果放任资本意志，导致资本逻辑泛滥，新闻出版业发展的价值取向出现偏差，则必将放大市场化、产业化转型的负面效应（体现在信息内容产制、传播、消费等多方面），进而可能引发一系列新的结构性矛盾。

当前中国新闻出版业的转型历程，隐含了“市场逻辑”“资本的逻辑”。资本的介入和市场的成形，加速了中国新闻出版业的嬗变，推动新闻出版业迈向日益开放与多元的业态，深刻影响内容生产、传播、品牌建构乃至消费格局。中国新闻出版业的生态是否会因资本、市场而变异？更深层次的资本运作将给新闻出版业带来何种具体的负面效应？如何在“资本的逻辑”的基础上建立“资本的伦

---

① 潘国驹.中国出版界实施“走出去”战略[N].联合早报，2009-04-16.潘国驹先生时任东南亚理论物理学会会长、新加坡中国商会会长、世界科技出版公司总裁。

② 马克思，恩格斯.马克思恩格斯全集（第30卷）[M].中共中央编译局，编译.北京：人民出版社，1995：405.

理”？如何通过根本性的制度安排来有效实施对资本的牵制，节制资本的欲望，规范权力与资本的关系？是摆在中国新闻出版业界和政府面前的一系列重要现实问题。

三、如何评判中国新闻出版体制改革中的“转企改制”

转企改制是现阶段中国新闻出版体制改革与行业转型的核心内容之一，其深层逻辑是以市场化、产业化发展和制度改革来调整新闻出版业的产业、市场结构，推动产业优化升级、规模扩张和增长方式转变，通过激活“新闻出版生产力”，打破西方垄断话语权的局面。

（一）对转企改制成效的评判不应等到“后转型时代”才开始追问

中国政府近年发布的一系列重要政策文件，如《关于进一步推进新闻出版体制改革的指导意见》，为经营性新闻出版单位的转企改制设定了路线图和时间表。真正意义上的转企改制绝不仅仅是简单的“翻牌”、冠以“有限公司”的头衔、与原主管主办单位脱钩、确定新的出资人或“改嫁”、寻求集团接纳。对于相当多的新闻出版单位而言，在改革时间表上规定的最后期限结束之后，深层的价值观念、思维模式和运行机制的变革，以及核心战略、核心产品、核心竞争力的形成仍需一定时日。随着转企改制的深入推进和最终完成，中国的新闻出版业将迎来“后转型时代”。如何评判新闻出版行业中的“转企改制”？这一问题在“后转型时代”会更加凸显出来。若从另一视角来看，也可以说，在当前的转型进程中就应该充分关注、理性思考这一问题，绝不应该等到“后转型时代”来临才开始追问。

（二）评判中国新闻出版单位“转企改制”成效的综合标准

政治经济学的研究为思考中国新闻出版体制改革与行业转型的评判标准提供了参考。政治经济学在分析转型的评判标准时，常将转型在经济、政治和社会层面的不同内涵予以清晰区分，形成三种迥异的评判转型的标准。

1. 效率标准

1978 年后的三十多年间，中国的经济学者对此有较多阐释，但在许多学者的理论逻辑与政策主张中，功利主义哲学的痕迹未免过于浓重，以至于他们得出了“效率优先、兼顾公平”的政策主张。在相当长的时间内，这个主张成了政府决策的“优先序”。但是，转型的核心含义就是效率的改进这种观点已受到质疑，如果全盘接受“效率标准”，会造成政策上的盲区（中国国企改革、公共医疗改革、教育产业化改革的得失均与此相关）。中国新闻出版体制改革和行业转型的重要目的是激发行业活力，调动市场潜力，推动行业整体效率提升，但其中应注意，效率的改进不是评判转型成效的唯一标准，效率标准也不应该被过于拔高。

2. 政治标准

政府治理或行政方略的最终目标是增进社会的公共福利。但是，社会公众经常会表现出对政府公共服务的“不满足”，社会成员与政府在对“政治原则”、政策执行的理解方面容易出现歧义和偏差。中国新闻出版业的体制转型和机构转企改制，既要遵循市场经济规律，关注效率和效益，更要遵从社会公正原则，关注社会转型，实现人文道德关怀。社会整体需要进步、和谐，必然要求拥有文化属性和内容本质的媒介产品发挥一定的公益作用，媒介产品必然被赋予一部分公共产品属性。媒介产品的公共产品属性和公益性主要体现在三个方面：首先，媒介产品在满足社会的普遍知识、信息需求方面有着自身特定的文化使命；其次，媒介产品对社会秩序和社会公共生活有着较大的影响力；再次，媒介从业者是某些公共的知识、信息资源的受托生产者和传播者，相应的内容产品应该以公共产品的形式向社会公众供给。现代社会需要公共产品与私人产品共存的新闻出版业，而建设公共产品与私人产品共存的新闻出版业也有利于这一行业自身的可持续、良性发展，有利于新闻出版制度与传媒行业更好地为构建有活力的、民主的社会和促进社会文化繁荣服务。在这一过程中，需要对公共信息产品和服务提供的有效性、政府相关职能和管理体制进行完善。

3. 社会/组织标准

这一标准着眼于社会和谐与人际协调的程度：通过在转型活动与人际交往中引入“个人权利、责任与义务”来构造一种社会的公共空间，在不伤害他人的情况下，使个人的个性、能力都得到延伸和展现，尽最大可能使社会成员个体的利益都得到合理的满足。对于社会成员整体而言，评判中国新闻出版体制改革和行业转型成效的重要标准是：是否有效整合并激活了社会文化信息资源，是否能有效满足公众日益增长的精神文化需求。而从新闻出版行业自身来看，正确处理组织人事关系和人员安置这一转企改制中极其关键、敏感的问题，是评判转型成败的重要标准。转企改制的目的是塑造经营性新闻出版单位的市场主体地位，而现代企业的竞争归根结底主要是人才的竞争，因此新闻出版单位转企改制过程中，应秉持“以人为本”的理念，充分重视人员身份转换的改革成本和社会效应，协调好“老人、新人、中人”多方利益关系，尽力营造一个既有利于稳定现有人才、又有利于吸引后续人才的组织空间。

当前，新闻出版界对于转企改制是否到位有一些公认的标准，如五个“是否”

（是否进行企业法人的登记、核销事业编制；是否进行产权制度改革，建立了企业法人治理机构；是否与原主管、主办单位脱钩，真正做到自主发展、自负盈亏；是否建立现代企业制度，在企业内形成有效率的微观运行机制；是否建立了企业收入分配制度，并做好人员分流安置）或三个“全部”（出版社必须拥有自己的全部财产；人员必须全部转换身份；改革单位全部建立现代企业制度）的标准。这些标准都是着眼于显性的产业操作层面，从长远和深层次来看，中国新闻出版体制改革和行业转型的目的，是要摆脱旧的生产关系，在公正的制度和规则的平台上实现各种权利的平衡与调节，而评判其成败的最终标准应该是上述政治、经济、社会/组织多重标准的统一，是政治、经济、社会/组织等多个层面的转型目标得到有效协调。

第六节　中国出版物价格体系与定价机制改革的路径分析

中国出版物价格体系的不完善、价格问题的出现，归根结底与出版业市场规范不足、市场调节功能不足、市场诚信不足具有深刻关联。因此，中国出版物价格体系与定价机制的改革可以从完善出版产品定价模式和价格规制方法、优化出版市场竞争机制、重塑出版行业诚信三方面来寻找思路。

一、自由定价制度能否适用于转型期的中国出版业

目前国内一些人士主张在中国的出版领域采用出版物自由定价制度、废弃固定价格制度，其所持的一个重要论点就是，固定价格制度（转售价格维持制度）违背了竞争法所保护、倡导的市场自由竞争规则。这种观点在我国有关《图书公平交易规则》的争论中得到较多的反映。

中国出版工作者协会（现已更名为中国出版协会）、中国书刊发行业协会、中国新华书店协会于2010年1月发布的《图书公平交易规则》规定：出版一年内的新书（以版权页出版时间为准），进入零售市场时，须按图书标定实价销售；经销商在一些特殊情况下可进行优惠促销，但优惠价格不得低于版权页定价的85%。其中的“特殊情况”是指：机关团体采用竞标方式采购时；网上书店或会员制销售时；经新闻出版总署批准举办的全国性图书交易博览、订货、展销活动和省、自治区、直辖市新闻出版局备案的地方性或专业性图书订货、展销活动；国家法定节假日及新闻出版行政部门组织的重大活动期间。这一行业规定出台之

后，社会各界反应不一。有学者将其看作治理“高定价、低折扣”的良策，如罗紫初、吴亮芳撰文认为，用行规自律方式解决我国出版业诚信缺失问题已迫在眉睫，《图书公平交易规则》的发布正是顺应行业需要，其实质是保护消费者权益，有利于出版业诚信体系建设，将带来良好的图书市场生态环境。① 有部分人士则认为相关规定目前看来还很不现实。一些读者反映强烈，网上也是一片质疑之声。针对新书“限折令”，北京市消费者协会、北京市律师协会发出联合声明：“限折令”涉嫌违反《中华人民共和国反垄断法》，建议有关部门介入调查。②

来自法学、经济学领域的专家、学者从各自专业视角针对《图书公平交易规则》的“限折令”提出了自己的看法，认为限价规则是一种价格垄断协议。有法学专家认为，《图书公平交易规则》的“限价令”，违反《中华人民共和国反垄断法》的多项规定，损害了消费者的公平交易权和选择权，不利于建立公平公正的图书市场竞争秩序，因而是无效的。③ 经济学学者则认为，《图书公平交易规则》的限价规定，实际上是一种典型的最低转售价格维持行为；出版业严格的政府管制导致出版社具有了很强的行政性垄断势力，为了消除图书零售市场的竞争对垄断租金的耗散和维持行业垄断利润，出版企业有动力通过转售价格维持来实现价格合谋，以维持垄断利润；根据国际经验，对图书转售价格维持的保护性反垄断豁免政策主要是产业利益集团俘获政府的结果，它会严重伤害社会福利和阻碍产业组织的优化；图书转售价格维持应该受到反垄断法的严格禁止，并通过对出版业的放松管制和引入竞争来消除出版企业的垄断势力。④

中国的反垄断法对于图书转售价格维持行为是否应该受到禁止并没有做出特别的规定，反垄断法是否适用于图书转售价格维持是一个悬而未决的问题。由于不同组织与个人的现实利益立场和潜在理论逻辑存在差异，所以对于这一政策问题的争论仍将持续。

有相关人士认为，中国出版业可选择尝试这样的定价体系：从生产的起点（出版社）开始，直至商品的销售终端（零售书店），全部放开价格约束，让各个环节自行决定销售价格。即出版社在自行对图书的价值做出应有判断之后，在所有生产成本的基础之上，再加上一个估计能为市场接受的利润额度（含税金），作

---

① 罗紫初，吴亮芳.全面理解《规则》内容加快行业诚信建设步伐——读《图书公平交易规则》有感[J].出版科学，2010(3)：9－12.

② 袁国礼，王维维.市消协律协炮轰“新书限折令”：提5点意见指其涉嫌垄断，有律师致函国家发改委要求调查[N].京华时报，2010－01－16(14).

③ 秦佩华，远力.图书“限折令”，于法何据[N].人民日报，2010－01－27(18).

④ 唐要家.图书转售价格维持的合谋效应与反垄断政策[J].中国经济问题，2010(5)：42－48.

为类似工厂“出厂价”的价格，提供给愿意接受此价格的发行商或经销商。然后，发行商或经销商可根据各地不同情况以及图书订购数量，确定各种不同的批发价，发行到终端各零售书店；而各零售书店则可以依据自己的销售手段与销售成本，以及各种书的销售状况，决定每本书的销售价格。倘若这样做，可能会出现以下变化：相对合理地确定图书市场销售价格；重建读者对图书销售价格的信心可能降低图书平均定价水平；调动发行商的销售积极性，不断改善服务质量；调控图书品种规模，促进提升编辑出版水平。① 这种期冀是美好的，但是，在目前中国市场经济不成熟、出版业市场规则不健全、出版经济运作不规范的情况下，选择全面放开出版业的价格约束，无疑是一种空中楼阁式的急于求成之举。

当前中国出版领域的转售价格维持制度遭受到极大的冲击与挑战，甚至在某种程度上可以说，中国出版业的固定价格（限价）体系业已成为一种名义上的固定价格体系，但中国现阶段的宏观经济环境与出版产业市场环境，决定了中国仍然需要坚持图书固定价格（限价）制度，并对这一制度进行全方位的细化、完善。如果缺乏高度完善的市场环境这一必要前提，放松管制的自由定价、自由销售体系不但改变不了图书定价混乱的状况，反而将给中国出版业带来更多的寻租行为与资源浪费。

二、完善出版物价格体系、定价机制和价格规制方法

随着中国出版业的发展和出版体制改革的深化，中国原有的出版物价格体系、定价机制和价格规制方法已经不能完全适应新形势的需要，应该进行适当变革。笔者在此就中国出版物价格体系、定价机制和价格规制方法的改革路径进行分析，并提出自己的观点。

（一）出版物价格体系是一个牵涉面较广的复杂系统工程，必须从中国的国情与出版业的实际出发，对其进行优化、完善

出版物的价格体系与价格规制方法一成不变是不可能的，而简单地与国外出版价格体系或其他商品价格体系比附亦不足取。出版物价格体系要与其他价格体系相互配合，既不能脱离中国出版产业发展的实际，也要考虑多方利益的相对平衡。对现阶段处于转型期的中国出版业来说，转售价格维持制度仍然是保障出版价格体系、建立合理市场机制的重要因素，这一制度能较大程度地降低出

① 刘美贤.图书该由谁定价？[EB/OL].（2006－10－20）[2021－09－10]深圳特区报（电子版），http://www.sznews.com/reading/content/2006－10/20/content_463303. htm.

版流通环节的投机行为，从而改变定价混乱的局面。

（二）立法机构和政府部门对出版物价格政策的调整既应该注重长期效应，也应该具有一定的弹性

立法机构和政府出版行政管理部门应借由“图书价格立法”等工作进程，尽快完善出版物价格管理办法，健全相关法规和规章，完善针对出版市场价格行为的约束机制，通过法律、经济手段规范出版物定价行为，对不正当经营手段加强管制，通过政府必要的引导和市场竞争规则，使出版物价格更趋合理。另一方面，政府行政管理部门应在必要的价格规制基础上，保障出版机构的定价自主权，以使出版物价格体系具备必要的弹性。

（三）从不同类别出版物在受众指向、价格弹性等方面的特性出发，建立健全出版物分类定价体系

中国出版业需要解决整体市场价格体系“一刀切”、市场营销水平低、经营缺乏灵活性的问题。出版机构应该对出版物实施分类定价，要充分考虑不同性质、类别出版物的需求价格弹性，注意发挥市场的主导作用；充分利用市场调查工具对消费终端获得尽可能清晰的了解；在各种定价因素发挥作用的情况下，根据目标群体的消费特征和购买力进行市场细分，进而对价格进行准确定位，避免价格盲目高（有价无市）或者盲目低（有市无利）的状况。

现代出版业的三大板块——大众出版、教育出版和专业出版具有不同的特性[①]，受众指向和产品价格弹性等方面的差异直接决定了三大出版领域的价格体系和定价方法也理应有所不同。大众出版是与大众的日常生活、休闲阅读以及文化体验紧密相关的出版领域，也是最活跃、最丰富、最具魅力、最多元的出版，其主题较为分散，内容具有普适性、非专业性和离散性，功能定位主要是供大众进行娱乐、文化休闲和消遣。大众出版领域所指向的受众的阅读和购买具有较大偶然性，其产品的需求价格弹性较大。教育出版是与学习、教育及培训有关的出版，其内容一般经过系统的组织，主题具有系列化、规范化的特点。教育出版是一种产品最为模式化、标准化，而生产过程最复杂、计划性最强的出版，其受众的阅读与购买存在必然性、不可选择性。与大众出版物相比，教育出版物的需求价格弹性较小。与职业和行业对应的专业出版，是最为专深、细分程度极高的出版领域（在国际出版界，专业出版以职业和行业为分类标准，通常包括四大类——财经、法律、科技与医学，后两者的出版通常被称为 STM 出版）。专业出

① 程三国.理解现代出版业[N].中国图书商报，2002－10－11.

版的需求具有一定的刚性，其受众群体较为固定，且具有较高的知识水平和经济承受能力，因此专业出版的需求价格弹性较小。出版机构在对不同类别的出版物实施定价时，应该充分了解不同出版物的价格弹性。对于价格弹性较大的图书，可采取适度调低价格、薄利多销的策略；而对于价格弹性较小的图书，则可在合理的范围内适当提高定价。

德国埃朗根-纽伦堡大学乌苏拉·劳藤堡教授曾以例证分析德国出版界的图书价格细分策略，其经验值得中国出版业界思考、借鉴：人体解剖图集 *Sobotta* 是一本任何医科学生都不会错过的专业图书，同时，每位医务工作者也都会购买此书。这本书分为上下两卷，每卷 69.95 欧元，是医学类图书平均零售价格的两倍多。书中包含大量图片，出版商可能为此支付了高额稿酬，使得这本书制作成本较高，但是该书依然有利可图，2005 年该图集第 22 次再版。相比之下，雷克拉姆出版社"雷克拉姆万有书库系列"的情况就有所不同，以系列图书中的第一册《浮士德》为例，这本小册子售价为 2.10 欧元，仅抵半盒香烟的价格，但它却有着年销售量近 10 万册的战绩。雷克拉姆出版社以良好的性价比赢得美誉，其目标就是让大众享受质高价优的作品。[①]

（四）对实体书店和网络书店实行两种不同的价格体系，从税率等方面规范网络书店的利润空间，限制降价时间、范围和大幅降价行为，以维护书业界的良性生态，保障实体书店的生存空间

政府可通过完善制度安排来避免网络书店和实体书店不公平竞争的现象。美国的做法或可借鉴：尽管美国出版业实行的是自由定价制，书店可以灵活打折销售，但美国通过《谢尔曼法》(Sherman Act)、《克莱顿法》(Clayton Act)和《联邦贸易委员会法》(Federal Trade Commission Act)等反垄断法律，对出版业的垄断和限制贸易行为进行规制。1914 年通过的《克莱顿法》主要针对一些特殊的限制贸易的行为，包括排他性交易安排、捆绑销售、价格歧视、合并与兼并、连锁董事会等。《克莱顿法》在 1936 年和 1950 年分别经过了两次大的修订：1936 年的修订被称为《罗宾逊-帕特曼反歧视法》(Robinson-Patman Antidiscrimination Act)，1950 年的修订被称为《塞勒-凯佛维尔反兼并法》(Celler-Kefauver Antimerger Act)。其中，《罗宾逊-帕特曼反歧视法》试图限制大型零售商利用其权力寻求优惠的交易条件。依据《罗宾逊-帕特曼反歧视法》

① 乌苏拉·劳藤堡.德国图书市场总体框架条件与现状(一)：图书与价格[N].彭燕艳，刘海颖，译.中国新闻出版报，2006-02-16.

的规定，出版商要给予小书店和大书店同等的折扣，以保证出版市场的公平竞争。尽管中美两国基本国情和法律体系差异很大，但美国在市场规制方面的一些思路与做法仍可供中国借鉴。

（五）政府和行业协会加强协作，建立健全出版物价格的分类规制体系，规范出版物定价行为，整肃出版市场秩序

目前中国的出版物价格体系实质上就是一种双轨制体系，即一般图书属于市场定价体系，而教材教辅属于政府调控、计划指导范畴。中国出版业应该实行更加细分的出版物价格分类规制体系。对于公共产品属性较强的出版物，应加强价格规制，而对于一般出版物，应逐步建立主要由市场形成价格的机制。对垄断性出版物加强价格规制，如实施中小学教材限价政策；除对教材严格限价外，还要逐步完善适用于其他出版物的价格制定指导意见。在完善出版物价格规制体系的过程中，不仅应优化政府的调控职能，而且应更大程度地发挥出版行业协会的职能，政府主管部门和行业协会两方面应加强协作。

（六）政府管理部门应在惩治盗版方面加大打击力度，以改善出版行业的价格环境

盗版是对出版市场造成严重消极影响的一个非正常因素。政府相关行政主管部门应加强对销售终端的出版物来源合法性的监管力度，重点可针对当前畅销出版物和著名出版机构的品牌产品、支柱产品展开检查，检查经营者的进货凭证、进货依据。

盗版问题不仅影响着传统出版业的健康、有序发展，而且也制约着数字出版行业的成熟完善与持久繁荣。目前中国的数字出版行业已形成较为可观的产值规模，但中国数字出版行业还存在一系列“软肋”，如健全完善产业链的问题、技术标准问题、版权保护问题。其中，由于数字出版的整个运作流程具有数字化的特点，其内容产品易于复制、传播，因此，版权保护的难度较大，盗版问题较为突出。加大数字出版物的版权保护力度，健全内容管理机制，是未来数字出版产业发展中亟待解决的重要问题。

（七）向社会公众公布出版物成本核算方法，增加出版物定价的透明度，形成有效的社会监督机制，遏制出版业的恶性价格竞争，重塑出版物价格诚信

中国出版界应通过政府、出版行业协会、出版机构、读者、作者等多方主体的协作，建立健全出版物价格信息公开与通报制度。在出版物价格信息公开与通报制度的建设过程中，应该注重发挥出版行业协会的功能，完善行业协会、相关媒体和专业研究机构的协同机制。

出版业界应充分尊重社会公众的知情权。对于还处于市场培育期的中国数字出版产业来说，这一点尤为重要。目前社会公众对数字出版的认知还有待深化、培育，只有社会公众作为理性主体正确地认识、评价数字出版物及其价格，数字出版产业才能具备其发展所必需的坚实受众基础。业界相关机构应在更广阔的平台上公开数字出版物的利润构成、性价比，增加出版物定价的透明度，同时使社会公众更多地了解数字出版，了解数字出版物的版权来源、内容质量及其他相关信息。

（八）建立出版行业内外多方参与的、顺畅有效的常态沟通机制，就出版物价格问题积极开展对话，构建更加完善、和谐的出版产业链

就实质而言，出版物价格体系是在出版产业链中多个利益主体的博弈下形成的，而且与出版行业内外众多因素有关，关涉出版产业链内外的利益分配问题。就传统出版业来说，其利益主体包括内容生产创作者、出版商、物资供应商、印刷商、批发商、零售商、读者以及社会其他相关利益主体。而数字出版产业链则涵盖内容提供方、出版商、技术提供商、数字媒体运营商、电信运营商、渠道开发商、读者等多方利益主体。一个有序、健康的出版行业的形成，需要政府、业界乃至社会多方人士的通力合作。政府和出版业界应加强协作，通过经济、行政等调控手段，完善出版产业链的利益分配机制，尽力在众多利益主体中找到平衡点，促成出版产业链上各个环节和谐发展，实现多方共赢。

读者、作者、出版机构、分销商等多方积极有效地参与对话沟通，有助于构建更加完善的出版产业链。例如，可在数字出版产业内外开展对话机制，推动读者、作者等主体对数字出版产品的质量、形式、技术、营销等因素及相关细节问题开展自由交流。又如，可就电子书价格与传统图书价格的关系问题组织有益的讨论。唯有时常开展对话，出版物生产供应方才能及时捕捉有价值的潜在需求信息，进一步优化配置各种出版资源；不同的出版物根据什么原则定价、如何操作等问题，也能在对话中获得更好的解决方案。

三、优化出版市场竞争机制，实现出版市场的有效竞争

完全竞争是经济学理论中假设的高效率理想模式。在现实经济生活中，包括出版业在内的许多产业的市场都是一种不完全竞争市场。其中，多数产业不完全竞争的原因可以归结为规模经济、进入的高成本、法律和政策限制、产品差别等因素。出版市场不完全竞争的根源在于规模经济、市场进入壁垒和产品差异三个方面。

（一）出版市场不完全竞争的根源

1. 规模经济的作用

当规模经济在一个产业发生重要作用时，一个或几个企业就可以将产量提高到一定程度，以致在整个产业的总产量中占据重要的比例，于是这个产业就成为一个不完全竞争市场。如果一个产业中存在规模经济，企业可以通过提高产量来降低成本，这就意味着较大的企业可以比较小的企业具有一定的成本优势。规模经济较多地出现在具有网络性经营特点的行业，如电力、自来水、煤气管道、电信等自然垄断行业。对于一些自然垄断行业，由一个厂商生产全行业产品的总成本比由多个厂商生产的总成本低，因此独家生产比多家竞争更有效率。在一定程度上，出版业中也存在规模经济现象，生产同一出版产品的边际成本是递减的。如果某一出版市场上存在规模很大的出版企业，如国外专业、教育出版领域中的出版行业巨头，那么，这些出版企业的规模优势会阻止其他企业进入这一领域。因此，规模经济是决定出版业市场结构和竞争程度的一个重要因素。

2. 出版业进入壁垒

进入壁垒是阻碍新企业进入一个产业的各种因素。当一个产业的进入壁垒很高时，这个产业的企业就很少，竞争的程度和压力都是有限的。进入壁垒可分为经济壁垒和法律、政策壁垒，出版市场的不完全竞争较多地来源于后者。

从纯经济的角度看，出版业进入的经济壁垒并不高。从进入出版业所需的绝对费用和必要资本量来看，出版产业的进入壁垒是较低的。必要资本量壁垒取决于新企业进入市场所必须投入的资本量大小。我国的《出版管理条例》规定，有 30 万元以上的注册资本和固定场所即可成立出版社。2015 年，中国图书出版产业资产总额 2 106.48 亿元，净资产 1 395.77 亿元[①]，若以同年全国出版社总数 584 家（含副牌社）平均计算，社均资产为 3.61 亿元，社均净资产为 2.39 亿元。因此，在我国进入出版业的必要资本量壁垒较低。在发达国家，成立一个出版社所需的资金也不多，也不需要专门的高端设备和特殊场所。在英国，“鉴于很少或没有厂房设备的投资，并且大多出版作品也是外部采办的，尤其是在新科技的帮助下，创立出版公司非常容易。”[②]绝对费用壁垒是由于既存企业对资源、专利、销售渠道方面的占有或控制造成的。对出版产业而言，绝对费用壁垒主要表现在作者资源和销售渠道上，但在这些方面，既存企业并不存在排他性的占有

① 中国新闻出版研究院.2016 年新闻出版产业分析报告[R].北京：中国书籍出版社，2017：75.

② 保罗·理查森.英国出版业[M].袁方，译.北京：世界图书出版公司北京公司，2006：26.

或控制，因此，出版业基本不存在绝对费用壁垒。

但是，在一定的环境下，进入出版业的法律、政策壁垒较高。由于出版业的特殊性，一些国家对出版产业制定了一系列有别于其他产业的政策，对出版业的准入进行了法律或政策限制。这些法律、政策方面的限制提高了出版业的进入壁垒。在我国，对出版社的设立实行审批制，对出版活动主体的经济成分、主管主办单位都有严格要求，因此在我国，进入出版业的政策壁垒很高。20 世纪 90 年代中期以后，我国图书出版社的数量几乎没有增加，这表明由政策、法律法规构筑的行业进入壁垒对出版业具有决定性的意义。在大多数西方国家，出版业进入的法律、政策壁垒并不高。例如，英国对图书出版产业的规制较少，图书出版业的准入非常自由，这与英国的广播业形成鲜明对比。但西方国家中也有例外的情况，如法国奉行“文化例外”政策，主张任何文化产品均不应被视同一般商品，法国对本国出版业给予了较多的政策、法律保护；加拿大对外资进入本国出版业也进行了较多的限制。总之，进入出版业的法律、政策壁垒也是导致某些地区和某些领域的出版市场不完全竞争的重要原因。

3. 出版产品的差异

产品差异化是指同一产业内相互竞争的企业所生产的同类产品之间可替代的不完全性。具体地说，“产品差异化，是指企业向市场提供的产品或销售产品过程中的条件，与同产业内的其他企业相比，具有可以区别的特点。”[①]出版领域存在进行产品差异化的巨大空间，产品差异也是造成出版市场不完全竞争的根源之一。

出版业的产品差异性程度较大。出版产品按照所属学科专业、消费群体等标准可被分成很多种类。例如，按照中国图书分类法，我国的图书品种可分为 22 个类别。不同类别的出版产品之间存在着显著的差异。同一类别的出版产品，由于受众差异(如读者在年龄、性别、文化程度、收入水平上的差异)、功能差异(如同一类别的图书可分为专业用书、普及读物和工具书)和营销方式差异(如不同的分销渠道、促销方式)，也存在很大的差异。在同样的价格下，如果购买者对某个出版企业的产品表现出特殊的偏好时，那么该出版企业的产品与同行业内其他出版企业的产品具有差别。总之，出版产品的内容特点和其消费的差异化特征决定了出版产品是一种具有很大差异性的产品，出版机构实行产品差异化策略的空间很大。出版企业可以通过产品差异化来构筑对付潜在竞争者的进

① 杨建文，周冯琦，胡晓鹏，等.产业经济学[M].上海：学林出版社，2004：79.

入壁垒。出版产品的多样化可以吸引最大范围的受众，使受众有较大的选择余地。一方面，大量具有差异性的出版产品使潜在竞争者在试图进入这一市场时会慎重考虑，因为每一种有差异的出版产品的需求并不很大。由于产品存在差异，每个出版企业的产品特色便构成了垄断因素，产品差异程度越大，垄断程度就越高。另一方面，由于同类出版产品之间的差异不是大到产品完全不能相互替代，一定程度的可相互替代性又让出版企业之间相互竞争，替代程度越高，竞争也就越激烈。也可以说，相互替代是出版企业竞争的根源，而产品差异化则是出版市场垄断的根源之一，当市场上具有一定程度的集中，又存在许多具有产品差异的企业时，就形成了垄断竞争。也正是基于这一原因，现代出版市场就总体而言是一种垄断竞争市场。

根据以上分析，我们可以得出这样的结论，由于规模经济、进入壁垒、产品差异因素的影响，出版业是一个兼具垄断和竞争成分的行业。在不同国家、地区以及不同的细分出版市场，出版业的垄断与竞争程度具有较大差别，出版市场垄断的成因也存在很大差异。

现今国际出版市场和西方发达国家出版市场存在较强的集中、垄断倾向，这些垄断多数属于经济垄断，即出版经营者依靠经济实力、知识产权、市场经营策略和投资策略等取得的垄断地位。经济垄断是自由竞争和技术进步的产物，因此在多数情况下能够得到社会的承认。对于经济垄断，只要它对市场公平性不构成威胁，各国均采取较为宽容的态度，因为市场竞争中，规模经济和优胜劣汰必然带来生产和销售的集中，必然形成垄断，一定程度的规模经济有助于节约社会资源和增进经济效益。在全球化背景下，跨国出版集团的涌现和成长，极大地影响着国家的文化竞争力和文化安全。因此，一定程度上和一定范围内的出版集中化、规模化是合理的。

中国部分地区和部分专业领域的出版垄断主要是一种行政垄断，这与西方出版市场的经济垄断不同。所谓行政垄断是指企业采用或借助于非市场手段（主要是行政力量）实现的市场垄断，包括地区封锁、地方保护、设立行政性垄断机构、政府限定交易、国家指定专营等形式。由于行政垄断限制了市场竞争，具有不公平性，因此受到经济学家和社会公众的反对。我国出版业以往的专业分工格局，主要是政府行为的产物。这种专业分工体制在某种程度上限制了出版资源的合理流动，影响了出版经济活动的效率和社会福利水平。目前，以往计划经济时代形成的出版业专业分工格局正在逐步被打破，社会资本和国外资本正在不同程度地进入出版业的各个领域，不仅进入印刷、分销等出版业下游环节，而且不同程度地涉足内容策划、组织、制作等上游环节。我国未来的出版市场格局将是出版业长期市场竞争的结果。当然，在出版业的发展过程中，政府有必要进行适当管制，如制止不正当竞争、强制拆分或禁止并购，以防止寡头垄断或完全垄断造成社会福利的损失。

（二）实现出版市场有效竞争的改革路径

市场经济运行过程自始至终表现为竞争过程，在这个意义上竞争是构成市场经济体制的内在要素。任何一种市场经济的正常运行，除了其他前提条件之外，都必须首先建立和保持一个有效的竞争制度①。竞争的最大功能在于它能促进社会资源有效率地配置和使用。竞争发挥有效功能需要一定的条件，我们将这些条件称作有效竞争的前提。

出版市场有效竞争的实现，需要具备以下前提：完备的法治体系，以明确规定产权和风险责任，保障企业的经营活动（开业自由），允许自由选择交易对象（契约自由）；有效的金融制度，以保证币值的相对稳定；政府促进和保护竞争的有关政策、机构和措施；完备的市场体系；资本、人才等生产要素的流动条件，以保证生产要素的灵活流动；必要的信息传播手段，以保证和促进市场信息的迅速传播与反馈。

在这些有效竞争的前提中，保障企业合理进出市场的、完备的市场体系是尤为重要的。在出版市场进入方面，如果长期存在壁垒和障碍，那么就会导致企业集中，从而形成垄断，竞争也就不复存在。市场壁垒所形成的进入障碍有两种情况：一种是地方或区域壁垒，它是靠行政手段形成的，就一国市场范围而言，有百害而无一利；另一种是效率壁垒，它是由于规模效益在客观上形成的对于新加入者的壁垒。后一种情况需要具体分析，如果这种壁垒的存在并没有限制已有企业之间的竞争，那么这种壁垒就有它的积极作用，因为盲目的、分散的众多中小企业的竞争，只能导致毁灭性的结果，即“毁灭性竞争”。如果由于企业集中程度太高而形成了垄断或寡头垄断，对新加入的竞争者形成了市场进入的障碍，而且影响经济效率和社会福利，那么这种壁垒就应该运用政府的竞争政策加以阻止或拆除。

完善的市场退出机制也是出版市场有效竞争所必需的。在出版市场退出方面存在的各种障碍使出版资源难以有效利用，竞争无法发挥有效功能。在我国现阶段主要有以下两种情况：一种是出版企业本身不愿退出（即使在企业亏损、

① 陈秀山.现代竞争理论与竞争政策[M].北京：商务印书馆，1997：1.

资本闲置的情况下)，而“期待”国家以补贴等形式给予扶持和帮助，或者“观望”同行其他竞争对手，希望别人退出而自己留下；另一种是出版企业本身难以退出，这主要是由于有关压力(来自主管主办部门、政府等方面)形成的。

唯有具备必要的前提，出版业才能开展有效的市场竞争。但需要指出的是，事实上，这些前提从来都不可能完全具备，在竞争压力最大的地方，竞争参与者的垄断倾向也更为明显。即使完全具备了上述前提，也并不意味着竞争在任何部门、任何领域都是有效的。竞争在公共产品生产领域和总量调节方面的功能失灵，表明单纯依靠竞争手段难以实现资源的合理配置；竞争的“事后调节”性质和价格信号的“时滞”不可避免地导致经济运行的波动，从而造成一定程度的资源浪费。所以，出版业的持续、快速、健康发展，需要政府采取一定的宏观调控手段，也需要进行一定的制度性改革，以弥补、纠正市场竞争机制的缺陷。

中国出版体制改革的“破冰之旅”在国家文化体制改革的大背景下已经开启，出版业新一轮资源重组、市场秩序调整也已拉开帷幕。2007 年是中国出版体制改革的一个重要拐点：这一年，国内出版传媒第一股——辽宁出版传媒股份有限公司在上海证券交易所挂牌上市；由广州日报报业集团间接控股的广东九州阳光传媒股份有限公司(简称“粤传媒”)在深圳证券交易所正式挂牌上市，这是第一家经过新闻出版总署批准的在境内主板上市的传媒公司。2007 年发生的一系列事件不断触动中国出版界的神经，其中，辽宁出版集团采编与经营业务整体上市、江西出版集团入主中国和平出版社、深圳出版发行集团组建三条新闻最具标志性，因为这三大事件对中国出版体制在资本准入与退出、经营地域、专业分工三方面的政策壁垒形成重大突破，中国出版业开始与资本市场对接，出版业的跨地区、跨行业经营成为现实。2017 年 1 月 18 日，中国科技出版传媒股份有限公司(简称“中国科传”)成功登陆 A 股市场，正式在上海证券交易所挂牌上市，成为首家登陆 A 股主板市场的中央出版机构①。2017 年 8 月 21 日，中国出版传媒股份有限公司在上海证券交易所正式挂牌上市，标志着“出版国家队”进一步参与到市场化竞争当中②。这些意味着中国出版业的市场竞争格局正在经历重大变革。

四、加强出版诚信体系建设，化解出版业价格信用危机

“市场经济，诚信为本”，出版经济是一种信用经济，而信用经济的根本立足

① 王佳雯.中国科传上市：中央出版机构首次登陆 A 股[N].中国科学报，2017 - 01 - 19(1).
② 卢扬，邓杏子.中国出版正式登陆 A 股市场[N].北京商报，2017 - 08 - 22(4).

点就是诚信。出版从业者和出版机构作为精神文化产品的生产者、把关人，其诚信直接关系到文化产品传播的效果，直接影响到其传媒公信力。出版机构和出版从业者只有增强诚信意识，以诚信为立身之本，才能赢得读者、作者、社会公众的高度尊重，才能促进出版从业者个人、出版机构以及整个出版行业的和谐、持久发展。

自1984年中国政府对出版物定价进行市场化改革以来，随着出版物零售市场的开放和各种新的出版物销售组织的发展，出版物零售市场竞争日益激烈，尤其是民营书店和网络书店的发展极大地促进了出版物零售市场的竞争，价格成为重要的竞争工具，出版物打折销售成为常态。然而，"高定价、低折扣"（出版业界有"标天价、卖地价"的说法）的行为容易使读者对整个出版物市场产生误解甚至反感，导致出版物定价面临1949年以来前所未有的信用危机（出版业被一些媒体列入国内十大暴利行业），从而危及整个出版产业的生存与发展。

（一）多维理论视角下出版诚信的本质分析

现今出版界，出版诚信是一个从上至下众所关注的问题。为什么出版业界对诚信话题投入如此多的注意力、执行力？恐怕它不仅仅是一个伦理学层面的行业伦理和职业道德论题。

1. 出版诚信是一个政治经济学论题

从政治经济学的视角来看，对于一个和谐社会或和谐产业，实现社会（市场）公正原则与遵从客观经济规律同等重要。社会整体要求和谐，出版产业需要进步，出版行业在满足社会的知识、信息需求方面有着自身特定的文化使命，对社会秩序和公众生活有着较大的影响力，这要求出版行业以诚信的态度践行文化生产者和传播者的角色。市场经济条件下的出版行业，既要遵循科学的经济规律，关注效率和效益，更要遵从社会（市场）公正原则，关注社会变迁与历史转型，实施人文道德关怀。换言之，出版业和出版机构需要将社会效益放在首位，兼顾"双效"，实现"双效"的最大化，事实上，出版机构对"双效"的追求在许多情境下是可以和谐共处、取得"双赢"结果的。

2. 出版诚信是一个文化哲学论题

和谐、健康的出版应该是文化理想与商业理性的完美结合。文化和经济是出版业前行的双轮、两翼，如何驾驭这双轮、两翼，是全球出版界面临的共性问题。不同国度、地域的出版界对出版业文化与经济特质的认识存在差异。在出版业的本质属性问题上，我国出版界较多强调出版的社会责任和文化理念；在一些西方国家，出版业的商业特性非常突出，出版业的市场化、产业化程度很高，但就总体而言，这些国家的出版界也并没有忽视、偏废出版的文化特质。因各国政治、经济、文化制度及出版传媒行业历史和现实生态的差异，各国出版界的价值取向呈现多元化的格局。尽管如此，我们仍然可以明确的一点是：出版产业归根结底是从事内容生产与传播的文化产业，其立身之本在于文化，而坚守文化本位的重要保证便是诚信对待读者、作者、同业、公众。

3. 出版诚信是一个传播学论题

出版机构、从业人员自身就是一种传递信息的媒介。用麦克卢汉"媒介即讯息"的观点来看，出版机构、从业人员的行为在有形或无形之中向社会公众、同业传递着有关传媒公信力的信息，从而影响到社会公众、同业对相关机构、个人及其产品的判断与选择。而且一般来说，这种信息在同业圈内传播速度更为迅捷，直接影响到相关出版机构、个人的资信。此外，传播学中的"社会责任理论"倡导媒介自律、媒介社会责任，而传播学"受众中心说"则主张将受众置于传播活动的中心地位，这些与出版活动中的诚信行为都是契合的。

由此看来，出版诚信不仅仅是一个伦理学论题，更是一个文化哲学论题、政治经济学论题、传播学论题，这么说毫不为过。通过从不同理论视角对出版诚信的本质进行审视，我们可以得出以下几点结论。

(1) 出版诚信归根结底是一个在出版活动中如何处理文化和经济二者关系、"义""利"关系、"双效"关系的问题。如果我们对中外出版史上的诚信之举和当今出版界的诚信现状加以考察，可以发现"万变不离其宗"：出版诚信始终和"文化与商务博弈""义利之辨""双效如何统一"三组命题紧密关联。

(2) 出版诚信不仅是机构信誉和个人修养问题，而且是一个牵涉全行业各环节、各层面的业界生态问题和行业体制问题。从出版工作的源头——选题策划、组稿，直至产品进入销售、读者消费环节，出版诚信始终是不容回避的问题。出版生产、交易、传播全过程之中的诚信不仅反映着出版机构信誉和从业者修养，而且直接映射出业界生态、行业体制现状。

(3) 出版诚信关乎出版行业规则的形成，是构建和谐出版产业链的重要基础和不可或缺的动力。出版行业规则，尤其是出版市场规则的形成离不开诚信。尊重规则，与制定规则、"有章可循"同等重要，而且诚信从业就是一个形成规则的过程。如果一个行业从其产业链上游至下游普遍存在漠视规则、置诚信于不顾的行为，那么再好的规则恐怕只会落到被遗弃的结局。

(二) 多维理论视角下出版诚信体系建设的对策考察

诚信是出版机构的社会责任，是出版文化的重要延伸；诚信是出版机构走向市场的通行证，是出版机构和出版从业者信誉的标尺，是出版机构宝贵的无形资产；诚信传播着出版机构良好的外部形象、社会声誉，预示其美好的发展前景。如果分别从经济学、文化哲学、传播学的视域来考察，出版诚信体系建设可从出版市场规则的完善、出版职业精神的强化、出版传媒社会责任的回归三个层面来寻求对策。

1. 经济学视域的出版诚信体系建设——出版市场规则的完善与“行业集体自救”

一个诚信缺位的行业极有可能引致全行业的大崩溃，出版业中的不诚信行为对出版经济、出版市场规则危害甚重：其一，从根本上扭曲了公平竞争的本质，使价值规律无法发挥正常作用，破坏了出版市场规则，由此造成市场机制失灵；其二，阻碍了出版资源的合理、优化配置和技术、生产的进步；其三，在无形中增加了出版业的交易成本，使诚信、规范运作的出版者沦为受害者，同时损害了社会公众的合法权益。当前加强出版业诚信体系建设，规范出版从业行为，净化产业生态，可说是中国出版业的一次“行业集体自救”。

在制度经济学看来，无论人们的文化活动，还是经济活动，总是在一定的制度背景、组织结构和运行机制中进行，体现着人们一定的目的、追求。出版业诚信体系建设应以深化制度改革为先导，优化出版产业生态。当前中国出版业应继续深入推进体制改革和机制转型，以壮大出版产业实力，规范市场秩序、“游戏规则”和信用体系，为出版业诚信体系建设营建良好的产业环境。

以规制经济学的观点来看，市场经济条件下，出版诚信体系不能只依赖“经济人”的素质和觉悟，政府加强规制、制定具有法律效力的规则体系也非常重要。出版行业主管部门应加快建立健全有关法律、规章制度，引导出版机构规范从业行为，走诚信经营、守法经营之路。目前，政府出台《反商业贿赂法》是当务之急，《出版管理条例》《出版物市场管理规定》正在修订之中。一些现行规定中与“诚信”相关的内容可加以完善，并升格为条例或成为法规，这将使得无论是出版市场活动还是政府监管，都能有章可循、有法可依。此外，在市场规制方面，政府加强诚信体系建设的可行性举措还有：完善出版企业年检制度，建立诚信档案，加大行业标准化的推进力度。

再以信息经济学的视角来看，中国出版业的许多问题与信息流不畅、信息不对称问题存在关联，诚信问题也是如此。由于出版者、发行者、作者、读者多方之间存在着信息不对称的问题，拥有信息优势的一方就有可能侵害另一方的利益。因此，加强出版诚信体系建设，很有必要充分发挥新技术的作用，完善出版信息交流渠道。为解决信息流不畅的问题，政府和出版界都应做出各自的努力。在现实的出版活动中，政府针对信息失灵现象进行规制、为诚信出版提供保障的活动包括：对出版经营者资质的规制、对广告行业的规制、对新闻出版人员从业资格的规制等。出版界在信息沟通方面也可以多加改善，如开展信息化建设，进行跨地区、跨行业的信息交换、资源共享；推进信息标准化管理，制定和规范出版业信息采集技术标准，提高行业信息的采集和流通效率。

2. 文化哲学视域的出版诚信体系建设——出版业文化使命与职业（专业）精神的强化

出版职业（专业）精神是出版工作者忠实履行出版业的文化事业宗旨和文化使命的职责表现。出版业的一些邻近行业倡导职业精神由来已久，如实事求是、据实而书是新闻业职业精神的重要内容。就出版业这样一个兼具文化使命和商业理性的行业而言，彰显文化使命，对读者、作者和社会公众讲求诚信应是出版职业精神的核心所在。在中外出版文化的历史长河中，诚信是出版者职业精神和人格魅力的极高境界，诚信出版是一种永恒的从业追求。在这方面，中外出版界既有可赞的典范，也有可叹的教训，值得今日中国出版人引为镜鉴。

在中外出版史的不同时期，诚信的优良传统都有所体现。中国古代有不少作者、编者或作者兼编者有着"十年磨一剑""数十年磨一剑""良工不示人以璞"的操守和追求。从本质上说，中国古代编辑出版史上的"版本""校雠"等概念、活动，与古人在编辑出版活动中的诚信观和职业精神是息息相关的。因为在出版活动中，杜绝谬误、精品传世本身就凝聚着一种对作者、对读者、对子孙后代、对民族整体的文化使命感。

在古代的官刻、私刻、坊刻三大出版系统中，诚信出版都有所体现。官刻出版系统携有政府的资源与权威，私刻出版者较多地考虑个人、家族的声誉及其在学界、业界的影响，官刻和私刻之书并非全数进入市场，因此应该说坊刻——古代商业出版系统的诚信经验更值得当今市场经济环境下的出版业界借鉴。在此略举一例，南宋时期的出版家陈起与其陈宅书籍铺有重要的地位，陈起所刻之书极受市场欢迎，其产品畅销的重要原因之一便是陈起对作者和读者讲求诚信、高度负责，对出版活动有着极为精益求精的态度，其产品质量十分过硬。中国古代出版史上因缺失诚信而遭诟病的教训也不在少数。在一些朝代的出版活动中，存在盗版翻刻、随意删削、拼凑旧版、印刷低劣等情况，这些罔顾诚信的行为对历史上的文化传播和学术传承造成严重损害，受到当世和后世之人的批评、否定。在近现代出版史上，张元济、夏瑞芳、陆费逵、章锡琛、邹韬奋、张静庐等一批出版先贤秉持文化使命，以其职业精神和诚信之举为所在企业创立了良好的形象和品牌，其中累积的无形资产还在为一些出版机构受用。

在西方出版史上，出版界较早就开始了其诚信建设之旅。如果说中国出版史上的诚信之举多源自一种文化理想，那么西方出版界的出版诚信较多地体现了一种商业理性，因为近现代西方出版业基本上是在市场经济环境下得以发展，在西方出版发展史的主轴上，商业出版始终扮演着至关重要的角色。当然，文化理想和商业理性二者也并非截然可分的。

工场手工业时期的西方出版业在生产技术、规模上有些类似于中国古代的坊刻系统。这一时期的西方出版界为加强自律，协调同业利益关系，成立了出版业公会、印刷商同业公会之类的组织来保障业界的诚信体系。工业革命勃兴后，蒸汽机等设备在出版印刷活动中的应用极大地提高了生产效率，书报刊的需求和生产规模迅速扩大，出版业的市场秩序也受到挑战。为避免行业出现无序状态，一方面，西方国家政府进行了直接规制；另一方面，出版行业内部加强了自我规范、约束，更加重视规则建设，在这一过程中，诚信出版的必要性在竞争日益激烈的市场中愈发凸显。事实上，在当今西方出版的商业环境中，诚信也被置于至关重要的地位。畅销书的策划、运作多被视作一种商业性极强的出版行为。在发达国家，一些出版人也秉持诚信从事着畅销书出版活动。日本出版人井狩春男在其《这书要卖 100 万》一书中论及畅销书的运作时，曾专门强调了善待作者、在出版企业内部编辑和发行业务员互信合作的重要性。“出版产业的圣经”——《为赢利而出版：图书出版商底线管理成功指南》的作者、美国资深出版人托马斯·沃尔对于出版诚信有过精辟阐述：“出版公司开业必须具备三个基本条件。……缺了任何一条，你的出版努力将极有可能付诸东流。这三个基本条件就是我所说的 C 的立方——承诺（commitment）、一贯性（consistency）和信誉（credibility）。之所以称其为 C 的立方，是因为承诺和一贯性某些特征相结合的产物——信誉，对于出版社来说，较之前两者简单的相加更具意义和重要性。”[①]

今日的中国出版界，一些出版社在和作者、读者、同业的交往中以文化为本，重视诚信，为自身赢得了好誉、品牌与尊重。不少出版社在图书版权页注明“若图书出现印装问题，本社负责调换”，即属显见的诚信之举。再如，我国网络书业的领头羊——当当网上书店为解决消费者在网上购物不能直接看到实物的缺

① 托马斯·沃尔.为赢利而出版：图书出版商底线管理成功指南[M].杨贵山，译.北京：中国人民大学出版社，2005：3-5.

陷，向消费者承诺可以无条件退换货，在一定程度上克服了书业电子商务的诚信症结。但我们必须承认，当前出版业界也存在种种背弃诚信甚至违规违法的行为，如盗版盗印、伪书、侵权、严重同质化、商业贿赂、偷税漏税、恶意欠款、随意退货、恶意压价打折，等等，对出版市场环境和产业生态造成严重危害，出版界强化文化使命感、重塑出版职业精神迫在眉睫。邹韬奋先生"凭理性为南针，以正义为灯塔"的文化使命感和职业精神，很值得今天的出版从业者学习、秉承。

3. 传播学视域的出版诚信体系建设——"媒介内部控制"与出版传媒社会责任的回归

传播学的一些研究和结论也可为出版诚信体系建设提供启示，其中的社会责任理论、媒介内部控制研究、"把关人"模式都具有借鉴意义。

社会责任理论源于美国，是 20 世纪 40 年代由美国"新闻自由调查委员会"出版的《一个自由而负责任的新闻界》一书中首次提出的。该理论衍变于自由媒介规范理论，但又超越发展了自由主义理论，它强调自由须以责任为前提，故又称为新自由主义理论。它实际上是现代西方媒介传播的理论基础，其目的有二：防止传媒垄断所带来的社会矛盾的日益激化；防止媒体内容的进一步低俗化，以保证社会道德和精英文化不致没落。这一理论的要点包括：① 大众传播是具有很强公共性与公益性的社会活动，所以对社会和公众负一定的责任是传媒机构的义务；② 传媒应当在其传播活动中坚持和贯彻真实、准确、客观以及服务于公众等专业标准；③ 传媒须遵守现行政治和法律制度，对有关社会犯罪与宗教或种族歧视的话题不得有煽动性的内容；④ 要求媒介提供高质量的信息，是受众的权利。

媒介内部控制是传播学控制研究的重要领域。这一研究认为，媒介内部控制主要包括两个方面：一是指传媒通过组织制度、活动方针等对信息传播过程的控制，其体现之一便是传播过程中的"把关人"模式；二是指媒介通过制定行业纪律或道德准则来规范传播活动和传播工作者的职业行为。就后者而言，由于媒介是传播内容的发布者，只有自主规范传播活动和传播工作者的行为，才能维持媒介公信力，争取受众和优化传播效果。因此，传媒自律是媒介内部控制的一个重要方面。尽管社会责任理论、媒介内部控制理论的原生土壤在西方，但其中的不少结论对于中国环境也具有可适性。

行业的自我约束、规范与政府制定"游戏规则"同是出版市场规则形成的重要途径。在出版诚信体系建设进程中，应该充分凸显出版行业自律的作用，完善行业自律机制。近观当今西方发达国家的出版业，严格、系统而颇为成功的行业协会管理是其出版管理的突出特点，行业协会在西方出版业中扮演了非常重要的角色。远观民国时期的中国出版业，上海书业同业公会等行业组织曾施行了规范而又富有人性化的行业管理，遵守书业同业公会制定的行业规则，成为当时从业者的一种生存条件。

当前我国出版界在行业自律、诚信建设方面也推出了较多举措。例如，中国书刊发行业协会最近修订通过了《全国书刊发行业公约》，希望发行企业遵照执行。我国出版行业自身在诚信体系建设方面的潜能还亟待充分挖掘，以下建议可供参考。

(1) 建立合理、长效的行业评议机制。当前已开展的出版行业社店诚信互评活动可以纳入规范化的轨道，使其持久运行。

(2) 行业协会可与政府有关部门联合成立专业、权威的信用监测机构，定期向全社会、全行业公开出版机构的信用记录，对严重违规的出版机构予以曝光。

(3) 以《出版物市场管理规定》等规章为依据，加快制定并推广使用规范的出版经营合同文本，利用契约关系来确定交易各方责任权利。

(4) 更多地开展与诚信有关的评优活动，为诚信出版营造有利的公共舆论氛围。

(5) 注重出版从业人员的诚信考察，努力建立能对出版职业行为进行有效约束的自律、监督机制，为出版从业者诚信水平的提高提供机制保障。

值得说明的是，出版诚信体系建设不能单靠政府的倡导、规制，同样，也不能单凭行业组织的协调和出版机构、个人自身的认识觉悟，而应充分发挥各方面的潜力，自律与他律并重，多方协调，持之以恒。

结 语

本书选择微观经济学的研究范式和分析框架，对出版产品、出版传媒机构、出版产品需求与消费者行为、出版供给与出版传媒机构供给行为、出版传媒产业的市场垄断与竞争、政府对出版传媒市场的规制等出版经济问题进行了系统的研究。

为了给出版经济学研究提供较为坚实的理论依托，将出版经济学研究置于宏阔的理论背景之中，作者对经济学说史上有关精神文化经济、信息经济的理论学说进行了系统的梳理、归纳，这些理论学说对于出版经济学、传媒经济学理论体系的构建具有重要的基础学理价值，可被视为出版经济学、传媒经济学的相关理论基础。唯有同时具备“较高的理论起点”和“稳固的实践根基”，出版经济学、传媒经济学研究才能体现其应有的理论价值和现实意义，才能获得长久的生命力。

出版产品是出版活动的生产对象和出版消费的主要对象，是出版经济活动的核心范畴。出版产品的经济特征是出版经济学需要研究的首要问题，选择出版产品作为出版经济学研究的逻辑起点和基点是合理的。出版产品的经济特征应包括出版物的经济特征和版权（著作权）的经济特征两方面，出版产品的经济特征直接决定着出版机构的经济属性。

作为内容产品和文化商品，出版产品是精神产品与物质产品的统一形式，是文化资本与经济资本结合的产物。在新的经济、技术环境下，出版产品的经济物品属性需要进行深入研究。技术、市场条件、制度、政策等因素对出版产品的经济属性具有重要影响。从中外出版业的现实来看，出版领域中具有私人产品属性、公共产品属性、准公共产品属性和混合产品属性的出版产品是共存的。明确和重视版权的经济特征对出版企业和出版产业的发展具有重要意义；阐明版权的经济特征，也是研究出版经济学的一个先决条件和重要基础。

版权在使用价值和价值方面的特征是，版权不必以牺牲所有者对其知识、信息及技术成果的使用价值为代价，可以同时向多人转让知识、信息及技术成果的使用价值,并可以从特定的多个人那里获得其价值补偿,甚至可以反复地获得价值补偿。版权的价值并不取决于生产它所耗费的社会必要劳动时间,而是取决于其社会需求程度和所能转化成的效益。版权的经济寿命与其法律寿命不尽相同,版权的经济寿命由无形损耗决定。某些版权的经济寿命在不断缩短。产品的生命周期理论对于评估版权的经济寿命具有一定的借鉴意义。

不同的出版产品在经济特征上存在一定差异,这决定了不同的出版产品应该采用不同的规则和模式进行公平、有效的提供。在出版领域,由于部分出版产品具有公共产品或准公共产品、混合产品的经济属性,完全通过市场机制由营利性出版机构来提供所有出版产品是不现实的,那样不仅会不利于社会公平、公正目标的实现,也会影响提供出版产品的经济效率。不同经济性质的出版机构的共存是合理的,也是必要的。在选择出版产品的供给机构及其运营机制时,可以将出版产品的技术特征、需求特点、交易费用,出版传播活动的伦理目标以及供给机构的无形资产作为判断标准进行综合考虑。

出版产品的需求与消费问题是出版经济学研究的核心内容之一。出版产品的需求具有复杂性特点,出版产品的交换价格水平、消费者个体资源、消费者的偏好、消费者对未来的预期、出版产品的供给状况及国家政策导向等因素对出版产品需求影响较大。在其他条件既定的情况下,出版产品的需求量与出版产品自身价格之间呈反方向变动关系。图书的需求价格弹性不高,这是就总体和某一历史时期而言的。在图书等出版领域中,不同出版产品的需求价格弹性存在一定差异,对于那些容易找到替代品的出版产品,如通俗普及读物等,其价格弹性相对要高,而某些对于消费者来说必不可少且又较少有替代品的出版产品,如指定的教科书、行业标准出版物等,则有较低的价格弹性。必须注意的是,目前不同的媒介、信息产品正在相互渗透、彼此兼容,呈现跨媒体发展的趋势,出版产品的需求价格弹性并非一成不变的。除了受到产品可替代程度的影响之外,出版产品的需求价格弹性还受到以下因素的影响:消费者对出版产品的需求程度、出版产品消费在消费者家庭支出中的比例、出版产品发挥效用的程度等。

在提供给消费者的出版产品具有异质性和差异性的前提下,出版产品的消费具有边际收益递增的特点。即出版产品的消费数量越多,传播范围越广,其效用就能越充分地发挥。对于某一特定的出版产品而言,消费者从同一出版产品中获得的知识、信息是有限度的,或者在一定时间内提供给消费者的不同出版产品中存在大量重复、雷同的知识、信息,那么在这些情况下,消费者从出版产品中获得的边际收益是递减的。在具体分析出版产品效用和消费者边际收益时,应该充分考虑消费者需求的变化、出版产品使用价值发挥作用的客观条件变化以及消费的时效性等因素。

对于出版领域而言，出版产品的消费者并不是被动的接受者，而是整个出版活动中极具活跃性的决定性因素。消费者在选择不同的媒介产品时存在偏好，在选择同一类出版产品中的不同产品时也存在不同的消费取向。出版产品的消费符合消费者经济活动的一个普遍特征：消费者在获取了可支配的资源（包括收入、时间等）以后，通过一系列的选择和决策，最终将这些资源分配在一定的用途上，从而最大限度地满足自己的需要（当前需要和未来需要）。但需要提及的是，并非所有的出版产品消费都是基于消费者理性基础之上的，部分消费者对出版产品的使用只是习惯所致。以经济学的眼光来看，出版产品消费行为实际上包括三个环节：消费决策→实施消费→消费结果。其中，出版产品消费者的决策大致包含了三个层次：消费者的资源初次分配选择；消费者的资源再分配选择；消费者的资源消费—购买选择。消费者对于出版产品消费的资源投入具有二重性：不仅投入了货币，而且投入了时间。用理性经济人思想来看，出版产品消费者在消费过程中会追求个人收益的最大化，而这种追求个人收益最大化的自由行为会无意识地、卓有成效地增进社会的公共利益，产生一定的外部收益。传播学视角下的出版产品消费行为模式与经济学视野中的出版产品消费行为模式存在诸多可以融通之处。

出版产品供给行为因受到社会政治、经济、文化等诸多因素的影响而具有其复杂性。对出版产品的市场供给影响很大的因素主要包括：技术因素、价格、出版物需求状况、出版企业所奉行的战略与策略、出版企业对未来行情预期、政府的出版产业政策。

在其他条件不变的情况下，出版产品的供给量与出版产品价格之间呈正向变动关系，即供给量随着出版产品本身价格的上涨而增加，随着出版产品本身价格的下降而减少。对于这一供给规律，必须加以说明的是：这一规律在一定的政策条件下适用，但在很多政策环境下则不适用或不完全适用；这一供给规律适用于大多数出版企业和出版产品，但对于一部分出版机构和一些特殊的出版产品并不完全适用；任何一条出版产品的供给曲线只反映某一时期某类出版产品的供给状况；供给曲线向右上方倾斜一方面反映了出版企业对经济效益的追求，另一方面也意味着在供给量增加的同时，成本会相应地提高；出版产品的供给对市场价格的反映较为滞后；作为微观经济组织的出版机构，在实践中决定供给量时通常是依凭经验判断，出版产品的本期（当前出版周期）价格并不一定由本期产量决定，出版产品的本期价格也不一定能决定下期(下一出版周期)产量。

在出版领域，不同种类和不同环境下的出版产品具有不同的供给价格弹性：政府出版物和义务教育阶段的免费教材等公共产品或准公共产品的供给缺乏弹性或无弹性；以市场模式运作为主的一般性大众出版物的供给存在一定的弹性。但是，就出版行业整体而言，出版产品是缺乏供给价格弹性的。必须提及的是，尽管供给弹性是就供给量与价格两者变动的关系而言的，但分析出版产品的供给弹性时，必须考虑价格以外的其他因素，出版行业的产品属性和文化使命也决定了出版机构不能只顾经济效益、无视社会效益，不能急功近利、急于求成。本书还对出版生产函数与供给决策、出版生产成本、出版产品价格、中外出版机构生产行为的特点进行了分析，得出了一系列结论。

本书总结了现代市场经济条件下的出版传媒市场具有的一些共性特征。在考察出版市场的共性特征和中外出版业现实情况的基础上，作者认为，出版业的市场结构存在以下具体特征：出版市场主要分属于垄断竞争市场和寡头垄断市场两种市场形态；在一定的制度、政策环境下，完全垄断的出版市场是存在的；就不同的出版领域而言，大众出版、教育出版、专业出版三大出版领域的市场进出壁垒高低和产品差异性程度，决定了在不同的出版领域中存在不同的市场结构和竞争程度；如果将出版物粗略分为政府出版物、专业出版物、教育出版物、大众出版物四类，那么相应出版领域的市场化程度和竞争程度是递增的，如果将出版市场进行更深层次的细分，不同出版市场的市场结构也存在差异；出版产业链中的不同环节的垄断与竞争程度也存在差异：从上游往下游，市场化程度越来越高，垄断程度越来越低。在此基础上论述了出版市场不完全竞争的根源和有效竞争的前提，并分析了完全竞争假设条件下以及完全垄断、垄断竞争和寡头垄断条件下的出版市场的特征。

政府是出版经济活动中的重要主体，出版经济活动的有序开展和出版市场的健康运行离不开政府的适度干预。本书分析了出版活动中的市场失灵现象，在此基础上探讨了政府对出版传媒市场实施规制的经济学缘由和理论范围，对中外出版规制立法状况、出版市场进入规制、出版机构行为规制、出版传播内容规制和出版产品价格规制进行了分析，得出了一系列结论，并提出了一些建议。

出版业的市场机制和价格问题是影响出版经济、出版产业运行的关键问题，也是出版经济学的核心内容。本书将当代中国出版物价格体系与定价机制改革路径作为出版经济学研究对中国出版业予以现实观照的重要对象，分析了中国出版价格体系与定价机制的历史、现状、特征与不足，考察了中国出版物价格体系与定价机制改革的总体背景和深层次关键因素，从“完善出版物价格体系、定价机制和价格规制方法”“优化出版市场竞争机制，实现出版市场的有效竞争”“加强出版诚信体系建设，化解出版业价格信用危机”三方面对中国出版物价格体系和定价机制改革的路径与策略进行了分析。

在本书的写作过程中，作者有一个深切的感受：出版研究领域需要经济学理论和研究方法，但是要将经济学理论与出版业成功结合实属不易，因为出版业确有其特殊规定性和内在规律。由于作者时间和学识有限，而且出版经济研究所需资料的搜集存在一定困难（尤其是当前出版企业的经营数据资料较难收集），因此，本书难免存在一些缺憾与不足。尽管如此，作者今后仍将继续对出版经济问题进行深入研究，继续为出版经济学、传媒经济学理论体系的发展与完善而努力。

参考文献

中文参考文献

1. E.曼斯菲尔德.微观经济学：理论与应用[M].郑琳华，主译.上海：上海交通大学出版社，1988.
2. 阿尔文・托夫勒.未来的冲击[M].孟广均，吴宜豪，黄炎林，等，译.北京：新华出版社，1996.
3. 艾佛利・卡多佐.成功出版完全指南[M].徐丽芳，王秋林，黄晓燕，等，译.石家庄：河北教育出版社，2004.
4. 保罗・理查森.英国出版业[M].袁方，译.北京：世界图书出版公司北京公司，2006.
5. 保罗・萨缪尔森，威廉・诺德豪斯.经济学(第十六版)[M].萧琛，主译.北京：华夏出版社，1999.
6. 布赖恩・卡欣，哈尔・瓦里安.传媒经济学：数字信息经济学与知识产权[M].常玉田，马振峰，张海森，等，译.北京：中信出版社，2003.
7. 曾华国.媒体的扩张[M].广州：南方日报出版社，2003.
8. 巢峰.出版论稿[M].上海：复旦大学出版社，2007.
9. 巢峰.政治经济学论稿[M].上海：复旦大学出版社，2007.
10. 陈昕.出版经济学文稿[M].北京：中华书局，2014.
11. 陈昕.出版经济学研究[M].上海：格致出版社，上海人民出版社，2017.
12. 陈昕.中国出版产业论稿[M].上海：复旦大学出版社，2006.
13. 陈昕.中国图书出版产业增长方式转变研究[M].桂林：广西师范大学出版社，2008.
14. 陈昕.中国图书定价制度研究[M].北京：生活・读书・新知三联书店，2011.
15. 陈秀山.现代竞争理论与竞争政策[M].北京：商务印书馆，1997.
16. 崔保国.信息社会的理论与模式[M].北京：高等教育出版社，1999.
17. 大卫・李嘉图.政治经济学及赋税原理[M].郭大力，王亚南，译.北京：商务印书馆，1962.
18. 大卫・赫斯蒙德夫.文化产业[M].张菲娜，译.北京：中国人民大学出版社，2007.
19. 丹尼斯・麦奎尔，斯文・温德尔.大众传播模式论[M].祝建华，武伟，译.上海：上海译文出版社，1997.
20. 道格拉斯・诺思.经济史中的结构与变迁[M].陈郁，罗华平，黄永山，等，译.上海：上海三联书店，上海人民出版社，2003.
21. 端木义万.美国传媒文化[M].北京：北京大学出版社，2001.

22. 范军.国际出版业发展报告(2018)[R].北京：中国书籍出版社,2019.
23. 方卿,徐丽芳,许洁,等.出版价值引导研究[M].北京：商务印书馆,2018.
24. 费尔南·布罗代尔.15 至 18 世纪的物质文明、经济和资本主义[M].顾良,施康强,译.北京：生活·读书·新知三联书店,1992.
25. 冯子标,焦斌龙.分工、比较优势与文化产业发展[M].北京：商务印书馆,2005.
26. 弗里德里希·李斯特.政治经济学的国民体系[M].陈万煦,译.北京：商务印书馆,1961.
27. 弗里德利希·冯·哈耶克.自由秩序原理[M].邓正来,译.北京：生活·读书·新知三联书店,1997.
28. 顾江.文化产业经济学[M].南京：南京大学出版社,2007.
29. 郭志斌.论政府激励性管制[M].北京：北京大学出版社,2002.
30. 哈尔·R.范里安.微观经济学：现代观点(第 6 版)[M].费方域,主译.上海：上海人民出版社,2006.
31. 哈罗德·伊尼斯.帝国与传播[M].何道宽,译.北京：中国人民大学出版社,2003.
32. 郝振省.2005—2006 中国数字出版产业年度报告[M].北京：中国书籍出版社,2007.
33. 贺剑锋.中国出版企业竞争力研究[M].武汉：湖北人民出版社,2004.
34. 胡知武.版权经济实务[M].北京：中国经济出版社,2002.
35. 黄恒学.公共经济学[M].北京：北京大学出版社,2002.
36. 黄先蓉.出版物市场管理概论[M].武汉：武汉大学出版社,2005.
37. 加布里埃尔·塔尔德.模仿律[M].何道宽,译.北京：中国人民大学出版社,2008.
38. 金碚.报业经济学[M].北京：经济管理出版社,2002.
39. 金冠军,郑涵.全球化视野：传媒产业经济比较研究[M].上海：学林出版社,2003.
40. 克里斯·安德森.长尾理论[M].乔江涛,译.北京：中信出版社,2006.
41. 莱内特·欧文.中国版权经理人实务指南[M].袁方,译.北京：法律出版社,2004.
42. 李思屈,李涛.文化产业概论[M].杭州：浙江大学出版社,2007.
43. 林穗芳.中外编辑出版研究[M].武汉：华中师范大学出版社,1998.
44. 林毅夫,蔡昉,李周.充分信息与国有企业改革[M].上海：上海三联书店,上海人民出版社,1997.
45. 刘杲,石峰.新中国出版五十年纪事[M].北京：新华出版社,1999.
46. 刘宇飞.当代西方财政学[M].北京：北京大学出版社,2000.
47. 鲁曙明,洪浚浩.传播学[M].北京：中国人民大学出版社,2007.
48. 陆本瑞.外国出版概况(修订版)[M].沈阳：辽海出版社,2003.
49. 罗伯特·皮卡德.媒介经济学[M].冯建三,译.台北：远流出版事业股份有限公司,1994.
50. 罗伯特·K.默顿.社会理论和社会结构[M].唐少杰,齐心,冯寿东,等,译.南京：译林出版社,2008.
51. 罗紫初,吴赟,马北海.出版学基础研究[M].太原：山西人民出版社,2005.
52. 罗紫初,吴赟,王秋林.出版学基础[M].太原：山西人民出版社,2005.
53. 罗紫初.出版学原理[M].武汉：武汉大学出版社,1999.

54. 马丁·杰伊.法兰克福学派史(1923—1950)[M].单世联,译.广州：广东人民出版社,1996.
55. 马克思,恩格斯.马克思恩格斯关于出版问题的言论[M].中共中央宣传部出版局,编译.北京：中国展望出版社,1986.
56. 马克思,恩格斯.马克思恩格斯全集(第 26 卷,第 1 册)[M].中共中央编译局,编译.北京：人民出版社,1972.
57. 马克思,恩格斯.马克思恩格斯全集(第 47 卷)[M].中共中央编译局,编译.北京：人民出版社,1979.
58. 马克思,恩格斯.马克思恩格斯选集(第 1 卷)[M].中共中央编译局,编译.北京：人民出版社,1995.
59. 马克思,恩格斯.马克思恩格斯选集(第 2 卷)[M].中共中央编译局,编译.北京：人民出版社,1995.
60. 马克思.1844 年经济学哲学手稿[M].中共中央编译局,译.北京：人民出版社,1985.
61. 马克思.资本论(第 1 卷)[M].中共中央编译局,译.北京：人民出版社,1975.
62. 马克斯·H.博伊索特.知识资产：在信息经济中赢得竞争优势[M].张群群,陈北,译.上海：上海人民出版社,2005.
63. 马庆泉.新资本论纲要[M].北京：中国人民大学出版社,2004.
64. 迈克尔·波特.竞争战略——分析产业和竞争者的技巧[M].陈小悦,译.北京：华夏出版社,1997.
65. 迈克尔·巴斯卡尔.内容之王：出版业的颠覆与重生[M].赵丹,梁嘉馨,译.北京：机械工业出版社,2017.
66. 清水英夫.现代出版学[M].沈洵澧,乐惟清,译.北京：中国书籍出版社,1991.
67. 日本编辑学校.日本出版社概况——工作内容与组织形式[M].申力扬,译.北京：高等教育出版社,1998.
68. 萨尔坦·科马里.信息时代的经济学[M].姚坤,何卫红,译.南京：江苏人民出版社,2000.
69. 邵培仁.媒介管理学[M].北京：高等教育出版社,2002.
70. 邵培仁.文化产业经营通论[M].成都：四川大学出版社,2007.
71. 史梦熊,牛慧兰,张杰,等.出版产业与版权法[M].北京：科学出版社,2000.
72. 史正富.现代企业的结构与管理[M].上海：上海人民出版社,1997.
73. 斯蒂格利茨.经济学[M].梁小民,黄险峰,译.北京:中国人民大学出版社,2000.
74. 宋原放.中国出版史料.济南：山东教育出版社,2000.
75. 托马斯·沃尔.为赢利而出版：图书出版商底线管理成功指南[M].杨贵山,译.北京：中国人民大学出版社,2005.
76. 王秋林.出版经济学教程[M].上海：上海辞书出版社,2014.
77. 王耀先.出版社的经营管理[M].沈阳：辽海出版社,2001.
78. 王益,汪轶千.图书商品学[M].北京：人民出版社,1999.
79. 王祖祥.微观经济分析[M].武汉：武汉大学出版社,2001.
80. 文森特·莫斯可.传播政治经济学[M].胡正荣,张磊,段鹏,等,译.北京：华夏出版社，2000.
81. 乌家培，谢康，王明明.信息经济学[M].北京：高等教育出版社，2002.
82. 吴飞.大众传媒经济学[M].杭州：浙江大学出版社，2003.
83. 吴江江，石峰，邬书林，等.中国出版业的发展与经济政策研究[M].武汉：湖北人民出版社，1994.
84. 吴赟.出版经济学的核心[M].上海：同济大学出版社，2014.
85. 吴赟.文化与经济的博弈：出版经济学理论研究[M].北京：中国社会科学出版社，2009.
86. 小赫伯特·史密斯·贝利.图书出版的艺术与科学[M].王益，译.石家庄：河北教育出版社，2004.
87. 小林一博.出版大崩溃[M].甄西，译.上海：上海三联书店，2004.
88. 薛晓源，曹荣湘.全球化与文化资本[M].北京：社会科学文献出版社，2005.
89. 亚当·斯密.国民财富的性质和原因的研究[M].郭大力，王亚南，译.北京：商务印书馆，1972.
90. 杨建文，周冯琦，胡晓鹏，等.产业经济学[M].上海：学林出版社，2004.
91. 伊恩·麦高文，詹姆士·迈考尔.国际出版原则与实践[M].徐明强，译.北京：中国书籍出版社，1999.
92. 余敏.2002—2003 国际出版业状况及预测：国际出版蓝皮书[R].北京：中国书籍出版社，2003.
93. 余敏.国外出版业宏观管理体系研究[M].北京：中国书籍出版社，2004.
94. 余敏.前苏联俄罗斯出版管理研究[M].北京：中国书籍出版社，2002.
95. 约翰·费斯克.理解大众文化[M].王晓珏，宋伟杰，译.北京：中央编译出版社，2001.
96. 张锦华.传播批判理论[M].台北：黎明文化事业公司，1994.
97. 张军.神秘王国的透视——现代公司的理论与经验[M].上海：上海译文出版社，1996.
98. 张培刚.微观经济学的产生和发展[M].长沙：湖南人民出版社，1997.
99. 张其友.出版经济管理与实务[M].北京：北京师范大学出版社，2012.
100. 张晓明，胡惠林，章建刚.2004 年中国文化产业发展报告[M].北京：社会科学文献出版社，2004.
101. 张友能.图书市场规律探求[M].厦门：厦门大学出版社.1992.
102. 张志强，左健.中国出版业发展报告——新千年来的中国出版业[M].南京：南京大学出版社，2013.
103. 张卓元.政治经济学大辞典[M].北京：经济科学出版社，1998.
104. 赵曙光，史宇鹏.媒介经济学：一个急速变革行业的原理与实践[M].长沙：湖南人民出版社，2003.
105. 植草益.微观规制经济学[M].朱绍文，主译.北京：中国发展出版社，1992.
106. 中国新闻出版研究院.2016 年新闻出版产业分析报告[R].北京：中国书籍出版社，2017.
107. 钟永诚.作家·学者·出版人三方纵论出版大格局[M].济南：山东人民出版社，2005.
108. 周蔚华.出版产业研究[M].北京：中国人民大学出版社，2005.

109. 周源.发达国家出版管理制度[M].北京：时事出版社，2001.
110.《中国图书出版资源基础数据库》课题组."九五"期间全国出版社竞争力评估报告(上)[J].出版广角，2001(10)：6-12.
111.《中国图书出版资源基础数据库》课题组."九五"期间全国出版社竞争力评估报告(下)[J].出版广角，2001(11)：6-9.
112. 安华.一本书能赚多少钱贝塔斯曼亮出底牌[J].出版参考，1999(9)：14-15.
113. 安庆国.从欧美出版之比较看中国出版的发展[J].出版广角，2000(9)：43-47.
114. 白琳.我国现有出版市场的博弈分析[J].科技与出版，2005(6)：23-26.
115. 白晓煌.新编辑系统——日本中小出版社生存之策[J].出版参考，2001(11)：25.
116. 毕伟.出版产业的市场作用机制及产业调控政策[J].中国出版，1998(6)：16-17.
117. 蔡继辉.中国图书出版产业国际竞争力分析[J].出版经济，2004(9)：42-50.
118. 曹明，吴文华.图书价格形成的经济学分析[J].价格理论与实践，2004(3)：25-26.
119. 巢峰.出版物的特殊性——出版经济学绪论[J].出版工作，1984(1)：31-43.
120. 巢峰.论出版物效益中的矛盾[J].中国编辑，2004(4)：4-8.
121. 巢峰.要研究出版经济的特殊矛盾[J].编辑之友，2000(1)：8-10.
122. 巢峰.中国图书出版业的滞胀现象——兼论出版改革的症结所在[J].编辑学刊，2005(1)：4-14.
123. 陈丹.中国出版业迎来数字时代商业模式有待进一步探索[N].通信信息报，2008-04-30(B14).
124. 陈浩义，冷晓彦.我国中文电子图书市场竞争分析[J].情报科学，2005(2)：190-193.
125. 陈昕.加快出版产业链和价值链的建设[J].编辑学刊，2004(3)：40-41.
126. 陈资灿.图书价格及其定价改革[J].价格月刊，1998(9)：13-14.
127. 大正.日本出版社图书定价管窥[J].出版参考，1997(5)：14.
128. 翟文.美国书籍成本构成[J].出版参考，1998(2)：8.
129. 刁其武.新中国图书出版的政府监管[J].当代中国史研究，2003(6)：109-116，128.
130. 杜珂.打破行业垄断，扩大教材招投标试点——专访国家中小学教材出版发行招投标试点工作协调小组组长范恒山[J].中国改革，2005(11)：22-23.
131. 恩里克.2020，拐点？[J]. 出版人，2021(1)：27-30，32.
132. 方厚枢.对私营出版业的社会主义改造[J].出版史料，2006(2)：8-18.
133. 方卿.论出版产业链的基本属性[J].出版科学，2006(4)：21-23.
134. 方卿.提升我国科技出版的国际竞争力[J].出版发行研究，2003(1)：17-19.
135. 封延阳.我国图书市场结构研究[J].出版发行研究，2002(9)：5-9.
136. 封延阳.影响我国图书出版产业市场集中度的主要因素[J].中国出版，2002(9)：25-26.
137. 傅英宝.图书的经济性评价[J].大学出版，1999(4)：60-61.
138. 高淑霞，盛晓东.出版经济学刍议[J].科技与出版，2002(6)：12-13.
139. 高兴烈.发展新闻生产力的十大机制[J].新闻知识，1999(11)：8-11.
140. 韩梅，胡博.出版体制改革带来的新冲动——破产退出机制的建立[J].大学出版，2004

(2)：18－21.
141. 何明星.传统图书定价模式的缺陷——兼对读者细分定价方法的探讨[J].出版发行研究，2005(5)：14－17.
142. 贺剑锋，刘炼.我国图书买方市场的特征及对策研究[J].出版科学，2001(4)：47－49.
143. 贺剑锋.对我国出版业市场进入与退出关系的思考[J].中国出版，2003(3)：16－18.
144. 贺圣遂.出版经济应服务于出版文化[N].中国新闻出版报，2006－11－01(11).
145. 黄凯卿，李艳.从统计数据看我国网络出版的市场状况[J].出版发行研究，2003(5)：47－51.
146. 黄长征.我国电子图书市场的问题、成因与对策[J].情报科学，2003(2)：167－169.
147. 姜明.浅谈出版社转制后的定位与政府职能转型[J].中国出版，2005(8)：28－29.
148. 蒋雪湘，胡振华.我国图书出版产业市场结构与市场绩效的实证分析——基于2004—2006年的数据[J].湖南师范大学社会科学学报，2009(6)：84－87.
149. 李莉，于睿.图书出版业贸易监管体制的中外比较分析[J].生产力研究，2005(11)：201－203.
150. 李凌芳.中外图书市场消费状况比较研究[J].图书情报知识，2004(2)：91－93.
151. 李明德.版权产业与知识经济[J].知识产权，2000(1)：17－20.
152. 李星.探讨图书的市场需求弹性规律[J].图书发行研究，1996(4)：18－20.
153. 李宇彤.出版社图书营销体系优化的经济学分析及建议[J].出版发行研究，2001(7)：51－55.
154. 李长声.角川其人及其商法[J].读书，1994(3)：127－133.
155. 李治堂，张志成.我国图书市场需求的实证分析[J].现代情报，2004(1)：27－32.
156. 李智慧，刘薇.中国图书市场的宏观经济模型[J].出版参考，2005(36)：17.
157. 练小川.幂律、长尾理论和图书出版[J].陕西师范大学学报(哲学社会科学版)，2007(3)：110－116.
158. 梁宝柱.出版经济学的对象、性质、意义[J].出版发行研究，1990(1)：38－40.
159. 梁宝柱.出版经济学的意义、任务及其理论体系[J].经济经纬，1993(3)：34－38.
160. 梁宝柱.试论出版经济与国民经济的关系[J].出版发行研究，1991(1)：34－37.
161. 廖建军.论出版产业的外部性与政府管理[J].图书情报知识，2005(2)：53－55.
162. 林江.宽带时代的网络出版及其监管[J].中国出版，2001(8)：13－16.
163. 刘本仁.目前非法出版活动的特点及其监管[J].出版发行研究，2003(6)：49－52.
164. 刘杲.出版：文化是目的经济是手段——两位出版人的一次对话[N].中国图书商报，2003－11－14(7).
165. 刘杲.盼望出版经济学更快成长[J].出版经济，2000(5)：4－5.
166. 刘杲.延续和完善出版经济政策[J].出版经济，1999(2)：4－5.
167. 刘剑.图书策划需经营者参与——日本出版业策划现状调查报告[N].中国图书商报，2003－12－19(20).
168. 刘杰.出版经济学的研究及建构[J].出版科学，1996(2)：27－28.

169. 刘蔚绥.浅议出版产业的核心竞争力[J].出版科学,2005(3):36-38.
170. 刘峥.电子出版物的价格影响因素及模式分析[J].情报科学,2003(9):1002-1005.
171. 卢盈军.图书价格构成与定价策略[N].中华读书报,2002-09-11(11).
172. 陆祖康.我国图书市场供需特征分析[J].暨南学报(哲学社会科学版),1996(2):137-141.
173. 罗嗣泽.出版经济学引论[J].出版与发行,1985(2):21-26.
174. 罗紫初,吴亮芳.全面理解《规则》内容加快行业诚信建设步伐——读《图书公平交易规则》有感[J].出版科学,2010(3):9-12.
175. 罗紫初.中外出版业宏观调控手段比较——中外出版业比较研究之二[J].编辑学刊,1998(5):66-68.
176. 罗紫初.中外出版业宏观调控体制比较——中外出版业比较研究之一[J].编辑学刊,1998(4):70-72.
177. 罗紫初.中外出版业经济政策比较[J].大学出版,2004(1):29-32.
178. 毛志辉.看陈昕如何谈出版经济学的研究价值[N].中国出版传媒商报,2015-04-03(11).
179. 彭建斌.期刊市场中的竞争势力[J].中国出版,1997(4):28-29.
180. 彭松建.出版经济学之我见[J].出版经济,1999(2):8-9.
181. 卿家康.我国图书定价改革与当前书价[J].出版发行研究,1996(4):22-25.
182. 邱勤.买方市场条件下的出版经营观[J].天津商学院学报,2004(6):67-71.
183. 石姝莉.略论出版学实证研究方法——以经济学实证方法为借鉴[J].编辑之友,2014(3):49-53.
184. 宋木文.改革开放后的三次书价改革[J].出版发行研究,2008(4):5-9.
185. 宋木文.最大限度地解放出版生产力[J].编辑学刊,1993(2):94.
186. 孙寿山.中国出版业现实竞争力研究分析[J].出版发行研究,2004(12):25-33.
187. 唐要家.图书转售价格维持的合谋效应与反垄断政策[J].中国经济问题,2010(5):42-48.
188. 陶明远.出版产业的核心竞争力及西部出版社核心竞争力的培育[J].中国图书评论,2004(1):16-19.
189. 田建平.我国出版产业中"两个效益"问题之辨析[J].出版发行研究,2005(5):22-25.
190. 屠忠俊.传播研究中的学科交叉跨度[J].华中科技大学学报(社会科学版),2008(1):35-40,50.
191. 王东.图书广告的妙用[N].中国图书商报,2002-04-09(14).
192. 王芳.自己的书自己出——美国图书出版界的DIY现象.中国图书商报,2003-04-04(11).
193. 王建辉.省域出版经济再思考[N].中国新闻出版报,2005-08-02(3).
194. 王利民.论著作权的性质[J].财经问题研究,1999(7):79-81.
195. 王连峰.论著作权的经济属性[J].郑州大学学报(哲学社会科学版),1997(1):47-49.
196. 王联合.转制下的规制逻辑(上):基于出版物属性的考察[J].出版发行研究,2005(3):15-20.

197. 王秋林.出版经济学学科构建探讨[J].出版发行研究，2002(7)：5-9.
198. 王睿新，丁永健.图书出版发行业产业链的利润分配和效率分析[J].重庆社会科学，2005(12)：19-22.
199. 魏玉山.规模继续上升，传统出版转型仍需加大力度：2015—2016 中国数字出版产业年度报告[N].出版商务周报，2016-07-31(28).
200. 魏玉山.国外新闻出版国家监管体制[J].出版发行研究，2005(1)：72-76.
201. 魏玉山.数字出版产业逆势增长 2019 年收入规模达 9 881.43 亿元[N].国际出版周报，2020-12-28(13).
202. 翁昌寿.中国出版产业链理论构想与现实操作[J].编辑之友，2003(3)：4-8.
203. 邬书林.更新观念走向市场解放出版生产力[J].中国出版，1993(1)：14-16.
204. 吴乐平.近观中国期刊市场走势[N].中国图书商报，2001-12-04(15).
205. 吴明华.中外出版产业集中度比较分析[J].出版发行研究，2002(9)：9-15.
206. 吴士余.出版泡沫与政府规制——读《出版大崩溃》[N].中国新闻出版报，2004-06-03(3).
207. 吴赟，杨闯.中国出版产业国际化发展的现实与趋向[J].大学出版，2005(3)：25-28.
208. 吴赟.欧美出版研究的发展路径与特色[J].国外社会科学，2006(5)：53-57.
209. 吴赟.中外期刊消费市场比较分析[G]//中国期刊协会.中国期刊年鉴 2003/2004. 北京：中国大百科全书出版社，2004：159-167.
210. 吴赟.中西期刊业的产业集中度分析[J].出版参考，2005(25)：41-42.
211. 肖东发.书业观察：把实体书店留住[J].出版广角，2012(3)：78-79.
212. 新闻出版署技术发展司.新闻出版科技发展"九五"计划和 2010 年长期规划纲要[J].中国出版，1995(11)：6-9.
213. 徐丽芳.网络出版的定价模式研究[J].出版发行研究，2004(3)：58-61.
214. 徐志京.也谈"出版经济"的特殊矛盾——与巢峰先生商榷[J].编辑之友，2000(6)：12-13.
215. 岩崎胜海.出版和社会的世纪经验[J].张觉民，译.出版与印刷，1999(Z1)：33-39.
216. 阎晓宏.关于出版产业、出版事业的界定以及分类指导问题[J].出版发行研究，2003(2)：5-7.
217. 杨贵山.欧美专业出版商关注数字版权管理[N].中国图书商报，2003-07-25(17).
218. 杨红卫.加强和完善出版物市场监管体系[N].中国新闻出版报，2003-10-14(3).
219. 姚德权，邓阳.出版类上市公司多元经营绩效的实证分析[J].现代传播(中国传媒大学学报)，2016(1)：114-119.
220. 姚德权.我国新闻出版市场准入规制内涵与动因分析[J].出版发行研究，2004(11)：15-18,53.
221. 姚德鑫.论出版产业整合[J].出版发行研究，2001(4)：5-7.
222. 姚建中.出版物需求预测的风险分析[J].出版发行研究，2001(8)：37-39.
223. 尹章池.影响我国出版市场的制度因素、制度缺陷与化解设计[J].编辑之友，2004(4)：4-6.

224. 于波.图书商品与市场经济[J].社会科学战线,1999(4):230-233.
225. 于友先.论出版产业的两重属性与宏观管理[J].编辑之友,2003(4):4-6.
226. 于友先.论现代出版产业的双效益活力[J].出版发行研究,2003(8):10-15.
227. 袁国雄.图书发行市场结构与市场行为分析[J].出版科学,2003(1):36-38.
228. 袁亮.出版物的性质[J].出版发行研究,1996(5):3-12.
229. 袁亚春.图书定价的社会与经济意义及其分析[J].浙江社会科学,1997(3):122-125.
230. 张稷.市场经济条件下辞书出版的宏观监管与市场规范(上)[J].中国出版,2001(11):42-45.
231. 张稷.市场经济条件下辞书出版的宏观监管与市场规范(下)[J].中国出版,2001(12):33-35.
232. 张美娟.我国出版经济研究的特殊性[G]//罗紫初,方卿.出版探索——纪念武汉大学编辑出版学专业创建廿周年校友论文集.武汉:武汉大学出版社,2003:19-24.
233. 张其友.出版物量、本、利关系的边际分析[J].出版经济,2002(5):8-9.
234. 张其友.出版物销售收入预测方法的探讨[J].大学出版,2002(4):39-41.
235. 张其友.出版物需求弹性的微观调控策略[J].编辑之友,2005(5):24-25.
236. 张其友.出版物需求价格弹性的分析与应用[J].出版经济,2003(4):14-16.
237. 张其友.加强出版物定价管理的思考[J].出版经济,2001(12):15-18.
238. 张其友.影响出版市场需求非价格因素[J].出版经济,2004(11):20-22.
239. 张五常.经济解释(38)[N].21 世纪经济报道,2002-03-21(30).
240. 张霞.跨媒体经营——出版产业结构调整新走向[J].图书情报知识,2005(1):61-63.
241. 张小争,佟鸿举.版权:传媒产业的核心价值[J].传媒,2004(2):34-35.
242. 张晓玲.关于我国图书发行市场的若干思考[J].经济师,2005(1):43-45.
243. 张雪魁.市场经济与社会主义相结合的三个命题及其哲学基础——30 年改革开放的经济哲学思考[J].社会科学研究,2009(3):134-140.
244. 张志成,李治堂.我国图书发行业市场结构、行为与绩效分析[J].出版发行研究,2003(12):51-53.
245. 赵晶.我国书价虚高问题的 RPM 分析[J].华北水利水电学院学报(社科版),2005(4):30-32.
246. 中国书刊发行业协会,百道新出版研究院.2020-2021 中国实体书店产业报告[R].2021.
247. 中宣部出版局.我国书价政策的调查[J].新华月报,1988(8):130-134.
248. 周昆,王甲东,张意.不对称信息理论在期刊发行市场中的应用[J].编辑学报,2003(5):320-321.
249. 周蔚华.我国图书出版产业的集中度和规模经济分析[J].中国出版,2002(10):14-17.
250. 周蔚华.中国图书出版产业的供求分析[J].出版经济,2002(9):4-8.
251. 周蔚华.中国图书出版产业的垄断分析[J].大学出版,2002(4):13-15.
252. 周蔚华.中国图书出版产业结构分析[J].出版经济,2003(3):6-9.
253. 周蔚华.中国图书出版的产业关联分析[J].大学出版,2004(3):31-36.

254. 朱胜龙.出版产业链：拉动地方经济发展的强力引擎[J].当代财经,2004(5)：92-95.
255. 庄伯超,张红,应中伟.出版企业核心能力与出版物绩效关系的实证研究[J].企业经济,2007(2)：100-102.

英文参考文献

1. ADAMS P W. Faces in the Mirror：Five Decades of Research and Comment on the Book Trade 1931-2001 [J]. Publishing Research Quarterly，2001，17(1)：43-50.
2. ALAN B A. Global Media Economics：Commercialization and Integration of World Media Markets [M]. Ames：Iowa State University Press，1998.
3. ALAN B A. Media Economics：Understanding Markets，Industries and Concepts [M]. Ames：Iowa State University Press，1996.
4. ALAN M R. Media uses and effects：A uses-and-gratifications perspective [G] // JENNINGS B & DOLF Z (eds.). Media Effects：Advances in Theory and Research. Hillsdale，N.J.：Lawrence Erlbaum，1994：417-436.
5. ALBERT N G，JIM M，Robert M W. The Book Publishing Industry [M]. 3rd ed. London：Routledge，2013.
6. ALBERT NG.Advertising Management and the Business Publishing Industry [M]. New York：New York University Press，1991.
7. ALBERT NG. Market concentration in the U.S. consumer book industry：1995-1996 [J]. Journal of Cultural Economics，2000，24(4)：321-336.
8. ALBERT NG. The general reader market for university press books in the United States，1990-2000，with projections for the years 2000 through 2004 [J]. Journal of Scholarly Publishing，2001，32(2)：61-86.
9. ALBERT NG. The impact of horizontal mergers and acquisitions on corporate concentration in the U.S. book industry：1989-1994 [J]. Journal of Media Economics，1999，12(3)：165-180.
10. ALBERT NG. The market for university press books in the United States：1985-1999 [J]. Learned Publishing，2001，14(2)：97-105.
11. ALISON A，etc. (eds.) Media Economics：Theory and Practice [M]. 3rd ed. London：Routledge，2003.
12. BEN H B. The New Media Monopoly [M]. 20th ed. Boston：Beacon Press，2004.
13. BENJAMIN M C，DOUGLAS G. Who Owns the Media?：Competition and Concentration in the Mass Media Industry [M]. 3rd ed. London：Routledge，2000.
14. BENJAMIN M C. The Book Industry in Transition：An Economic Study of Book Distribution and Marketing [M]. New York：Knowledge Industry Publications，1978.
15. BRIAN K，HAL R V. Internet Publishing and Beyond：The Economics of Digital Information and Intellectual Property [M]. Cambridge，MA：The MIT Press，2000.

16. CHARLES P D, PATRICK H, ELLEN R. The Magazine Publishing Industry [M]. Boston: Allyn & Bacon, 1996.
17. CHIRSTOPHER F, LUC S. The Economics of Industrial Innovation [M]. 3rd ed. Cambridge, MA: The MIT Press, 1997.
18. COLIN H, STUART M, ADAM F. Media Economics: Applying Economics to New and Traditional Media [M]. London: Sage Publications, 2004.
19. DATAS C S. A Guide to Book Publishing [M]. revisededtion. Seattle: The University of Washington Press, 1989.
20. DAVID C, WILLIAM H. The Business of Media: Corporation Media and the Public Interest [M]. The U.S., London, & New Delhi: Pine Forge Press, 2001.
21. DAVID D K. Researcher tries to end guessing on book sales. New York Times, Late Edition(East Coast), Media Column, Apr. 15, 2002.
22. DAVID E S. Who pays for magazines? Advertisers or consumers? [J] Journal of Advertising Research, 2001, 41(6): 61 - 67.
23. DAVID H. The Cultural Industries [M]. 4th ed. London: Sage Publications, 2019.
24. DAVID Z. Origins of Democratic Culture: Printing, Petitions, and the Public Sphere in Early-Modern England [M]. Princeton, New Jersey: Princeton University Press, 1999.
25. DOUGLAS ME. Publishing in the Information Age: A New Management Framework for the Digital Era [M]. Westport: Quorum Books, 1994.
26. ELIHU K, MICHAEL G & HADASSAH H. On the use of the mass media for important things [J]. American Sociological Review, 1973, 38(2): 164 - 181.
27. ELIHU K. Mass communication research and the study of popular culture: An editorial note on a possible future for this journal [J]. Studies in Public Communication, 1959, 2: 1 - 6.
28. ELIZABETH A G, ARNOLD D, GLADYS S T. The Business of Book Publishing: Papers by Practitioners [M]. Boulder: Westview Press, 1985.
29. ERIK B, YU (JEFFREY) H, MICHAEL D S. Consumer Surplus in the Digital Economy: Estimating the Value of Increased Product Variety at Online Booksellers [J]. Management Science, 2003, 49(11): 1580 - 1596.
30. GILES C, ANGUS P. Inside Book Publishing [M]. 6th ed. London: Routledge, 2019.
31. GILLIAN D. Understanding Media Economics [M]. 2nd ed. London: Sage Publications, 2013.
32. HAROLD L V. Entertainment Industry Economics: A Guide for Financial Analysis [M]. 10th ed. Cambridge: Cambridge University Press, 2020.
33. HEINZ K. Intermediate Microeconomics: Theory and Applications [M]. 2nd ed. New York: Scott Foresman, 1986.
34. HEINZ S. Culture Industry [M]. London: Polity, 2003.
35. HERBERT S J B. The Art and Science of Book Publishing [M]. New York: Harper &

Row: 1970.
36. JAMES H, CHARLES M G. The Economics of Art and Culture [M]. 2nd ed. Cambridge: Cambridge University Press, 2001.
37. JANE C S. The Media in Britain: Current Debates and Developments [M]. Houndmills, Basingstoke, Hampshire: Macmillan; New York: St. Martin's Press, 1999.
38. JOHANNES L. The essential economic problem of the media: Working between market failure and cross financing [J]. Journal of Media Economics, 2000, 13(3): 187 - 200.
39. JOHN B T. Book Wars: The Digital Revolution in Publishing [M]. London: Polity, 2021.
40. JOHN B T. Merchants of Culture: The Publishing Business in the Twenty-First Century [M]. 2nd ed. London: Plume, 2012.
41. JOSEPH D S, ROBERT L. Media Now: Communications Media in the Information Age [M]. Belmont, CA: Wadsworth/Thomson Learning, 2002.
42. JOSEPH J S. The Theory of Economic Development: An Inquiry into Profits, Capital, Credit, Interest, and the Business Cycle [M]. Cambridge, MA: Harvard University Press, 1934.
43. JOSHUA S G. Publishing Economics: Analyses of the Academic Journal Market in Economics [M]. Camberley: Edward Elgar Publishing, 2000.
44. NICHOLAS G. Capitalism and Communication: Global Culture and Information Economics [M]. London: Sage Publications, 1990.
45. PATRICK F, ROBIN B. Marketing in Publishing [M]. London: Routledge, 1997.
46. PHILIP M N. Audience Economics: Media Institutions and the Audience Marketplace [M]. New York: Columbia University Press, 2003.
47. PIERRE Bourdieu. The Forms of Capital [G]// HALSEY A H, LAUDER H, BROWN P & STUART-WELLS A (eds.). Education: Culture, Economy and Society. New York: Oxford University Press, 1989: 46 - 58.
48. RICHARD O. Selling Culture: Magazines, Markets, and Class at the Turn of the Century [M]. New York: Verso, 1996.
49. ROBERT G P, JEFFREY H B. The Newspaper Publishing Industry [M]. Boston: Allyn & Bacon, 1997.
50. ROBERT G P. Media Economics: Concepts and Issues [M]. Newbury Park, Calif.: Sage Publications, 1989.
51. ROBERT G P. Media Firms: Structures, Operations, and Performance [M]. Mahwah, New Jersey: Lawrence Erlbaum Publishers, 2002.
52. ROBERT G P. The Economics and Financing of Media Companies [M]. 2nd ed. New York: Fordham University Press, 2011.
53. RUTH T, TRILCE N H. Handbook of Cultural Economics [M]. 3rd ed. Camberley: Edward Elgar Publishing, 2000.

54. RUTH T. Creativity, Incentive and Reward: An Economic Analysis of Copyright and Culture in the Information Age [M]. Camberley: Edward Elgar Publishing, 2000.
55. SAMMYE J, PATRICIA P. The Magazine from Cover to Cover: Inside a Dynamic Industry [M]. New York: McGraw-Hill, 1999.
56. SLOANWD. The Media in America: A History [M]. Scottsdale, Ariz.: Publishing Horizons, 1993.
57. SUNG - JOON Y, JOO - HO K. Is the Internet more effective than traditional media? Factors affecting the choice of media [J]. Journal of Advertising Research, 2001, 41(6): 53 - 60.
58. THOMAS W. Publishing for Profit: Successful Bottom-line Management for Book Publishers [M]. 5th ed. Chicago: Chicago Review Press, 2014.